한국형 EFL 영문학교육론
학습자문학의 이론과 실제 정립

한국형 EFL 영문학교육론
학습자문학의 이론과 실제 정립

김경한 | 지음

한국문화사

한국형 EFL 영문학교육론
학습자문학의 이론과 실제 정립

초판인쇄 2014년 8월 25일
초판발행 2014년 8월 31일

지은이 김 경 한
꾸민이 전 혜 미
펴낸이 김 진 수
펴낸곳 **한국문화사**
등　록 1991년 11월 9일 제2-1276호
주　소 서울특별시 성동구 광나루로 130 서울숲IT캐슬 1310호
전　화 (02)464-7708 / 3409-4488
전　송 (02)499-0846
이메일 hkm7708@hanmail.net
홈페이지 www.hankookmunhwasa.co.kr

책값은 뒤표지에 있습니다.

잘못된 책은 바꾸어 드립니다.
이 책의 내용은 저작권법에 따라 보호받고 있습니다.

ISBN 978-89-6817-180-2 93740

이 도서의 국립중앙도서관 출판시도서목록(CIP)은 e-CIP 홈페이지
(http://www.nl.go.kr/cip.php)에서 이용하실 수 있습니다.
(CIP제어번호: CIP2014034272)

머리말*

나는 본래 영문학을 전공하였다. 그것도 난해하고 소위 '실용성'과는 거리가 먼 르네상스 영문학을 전공하였다. 청운의 뜻을 품고 미국으로 건너가 대학원을 다닐 때에는 무언가 남들이 하지 않는 혹은 하기 어려운 분야를 연구하는 것이 바람직하다고 생각하였다. 그 당시에는 미개척 분야를 연구함으로써 영문학의 학문적 지평을 넓히는 것이 조금이나마 한국의 영문학계에 기여하는 일이 아닐까 하는 소박한 소명의식이 있었다. 그래서 나름대로는 중세와 르네상스를 아우르면서 폭넓게 공부하려고 노력하였고 그 와중에서 쓴 논문 한 편이 국제 학술지에 실리는 성과도 있었다.

꿈에 그리던 박사 학위를 받고 1998년 2월 고국에 돌아왔을 때 한국은 IMF 상황이었다. 대학에서는 구조조정의 바람이 불어 학과의 통폐합, 교과의 통폐합이 시작되고 있었다. 우여곡절을 겪으면서 시간강사도 동기들보다 오래한 끝에 2001년 3월 지방의 모 대학교 영문과에 취직하게 되었다. 막상 대학 현실에 들어가 보니 상황은 생각보다 더 좋지 않았다. 영문학은 이미 학문적 정체성을 상실하고 있었다. 학부의 영문학 관련 과목은 대부분 입문 정도의 수업으로 그치고 말았는데 과연 그러한 토양에서 학문적으로 의미 있는 영문학 연구가 가능할지 심각하게 고민하던 기억이 지금도 생생하다.

영문학에 대한 회의에 번뇌하던 중 2003년 여름 모 기관에서 주관하는 국가고사 문항 개발에 참여하게 되는 기회가 생겼다. 그 당시에는 몰랐지만, 지금 돌이켜보니 그 일이 내 인생의 전환점이 된 것이 아닌가 싶다. 그때 나는 영어교육에 종사하고 있는 학자, 연구원, 교사 등 많은 사람과 만나게 되었는데, 영어교육을 전공하는 선배 교수들로부터 영문학교육을 한번 연구해보는 것이 어떻겠느냐는 조언을

---

* 이 저서는 2011년 정부(교육부)의 재원으로 한국연구재단의 지원을 받아 수행된 연구임 (NRF-2011-812-A00192) (This work was supported by the National Research Foundation of Korea Grant funded by the Korean Government(NRF-2011-812-A00192)).

들었다. 영문학과 교육학을 접목한 영문학교육 분야가 영어교육에 필요한데 당시 그러한 연구를 하는 사람이 많지 않다는 것이었다. 나는 그 후 계속해서 국가고사, 정책연구, 교과서 관련 프로젝트 등에 참여하게 되면서 영어교육 방면 사람들과 많이 알게 되었고 점차 영문학보다는 영어교육에 더 관심을 갖게 되었다. 나름대로 영문학교육 관련 논문과 서적들도 읽기 시작하였고, 미지의 분야이나 학문적으로는 개척되어야 하는 신천지로서 영문학교육의 정체성을 정립해보려는 생각을 하게끔 되었다.

2006년 3월 현재의 한국교원대학교 영어교육과로 자리를 옮기게 되면서 이제 내게 영문학교육은 숙명처럼 되고 말았다. 교원대 자체가 교육을 특수 목적으로 하는 대학교이었기 때문에 '생존'을 위해서도 그러한 분위기에 적응하지 않을 수 없었다. 마치 돌아올 수 없는 다리를 건넌 것과도 같은 운명 의식을 느꼈다. 한국 교육의 '메카'라고 일컬어지는 교원대는 예상보다 훨씬 더 교육과 관련된 제반 연구 기반 시설과 제도가 잘 갖추어져 있었다. 마치 시스템 안에 들어온 것 같았다. 시스템 속에 있으면 보고 듣기만 해도 저절로 배우게 되는 것이 많은 법이다. 학부 및 대학원 수업, 세미나, 동료와의 대화 등 모든 것이 내게 피가 되고 살이 되었다. 무엇보다도 대학원생들이 초중등 현직 교사들이어서 그들과 함께 영어교육의 이론과 현장을 동시에 연구하고 실험할 수 있게 된 점이 나의 학문적 발전에 매우 큰 자양분이 되었다.

교원대에서는 이미 영문학교육의 다양한 분야가 실험적으로 연구되고 있었다. 아직 학문적으로 정립되어 집대성되지 않았을 뿐이지 90년대 후반부터 시, 드라마, 소설 등 각 장르별로 영문학교육 연구가 진행되고 있었다. 이러한 전통의 수혜자로서 나는 출발에서부터 학문적으로 상당한 혜택을 입었다고 볼 수 있다. 그러나 생각과는 달리 막상 이러한 영문학교육의 자산을 학문적으로 정립하는 일은 쉽지 않았다. 초중등 교과교육을 위한 영문학의 핵심적 지식 내용 체계를 정립하는 일은 그렇다 치더라도 무엇보다도 영어교육이 교육학으로서 사회과학 연구방법론을 기반으로 하고 있는 점이 새로운 학문 개척에 큰 걸림돌이 되었다. 영문학의 인문학 연구방법론에 익숙해져 있는 나로서는 교육학의 사회과학 연구방법론은 거의 새로운 학문적 훈련을 요청하는, 말하자면 박사 학위 하나를 더 따는 일에 버금가는 일이었다.

영문학교육은 영문학 자체에 대한 연구가 아니라 영문학을 활용하여 학습자의 영어 능력을 배양하는 데 목적을 두는 학문이다. 영문학교육은 영문학 자산을 교과 교육적 시각에서 초중등 교육과정에 맞추어 교수법, 교재 등을 개발하고 그것을 현장에 적용하는 학문이다. 따라서 영문학에서 이론이나 내용을 가져올 뿐 결국 그것을 담아내는 형식과 표현 방법은 교육학 방법론에 근거해야 한다. 처음에는 학생들을 가르치고 지도할 때는 교육학적으로, 논문을 쓰고 발표하는 활동은 영문 학적으로 분리하여 연구하면 되겠지 하고 생각하였다. 그러나 시간이 절대적으로 부족한 상황에서 강의와 연구를 별도로 준비해야 하는 현실은 늘 부담이었다. 사실 우리나라 사범대학 영어교육과에 재직하는 대부분의 영문학 전공 교수들은 별도로 시간을 내어 문학 관련 논문을 쓰고 발표해야 하는 딜레마에 시달리고 있다. 자신이 배운 학문을 포기하고 새로운 길을 가야하는 현실에서 대학 부임 처음부터 학문적 정체성에 대해 회의에 빠지게 된다. 처음에는 갓 부임한 젊은 패기로 문학과 교육을 새롭게 융합하려고 시도해 보지만, 결국에는 현실적인 학문적 한계에 부딪혀 중도 에서 포기하는 경우가 다반사이다.

이러한 상황에서 나는 양단간에 결정을 내리지 않을 수 없었다. 힘들겠지만 계속 해서 영문학 연구를 병행하든지, 아니면 모험이지만 교육학 연구를 하여 영문학교 육 분야를 개척해 가든지 결정을 내려야만 했다. 어느 쪽이든 내게 초인적인 각별한 노력을 요청하는 일이었으나, 결론적으로 나는 영문학교육을 선택하였다. 영문학 연구를 병행하는 일은 근본적인 문제 해결이 될 수 없었고, 또한 현실적으로 사범대 학에서의 영문학교육의 당위성이 나를 압박하였으며, 무엇보다도 그러한 신생 학문 을 개척하여 체계적으로 정립해보고 싶은 개인적인 비전이 내게 있었다.

영문학 작품은 텍스트의 길이가 길고 언어적으로 내용적으로 난해하다고 간주되 어 지금까지 많은 전문가들이 EFL 교과교육 현장에 구현하기 어렵다고 생각하였다. 그러나 나는 지난 십여 년간의 연구와 실험을 통해 우리나라와 같은 EFL 상황에서도 영문학교육이 가능하다고 확신하였다. 영문학교육에서 가장 큰 난제로 간주되는 길고 어려운 텍스트의 문제를 원전 텍스트 대신 수준별로 각색한 간략본을 수업에 도입한다면 오히려 구어체의 문학 텍스트가 학생들의 영어 습득에 더 많은 도움이 될 수 있다는 신념이 있었다. 그런 와중에 2011년 한국연구재단으로부터 저술지원사업 연구비 지원을 받게 되었고 지난 삼 년간의 각고 끝에 마침내 이 책이 완성되었다.

이제 영어교육에서도 영문학교육 분야를 학문적으로 정립할 시기라고 본다. 영문학교육이 영어교육의 한 분야로서 학문적 정립을 이룰 때 영어교육은 학문적으로 더 깊이 있고 다양하며 풍성하게 될 것이다. 이 책은 바로 이러한 시대적, 학문적 요청을 배경으로 탄생하였다.

이 책에서는 영문학교육의 필요성, 각 문학 장르와 언어 습득과의 관계, 총체적언어교수법, 각 장르별 교수·학습 모형 및 자료, 평가 방법 등을 제시하고 있다. 나아가 영문학교육을 전공하고자 하는 후학들을 위해 영문학교육 연구방법론도 소개하고 있다. 이 책을 가지고 공부하는 후배 연구자들은 나처럼 영문학과 영어교육 사이에 갈등과 고민 없이 이 땅에서 영문학교육론을 마음껏 펼칠 수 있길 바란다. 또한 본 영문학교육론이 일본, 중국, 대만 등 우리나라와 영어교육 상황이 비슷한 다른 EFL 국가들에게도 EFL 영문학교육의 모델을 제시함으로써 영문학교육 분야에서 세계적 학문을 선도할 수 있기를 기대한다.

끝으로 이 책이 나오기까지 도움을 주신 많은 분들께 감사드린다. 우선 지금은 한국교육과정평가원에서 은퇴하셨지만 이의갑 박사님께 진심으로 감사의 마음을 전한다. 이의갑 박사님은 나를 영어교육의 길로 들어서게끔 인도해주신 분이다. 이의갑 박사님과 함께 일하면서 나는 우리나라 영어교육의 정책, 연구, 현장, 평가 등을 두루 경험하고 파악할 수 있었다.

숭실대 박준언 교수님께도 이 자리를 빌어 심심한 감사의 말씀을 드리고 싶다. 박준언 교수님과는 영어교육과 관련한 다양한 프로젝트를 같이 하면서 알게 되었는데, 교과서 집필, TEE 과제, CBI 과제 등 지금 돌아다보면 초창기 세월을 거의 박준언 교수님과 같이 보낸 것이 아닌가 싶을 정도다. 박준언 교수님과 함께 우리나라 영어교육과 관련하여 다양한 연구를 수행한 경험은 이 책을 집필하는 데 큰 밑거름이 되었다.

경기과학기술대학교 최성희 교수님께도 감사드린다. 최성희 교수님과는 2009년 한국연구재단의 영어 다독 과제를 같이 수행하였는데 그때 실험 설계 과정과 연구 방법 및 절차에 관해 내게 많은 도움을 주었다.

교원대 같은 과에 계시는 박성수, 민찬규, 이재근 교수님께도 감사를 드린다. 그분들과 같이 동료로 재직하면서 우리나라 영어교육의 실태를 잘 파악할 수 있었던 것은 내게 행운이라고 할 수 있다.

또한 영어교육과 관련된 통계의 다양한 의미를 알게 해준 이제영 박사, 바쁜 가운데 이 책을 꼼꼼히 읽어 가면서 오탈자 교정과 유익한 코멘트를 아끼지 않은 이수영, 최영은 대학원 박사과정, 이선주 석사과정 제자 선생님들께도 감사의 마음을 전한다.

마지막으로 나를 끊임없이 면학의 길로 채찍질 해준 아내 안미진 교수와 멀리 타국에서 자신의 길을 스스로 개척해 가고 있는 든든한 아들 의창에게도 사랑한다는 말을 전하고 싶다.

나는 이제 영문학교육 분야로 들어섰다. 이 길로 들어선 만큼 앞으로 영문학교육을 위해 더욱 매진하여 우리나라가 EFL 영문학교육 분야에서 세계의 메카가 될 수 있도록 최선을 다하고자 한다.

2014년 8월 31일
교원대 청람벌 연구실에서

차례

머리말 __ v
표차례 __ xvi
그림차례 __ xix

I. 서론 ··· 1
1. 영문학의 위기와 개선 방안 ····································· 2
1) 교과과정 ··· 3
2) 교재 ··· 4
3) 교수법 ··· 6
2. 영문학교육의 목표 ··· 6
3. 영문학의 유용성 ··· 9
4. 영문학교육의 역사 ··· 10

II. 학습자문학 ··· 14
1. 학습자문학의 개념 ··· 14
2. 진정성 논쟁 ··· 16
3. 학습자문학 교육과정 ··· 17
4. 학습자문학 교재 모형 ··· 19
1) 상징적인 그림이 있는 책 표지 및 삽화 ············· 20
2) 작가 소개란 ··· 21
3) 작품 소개란 ··· 21
4) 등장인물 그림 소개란 ··· 22
5) 시각적 배경 소개 ··· 22
6) 본문 내 그림 어휘 사전 ····································· 22
5. 영문학 장르의 재구성 ··· 23
1) 문학에서 학습자문학으로 ··································· 23

(1) 소설에서 이야기로 ·· 23
  (2) 희곡에서 스크립트로 ·· 24
  (3) 시에서 시적 언어로 ·· 26
  2) 문학 장르와 언어 습득 ·· 27

III. 학습자문학 교수법 – 총체적언어교수법 ···················· 31
1. 문학교육과 총체적언어교수법 ·· 31
2. 총체적 언어 ·· 36
3. 총체적 언어 습득론 ··· 40
  1) 생존을 위한 언어 습득 ··· 40
  2) 사회문화적 언어 습득 ·· 41
  3) 전체에서 부분으로 언어 습득 ·· 44
  4) 창조적 오류 과정으로서 언어 습득 ································· 47
  5) 자기주도적 언어 습득 ·· 50
4. 문해 습득과 문학 텍스트 ··· 51
5. 이야기 글 vs. 설명문 – 구어(체) vs. 문어(체) ······················ 55
6. 총체적 언어 교수·학습 원칙 ·· 60
7. 총체적 언어 평가 ·· 67
  1) 질적 평가 ··· 67
  2) 평가 원칙 ··· 71
  3) 오독과 오독 분석 ··· 72
  4) 오독 목록 ··· 73
    (1) 초기 면접 ·· 74
    (2) 구두 읽기 ··· 75
    (3) 다시말하기 ·· 77
    (4) 읽기 성찰 ··· 77
    (5) 오독 분석 ··· 78
    (6) 교육과정 기획 ··· 79
8. 총체적언어교수법과 의사소통중심교수법 ····························· 80
9. 총체적언어교수법 기반 학습자문학 교수·학습 모형 ············· 83
  1) 개요 ··· 83

(1) 읽기 전 활동 단계 ·················· 83
  (2) 읽기 중 활동 단계 ·················· 84
  (3) 읽기 후 활동 단계 ·················· 84
  2) 교수·학습 과정 ······················· 85
   (1) 학습 목표 ························ 85
   (2) 목표 대상 ························ 85
   (3) 수업 목표 ························ 85
   (4) 교재 ···························· 85
   (5) 교수·학습 과정 ··················· 86
   (6) 차시별 세부 활동 설명 ············ 86
 10. 연구의 방향성 ························ 92

IV. 이야기 지도법 ··························· 95
 1. 이야기 글의 중요성 ····················· 95
 2. 이야기 구조와 언어 습득 ················ 98
 3. 이야기 문법 모형 ······················ 105
 4. 이야기 문법 기반 스토리텔링 ············ 113
  1) 정의 ······························ 115
  2) 유용성 ···························· 115
  3) 유형 ······························ 117
 5. 이야기 문법 기반 스토리텔링 교수·학습 모형 ·········· 118
  1) 개요 ······························ 118
   (1) 읽기 전 활동 단계 ················ 119
   (2) 읽기 중 활동 단계 ················ 119
   (3) 읽기 후 활동 단계 ················ 119
  2) 교수·학습 과정 ····················· 120
   (1) 학습 목표 ······················· 120
   (2) 목표 대상 ······················· 120
   (3) 수업 목표 ······················· 120
   (4) 교수·학습 과정 ·················· 120
   (5) 차시별 세부 활동 설명 ··········· 121
 6. 연구의 방향성 ························ 124

V. 다독 지도법 ·········· 125
1. 다독과 학습자문학 ·········· 125
2. 다독의 개념 ·········· 128
1) 정의 및 특성 ·········· 128
2) 유용성 ·········· 129
3) 다독 교수법의 원칙 ·········· 131
3. 다독과 EFL 환경 ·········· 131
1) 어휘 목록 확립 ·········· 133
2) 한국형 EFL 독서지수 개발 ·········· 137
3) 독서 능력 진단 평가 시험 개발 ·········· 145
   (1) 렉사일 검사 ·········· 145
   (2) MRLT ·········· 146
   (3) EPER ·········· 146
4) EFL 다독 교재 모형 개발 ·········· 148
5) 다독 교육과정 확립 ·········· 151
   (1) 다독 교과과정 혹은 다독 프로그램 ·········· 152
   (2) 영어 도서관 ·········· 153
   (3) 소재 ·········· 154
   (4) 어휘 ·········· 154
   (5) 교수·학습 ·········· 154
4. EFL 영어교육 대안으로서 다독 ·········· 158

VI. 스크립트 기반 언어·문화 통합 지도법 ·········· 160
1. 드라마 교육의 어려움 ·········· 160
2. 스크립트의 개념 및 특성 ·········· 162
3. 스크립트와 언어 습득 ·········· 169
4. 스크립트 기반 언어·문화 통합 수업 방안 ·········· 174
5. 연구의 방향성 ·········· 180

VII. 교육 연극 기법을 활용한 드라마 지도법 ·········· 183
   1. 드라마의 유용성 ··· 183
   2. 교육 연극 ·· 190
   3. 교육 연극 기법 ··· 195
   4. 교육 연극 기법 기반 영미 드라마 교수·학습 모형 ·········· 197
      1) 개요 ·· 197
         (1) 학습 목표 ·· 197
         (2) 교수·학습 과정 ···································· 198
         (3) 차시별 세부 활동 설명 ························· 198
   5. 연구의 방향성 ·· 205

VIII. 패턴시 기반 영어 수업 방안 ·························· 208
   1. 영시에 대한 편견 ·· 208
   2. 시적 언어 ·· 210
      1) 구어성, 일상성 ·· 212
      2) 리듬과 패턴 ·· 213
      3) 리듬 패턴과 언어 습득 ······························ 214
      4) 리듬 패턴의 유형 ····································· 220
   3. 패턴시 기반 영어 교수·학습 모형 ····················· 221
      1) 패턴시의 개념 ··· 221
      2) 교수·학습 과정 ······································· 224
         (1) 발견하기 단계 ····································· 224
         (2) 체험하기 단계 ····································· 227
         (3) 발표하기 단계 ····································· 230
   4. 패턴시 학습의 의의 ··· 231

IX. 리듬 기반 영어 수업 방안 ································ 233
   1. 리듬 교육의 필요성 ··· 233
   2. 리듬의 개념 ··· 234

>   3. 율격론 ··· 237
>   4. 리듬 기반 영어 교수·학습 모형 ·· 247
>   5. 리듬 학습의 의의 ··· 255

X. 평가 모형 및 연구방법론 ·· 257
>   1. 영문학 평가의 문제점 ·· 257
>   1) 읽기 지문의 편향성 ·· 258
>   2) 종합적 사고력 평가 ·· 259
>   3) 문학 평가 문항의 단순성 ·· 259
>   4) 신유형 개발의 필요성 ·· 261
>   5) 통합 기능적 평가 ··· 266
>   2. 연구방법론 ·· 266
>   1) 연구의 대상 ·· 266
>   2) 연구의 유형 ·· 268
>   3) 연구의 방향성 ·· 269

XI. 결론 ··· 270

> 참고문헌 __ 277
> 부록 __ 299
> 찾아보기 __ 329

표 차례

표 II.1 문학에서 학습자문학으로 ··· 23
표 III.1 언어 습득을 쉽게/어렵게 만드는 요인 ·························· 39
표 III.2 Five Expository Text Structures ······························· 54
표 III.3 구어와 문어 차이 ·· 56
표 III.4 Developmental Checklist on Environmental Print ········ 69
표 III.5 Literature Interview Sheet ·· 70
표 III.6 문제 해결 의존형 학생과의 인터뷰 ······························ 74
표 III.7 가족 문해의 영향을 보여주는 인터뷰 ··························· 75
표 III.8 타자본의 예 ··· 76
표 III.9 다시말하기 유형 ··· 77
표 III.10 읽기 성찰 질문법 ·· 78
표 III.11 오독 분석 – 코딩 ··· 78
표 III.12 패턴 발견 질문법 ·· 79
표 III.13 CLT vs. WLA ·· 81
표 III.14 총체적언어교수법 기반 학습자문학 교수·학습 모형 ········ 83
표 III.15 수업 교재와 패턴 유형 ·· 86
표 III.16 차시별 세부 활동 설명 ·· 87
표 IV.1 회상 검사 채점 원칙 ··· 101
표 IV.2 회상 검사 채점 기준표 ·· 101
표 IV.3 이야기 구조의 전이 ··· 103
표 IV.4 이야기 문법의 내용 범주 ·· 106
표 IV.5 이야기 문법의 예 ·· 109
표 IV.6 이야기 구조 일반 질문법 ·· 110
표 IV.7 EFL 이야기 문법 ·· 111
표 IV.8 이야기 문법 기반 스토리텔링 교수·학습 모형 ················ 119
표 IV.9 차시별 세부 활동 설명 ··· 121

표 V.1 Text Type and Text Coverage by the Most Frequent 2,000 Words of English and Academic Word List in Four Different Kinds of Texts ··············· 136
표 V.2 학년별 다독 목록 어휘 수 ··············· 136
표 V.3 Lexile Measures ··············· 140
표 V.4 한국형 독서지수 공식 ··············· 143
표 V.5 한국형 다독을 위한 어휘 수와 문장 길이 ··············· 144
표 V.6 텍스트 난이도와 접근성에 영향을 미치는 요인 ··············· 149
표 V.7 다독 프로그램 예시 ··············· 153
표 V.8 다독 교재 장르별 분류 ··············· 154
표 V.9 다독 교수·학습 모형 ··············· 155
표 VI.1 레스토랑 스크립트 ··············· 164
표 VI.2 미국 레스토랑의 스크립트 ··············· 167
표 VI.3 중국 레스토랑의 스크립트 ··············· 168
표 VI.4 지식 구조와 영어 표현의 배열 ··············· 170
표 VI.5 한국어 스크립트 생성하기 ··············· 175
표 VI.6 레스토랑 가기 행동 양식 절차 비교 ··············· 177
표 VI.7 주문하기 스크립트 및 대화문 ··············· 178
표 VI.8 스크립트 기반 언어·문화 통합 수업모형 ··············· 179
표 VII.1 Theater vs. Drama ··············· 190
표 VII.2 차시별 세부 활동 설명 ··············· 199
표 VIII.1 두운 연습 ··············· 225
표 VIII.2 각운 연습 ··············· 227
표 VIII.3 목록시 ··············· 228
표 VIII.4 알파벳시 ··············· 228
표 VIII.5 직유시 ··············· 229
표 VIII.6 줄기시 ··············· 229
표 VIII.7 시적 형식 패턴시 ··············· 230
표 VIII.8 두문자시 ··············· 230

표 IX.1 강세를 받는 단어 범주 ……………………………… 238
표 IX.2 강세를 받지 않는 단어 범주 …………………………… 238
표 IX.3 음보의 종류 ……………………………………………… 240
표 IX.4 율격의 종류 ……………………………………………… 242
표 IX.5 단계별 세부 활동 설명 ………………………………… 249
표 X.1 2011년 수능 심경 문항 ………………………………… 260
표 X.2 등장인물 특징 묘사하기 유형 ………………………… 262
표 X.3 이야기 도식 완성하기 유형 …………………………… 263
표 X.4 추론적 이해 문항 유형 ………………………………… 264
표 X.5 종합적 이해 문항 유형 ………………………………… 265

그림 차례

그림 III.1 교수·학습 과정 ·················· 86
그림 IV.1 Mandler의 이야기 구조 수형도 ·················· 108
그림 IV.2 EFL 이야기 구조 수형도 ·················· 112
그림 IV.3 교수·학습 과정 ·················· 120
그림 V.1 교재 구성의 세부 사항 ·················· 150
그림 VII.1 A Continuum of Drama Approach ·················· 191
그림 VII.2 교육 연극 교수·학습 과정 ·················· 198
그림 VIII.1 NASA Quest 2005 ·················· 222
그림 VIII.2 패턴시 기반 영어 교수·학습 과정 ·················· 224
그림 IX.1 리듬 기반 영어 교수·학습 과정 ·················· 248

I. 서론[*]

이 책은 우리나라 영어교육의 목적과 특성에 적합한 EFL(English as a Foreign Language) 영문학교육의 이론적 체계를 '학습자문학(learner literature)'의 개념을 중심으로 정립하고 이를 바탕으로 실제 현장에 적용 가능한 영문학 교재 모형 및 교수·학습 방법의 제시를 목표로 한다.

이 책에서 제시하는 EFL 영문학교육론은 그동안 영어교육 학계에서 난제로 간주되었던 영문학을 어떻게 EFL 영어교육에 접목시킬 수 있는지에 대한 이론과 실제를 저술로 집대성함으로써 향후 EFL 영문학교육 분야의 초석을 닦고 영어교육의 학문적 지평의 확장에도 기여하고자 한다.

---

[*] 이 책에 인용되고 참고가 된 본 연구자의 주요 논문은 다음과 같다. 제 1장, (2006). 영문학교육의 새 방향 - 문화교육. *영미문학교육, 10*(1), 85-110; 제 3장, (2013). 총체적 언어 교수법 기반 EFL 문학 수업 모형과 문해 습득. *영미문학교육, 17*(1), 5-53; 제 4장, (2011). 언어 습득 과정에서 이야기 학습의 의미. *영미문학교육, 15*(2), 65-97; 제 5장, 김경한, 이용배, 최성희, 김영미, 홍주희. (2012). 한국형 다독을 위한 독서 능력 측정 검사지 개발. *영어교육연구, 24*(3), 213-238; Kim, Kyong-Hahn, Hong, Ju-Hee, Choi, Seonghee, & Kim, Young-Mi. (2013). Developing the appropriate vocabulary size for extensive reading in Korean EFL contexts. *English Language & Literature Teaching, 19*(2), 83-102; 김경한, 홍주희, 최성희, 이용배, 최진희. (2013). 한국형 다독 교재 모형 개발. *외국어교육, 20*(2), 237-269; 제 6장, (2014). 스크립트(script) 기반 언어·문화 통합 수업 방안. *영미문학교육, 18*(1), 55-81; 제 7장, (2012). 교육연극 기법 기반 영미 드라마 수업 모형. *영미문학교육, 16*(2), 47-81; 제 8장, (2007). 패턴시 쓰기 활동 기반 영미시 교육. *영미문학교육, 11*(1), 5-22; 제 9장, (2010). 시적 자료를 활용한 영어 리듬 교수·학습 모형 개발. *영미문학교육, 14*(2), 79-120.

1. 영문학의 위기와 개선 방안

우리나라에서 학문으로서 영어교육이 출발한 시기를 명확히 규정하기는 어렵지만 우리나라의 대표적인 영어교육 학회인 '한국영어교육학회(The Korea Association of Teachers of English: KATE)'의 창립 연도가 1965년임을 감안하면 넓은 의미에서 영어교육의 역사는 50여 년이 된다고 할 수 있다. 좁은 의미에서는 1990년대에 들어서서 영어교육에서 소위 '혁명'이라고 일컬어지는 제 6차 교육과정(1993~1997)이 출범하면서부터라고 할 수 있는데 이때부터 영어교육 정책이 의사소통 중심 영어교육으로 전환되면서 영어교육의 체계적인 학문적 토대가 확립되었다고 볼 수 있다. 제 6차 영어과 교육과정에서는 실질적인 의사소통능력을 신장시킬 목적으로 기존의 구조주의 교수요목(structural syllabus) 대신에 기능주의 교수요목(functional syllabus)을 도입하여 문법 구조보다는 실용영어 능력, 의사소통 능력의 배양을 영어교육의 가장 중요한 목표로 정립하였다(배두본, 1992). 1995년 11월에는 당시 문민정부의 세계화 정책의 일환으로서 조기영어교육을 위해 초등학교 영어과 교육과정의 부분적인 개편이 추가적으로 이루어졌고 이에 따라 초등학교에도 영어 과목이 처음으로 도입되었다(교육부, 1995). 1990년대의 이러한 변화들은 교사양성기관의 교과과정에도 영향을 끼쳐 '영어과 교재연구,' '영어 평가론' 등과 같은 1980년대와 비교해 질적으로 매우 다른 내용의 교과목들이 사범대학 및 교육대학의 교과과정에 개설되기 시작하였다.

이러한 격변 속에서 그동안 사범대학 영어교육의 한 축을 담당해 온 영문학은 심각한 위기를 맞이하였다. 특히 의사소통의 상호작용 과정을 배제한 채 길고 어려운 텍스트 읽기를 중심으로 하는 영문학 과목들은 의사소통중심의 새로운 교과과정에서 구조조정의 대상이 되었다. 새로운 교과과정은 교육과 어학 중심으로 조정되고 문학은 배제되는 경향을 띠었는데 이러한 분위기를 반영하듯이 영어교육과에 영문학 전공 교수가 한 명도 없는 사범대학들이 생겨나기도 하였다. 당시 '문학의 죽음' 논쟁도 영문학의 매도 분위기에 일조하였는데 Kernan (1990)과 같은 학자는 1990년대 이후의 영미권 문학을 진단하면서 자신의 저서 제목을 '영문학의 사망'으로 명명하기도 하였다(p. 1). 문학의 발전 뒤에는 의사소통의 중심 매체로 문자가 사용되었던 활자문화(print culture) 시대의 활력이 존재하는데 정보통신기술 혁신을 통해 컴퓨터와 인터넷으로 대변되는 새로운 의사소통 수단들이 활자문화로부터 소위 영상문화(image culture) 시대로의 전환을 유도함으로써 활자문화에 기초해 온 문학은 총체적인 해체 국면을 맞게 되었다.

시대적 위기의식에 따라 영문학도 나름대로 생존을 위한 자구책 마련에 부심하였다. 특히 교사양성기관으로서 사범대학을 중심으로 영문학교육을 위한 다양한 대안들이 실험되었다. 결론적으로 이러한 대안들은 대부분 성공을 거두지 못한 미봉책으로 끝났으나 영문학교육의 개선 방안을 마련하기 위해서는 그동안 영문학교육이 어떠한 변화 과정을 겪었는지 검토해 볼 필요가 있다. 이러한 작업은 영문학교육의 방향성 및 정체성을 찾아가는 과정이라고 할 수 있고 이는 곧 영문학교육의 학문적 본질이 무엇인지에 대한 중요한 단초를 제공할 것이기 때문이다. 영문학교육의 그간의 노력을 구체적으로 교과과정, 교재(텍스트), 교수법의 시각에서 각각 재구성해 보면 다음과 같다(김경한, 2006).

1) 교과과정

1990년대에 들어서서 사범대학의 교과과정은 크게 바뀌게 되었다. 그 전까지는 인문대학과 사범대학의 교과과정이 많이 다르지 않았으나 1990년대에 들어서면서부터 사범대학의 학문적 정체성을 구축해야 한다는 움직임이 일어서 기존의 학문 내용에 대한 교과교육적 연구가 활성화되기 시작했다. 영어교육과의 교과과정 개편은 주로 문학 관련 과목들을 대폭 축소하는 방향으로 진행되었다. 영문학 과목이 영어 학습에 도움이 되지 않는다는 인식하에 문학 관련 과목들을 폐지하고 그 대신 영어회화 및 영어작문 등의 실용영어 과목을 증설하거나, 아니면 영어교수법 관련 과목으로 변경하거나 하였다. 문학 관련 과목 자체도 명칭을 수정하여, 예를 들어 '영미문학의 배경,' '영미문학과 현대문화' 등에서처럼 딱딱한 외관을 탈피하고 보다 실생활에 친숙한 이름으로 개명하였다. 그 결과 극단적인 경우 문학 관련 과목이 총론으로는 영국문학사(혹은 영국문학개관), 미국문학사(혹은 미국문학개관) － 큰 대학을 제외하고는 영국문학개관과 미국문학개관을 아예 영미문학사(혹은 영미문학개론)로 합친 경우가 대부분이다－, 각론으로는 영미시, 영미희곡, 영미소설 등의 과목이 통폐합되거나 각 장르당 한 강좌씩만 남게 되기까지 하였다. 따라서 대부분 시대별로 대표 작가의 작품을 중심으로 개략적인 소개 형식의 수업을 할 수밖에 없게 되었고 영문학을 심도 있게 세부 전공으로 나누어 학습하기에는 교과과정상 현실적인 한계에 부닥칠 수밖에 없게 되었다. 최근 들어서는 그나마 잔존하는 문학 과목도 '교육'이라는 명칭이 붙여져서, 예를 들어 '영미시교육론,' '영미희곡과 영어교육,' '영미소설교육' 등에서처럼 기존의 영문학적 정체성보다 영어교육적 목표의식을 더 강조하는 과목명으로 바뀌고 있는 추세이다.

2) 교재

교재와 관련하여 제시된 대안은 네 가지 방향으로 압축될 수 있다. 첫째, 기존의 전통적인 영문학 정전(canon)을 그대로 유지하되 그 대신 모든 과목을 영어로 진행하는 방법이다. 이것은 우리나라 현실에 ESL(English as a Second Language) 상황을 구현하자는 내용이다. 이 제안의 장점으로는 기존 영문학 정체성을 최대한 살리면서 동시에 실용영어 학습에도 소기의 성과를 거둘 수 있다는 점이다. 그러나 이를 위해서는 교수와 학생들 간에, 나아가 학생들 상호 간에 영어로 의사소통이 되어야 하는데 이러한 상황의 조성은 당분간 현실적으로 불가능해 보인다. 장차 대학에 영어마을(English Village)과 같은 영어 환경이 조성되고 원어민 교수들이 대거 투입되면 이러한 학습이 가능할지도 모른다. 그럼에도 불구하고, 그러한 환경이 조성된다고 하여도 우리나라 학생들이 굳이 영문학을 학문으로서 전공할 필요가 있는지에 대한 회의는 여전히 남는다.

둘째, 기존의 영문학 정전 혹은 정전에 속하는 작가들의 작품을 텍스트로 사용하되, 그 대신 교실에서의 영어 학습에 용이한 작품만을 발굴하여 사용하는 방법이다. 예를 들어, T. S. Eliot의 *The Waste Land* 대신에 "The Love Song of J. Alfred

Prufrock"을, James Joyce의 *Ulysses* 대신에 *Dubliners*를 학습하는 방법이다. 이 방법은 언어 학습의 측면에서는 소기의 목적을 달성할 수 있으므로 학생들에게는 어느 정도 효과가 있을 것으로 기대된다. 그러나 기존의 문학적 시각에서 보면 작가의 핵심 사상을 구성하는 대표작을 다루지 않고서 과연 의도한대로 영문학 정전을 유지하는 효과를 달성할 수 있을지는 의심스럽다.

셋째, 위의 단점을 보완하는 것으로서 기존의 영문학 정전은 유지하되 정전의 언어적 측면을 단순화시킨 소위 간략본(simplified text) 혹은 어린이본(children's version)을 만들어 사용하는 방법이 있을 수 있다. 여기서 간략본이란 작품의 고유한 의미를 보존하되 그 내용을 학습자의 언어 수준에 맞추어 어휘의 수준과 개수를 축소시킨 작품을 말한다. 예를 들어, William Shakespeare의 *Hamlet*을 만화로 만든 텍스트, 어린이를 대상으로 쉽게 풀어쓴 이야기 글, 혹은 영화 상영을 위해 현대 영어로 각색한 영화 각본 등이 그것이다. 간략본은 문학성이 최소화되는 대가를 치르지만, 기존의 정전에 대한 문학 연구가 그래도 가능하다는 점이 장점이다. 반면, 단점으로는 우선 각 장르의 특성과 스타일을 유지하면서 개작하는 일이 쉽지 않다는 점이다. 예를 들어, 시의 경우 장르의 특성상 개작은 거의 불가능하다. 또한, 내용상으로도 간략본이 원문에 완벽하게 충실한 구현이 될 수 없다. 단순화된 간략본 *Hamlet*을 통해 문학적인 가치의 손상 없이 원본의 *Hamlet*이 전달하는 다양하고 함축된 메시지를 전달하는 것이 과연 가능할지는 생각해 볼 필요가 있다.

넷째, 간략본의 단점을 보완하는 방법으로서 처음부터 학생의 영어 수준에 맞는 문학 작품을 선택하여 사용할 수도 있다. 이것은 기존의 영문학 정전을 포기한다는 의미이다. 예를 들어, 기존의 영문학 정전 대신에 아동문학, 청소년문학, 통속연애소설, 기업소설, 대중문학, 추리문학, 판타지, 만화 등을 텍스트로 사용하는 것이다. 영시의 경우도 기존의 시대별 대표 작가인, 예를 들어 Alexander Pope나 John Keats 등의 시 대신에 전래동요, 노래, 동음이의어 등으로 시의 영역을 확대, 재정의하고 그것들을 텍스트로 사용할 수 있다. 실제로 아동문학은 현재 여러 대학의 영문학 관련 교과목으로 채택되어 운영되고 있기도 하다. 그럼에도 불구하고, 이러한 텍스트들은 주로 흥미 위주의 내용과 독서여서 말 그대로 즐거운 글 읽기의 차원으로 끝나고 말 위험이 있다. 이 텍스트들은 대부분 혼자 학습해도 무방한 것들이어서 과연 교실에서 문학 텍스트로서 다룰 만한 가치와 의의가 있을 것인지에 관해서는 이견이 있을 수 있다.

3) 교수법

교수법에 관련된 대안들은 그동안 매우 다양하게 제시되었다. 내용 예상하기, 어휘 퍼즐, 발표하기, 요약하기, 주제 쓰기, 제목 쓰기, 핵심어 찾기, 다시 쓰기, 그림으로 표현하기, 결론 예측하기, 스토리텔링, 역할극, 공연, 일기 쓰기, 토론, 빈칸 채우기, 일치/불일치 판단하기, 연결하기, 말풍선 채우기, 표 채우기, 오류 찾기, 팝업 퀴즈 등 지금까지 영문학교육의 해법이 주로 교수법 측면에서 궁구된 듯한 인상을 줄 정도다. 이러한 이유는 영문학 위기의 핵심이 전통적인 문법 번역식 교수법(Grammar-Translation Method: GTM)에 있다고 간주되었기 때문이다. 그럼에도 불구하고, 여전히 문제가 치유되지 않고 있는 현실은 문제의 핵심이 교수법이 아닌 다른 부분에, 예를 들어 교수법보다는 오히려 어려운 텍스트에 있는 것이 아닌가 하는 생각을 들게 한다. 어떻게 보면 지금까지의 영문학 교수법이 정밀 독서(close reading)와 해석(translation)에 의존한 것도 텍스트가 어려운 환경에서는 그것이 최선의 문학 교수법이 될 수밖에 없었기 때문이 아닌가 싶다. 그러한 이유로 교수법과 관련하여 제시된 방안들은 아무리 혁신적인 방안이라고 하더라도 기존의 영문학 정전 텍스트를 고수하는 한 그 교수법이 무의미해지는, 말하자면 내용과 형식이 겉도는 논의가 될 수 있다.

2. 영문학교육의 목표

영문학교육은 지금까지 부단한 실험에도 불구하고 그 해결책을 찾지 못하고 있다. 이러한 실패의 이유는 무엇보다도 영문학교육에 명확한 목표 의식이 없기 때문이다. 지난 20여 년간 시행착오의 근본적인 문제점은 영문학교육에 있어서 기존의 영문학 학습 목표와 텍스트 및 방법론을 그대로 유지하면서 영어교육과의 접목을 시도한 점이다. 전통적인 영문학 고유의 정전을 바탕으로 하는 교과과정을 유지하는 한 아무리 혁신적인 교수법과 교육 환경을 구축한다고 해도 본질은 변하기 어렵다. 따라서 기존의 전통적인 영문학교육의 정체성 혹은 비전을 그 근본에서부터 바꾸지 않는 한 영문학교육에 관한 논의는 계속 표류할 것이다. 영문학교육의 실험이 성공하기 위해서는 이제 기존의 영문학과는 근본적으로 다른 새로운 학문으로서의 영문학교육의 비전 및 교육 목표를 정립하는 것이 필요하다.

우선, 인문학적인 학문적 토대를 둔 '영문학'과 교육학적인 학문적 토대를 가진 '영문학교육'이 학문적으로 동일하지 않다는 사실을 수용할 필요가 있다. 주로 영문학과를 중심으로 연구되는 영문학은 문학 작품을 통해 소위 '삶의 비평(a criticism of life)' 능력을 배양하는 것을 주요한 교육 목표로 삼지만 영어교육과에서 다루는 영문학의 역할은 학습자의 영어 능력을 함양하기 위해 사용되는 유용한 자료로서 그 중요성을 가진다고 할 수 있다. 영문학 연구에 초점을 둔 수업에서는 텍스트에 대한 꼼꼼한 읽기를 기본으로 하면서 영문학사를 포함하는 사조, 작가, 작품, 시대 배경 등에 대한 지식, 문학 비평 용어, 그리고 문학적 관습 등에 대한 학습이 주를 이루는 반면, 영문학교육 수업에서는 문학적 가치가 있는 정전보다는 흥미로운 내용의 문학 텍스트 중심으로 자료가 선택되고 문학적 지식보다는 학습자의 언어 능력을 향상시키기 위한 다양한 언어 학습 활동으로 수업이 구성된다. 이러한 맥락에서 Carter와 Long(1991)도 문학 수업의 두 가지 방향성, 즉 '연구를 위한 문학(literature for study)'과 '자료로서의 문학(literature as a resource)'의 유용성에 대해 구분할 필요가 있다고 언급한 바 있다(pp. 3-4).

사범대학의 영문학교육이 인문대학의 영문학과 같을 수 없는 보다 근본적인 이유는 영문학교육의 연구 대상은 그것이 초중등 '교과(subject)'의 내용이 될 것을 목표로 한다는 점에 있다. 그 때문에 사범대학에서 영문학의 범위와 내용은 매우 제한적일 수밖에 없고 그러한 제한성을 가지면서도 학문적 정수를 담아내어야 하므로 거의 새로운 학문이 될 수밖에 없다. 예를 들어, 영문학 작품을 초중등학교에서 가르친다고 할 때 영문학 텍스트 자체를 온전히 그대로 가져올 수는 없는 일이고, 텍스트 중에서 아주 핵심적인 내용만을, 그것도 극도로 간략, 압축해서 한정된 시간에 영어교육을 위해 매우 쉽게 전달해야 하기 때문에 거의 새로운 텍스트, 새로운 교수·학습법이 요구된다.

따라서 순수 학문으로서 영문학 연구는 전통적인 영문학 정전에 영향을 받은 교과과정을 중심으로 구성되지만 응용 학문으로서 영문학교육은, 특히 우리나라와 같은 EFL 환경에서의 영문학교육은 국가 수준의 교육과정에 영향을 받아 교과과정을 구성하게 되고 그에 따라 학년별, 수준별 텍스트 혹은 교과서로 개발되어야 한다. 영문학교육은 영어 자료로서 영문학을 초중고 교실의 '교과교육' 현장에 여하히 적용할 수 있는 내용으로 만들 수 있는지에 사활이 달려있다고 해도 과언이 아니다. 요컨대, 영문학교육은 국가 수준의 영어과 교육과정의 관점에서 초중등 영어 교과 현장에 적합한 영문학 교재, 교수법, 평가 등에 대한 해답을 찾으려는 학문으로 정의된다.

이제 기존의 영문학과 영어교육 이론들을 바탕으로 EFL 환경을 위한 영문학교육 이론을 개발하고, 이에 기반한 EFL 영문학 교수·학습법을 도출하며, 그것을 오랜 세월에 걸쳐 실제 교실 현장에 실험 적용하는 과정을 거쳐 구축된 자료들을 분석하여 정립된 총체적인 EFL 영문학교육론이 필요한 시점이다. EFL 영문학교육은 국가 수준의 교육과정에 따른 초중등 교과교육의 내용이 될 것을 목표로 한다는 점에서 기존의 영문학 연구와는 다른 새로운 영역의 학문 분야로 간주되어야 한다. EFL 영문학교육의 교육 목표는 언어로서 영어 능력을 배양하는 것을 기본으로 하되, 이러한 목표를 달성하기 위해 영문학 자료, 즉 영문학의 장르적 특성과 형식이 활용되며, 나아가 교실 현장에서의 수업 적용을 위한 효과적인 교재 모형과 교수·학습법을 요청하는 새로운 학문으로 정의된다.

3. 영문학의 유용성

지금까지 EFL 현장에 적용하는 데 문제가 있음에도 불구하고 영문학을 영어교육의 입장에서 포기하지 못하는 이유는 간단하다. 그것은 영어 자료의 보고이자 영어권 문화의 유산으로서 영문학이 영어 학습에 매우 유용한 자료이기 때문이다. 언어 학습에 있어서 문학의 유용성을 부인하는 사람은 거의 없을 것이다. 많은 학자들은 영문학이 영어 학습에 유용한 여러 가지 장점을 가지고 있다고 주장한다. Carter와 Long(1991)은 영문학 학습의 장점으로 '문화 모형(the cultural model),' '언어 모형(the language model),' '자아 성장 모형(the personal growth model)'을 제시한 바 있다(pp. 2-3). 이들에 따르면, 학습자는 영문학을 통해 목표 문화(target culture)의 축적된 지혜와 가치관 – 'the best that has been thought and felt within a culture' – 을 습득할 수 있다. 또한, 학습자는 문학 자료를 읽으면서 다양한 문체, 어휘, 구문 등을 익힘으로써 언어 발달을 향상시킬 수 있다. 나아가 학습자는 문학 자료를 통해 궁극적으로 자기 자신의 성장을 도모하고 자신의 자아를 둘러싼 사회와 올바른 관계를 정립하는 데 도움을 받을 수 있다.

한편, McKay(1982)는 진정한 언어 교육이란 단순히 어휘나 문법적 능력을 습득하는 언어적 차원에서만 끝나는 것이 아니라 언어의 문화적, 심미적, 인식론적 차원에까지 도달하여야 한다고 주장하면서 문학은 이러한 차원에 도달할 수 있게 해주는 훌륭한 텍스트라고 하였다. 문학은 언어 규칙이 활용되는 자료의 풍부한 보고일 뿐만 아니라, 목표 언어의 문화 탐구를 가능하게 하고, 내용이 있으므로 인지적, 정의적으로 흥미와 동기를 부여할 수 있으며, 나아가 인문학적 상상력 혹은 창의력을 신장할 수 있게 해준다.

Cater와 Long(1991), McKay(1982), Povey(1984), Short와 Candlin(1986) 등의 언급을 종합해 보면 영어 학습에 있어서 영문학의 유용성은 다음과 같이 요약된다.

첫째, 정의적 유용성 – 문학 텍스트는 진정성 있고 흥미로운 자료이기 때문에 학습자의 학습 동기를 유발시킨다.

둘째, 어휘 확장 – 문학 텍스트는 어휘 학습을 활성화시킴으로써 학습자의 언어 습득을 촉진시킨다.
셋째, 배경지식 확대 – 학습자는 다양한 주제의 문학 텍스트 읽기를 통해 배경지식을 확장시킬 수 있다.
넷째, 문화 학습 – 문학 텍스트를 통해 목표 문화(target culture)의 가장 심오한 사상과 감정을 체험할 수 있다.
다섯째, 비판적 읽기 – 문학 텍스트를 감상하는 가운데 상상력과 창의력을 기르고 가치 판단 능력을 기를 수 있다.
여섯째, 교양 교육 – 문학 텍스트는 교양 교육적 가치를 지닌다.

그러나 무엇보다도 영어교육에서 영문학 자료의 유용성은 그것이 언어 습득에 매우 효과적인 자료라는 점에 있다. 학습 자료로서 영문학 자료는 일반영어 혹은 생활영어보다 길고 어렵게 느껴질 수 있으나 언어 습득 과정에서 구어(spoken language)로 된 담화 단위의 언어 습득을 체험하는 데 필수적으로 요청된다. 언어 습득은 소리(sound), 단어(word), 문장(sentence) 단위의 습득을 넘어서서 담화(discourse) 단위의 습득을 통해 완성된다고 할 때, 어린이들은 일상적인 담화 혹은 대화에 더하여 동화와 같은 이야기 글을 통해 구어체 담화에 노출됨으로써 – 문어(written language)는 초등학교에 들어가 본격적으로 학습한다고 할 때 – 구어 습득을 완성한다. 바로 이러한 담화 단위의 구어 습득 과정이 지금까지 EFL 영어과 교육과정에서 결여된 부분이고, 이를 보완해줄 수 있는 이야기 글과 같은 영문학 자료는 EFL 영어과 교육과정에 필수적으로 요청된다. 문학 자료는 기본적으로 담화 단위의 습득에 유용한 자료이므로 언어 습득을 위한 교수·학습에 체계적으로 활용될 필요가 있다.

4. 영문학교육의 역사

문학 텍스트의 유용성을 바탕으로 영어권에서는 1980년대부터 언어 교육에 문학을 접목시키려고 시도하였다. 국제화 시대를 맞이하여 ESL/EFL의 영향력이 영어권에서 커지면서 영문학 자체에 대한 연구보다는 ESL/EFL 관점에서 영문학을 활용해 영어교육을 실시하려는 연구가 활성화되었다. 영어교육의 목표라고 간주되는 의사소통능력의 달성에 있어서도 문학 작품이 중요한 역할을 한다는 인식이 부각되기 시작한 것이다.

영문학 자료를 활용한 영어교육의 선도적인 연구는 Brumfit(1983)으로부터 출발하여 Brumfit과 Carter(1986), Collie와 Slater(1987), Duff와 Maley(1990), Carter와 Long(1991), Bassnett과 Grundy(1993), Lazar(1993), Parkinson과 Thomas(2000), Carroli(2011) 등의 연구로 이어졌다. 이들은 대부분 영어교육에 있어서 영문학교육의 유용성과 방법론을 총론에 제시한 뒤 각 장르별로 시, 소설, 희곡 교육론에 대한 예시를 각각 제시하거나 혹은 세 장르에 각기 유익할만한 교실 활동들을 중심으로 그에 대해 자세히 소개하는 방식을 취하였다. 이들의 연구는 영문학에 대한 영어교육적 관심을 불러일으켰고 오늘날 ESL/EFL 영문학교육론은 이들의 연구에서 출발했다고 해도 과언이 아니다.

이 학자들이 영문학교육론의 모태가 된 것은 사실이지만, 이들이 제시한 영문학교육 모형이 우리나라와 같은 EFL 영문학교육에 해법을 제시했다고 보기는 어렵다. 이들은 ESL/EFL 학습자를 목표로 영문학교육론을 정립했다고 기술하고는 있으나 이들의 영문학교육 모형에는 우리나라와 같은 EFL 환경에 적용하기 어려운 요소들이 존재한다. 이들의 모형은 여전히 기존의 원어민 혹은 ESL을 대상으로 하는 '영문학 연구'적인 학습 목표를 버리지 못하고 있다. 예를 들어, 이들은 영문학 텍스트로서 영문학 원전을 사용할 것을 주장하는데, 주지하다시피 우리나라 교실 상황에서 영문학 원전을 읽는 것은 거의 불가능에 가깝다. 물론 모국어가 아닌 영어 학습자에게 원전 텍스트를 사용해야 할지, 말아야 할지에 대해 고민하는 모습을 보여주고 있기는 하지만 근본적으로 EFL 환경에 대한 명확한 이해를 바탕으로 도출된 영문학교육론이라고 보기 어렵다. 예를 들어, Carter와 Long(1991)은 George Eliot의 *Adam Bede*의 일부분을 원전과 그것을 ESL/EFL 수준으로 각색한 간략본을 몇 페이지에 걸쳐 비교하면서 결론적으로 "문학은 간략본으로 가르칠 수 없다"라고 단언하기조차 한다(pp. 148-151). 그들은 개작된 텍스트로서 간략본은 영어의 진정성 (authenticity)을 현저히 훼손시킬 뿐만 아니라 내용적으로도 밋밋한 글들을 만듦으로써 학생들의 영어 감각을 저해시킨다고 한다. 다양한 문체로 쓰인 개별 문장들이 결국 일률적으로 간결하고 균질화된 문장으로 귀결되면서 응집성과 독서 가치가 떨어지고 학생들은 죽은 영어를 배우게 되고 만다는 것이다. 이러한 결론의 이면에는 영문학교육의 목적으로서 문학 작품에 대한 올바른 감상법을 교수·학습해야 한다는 전통적인 영문학 방법론이 여전히 그 기저에 깔려있음을 알 수 있다. 이러한 시각은 기존의 '영문학 연구'의 목표와 별다른 차이가 없는 것으로서 그들이 외부에 표방하는 ESL/EFL 영문학교육의 비전과 모순되고 있다. 그들이 간과한 중요한 사실은 ESL과 EFL이 동일하지 않다는 점이다. ESL 환경과 EFL 환경 간의 차이는 원어민 환경과 ESL 환경 간의 차이보다 더 크고 더 이질적이라는 사실을 직시할 필요가 있다.

국내에서도 지난 20여 년 동안 다양한 관점에서 많은 학자가 영문학의 유용성에 바탕을 두고 영문학과 영어교육을 융합하고자 시도하였다. 김혜리(2009), 박성수, 강완희(2004), 송무(1997), 어도선(1999), 윤교찬(1998), 이희숙, 최지은(2001), 조일제(1999, 2009), 최석무(2008) 등 영문학교육에 관한 많은 연구가 있었다. 그러나 아직까지 구체적으로 현실 가능한 해법을 제시한 연구는 찾아보기 어렵고 그 성과도 미미하다고 할 수 있다. 앞에서 살펴본 해외의 연구와 마찬가지로 대부분의 연구는 기존의 영문학 교육목표와 그에 따른 핵심적인 틀을 유지하는 선에서, 즉 영문학의 핵심이 되는 교육과정, 텍스트, 교수법의 근간을 유지하면서 어느 한 측면만을 변화시키려고 한 시도였다. 궁극적으로 '영문학 연구'의 틀을 유지하는 그러한 시각은 외국어로서 영어교육이라는 환경을 도외시한 채 외국어 문학교육이 아닌 자국어 문학교육을 논하는 것과 같은 이치다. 결국 국내의 연구도 '영문학 연구'와 '영문학 교육'의 차이점에 대한 명확한 인식에 도달하지 못한 채 실험적인 시도에 그친 것으로 보인다. 우리나라에서 영문학교육론의 학문적 필요성을 제시했다는 점에서는 의의가 있을 수 있으나 앞서 논의된 EFL 환경에 대한 현장적이고 실질적인 고려는 찾아보기 어렵다.

이 책의 EFL 영문학교육론은 기존의 영문학교육론의 위와 같은 단점들을 보완할 수 있는 영문학 교재 모형 및 교수·학습법을 제공함으로써 우리나라 영어교육 발전에 이바지하고자 한다. 나아가 이 책의 학문적 효과는 국내에 국한되지 않고 우리나라와 처지가 비슷한 일본, 중국, 대만 등의 다른 EFL 국가에도 EFL 영문학교육론의 모델을 제공함으로써 우리나라가 세계의 영문학교육에 선도적인 역할을 할 수 있도록 기여할 것이다.

II. 학습자문학

1. 학습자문학의 개념

우리는 영문학에 대해서는 잘 알고 있지만, 영문학교육에 관해서는 무지한 편이다. 영문학이 영어교육에 얼마나 유용한지에 대해서는 잘 알고 있으나 그러한 문학적 가치들을 영어 수업에서 어떻게 달성할 수 있는지에 대해서는 잘 알고 있지 못하다. 그래서 대부분의 학자는 문제의 해법을 주로 방법론에서 찾으려고 하였다. 그들은 전통적인 문법 번역식 교수법(Grammar-Translation Method: GTM)으로 문학에 접근하는 대신 새로운 교수법을 도입하고 다양하고 흥미로운 활동을 개발함으로써 새로운 변화를 꾀하였다. 그러한 이유는 영문학의 어려움이 전통적인 문법 혹은 해석 중심의 방법론에 있다고 보았기 때문이다. 그러나 결론적으로 문제는 잘 해결되지 않았다.

이 책에서는 영문학교육의 문제가 방법론에 있다기보다는 근본적으로 어렵고 긴 문학 텍스트 자체에 있다고 보고 그 해결 방법을 구안해보고자 한다. 일반적으로 문학 텍스트가 어렵다고 간주되는 데에는 문학 텍스트의 비일상적이고 낯선 어휘, 비유적이고 창의적인 표현, 변형된 복잡한 문장 구조 등과 같은 점들이 지적된다. 문학 텍스트는 또한 제한된 언어 능력과 집중력을 갖고 있는 EFL 학생들이 읽기에는 너무 길다. 따라서 문학 수업에 아무리 혁신적인 교수법을 도입하여도 기존의 길고 어려운 영문학 정전을 텍스트로써 그대로 사용하면 텍스트 문제가 해결되지 못한 채 그 교수법은 무용지물이 되고 만다.

    결국 교수법도 변해야 하지만, 텍스트 자체도 동시에 변해야 한다. EFL 영문학교육의 본질적인 문제들을 해결하기 위해서는 전통적인 영문학 정전과는 다른 새로운 영문학 텍스트가 도입되고 개발되어야 한다. 작금의 영문학 위기를 해소하기 위해서는 기존의 텍스트와는 다른 EFL 실정에 맞는 쉽고 짧은 텍스트를 개발하는 것이 급선무이다. EFL 영문학교육의 성패는 EFL 학습자의 수준에 맞는 문학 텍스트를 여하히 제공할 수 있느냐에 달려 있다고 해도 과언이 아니다.

    이러한 맥락에서 Day와 Bamford(1998) 및 Bamford와 Day(2004)는 영문학교육에 '학습자문학(learner literature)'의 개념을 도입하였다. 그들은 학습자문학을, 예를 들어 *The Adventures of Tom Sawyer*를 쉽게 단순화시킨 간략본처럼 제2언어 학습자를 위해 단순화하고 개작된 텍스트로서 정의하고 픽션이든 논픽션이든 간에 어떤 작품이라도 그것이 제2언어 학습자를 위해 쓰였다면 학습자문학으로 간주하였다.

    Day와 Bamford(1998)에 따르면, 학습자문학은 네 가지 텍스트 유형으로 나뉠 수 있다. 첫 번째 유형은 'simplified version'으로서 이것은 복잡한 어휘나 구조를 좀 더 단순한 것으로 대체한 텍스트를 의미한다. 우리나라 영어 교과서들은 대체로 이 유형에 속한다. 두 번째 유형은 'simple account'로서 이것은 쉬운 어휘와 문장 구조를 사용하여 원본 텍스트 전체를 다시 쓰는 방식을 취한다. 본래 모국어 독자를 위해 쓰인 텍스트가 제2언어 학습자를 위해 다시 쉽게 쓰인 것이다. 이러한 텍스트는 대부분 전통적인 문학 정전을 바탕으로 개작된다. 세 번째 유형은 'simple original'이라고 불리는 것으로서 이 방식은 앞의 두 방식처럼 원전 텍스트를 축약하거나 다시 쓰지 않고 아예 처음부터 제2언어 학습자를 염두에 두고 텍스트를 새롭게 창작한다. 마지막으로 우화와 신화를 포함하는 아동문학(children's literature)과 청소년문학(young adult literature)이 학습자문학의 범주에 포함된다. 아동문학과 청소년문학은 기본적으로 모국어 독자를 위해 쓰였으나 그 언어나 내용이 제2언어 독자가 사용하기에 적합하므로 학습자문학으로 간주된다(pp. 56-57).

2. 진정성 논쟁

위에서 언급한 'simplified version'이나 'simple account'와 같은 간략본이 문학 학습이나 언어 학습에 반드시 긍정적으로 기여한다고 보는 데에는 다소 이견이 존재한다. 예를 들어, 의사소통중심교수법(Communicative Language Teaching: CLT)에서 강조하는 대원칙 중의 하나는 가공의 상황이 아닌 실제 상황에서 원어민이 사용하는 살아있는 언어를 수업 시간에 사용하는 것인데(Larsen-Freeman, 1986), 이러한 관점에서 간략본은 정상적인 텍스트가 갖고 있는 잉여성(redundancy)이나 응집성(cohesion)과 같은 특성들이 훼손되어 진정성(authenticity)이 결여됨으로써 유의미한 의사소통이 일어나지 않는 것으로 볼 수 있다.

그러나 Day와 Bamford(1998)는 제 2언어 학습자를 위해 쓴 작품도 자연스러운 발화의 진정성 있는 특성을 역시 보유하고 있으므로 의사소통의 행위에 다름없다고 주장한다. 예를 들어, 현행 우리나라의 대표적인 간략본 텍스트로 간주되는 초중등 교과서가 학습자에게 의사 전달에 실패한 텍스트라고 볼 수는 없다는 것이다. 그들은 진정성이란 단지 정도 차이의 문제일 뿐이지 자연스러운 발화와 글쓰기에 있어서 텍스트의 기본적인 의도가 의미의 전달, 즉 독자와의 의사소통인 한에서는 그 텍스트는 진정성 있는 텍스트라고 주장한다.

진정성 논쟁은 아직도 미완의 논쟁으로 남아 있으나 실제로 EFL 환경에서 학습자의 정서와 학습동기에 부정적인 영향을 끼치지 않고 진정성 있는 자료를 사용하는 것은 거의 불가능하다. 아무리 진정성 있는 훌륭한 교수·학습 자료라고 해도 영미권의 토크쇼와 드라마 등을 그대로 학교 현장에 가져올 수는 없다. 바로 그러한 이유로 전통적인 문학 텍스트들이 지금까지 영어 수업에서 학습자에게 동기를 부여하는 데 성공하지 못한 것이라고 할 수 있다. 진정성 문제는 우리나라와 같은 EFL 상황에서는 현실적으로 불가능하다는 인식에 대한 합의가 필요하며 이제 이 문제에서 벗어나 새로운 시각으로 진정성 문제와 문학 텍스트를 바라볼 필요가 있다. 이러한 관점에서 이제 EFL 영문학교육에서 학습자문학을 진지하게 고려할 시점이 되었다고 본다.

3. 학습자문학 교육과정

EFL 영문학교육이란 교과교육을 전제로 하는 것이므로 학습자문학의 교육과정을 어떻게 구성할지에 관하여 구체적으로 규정할 필요가 있다. 문학 학습의 유용성이란 고전 작품의 가치를 염두에 둔 것이므로 가급적 고전을 중심으로 학습자문학 교육과정을 정립할 필요가 있다. 이를 위해 영미권, ESL 국가, EFL 국가의 교육과정과 교과서를 분석하고 빈도가 가장 높은 작가와 작품을 선정하도록 한다. 또한, 이미 영문학 분야에서 정전으로 알려진 작가와 작품에 대한 연구가 충분하므로 이를 참조하여 고전을 중심으로 한 중핵 목록(core list)을 작성할 수 있다. 학습자문학을 구성하는 내용으로서 목표 문화의 정수를 가장 잘 담은 문학 텍스트 목록이 필요한데 영문학교육이라는 관점에서 다음과 같은 사항이 추가적으로 재고될 필요가 있다.

첫째, 지금까지 영문학교육을 위한 텍스트 선정 시 '잘 알려진 작품(known text)'과 '무명작가의 읽기 쉬운 작품(unknown easy text)' 중 어느 것을 선택하는 것이 제 2언어 학습자에게 효과적인지에 대한 논쟁이 있었다(Carter & Long, 1991, p. 142). 현실적으로 제 2언어 환경에서는 정전에 대한 이해가 쉽지 않기 때문에 진정성 있는 텍스트라는 장점에도 불구하고 정전을 사용하기가 쉽지 않았다. 작품으로서 가치는 덜하지만 쉽다면 무명작가의 작품이 오히려 영어교육적 목표를 달성하는 데에는 더 적합하다는 것이 지배적인 의견이었다. 기본적으로 텍스트가 난해하지 않고 읽기 쉬워야 현장에서 사용할 수 있기 때문이다.

그러나 이미 수준별 간략본의 의미를 지니는 학습자문학의 개념은 무명 작품 도입의 정당성을 무력화시킨다. 어려운 고전도 제 2언어 환경에 맞게 쉽게 재구성되어 사용될 수 있기 때문에 굳이 쉽지만 읽을 가치가 적은 작품들을 교재로 사용할 필요는 없다. 한편, 문학적 가치는 뛰어나나 너무 난해한 작품들의 경우, 예를 들어 *The Heart of Darkness, To the Lighthouse* 등과 같은 작품들조차도 간략본을 어떻게 만드느냐에 따라 달라질 수 있게 됨으로써 학술적이고 재미없는 고전도 현장 적용의 가능성이 열리게 되었다. 물론 내용이나 주제에 대한 이해에 있어서 초중등 교과

과정의 인지 수준을 넘어서는 난해한 텍스트는 배제할 필요가 있을 것이다.

둘째, 앞서 언급한 학습자문학의 유형 중에서 EFL 환경에 가장 적합한 텍스트로는 일단 'simple original'을 고려해 볼 수 있다. 'simplified version'이나 'simple account'의 단점으로 지목되는 것은 이들이 원전을 간략화한 대가로 원전의 진정성을 어느 정도 상실한다는 점이다. 이에 반해 'simple original'은 처음부터 제2언어 학습자를 대상으로 창작된 텍스트이므로 진정성 문제가 발생하지 않는다. 따라서 'simple original'이 제2언어 학습자에게는 가장 이상적인 텍스트로 간주될 수 있다. 그러나 'simple original'의 경우, 영미권 문화의 정수인 '위대한 유산(the great tradition)'으로서의 고전은 학습자에게 제공할 수 없는 단점이 있다. 이름도 없는 무명의 작품보다는 William Shakespeare의 *Romeo & Juliet*을 읽는 것이 영미권 문화에 대한 배경지식 형성에 더 큰 도움이 될 것이 자명하므로 'simple original'만을 가지고서는 교육과정을 구성하기는 어렵다.

따라서 'simplified version'이나 'simple account'의 형태는 주로 기존의 고전을 간략화하는 일을 담당하고, 'simple original' 형태의 간략본은 EFL 학습자들에게 자아성장과 목표 문화의 스키마 형성에 도움을 주는 글을 창작하여 제공하도록 하는 데 초점을 둘 필요가 있다. 또한, 어느 정도 수준이 있는 학습자에게는 원전으로서 아동문학이나 청소년문학도 필요하므로 결국 제2언어 학습자에게는 앞서 제시한 네 가지 텍스트 유형 모두가 필요하다.

셋째, 영문학 교수요목 구성 시 주로 영미권 문화만을 다룰 것인지 아니면 세계의 다양한 문화권으로 그 내용을 확대할 것인지에 대한 고민이 생길 수 있다(Carter & Long, 1991). 현재 우리나라 영어과 교육과정에서는 문화교육의 내용을 영미권으로 제한하고 있지 않고 세계의 다양한 문화를 다루도록 권장하고 있다. 따라서 영미권에만 국한하지 말고 다른 나라의 문화권에 관해서도 유익하고 재미있는 이야기를 영어로 간략화하거나 혹은 창작하는 것이 바람직하다.

넷째, 학습자문학의 형식은 전통적인 문학의 세 장르인 시, 소설, 희곡으로 국한될 필요 없이 세 장르를 포함하여 동요, 다큐, 영화, 만화, 자서전 등 모든 형태의 문학이 다양하게 포함될 수 있게 구성할 필요가 있다. 영문학교육의 목표가 문학 장르를 대표하는 작품 그 자체를 학습하는 것이 아니라 문학 자료를 통해 영어 능력을 배양하는 데 있으므로 학습자의 흥미를 끌 수 있는 형식과 내용이라면 어느 형식이든 무관하다고 본다.

다섯째, 궁극적으로 학습자문학은 다독과 연계될 수 있도록 제도화할 필요가 있다. 교과서 중심의 학습에서 호흡이 긴 문학 텍스트 읽기를 하는 데에는 한계가 있으므로 궁극적으로는 교과서를 뛰어 넘는 글 읽기, 즉 다독의 도입이 우리나라 영어과 교육과정에 필요하다. 언어 습득의 완성은 궁극적으로 문장 단위 이상의 담화 혹은 텍스트 단위의 습득에서 비롯되고, 또한 담화 혹은 텍스트 단위의 영어 자료에 대한 지속적인 노출이 필요하므로 다독은 EFL 현실에서 그러한 담화 단위의 지속적인 언어 노출을 실현할 수 있는 가장 효과적인 대안이라고 할 수 있다. 학교에 영어 도서관(English library)을 마련하고 다독을 정규 교과과정에 편입시킴으로써 학습자문학을 다독에서 완성할 수 있도록 제도화할 필요가 있다.

4. 학습자문학 교재 모형

학습자문학의 교재 개발 시 무엇보다도 중요한 것은 교재의 구성이다. 학습자가 수준별 교재를 가지고 학습할지라도 흥미나 동기와 같은 정의적 태도와 인지적인 배경지식 등에 따라 그 학습 효과가 다를 수 있다. 예를 들어, 추리물을 좋아하는 학생들에게 과학 텍스트를 읽도록 주문하면 그들에게 독서는 고역이 될 수 있고 정의적 측면에서 오히려 역효과를 불러일으킬 수 있다. 반면, 학생들은 자신이 좋아하는 장르의 책은 교재 수준이 조금 높다 하더라도 별반 어려움 없이 끝까지 읽어 낼 수 있다. 또한, 독서에 대한 동기부여가 강한 학생일수록 책을 끝까지 집중하여 읽어낼 수 있는 확률이 더 높다. 나아가 학생들이 배경지식을 가지고 있는 경우, 예를 들어 관련 영화를 보았거나, 기사를 읽었거나, 누구에게 정보를 들었거나 등과 같은 이미 해당 지식이 있는 경우에는 자신의 수준보다 더 높은 책들을 읽어 나가는 데 아무런 어려움이 없는 사례도 많다. 따라서 학습자의 흥미, 동기, 배경지식 등을 활성화시켜 효과적인 학습을 도모할 수 있도록 도움을 주는 교재 구성에 대한 연구가 필요하다.

용례, 그림, 발음 등의 정보에 있어서 다양성과 풍부함을 갖춘 학습자 사전(learner dictionary)이 단순한 구성의 원어민용 모국어 사전과 대비되는 것처럼(Cowie, 1999) 학습자문학 교재도 모국어 학습자를 대상으로 하는 문학 교재와는 다르게 구성되어야 할 것이다. 예를 들어, 학습자문학 교재는 본문을 보다 쉽게 이해하기 위한 배경 설명, 삽화, 어휘 주석, 단원 요약, 활동지 등과 같은 학습자의 내용 이해에 도움이 되는 관련 정보를 본문 속에 되도록 풍부하게 제공할 필요가 있다. 이러한 관점에서 김경한, 홍주희, 최성희, 이용배, 최진희(2013), 이하정(2012) 등은 학년별 독본(graded readers)에 대한 교재 모형 연구를 시도한 바 있다. 이들은 우리나라 학생들의 영어 능력 수준과 인지 수준을 고려하여 EFL 상황에 맞는 효과적인 교재 모형을 개발하고자 하였다. 이들은 국내외의 학습자문학 교재들을 분석하여 학습자가 스스로 독서를 하고 영어로 된 책을 지속적으로 읽는 데 효과적인 학습자문학 교재의 구성 요소들을 선정하였다. 이들이 공통적으로 선정한 교재 구성 항목들을 정리하면 다음과 같다.

1) 상징적인 그림이 있는 책 표지 및 삽화

교재의 표지에는 책의 제목과 작가의 이름을 제시하고 표지만을 보고도 독자가 흥미를 느낄 수 있도록 본문의 내용을 상징적으로 보여줄 수 있는 핵심적인 그림을 제시한다.

나아가 그림이나 삽화를 가능한 교재 본문에 많이 넣도록 한다. 그림이나 삽화는 내용 이해에 도움을 주며 새로운 어휘의 의미를 추측하는 데에도 효과적이다. 또한, 오랜 시간 집중하기 어려운 제 2언어 학습자의 특성을 고려할 때 정의적으로도 흥미를 지속시킬 수 있는 요인이 된다. 책 전체 페이지를 그림으로 배경 처리한 책도 있는데 그림만 따라가도 전체 이야기의 흐름을 파악할 수 있도록 하여 학습자에게 훌륭한 길잡이 역할을 한다.

2) 작가 소개란

교재의 본문에 들어가기에 앞서 책에 대한 관심을 높이기 위해 작가를 소개하는 난을 만들어 제시한다. 예를 들어, 초등학생 수준의 교재에서는 작가의 얼굴 사진을 활용하여 작가가 직접 자신을 간단한 영어로 소개하게 할 수 있고, 중학교 수준의 교재에서는 작가에 대해 일련의 정보를 제공하는 것으로 작가 소개를 할 수 있으며, 고등학교 수준의 교재에서는 읽기 능력 및 작품 인식력이 상대적으로 높은 것을 감안하여 작가의 생애 경력 및 작품 세계를 자서전 형식으로 기술하는 방식을 취할 수 있다.

3) 작품 소개란

독자의 이해를 돕기 위해 책의 내용에 관한 배경지식을 소개하는 가칭 'Note about the Story'와 같은 란을 둘 수 있다. 초등학교 교재에서는 작가가 작품에 대한 내용을 그림을 활용하여 본문에서 만나게 될 사물을 간단히 소개하는 형식을 취할 수 있고, 중학교 교재에서는 인물 관계도를 제시하여 등장인물 간의 관계와 서로에 대해 어떤 느낌을 갖고 있는지를 한눈에 알 수 있게 정보를 제시할 수 있으며, 고등학교 교재에서는 작품의 줄거리 소개를 하되 발단 및 전개 과정까지만 간략하게 소개함으로써 이후 이야기 전개에 대한 학생들의 흥미와 관심을 유발시켜 독서 의욕을 고취시킬 수 있다.

한편, 작품 내용과 간접적으로 관련되는 내용, 즉 작품에 나오는 소재 및 용어에 관한 이해를 돕기 위한 사진 자료나 작품을 이해하는 데 필요한 문화 관련 지식, 역사적 지식 등에 대한 참고 자료를 간략하게 정리하여 제시해 줌으로써 작품에 관한 관심 및 이해를 높일 수 있다.

4) 등장인물 그림 소개란

등장인물에 대한 소개는 전체 인물의 그림을 제시하고 각각의 인물이 자신에 대해 간단히 소개하는 형식을 취하거나 등장인물의 그림 중 인물의 성격 혹은 작품 속의 활동상을 가장 충실히 포착한 정지장면(tableau)을 선정하여 실음으로써 학생들에게 친숙함과 흥미를 유발시킬 수 있다.

5) 시각적 배경 소개

배경지식을 위한 또 하나의 중요한 정보는 작품의 시간과 장소에 관한 지식이다. 작품의 배경이 된 장소의 지도와 사진을 제시하여 흥미를 돋우거나, 작품 속 배경 도시가 속한 국가 지도를 함께 실어, 보다 넓은 시각으로 작품을 이해할 수 있도록 도와준다거나, 작품의 배경이 되는 역사적 사건에 대한 간략한 설명을 통해 작품 속에 전개되는 갈등과 이에 대한 해결 과정을 좀 더 깊이 있게 이해할 수 있도록 구성할 수 있다.

6) 본문 내 그림 어휘 사전

본문에서는 독자의 이해를 돕기 위해 어려운 단어를 해당 본문에 표시(*)하고 본문의 아래쪽에 각주(footnote)로 그 뜻을 영어로 풀이한다. 어려운 단어를 그림으로 제시하거나 가칭 'Quotes Drill'과 같은 코너를 만들어 분문 내용 중 익혀 두면 활용하기 좋은 문장들을 따로 선별하여 표현의 핵심을 짚어줄 수 있다.

그 밖에도 읽기 전, 읽기 중, 읽기 후 활동지를 만들어 제시하는 경우도 생각해 볼 수 있으나, 활동지는 너무 인위적으로 만들어진 학습 자료라는 느낌을 주지 않고 자연스러운 읽기 텍스트로서의 기능을 다할 수 있도록 구성하는 것이 바람직하다.

5. 영문학 장르의 재구성

1) 문학에서 학습자문학으로(from literature to learner literature)

학습자문학의 관점에 따라 이 책에서는 기존의 영문학 장르를 새롭게 재정립하고자 한다. '고급 문학 작품'을 떠올리게 하고 '영문학 연구'를 연상케 하는 기존의 '소설(novel),' '희곡(drama),' '시(poetry)'와 같은 문학 장르는 더 이상 EFL 영문학 교육에 사용되는 장르로 적합하지 않다. EFL 상황에서는 '소설,' '희곡,' '시'와 같은 용어를 사용하여 영문학을 영어교육에 접목하기 어렵기 때문이다. 이 책에서는 학습자문학의 관점에서 현장의 교과 교실에서 문학을 용이하게 다룰 수 있도록 소설은 이야기(story), 희곡은 스크립트(script), 시는 시적 언어(poetic language)로 각각 장르를 재구조화하고 각 장르별로 교수·학습법을 새롭게 제시한다. 학습자문학의 교수법으로는 총체적언어교수법(Whole Language Approach: WLA)을 도입하고 이를 토대로 각 분야별로 교수·학습 모형을 새롭게 재구성하여 제시한다. 학습자문학의 개념과 총체적언어교수법에 따라 재구성된 영문학교육 교재 및 교수·학습법을 정리하면 <표 II.1>과 같다.

<표 II.1> 문학에서 학습자문학으로

	ESL 문학론	EFL 학습자문학론
교재	소설(novel)	이야기(story)
	희곡(drama)	스크립트(script)
	시(poetry)	시적 언어(poetic language)
교수·학습법	총체적언어교수법 (Whole Language Approach)	

(1) 소설에서 이야기로(from novel to story)

학습자문학에서 소설은 이야기로 재정의된다. 소설은 일단 너무 길어서 교과서에서 다루기 어렵다. 단편소설조차도 길기 때문에 그마저도 대폭 축약되고 각색되어 현재 한두 편정도 중학교 삼 학년이나 고등학교 교과서에 실릴 정도이다. 이 문제를 해결하기 위해서는 소설을 짧고 쉬운 이야기 글로 제한하고 그 대신 많이 읽도록 함으로써 학습자가 이야기 양식의 글에 익숙해지도록 한다. 이야기 글에는 우화, 신화, 전래동화, 일화, 일상의 이야기 등이 모두 포함될 수 있는데 이야기 글을 잘 이해하기 위해서는 이야기 형식 스키마, 즉 이야기 문법(story grammar) 및 구조에 대한 기초 지식이 요청된다(Labov & Waletsky, 1967; Stein & Glenn, 1979). 이야기 란 사건을 중심으로 사건이 단순히 시간 순서적으로 시작, 전개, 결말로 끝나는 것이 아니라 주인공을 중심으로 주인공이 주제, 갈등, 사건, 해결에 이르는 이야기 구조에 따라 행동함으로써 결말에 이르는 것임을 이해하도록 지도한다. 이야기 구조에 대한 이해는 이야기 글에 익숙해지도록 함으로써 학습자의 영어 능력 향상에 기여할 수 있다(Harris & Hodge, 1995; Haven, 2000; Hayward & Schneider, 2000; Rathvon, 1999; Strong, 1998).

이야기 글에 대한 교수·학습법으로는 이야기 문법 및 구조 학습을 바탕으로 한 스토리텔링(storytelling) 기법을 사용한다. 스토리텔링은 게임(game), 프로젝트(project), 역할놀이(role play), 찬트(chant), 시뮬레이션(simulation) 등과 함께 총체적언어교수법의 한 예로서 언어의 네 가지 기능을 통합적으로 배양할 수 있는 효과적인 학습법으로 알려져 있다(Anderson, 1984; Ellis & Brewster, 1991; Wright, 2008). 학습자가 스토리텔링을 하기 위해서는 읽기와 쓰기를 기반으로 말하기와 듣기 활동을 자연스럽게 하게 됨으로써 통합적 언어교육이 가능해진다. 또한, 스토리텔링 능력은 전반적인 의사소통능력과 상관관계가 높은 것으로도 알려져 있다(Ninio & Snow, 1996; Ochs & Capps, 2001). 의사소통 활동을 위해 일반적인 교실 수업에서는 실생활과는 별개의 인위적인 상황을 만들게 되지만 스토리텔링 활동을 하게 되면 학습자가 자신이 주인공이 되어 자신을 이야기 속으로 몰입시킴으로써 이야기의 내용을 실생활의 언어와 행동으로 인식하게 되는 효과가 있다.

(2) 희곡에서 스크립트로(from drama to script)

희곡의 경우도 대부분 텍스트의 길이가 길기 때문에 교육 현장에 적용하는 데에는 무리가 있다. 따라서 짧은 이야기, 사건, 일화 등을 교육적 목적을 가지고 극화(dramatize)하거나 혹은 매일 접하게 되는 일상적인 절차를 극화한 스크립트(script)로 제한할 필요가 있다. 본래 스크립트란 심리학 용어로서 사회적 행동 절차를 문화적으로 규정한 '전형적인 일화(standardized and generalized episodes)'를 의미한다(Schank & Abelson, 1977, p. 55). 스크립트는 스키마의 한 유형인데 개념 스키마(conceptual schema)와 비교해보면, 개념 스키마는 정적인 성격을 띠는 배경지식을 의미한다고 할 때 스크립트는 동적인 행위들에 관한 절차적 지식을 말한다. 즉, 특정한 상황을 기술하는 일련의 규범적인 일상 행위들을 모아 놓은 것이 스크립트이고 우리는 이러한 스크립트에 따라 일상에서 매일 정해진 사회적 규범이나 절차를 수행한다. 이러한 스크립트를 익히는 것은 언어 습득 과정에서 필수적으로 요청되는데, 예를 들어 레스토랑 가기 절차를 모르면 음식을 주문하는 데 의사소통의 단절이 일어나게 되기 때문이다.

또한, 스크립트는 문화 학습에도 필수적으로 요청된다. 스크립트는 각 사회마다 다르게 나타나는데 그것은 각 사회가 문화적으로 다른 가치관을 가지고 있기 때문이다. 예를 들어, 우리나라에서 음식 주문하기는 미국에서 음식 주문하기와 그 절차가 다르다. 따라서 스크립트를 활용하여 문화충격(culture shock)에 관한 일화를 극화한 스크립트, 생활 속에서 지속적으로 반복되는 일상(daily routine)을 극화한 스크립트 등을 만들어서 상연(acting out)을 준비하고 수행하는 과정을 통해 주제와 관련된 목표언어의 사회문화적인 행동 규범이나 절차에 대해 학습할 수 있다(Constable, 1986; Hattis, Lee, & Hensley, 1988; Lucariello, Kyratzis, & Angel 1986; Ross & Berg, 1990).

스크립트는 역할극을 전제로 제작되는 것이므로 스크립트를 잘 활용하게 되면 언어와 문화 학습에 매우 유익하다. 스토리텔링이 독백을 통한 의사표현이라면, 스크립트 역할극은 대화를 통해 상호적인 의미를 표현하는 방식을 취한다. 역할극은 학생들에게 매우 효과적인 교수방법으로 알려져 있는데, 특히 자의식적이고 수줍음이 많은 학생들에게는 역할극만큼 자신을 표현할 수 있는 좋은 계기는 없다. 극화할 내용 선정하기, 인물과 장면 파악하기, 인물의 성격 표현하기, 배역 정하기, 대사

쓰기, 무대 준비하기, 극 상연하기, 평가하기 등과 같은 극화활동의 절차(McCaslin, 1990; Walsh, 1984)를 따라 읽기, 쓰기, 듣기, 말하기 학습이 통합적으로 이루어진다는 점에서 스크립트 역할극은 스토리텔링처럼 총체적 교수법의 한 예가 된다. 스크립트 교수법에서는 역할극을 준비하는 과정을 통해 학습자의 의사소통능력이 향상되기 때문에 스크립트를 제작하고 상연을 위해 준비해 가는 과정 그 자체가 학습의 요체가 된다(Bowell & Heap, 2001).

(3) 시에서 시적 언어로(from poetry to poetic language)

시는 소설이나 희곡처럼 작품의 길이가 대부분 길지 않기 때문에 개작할 필요는 없다. 또한 장르의 특성상 개작이 불가능하다. 문제는 의사소통이라는 관점에서 작품의 의미를 이해하는 것이 쉽지 않다는 점인데 이를 해결하기 위해서는 시에 대한 학습을 내용 이해 중심으로부터 시 장르 본래의 기원으로 돌아가 시가 갖고 있는 장르적 특성인 소리, 리듬, 패턴을 활용하여 영어 능력을 향상시키는 방향으로 수업의 초점을 전환시킬 필요가 있다.

인간은 태어날 때부터 시적 언어를 통해 말을 배운다. 유아는 말을 체계적으로 하기 전에 비체계적인 소리를 발화하는 과정을 거치는데 이 비체계적인 소리가 다름 아닌 시적 언어이다. 유아의 시적 언어란 리듬을 특징으로 하는데 리듬은 소리나 단어가 반복될 때 발생하게 된다. 유아어에서 두드러진 소리의 반복 현상은 리듬을 기반으로 하는 이러한 시적 언어의 특성을 잘 보여준다. 삶의 일상생활에서 마주치는 언어에도 시적 언어들이 흔히 발견되는데, 예를 들어 동요, 동시, 노래, 책 이름 (*Sense and Sensibility*), 상품명 (*Coca Cola*), 속담 ("Where there is a will, there is a way."), 구호 ("Ban the bomb!") 등은 우리가 평소 잘 인식하지 못하지만 모두 소리와 리듬의 반복에 기반을 둔 시적 언어들이다(송무, 1998; Maley & Duff, 1989; Widdowson, 1992). 예를 들어, 'Sense and Sensibility,' 'Coca Cola,' 'Ban the Bomb!' 에는 각각 알파벳 'S,' 'C,' 'B' 소리가 반복되고 있는 두운(alliteration)이 적용되고 있다. 위의 예들이 이러한 소리와 리듬의 반복을 사용하는 이유는 두뇌가 그 명칭을 잘 기억할 수 있도록 하기 위한 장치로서 언어 습득의 원리와 맞닿아 있다. 리듬은 반복에 의해서 생기기 때문에 리듬이 있는 시적 언어가 다른 산문 언어보다 훨씬 더 잘 기억되는 원리이다.

따라서 영어교육적 관점에서는 시를 영문학 정전에 국한하지 않고 시적 형태를 갖추고 있는 모든 구어적이고 일상적인 언어 혹은 자료를 의미하는 것으로서 시적 언어로 재정의하는 것이 바람직하다. 시적 언어의 본질은 소리와 리듬에 있으므로 시적 언어에 대한 학습은 이러한 소리, 리듬, 운율에 대한 학습이고, 소리, 리듬, 운율에 대한 학습은 학생들의 언어 습득을 효과적으로 도와줄 것이다. 교수·학습 방법으로는 패턴시(pattern poetry; shaped poetry; visual poetry; concrete poetry) 쓰기 활동 및 낭송(recitation)을 할 수 있다. 패턴시는 문자, 단어, 시행을 시의 주제와 관련하여 어떤 특정한 모양 혹은 패턴으로 형상화하도록 시각화하는데, 학습자는 자신이 좋아하는 사닥다리, 계단 등과 같은 사물의 모양을 그리고 이 모양과 연상되는 단어들을 그림의 형태에 맞추어 쓰게 된다. 혹은 삼행시와 같이 자기 이름의 머리글자를 쓰고 그것으로 시작되는 단어를 써서 시를 만들어 볼 수도 있다. 그런 다음 학급 전체가 각자의 자작시를 모아 낭송하거나, 동요의 경우 노래 발표회를 한다.

패턴시 낭송은 시적 언어의 리듬에 대한 학습을 통해 학습자 스스로 패턴을 이루는 간단한 시를 써봄으로써 영어 고유의 운율을 익힐 수 있고, 읽기와 쓰기 및 효과적인 어휘 학습도 병행할 수 있다. 동시에 학생들에게 토론할 수 있는 여지를 풍부하게 제공해줌으로써 수업 참여도를 높여 주고, 창의적이고 비판적인 해석 능력까지도 배양하는 종합적인 영어 능력의 향상을 담보한다(김성중 2009; Corinne, 1979; Dowhower, 1991; Hayes & Kaun, 1994; Holmes & Moulton, 2001; Spiro, 2004; Wade-Woolley & Wood 2006). 패턴시 낭송도 스토리텔링과 스크립트 상연처럼 또 하나의 효과적인 총체적 교수·학습 방법으로 간주된다.

2) 문학 장르와 언어 습득

이 책에서는 EFL 학습자문학론을 주장하면서 문학 장르별 내용을 문학 작품만을 의미하는 것으로 국한하지 않고 일상적인 언어 혹은 텍스트를 포괄하는 광의의 의미로 확장하여 적용하고 있다. 이를 위해 학습자문학에서는 기존의 문학 장르를 해체, 재구조화함으로써 기존의 소설 대신 일상적인 이야기, 희곡 대신 일상의 스크립트, 시 대신 일상적인 시적 언어를 학습자문학의 내용과 언어 재료로서 다룬다. 이러한 문학 장르의 재구조화는 문학 장르 혹은 형식이 일상생활에서 언어 습득에 유용한 틀 혹은 스키마로서 작용한다는 습득 원리를 기반으로 하고 있다.

인간은 태어나서 처음으로 소리라는 자극에 접한다. 외부로부터 수많은 소리가 들려오지만 인간의 두뇌는 들려오는 소리를 모두 기억하지 못한다. 인간의 두뇌가 기억하기 쉬운 소리는 리듬과 패턴이 있는 소리들이다. 그렇다면 리듬과 패턴이 있는 소리는 잘 기억하고 그렇지 않은 소리는 오래 기억하지 못하는 이유는 무엇일까? 그것은 소리의 반복적 리듬에 있다. 반복적인 소리가 리듬과 패턴을 생성하므로 리듬 혹은 패턴이 기억에 유리한 것인데 이러한 기억의 메커니즘은 언어 습득에 있어서도 마찬가지로 적용된다.

인간의 두뇌는 리듬과 패턴이 있는 언어를 쉽게 그리고 오래 기억한다. 다시 말해서, 불규칙한 산문 언어보다는 규칙적인 리듬과 패턴이 있는 운문 언어를 더 잘 기억한다. 시적 언어는 바로 이러한 일상적인 구어의 리듬과 패턴을 형상화한 자료이다. 상품명, 구호, 속담, 광고 카피 등과 같은 시적 언어들은 소리의 반복에 의해 형성되는 리듬의 결정체이다. 따라서 이러한 시적 언어를 수업 시간에 학습하게 되면 영어의 리듬 패턴에 익숙해지고, 궁극적으로 영어의 리듬 패턴 스키마가 내면화됨으로써 언어 습득에 기여하게 된다.

한편, 이야기는 담화 단위의 언어 습득과 관련이 있다. 만약 어린이가 자신에게 일어난 일들을 조리 있게 스토리텔링하지 못하면 의사소통에 문제가 생겨 생활에 적응하기 어렵게 될지 모른다. 의사소통 수단으로서 담화 단위의 스토리텔링은 어린이의 생존과 직결되는 삶의 본질적인 부분이다. 스토리텔링을 잘하기 위해서는 이야기 문법 혹은 이야기 구조(story grammar 혹은 story structure)라는 틀 혹은 스키마를 터득해야 한다. 모국어의 이야기 문법은 자연스럽게 습득되지만 EFL 상황에서는 그것에 대한 학습이 필요하고 이야기 문법을 바탕으로 스토리텔링을 지속적으로 연습할 필요가 있다. 담화 단위의 언어 습득을 위해서는 이야기 문법에 대한 학습과 이를 기반으로 한 지속적인 스토리텔링 연습이 필요하다.

담화의 또 다른 측면은 대화(dialogue)이다. 스토리텔링이 일방적인 측면의 의사소통이라면 대화는 쌍방적인 측면의 의사소통이다. 대화는 스크립트라는 틀 혹은 스키마에 기반을 두고 있는데, 스크립트란 드라마처럼 배경이 있고 주어진 역할이 있으며 고정된 절차를 밟게 되어 있으므로 우리는 매일 매일의 일상의 대화에서 마치 연극배우처럼 일상의 스크립트를 수행하고 있다고 할 수 있다. 대화 단위의 언어 습득을 성취하기 위해서는 대화의 틀이 되는 핵심적인 일상의 스크립트를 학습하고 이를 역할극 등을 통해 꾸준히 연습할 필요가 있다.

문학 고유의 장르 또는 형식 그 자체는 또한 언어 습득의 발달 과정과 밀접한 관계가 있다. 어린이가 언어를 습득하는 과정은 역사적으로 문학 장르가 기원한 과정과 매우 유사하다. 언어 습득이 소리, 단어, 문장, 담화의 순서로 발전해 가듯이 문학 장르도 시, 드라마, 소설의 순으로 발생하고 번성하였다. 문자가 발명되기 이전의 선사시대에는 국가의 기록과 군주의 업적을 후손에 전승하고자 할 때 소리를 듣고 그것을 암송을 통해 구전하는 방식에 의존하였다. 그리고 효과적인 암송을 위해 산문보다는 반복적인 리듬으로 구조화되어 있는 운문의 형태가 선호되었다. 이러한 사실은 문학 장르로서 서사시가 희곡이나 소설보다 먼저 발생하였고 구전시대의 기록을 전수하는 핵심적인 역할을 수행하였다는 점을 잘 설명해준다.

시적 리듬 패턴, 스크립트, 이야기 문법과 같은 언어 습득의 구조적 틀이 오랜 세월에 걸쳐 문학 고유의 장르와 형식으로 구조화된 배경에는 공통적으로 그러한 틀이 인간의 두뇌에 가장 기억되기 쉬운 구조였기 때문이다. 다시 말해서, 문학 장르 혹은 형식은 인간에게 가장 기억하기 쉬운 구조적 틀로 진화된 것으로서 그 자체가 언어 습득 장치라고 해도 과언이 아니며, 바로 이점에 문학 장르 혹은 형식을 학습하고 그것을 언어 습득을 위해 적극적으로 활용해야 할 정당성이 존재한다.

따라서 효과적인 언어 습득을 위해서는 문학 텍스트를 가급적 많이 사용하되 문학의 장르적 특성을 활용하여 그것을 언어 습득의 틀로써 사용하는 전략이 필요하다. 즉, 교수·학습 자료로 문학 텍스트를 사용하되 가급적 리듬 패턴이 있는 소리,

단어, 문장, 담화를 취급하고, 그러한 자료를 부분적으로 분석하지 않고 전체적으로 통합적으로 학습하는 방법이 권장된다. 이러한 관점에서 문학교육에 가장 적합한 교수법은 바로 총체적언어교수법(Whole Language Approach: WLA)이라고 할 수 있다.

Ⅲ. 학습자문학 교수법 – 총체적언어교수법

1. 문학교육과 총체적언어교수법

언어 교육에 있어서 문학 텍스트의 유용성을 강조하는 교수법은 소위 총체적언어 교수법으로 알려져 있다. 총체적언어교수법은 "전체는 항상 부분의 합 이상이 다."(The whole is always more than the sum of the parts.)(Goodman, 1986, p. 19)라는 전체주의(holism)적 사고를 지향하는 입장으로서 언어 습득에 있어서 맥락과 의미를 중시하는 교수법이다. 총체적언어교수법에 의하면, 언어는 부분으로부터 전체로의 습득이 일어나는 것이 아니라 실질적인 목적에 따라 의사소통하는 과정에서 먼저 통으로 전체가 습득되고 부분은 나중에 완성된다.

본래 총체적언어교수법은 음철법(phonics)의 분석적 학습법에 대한 비판에서 시작되었다. 총체적언어교수법의 창시자로 간주되는 Kenneth Goodman(1986)에 따르면, 어린이들은 초등학교에 입학하면서 문어, 즉 읽기와 쓰기를 배우기 시작하는데 음철법은 어린이들의 자연스러운 언어 습득 과정을 왜곡시킴으로써 어린이들의 문해력(literacy) 배양을 저해한다고 역설한다. 음철법이란 어린이들에게 글 읽는 법을 가르치는 발음 중심의 교수법으로서 문자와 소리와의 일대일 대응 관계를 학습하는 전통적인 초등 단계의 문해 교수법이다. 어린이들은 먼저 알파벳(alphabet)을 배운 다음, 소리, 단어, 문장으로 읽기 폭을 넓히고, 그런 다음 담화 수준의 동요, 동화 등으로 학습 자료의 폭을 확대해 간다. 궁극적으로 어린이들은 음철법을 통해 문자와 소리를 조합하는 방법을 배움으로써 새로운 단어를 읽을 수 있게 된다고 한다.

그러나 총체적언어교수법은 음철법이 어린이들이 의미 있는 언어를 사용할 수 있는 환경으로부터 분리되어 일단의 무의미한 소리나 문자들을 나열하게 할 뿐이라고 비판한다. 상황적 맥락과 전체적인 의미로부터 분리되어 부분으로 쪼개어 언어를 학습하는 방식은 일상생활의 자연스러운 언어 사용이 아닌 인위적인 언어 학습에 불과하고 언어 습득의 본질에 위반된다. 총체적언어교수법에서는 문해 습득도 구어 습득처럼 일상생활의 자연환경에서 언어를 접촉하고 체험할 것을 강조한다. 구어 습득을 위해 어린이들이 부모, 형제, 친구, 시청각 매체 등과 같은 일상생활의 자연스러운 환경에 자주 노출되는 것이 필수불가결한 것처럼 문해 습득을 위해서도 자연스러운 문해 환경에 가급적 많이 노출될 필요가 있다. 그렇게 될 때 어린이들은 음철법을 학습하지 않고서도 일상생활에서 글을 읽으면서 발음법과 철자법을 포함하는 알파벳의 원리를 스스로 터득할 수 있다. 문자 패턴과 소리 패턴 사이에는 규칙이 존재하므로 어린이들은 글을 읽고 쓰면서 점차 이러한 규칙성을 표준화된 영어의 철자법에 대비해 봄으로써 터득할 수 있게 된다.

이와 같은 관점에서 총체적언어교수법에서는 동화와 같은 문학 텍스트를 문해 교육에 가장 적합한 학습 자료로 권장한다(Goodman, 1986). 동화와 같은 이야기는 삶의 진정성 있는 상황과 맥락을 그대로 전달함으로써 자연스러운 문해 환경에의 노출을 극대화시켜 준다. 언어 맥락이 풍부한 동화는 어린이들이 문해의 다양한 형식과 내용을 자연스럽게 터득할 수 있는 가장 근접한 환경을 제공한다. 언어 습득이 언어 지식보다는 언어 사용을 통해 체득되는 것이라고 할 때 최소한의 기능적 단위로서 맥락이 있거나 실제 상황과 관련된 텍스트만이 언어 학습의 대상으로서 유의미할 것이다. 따라서 소리, 단어, 문장을 학습 단위로 개별적으로 학습하기보다는 맥락과 함께 전체로서 존재하는 최소한의 언어 상태 혹은 언어 덩어리인 담화 차원의 이야기 단위를 통한 언어 학습이 중요하고, 그러한 담화 차원의 언어 단위를 구현한 것이 바로 동화와 같은 문학 텍스트라고 할 수 있다.

Leech와 Svartvik(1975)은 의사소통의 단계를 단어(word, phrase, and clause – concepts), 문장(sentence – information, reality, and belief), 발화(utterance – mood, emotion, and attitude), 담화(discourse in text – meanings in connected discourse)의 단위로 구분하면서 단어, 문장, 발화 단계만으로는 의사소통을 하는 데 불완전하고 완전한 의사소통은 오직 담화 단위에서만 가능하다고 강조한다(pp. 12-13). 이소은, 조미라, 이윤경(2010)에 따르면, 담화는 두 개 이상의 문장이 일정한 규칙을 갖춘 글로서 여기에는 이야기, 대화, 설명, 토론과 같은 장르가 포함된다. 담화를 이해하고 산출할 수 있는 능력은 사회생활을 영위하는 데 필요한 능력으로서, 특히 학령기는 어린이들의 담화 능력 발달에 매우 중요한 시기이다. 이 시기의 어린이들은 학교라는 새로운 환경에서 교사 및 또래 아동들과 관계를 맺고, 의사소통의 주요 목적이 개인에서 학업 및 사회생활을 위한 것으로 전환되며, 다양한 장르의 담화를 경험하고 학습하게 된다. 담화 능력에는 어휘와 구문 능력과 같은 언어 능력뿐만 아니라 사회문화적 배경지식과 그것을 잘 구조화할 수 있는 인지능력도 중요하다(Florit, Levorato, & Roch, 2009).

언어 습득은 어휘 습득을 기초로 한다. 어휘 습득은 소위 우발적 학습(incidental learning)에 의해 발생하는 것으로 간주되는데, 이러한 우발적 학습을 위해서는 하나의 어휘에 대해 최소한 5~16회의 문맥을 바탕으로 한 반복적인 노출이 필요하다고 한다(Zakaluk & Samuels, 1988). Horst, Cobb와 Meara(1998)는 학년별 독본(graded readers)을 읽어가는 과정에서 새로운 단어를 학습하는 데 필요한 노출의 횟수를 실험한 바 있다. 이 실험에 참여한 피험자들은 책을 읽은 다음 목표 어휘의 의미를 사지선다형 테스트를 통해 검사하였다. 노출의 횟수와 어휘 지식의 증가 사이의 상관관계 지수는 0.49로 나타났고, 우발적 학습은 목표 어휘가 최소 여덟 번 이상 반복적으로 노출되어야 발생하는 것으로 파악되었다. 이들의 실험 결과는 새로운 어휘가 습득되기 위해서는 최소한 십 회 이상 학습자의 듣기 혹은 읽기 텍스트에 반복적으로 나타나야 하고 학습자는 그것을 맥락을 통해 추론할 수 있는 능력이 있어야 함을 시사한다. 이 결과는 현재 우리나라 교실 현장에서 수행되고 있는 문장 단위의 학습 환경에서는 새로운 단어를 아무리 열심히 암기해도 곧바로 잊어버리고 마는 현실을 잘 설명해주고 있다. 마치 밑 빠진 독에 물 붓기 식인 것이다. 반면, 학년별 독본을 사용하여 어휘를 학습한다면 텍스트 속에 새로운 단어가 지속적으로 반복되어 나타나는 빈도가 높아지므로 맥락을 통한 우발적인 어휘 습득이 가능해질 것이다. 결국, 어휘 습득은 담화 단위의 듣기 혹은 읽기 텍스트를 통해서만 효과적으로 이루어질 수 있고, EFL 환경에서 이것을 가능하게 하는 것은 이야기 글과 같은 문학 텍스트뿐이라고 할 수 있다.

우리나라 영어 학습은 근본적으로 어휘와 문장에 대한 학습에 초점을 두는 방식으로서 문장 단위의 수준을 넘어서지 못한 상태에서 대부분의 학습이 끝나고 만다. 또한 교실 밖에서도 기능적 맥락을 담보한 담화 차원의 언어에 노출되는 것이 거의 불가능하므로 담화 단위의 언어 습득을 경험하기 어렵다. 듣기, 말하기 수업 또한 짧은 대화 턴, 예를 들어 의사소통기능에 지나치게 초점을 두고 있어서 그 이상의 확장된 담화에 참여할 수 있는 능력은 신장되지 못하고 있다. 스토리텔링(storytelling) 및 유창한 대화를 잘 이끌어가기 위해서는 확장된 대화와 텍스트 단위의 읽기 연습이 필수적인데 이 능력은 실제로 문학 텍스트 읽기와 같은 담화에 참여한 경험을 통해서만 성취될 수 있다(Skehan, 1998).

물론 담화 단위의 텍스트는 EFL 학습자의 어휘와 구문 수준을 넘어설 가능성이 있으므로 학습자에게 적절한 수준별 교재 개발이 수반되어야 할 것이다. 그동안 문학 텍스트를 기반으로 하는 총체적언어교수법이 그 학문적 정당성에도 불구하고 우리나라와 같은 EFL 국가에서 활성화되지 못한 이유는 바로 이 점에 있다. 영미권에서 방송되는 토크쇼 스크립트를 듣기 교재로 우리나라 교실 현장에 그대로 가져올 수 없듯이 문학 텍스트도 우리나라 상황에서는 길이, 문장 구조, 어휘 등에 제한이 있을 수밖에 없다. 무릇 EFL 영어교육을 위해서는 듣기나 문학 텍스트뿐만 아니라 모든 분야에서 EFL 학습자에게 적절한 교재가 개발되어야 할 것이고, 여기에 바로 EFL 교재 개발의 중요성이 있을 것이다.

따라서 우리나라 학습 환경에 맞게 각색된 교재로서 학습자문학을 개발하여 도입하면 EFL 환경에서도 총체적언어교수법이 구현될 수 있다. 학습자문학의 경우 원전의 일부만을 발췌하여 재구성한 것이 아니라 전체가 하나의 이야기로서 유기적인 구조를 갖고 있기 때문에 언어를 통합된 전체의 맥락에서 체험할 수 있고, 학생들을 언어와 상호작용할 수 있는 유의미한 상황에 몰입시킬 수 있다. 이러한 이유로 교재와 관련하여 총체적언어교수법이 비판하는 핵심은 단순화된 텍스트라기보다는 언어의 총체성을 변형시킨 것으로서, 언어를 전체로서 통합적으로 학습하지 않고 읽기, 듣기, 말하기, 쓰기 등으로 분리하여 개별적으로 학습하는 방식에 있다. 이러한 관점에서 교실에서 관습적으로 사용되고 있는 '기초 독본(basal readers),' '학습장(workbooks),' '연습 문제(practice materials)' 등과 같은 문해 학습 자료가 비판의 대상이 된다(Goodman, 1986, pp. 34-35). 이러한 학습 교재들은 읽기 학습이 어휘 및 문법 학습 중심으로 구성되어 있고, 인위적인 기능 연습과 기계적인 시험이 연속적으로 배치되어 있으며, 읽기 능력을 시험 점수와 동일시함으로써 진정한 학습이 일어나지 못하게 하고 있다. 이러한 교재들은 전체의 상황과 맥락에서 분리된 반총체적인 파편화된 학습 자료로 간주된다.

그동안 총체적언어교수법과 문해 교육을 위한 문학 텍스트의 유용성에 대해서는 자주 논의되었으나 언어 습득과 관련하여 그 이론적 검증이 체계적으로 이루어지지는 않았다. 예를 들어, 구체적으로 총체적언어교수법이 하나의 교수법으로서 문해 습득과 어떻게 관련되는지, 관련성이 있다면 그러한 언어 습득의 메커니즘은 무엇인지, 문해 습득과 문학 텍스트는 어떠한 관련성을 가지고 있는지 등에 대한 실질적인 연구는 거의 없었다. 나아가 그러한 총체적 언어 습득 이론을 바탕으로 구체적인 문학 교수·학습 모형 및 자료를 개발하고 그것을 현장에서, 특히 EFL 환경에서 실험적으로 검증한 연구도 거의 전무하였다.

이 책에서는 인간의 언어 습득 과정과 총체적언어교수법과의 관련성을 재조명하고 담화 단위로서 이야기와 관련된 언어 습득 이론을 새롭게 재정립하고자 한다. 나아가 총체적언어교수법을 기반으로 한 현장에 적용할 수 있는 실질적인 EFL 학습자문학 수업모형 및 자료를 개발하여 제시한다. 이를 통해 이야기 글과 같은 문학 텍스트가 언어 습득, 특히 문해 습득과 밀접한 관련성이 있음을 입증하고, 문해 학습 자료로서 문학 텍스트의 의미를 새롭게 확립한다.

2. 총체적 언어

총체적언어교수법의 발단은 1960년대 미국 애리조나 대학(the University of Arizona)의 교육학자인 Goodman의 총체적 언어 운동(Whole Language Movement) 혹은 총체적 언어 프로그램(Whole Language Programs)에서 시작되었다. Goodman의 총체적 언어 운동은 1980년대에 들어서면서부터 인접 학문 분야인 언어학, 인지심리학 등에서 활발히 논의되기 시작하였고 미국을 비롯하여 캐나다, 호주, 뉴질랜드, 영국 등으로 그 영향이 확산되었다. 우리나라에서도 1990년대부터 논의되기 시작하여 '통합 언어 접근,' '전체 언어 교육 운동,' '총체 언어 교육' 등으로 혼용되어 사용되다가 지금은 '총체적언어교수법'으로 정착되기에 이르렀다(이재승, 1996, pp. 177-178).

Goodman은 1960년대의 스키마 이론(schema theory)의 영향을 받아 본래 읽기의 인지적 처리 모형에 관한 연구에 관심이 있었는데 이러한 연구를 진행하는 과정에서 총체적언어교수법을 태동시키게 되었다. 스키마 이론은 1960년대 이전의 읽기 이론, 즉 읽기를 텍스트에 내재된 지식의 해독 과정으로 간주하던 것에서 텍스트와 독자의 상호작용 과정으로 재정의하였다(Anderson, 1984; Goodman, 1975; Rosenblatt, 1994). 진정한 읽기는 독자의 스키마, 즉 배경지식과의 상호작용을 통해 이루어지고 그러한 이유로 독자마다 텍스트에 대한 이해가 달라질 수 있다고 한다. 이러한 맥락에서 Goodman은 읽기를 '심리언어학적 과정(a psycholinguistic process)'으로 간주하고 그 과정에 언어만 작용하는 것이 아니라 언어와 사고가 함께 상호작용한다고 보았다(Gollasch, 1982, p. vii). 즉, 읽기는 단순히 문자 해독 과정이 아니라 문자의 의미와 그 맥락적 지식과의 합이며 문자와의 상호작용 과정은 하나의 전체로서 자동화되어 통으로 이루어지는 과정이다. 이 말은 독자가 책을 읽을 때 글자로부터 의미를 구성하기 위해 통사론 및 의미론적 단서를 단계적으로 사용하는 것이 아니라 처음부터 동시에 사용한다는 의미를 내포한다. 이 복잡한 읽기 과정을 설명하기 위해 Goodman(1967)이 읽기를 '심리언어학적 추측 게임(a psycholinguistic guessing game)'(p. 126)으로 정의한 것은 매우 유명하다. Wallace(1992)는 더 나아가 읽기를 '해석하기(interpreting)'의 의미로 사용하였는데, 독자가 글을 읽는 목적은 저자의 의도를 이해함으로써 텍스트와 의사소통하려는 시도라는 것이다. 읽기는 독자가 텍스트와 상호작용하는 과정이고 독자는 이러한 읽기의 목적을 달성하기 위해 단서(cues)를 추출하고(sampling), 전개될 내용을 예측하고(predicting), 자신의 예측이 옳음을 확인하는(confirming) 등과 같은 능동적인 이해 과정으로서 읽기 전략을 사용한다. 독자는 작가가 텍스트에 제시한 단서 중에서 필요한 것들을 조합하여 그 의미를 추측하고 여기에 독자의 목적, 필요, 동기부여, 사회적 맥락 등이 영향을 주어 의미를 이해하게 되는데 바로 이러한 복잡한 과정의 총체적 합이 읽기다.

읽기의 개념을 독자와 텍스트와의 상호작용으로 본다는 것은, 결국 텍스트보다는 독자 자신의 자기주도적인 해석이 더 중요한 역할을 수행한다고 보는 입장이다. 학습자 자신의 의지가 없으면 독해건, 문해 습득이건 달성되지 않는다는 관점으로부터 언어 습득의 달성은 자기주도적인 학습자의 의지, 학습자의 동기부여가 더 중요하다는 교육학적 뿌리를 지닌 총체적 언어 습득론이 태동하게 되었다(Gollasch, 1982).

Goodman의 읽기에 대한 교육학적 시각은 구체적으로 읽고 쓰는 능력을 기르기 위한 문해 교수법으로서 총체적언어교수법을 발전시켰고, 작금에는 인지심리학과 관련하여 교육의 본질이 무엇인가를 규명하는 교육 철학으로 확대되기에 이르렀다. 현재는 총체적언어교수법을 하나의 체계적인 교수법으로 간주하기보다는 교육 철학으로 보는 관점이 팽배한데 그것은 총체적언어교수법이 언어에 대한 관점뿐만 아니라 교사와 학습자 사이의 관계를 포함하는 인간관 및 학습관 등을 포괄하는 광의의 의미에서 교육 철학적 관점을 지니고 있기 때문이다(성일호, 1996; Barclay & Boone, 1993; Newman, 1985; Watson, 1989). 예를 들어, Barclay와 Boone(1993)은 총체적 언어 교육을 학습자가 주체가 되어 스스로 동기를 부여하여 자발적으로 학습할 수 있도록 돕는 역동적이고 창조적인 교육 철학으로 간주한다.

총체적언어교수법의 핵심은 Goodman의 명저 *총체적 언어에서 총체적의 의미는 무엇인가?*(*What's whole in whole language?*)라는 제목이 시사하는 것처럼 '총체적(whole)'이라는 용어에 놓여 있다. 영영 사전에 따르면 'whole'은 'complete,' 'not divided,' 'single,' 'entire,' 'intact'의 의미를 지니는 것으로서 하나의 완전한 전체로서 분리되지 않은 상태를 의미한다. '총체적 언어(whole language)'라는 용어는

Goodman이 처음 사용하였는데 그는 'whole'의 의미와 관련하여 언어란 본질적으로 총체적인 것으로서 그 무엇으로부터도 분리될 수 없다는 점을 강조한다 (Gollasch, 1982). 예를 들어, 컴퓨터는 하나의 물체로서 물리적으로만 존재하는 것이 아니라 키보드, 마우스, 외장하드, 인터넷 등과 같은 물리적 환경 및 현대 사회의 정보, 기술, 게임 등과 같은 특정한 맥락 속에서의 의미를 동시에 내포하는 전체적인 의미망 속에 위치하고 있다.

이러한 맥락에서 'whole'이라는 개념은 'natural'이라는 개념과 일맥상통한다. 총체적언어교수법은 어린이들의 자연 언어 환경에의 노출을 통한 무의식적인 모국어 습득 이론에 근거한다는 점에서 자연 교수법(Natural Approach)과 그 철학적 뿌리를 같이 하고 있다. 자연 교수법의 핵심은 자연 언어 환경에서 어린이들에게 언어 지식은 암시적으로 축적되고 체득되므로 명시적이고 체계적인 언어 학습은 불필요하다는 점이다. 자연 교수법은 어린이들에게 이해 가능한 언어 입력은 가능한 많이 제공하나 의식적으로 목표 언어의 발음을 연습하거나 구문을 문법적으로 분석하지는 않는다. 총체적언어교수법도 어린이들의 자연 그대로의 언어를 'whole'하다고 봄으로써 언어는 총체적이라는 원리를 확립하였고, 그러한 원리로부터 문해 습득을 위한 총체적 언어 교육 방법을 제안하고 있다.

실제의 일상생활에서 사용하고 접촉한다는 의미에서 '자연적(natural)'이라는 말은 총체적언어교수법이 비판하고 있는 학교 교실의 '인위적(artificial)' 언어 환경과 대비된다. 자연 언어 환경에 노출되었을 때 어린이들에게 언어 습득은 매우 쉬워져 학습처럼 느껴지지 않는다. 어린이들은 어떤 명시적인 학습을 받지 않고서도 매우 짧은 시간에 놀라울 정도로 유창하게 언어, 구체적으로 구어를 습득한다. 반면, 어린이들이 문어 습득을 위해 학교로 들어가게 되면 언어 습득은 어려워진다. 언어 교육 전문가들이 개발한 완벽한 교재를 가지고 전문적인 언어 교육 훈련을 받은 유능한 교사가 공을 들여 수업을 진행하여도 어린이들은 언어 학습을 어렵게 생각한다. 문제의 핵심은 구어 발달이 자연스러운 상황 맥락에서 의미를 담은 전체 발화로부터 시작되는 것과 대조적으로 문어 발달은 일반적으로 언어의 단편들에 대한 학습으로부터 시작한다는 현실에 있다. 학교 밖에서 사용되는 '총체적 언어' 혹은

'자연 언어'가 학교 안에서는 학습을 위해 진정성 있는 상황으로부터 고립되어 기호처럼 추상적인 작은 조각들로 분해되어 버리고 만다. 그 결과 상황적 맥락으로부터 소외된 문자는 가상의 추상적인 맥락을 조성함으로써 언어가 기능적으로 유의미하게 사용되지 못하고 어린이들의 문해 발달에 도움을 주지 못하게 된다.

언어란 본질적으로 총체적이고 자연적인 것인데 이러한 상태를 유지하는 환경일 때 언어 습득은 쉽고 흥미롭지만 어떤 이유에서든지 그러한 총체성 혹은 자연성을 상실한 환경에서 언어 습득은 어렵게 되고 동기 유발도 잘되지 않는다. 어린이들에게 학교 밖 자연 언어 환경 상태에서의 구어 습득은 쉽게 이루어지는 반면, 학교 안에서의 문해 습득은 상대적으로 어려워진다는 현실은 아이러닉하다. 현행 문해 교육의 문제점을 총체적 언어로서의 언어 환경의 상실에 있다고 간주하고 있는 Goodman(1986)은 언어 습득을 쉽게 혹은 어렵게 만드는 요인을 구체적으로 <표 III.1>과 같이 정리하여 제시하고 있다(p. 8).

<표 III.1> 언어 습득을 쉽게/어렵게 만드는 요인

It's Easy When:	It's Hard When:
It's real and natural.	It's artificial.
It's whole.	It's broken into bits and pieces.
It's sensible.	It's nonsense.
It's interesting.	It's dull and uninteresting.
It's relevant.	It's irrelevant to the learner.
It belongs to the learner.	It belongs to somebody else.
It's part of a real event.	It's out of context.
It has social utility.	It has no social value.
It has purpose for the learner.	It has no discernible purpose.
The learner chooses to use it.	It's imposed by someone else.
It's accessible to the learner.	It's inaccessible.
The learner has power to use it.	The learner is powerless.

Goodman의 이러한 지적은 어린이들의 문해 습득과 관련하여, 특히 EFL 영어교육의 현실과 관련하여 매우 함축적인 메시지를 전달한다. 고비용 저효율 교육의 대표적

인 사례인 우리나라 영어교육의 문제점도 바로 여기에 있지 않을까 한다. 학생들이 십 년 동안 공교육을 성실하게 받았음에도 불구하고 영어 구사력이 만족스럽지 못한 이유는 언어를 총체적인 언어 환경에서 접근하지 못하고 학교 교육의 관점에서만, 특히 입시 평가의 관점에서만 접근하여 해석과 문제풀이 중심의 영어교육을 하였기 때문일 것이다. 이러한 문제를 극복하기 위해서는 학교 안에서의 언어 습득을 위해서도 가능한 한 유의미한 맥락 속에서 언어를 총체적으로 제시하려고 노력하고 학습자가 자신의 요구에 따라 언어를 기능적으로 사용할 수 있는 교실 환경을 조성하는 것이 중요하다. 그렇게 될 때, 학습자는 실제적인 상황하의 총체적인 맥락 속에서 문어를 이해하고 표현함으로써 문자를 통제하는 규칙을 스스로 발견할 수 있다.

3. 총체적 언어 습득론

1) 생존을 위한 언어 습득

어린이들은 세상에 완전히 무기력한 상태로 태어난다. 어린이들의 생존은 그들이 주변 사람들의 주의를 여하히 끌 수 있느냐에 달려 있다. 예를 들어, 자신이 배가 고프다는 의사를 언어로 명확하게 전달하지 못하는 어린이들은 생존에 문제가 생길 수 있다. 어린이들이 의사소통의 수단으로 소리나 몸짓 등보다는 언어를 사용하려는 본능은 언어적 의사소통이 생존에 직결되기 때문이다. Goodman(1986)은 어린이들의 언어 발달은 '의사소통을 위한 언어(language for communication)' 사용에 달려 있고 그것은 '생존의 문제(a matter of survival)'라고 주장한다(p. 15).

이와 같은 관점에서 총체적 언어 습득론의 핵심은 "언어 기능(language function)이 언어 형태(language form)에 앞선다"(Goodman, 1986, p. 18)라는 명제다. 어린이들이 의사소통을 하는 과정은 얼핏 보기에는 처음에 소리를 익히고, 그런 다음 단어, 문장으로 확대되고, 나중에 담화 차원의 확장된 대화나 이야기로 그 폭을 넓혀가는 것처럼 보인다. 이것은 어린이들은 단어의 의미와 문장 구조를 완벽히 이해하기 전까지는 자신의 의사소통을 제대로 하지 못한다는 것을 전제로 한다. 흔히 어린이들의 울음소리, 옹알이, 혀짜래기소리 등은 언어 이전의 불완전한 의사소통을 대변하는 것으로 간주된다. 그러나 실제로 어린이들은 태어나면서부터 말을 배우기도 전에 의사 표시를 완벽하게 하는 것으로 알려져 있다. 예를 들어, 갓난아이가 배고프다고 우는데 갓난아이의 울음소리는 그 자체로 완전한 의사소통에 다름 아니다. 동일한 의미를 전달하는 언어 형태인 "Mommy, I'm hungry!"라는 정확한 발음과 문장 표현은 차후에 수많은 시행착오를 통해 터득되는 것에 불과하다.

어린이들은 자신이 목표로 하고 필요로 하는 것을 처음부터 완벽하게 표현한다는 점에서 언어 습득은 기능과 함께 시작된다고 볼 수 있다. 어린이들은 의사 표현에 적절한 발음과 완전한 언어 형태를 익힐 때까지 기다리는 것이 아니라 언어 형태는 아직 불완전하더라도 처음부터 의사소통을 완벽하게 한다는 것이다. 어떤 의미에서 언어 형태의 정확성이란 의사소통에 있어서 부차적인 의미를 지닌다고도 할 수 있다. 어린이들에게 생존을 위한 의사소통의 상황이 주어지면 의사소통의 정확한 언어 형태는 일정 기간이 지나면 어느 누구라도 습득하게 마련이기 때문이다.

요컨대, 언어 습득이란 먼저 어린이들에게 특정한 의사를 표현하도록 충동하는 일상의 요구 혹은 필요가 존재하고, 어린이들은 그러한 충동을 표현하는 과정에서 다양한 시행착오를 겪는 가운데 정확한 언어 형태를 찾아냄으로써 완성된다. 어린이들이 필요로 하는 것을 표현하고자 하는 충동 혹은 목표가 언어 형태를 통제하는 기제로 작용한다는 점을 고려하면, 교실에서 언어 학습 시 언어 형태에 대한 학습보다는 어떤 언어를 사용하는가에 대한 맥락, 즉 전형적인 상황 혹은 절차에 관한 학습이 먼저 선행되어야 함을 총체적언어교수법은 웅변한다. 언어 형태에 대한 학습은 언어 기능 수행에 필요하지만, 그것은 어디까지나 기능 수행을 위한 하나의 수단으로서 필요조건일 뿐이지 그 자체로 충분조건, 즉 언어 교육의 목표가 될 수 없다.

2) 사회문화적 언어 습득

언어 기능이 언어 형태보다 앞선다는 총체적 언어관은 물리적인 생존을 위한 상황뿐만 아니라 사회적인 생존 상황으로 확대된다. 어린이들의 언어 습득은 일반적으로 어린이들의 성장 속도와 비례하여 발달해 가지만 반드시 어린이들의 육체적인 성장에 따라 언어 발달이 수반되는 것은 아니다. 어린이들은 자신의 생존을 위한 의사소통 수단으로서 언어를 습득하는 것처럼 나아가 자신이 속한 집단의 다른 사람들과 사회문화적 가치를 공유하고 사회 참여를 위한 의사소통을 추구해야 한다. 언어 습득은 개인적인 필요와 요구에도 반응해야 하지만 사회적인 필요와 요구에도 반응해야 하는 것이다. 만약 어린이들의 발화에 대해 공동체가 공유한 의미와 가치관이 함축된 피드백이 제공되지 않는다면 어린이들 개인의 언어는 공동체의 사회문화적인 의사소통에 제대로 작용할 수 없게 된다. 언어 습득은 어린이들의 개인적인 언어 수행과 소속된 사회문화적 피드백의 균형 사이에 존재한다. 언어 발달의 주체는 어린이들 자신이지만 사회적 상호작용을 통한 언어 습득을 위해서는 교사, 동료, 놀이의 역할이 중요하다.

미국에 거주하는 한 한국 어린이가 영어를 습득해 가는 다음과 같은 사례는 언어의 사회문화적 습득 과정을 보여주는 좋은 예이다(노경희, 2000, pp. 16-17). 이 어린이는 집에서 한국어만 사용하다가 미국 유치원에 입학하였는데 입학 후 일주일쯤 지나자 집에서 "Line up, please."라는 영어 문장을 발화하였다. 엄마가 그 말의 뜻을 물어보자 이 어린이는 한국말로 "Line up, please."는 "놀이터에 가자."라는 말이라고 대답하였다. 그 이유인 즉 유치원에서는 놀이터에 갈 때마다 교사가 항상 "Line up, please."라고 하면서 아이들을 줄서게 하였는데, 그 말만 하면 놀이터에 나가기 때문에 이 어린이는 "놀이터에 가자."라고 추측한 것이다.

위의 사례처럼 어린이들이 언어를 습득한다는 것은 언어를 소리나 글자의 의미를 분석적으로 해독하는 과정이 아니라 먼저 전체적인 상황 속에서 그 소리와 문장이 어떤 기능을 하는지를 추측함으로써 의미를 이해하게 되는 과정이라고 볼 수 있다. 어린이들은 주어진 단어나 문장 자체의 의미를 분석적으로 기억하는 것이 아니라 사회적 상황 속에서 전체적인 기능을 먼저 이해하고 그런 다음 그 기능을 표현하는 단어와 문장의 의미를 추측하게 된다.

이러한 습득 과정은 특정 사회에 해당되는 문화적인 행동규범이나 가치관도 언어 습득의 한 부분으로 포괄해야 함을 시사한다. 사실 어린이들은 언어가 어떻게 기능하는지 알기도 전에 매우 일찍부터 언어의 문화적 기능을 터득하는 것이다. 어린이들은 사람들과 함께 모여 이야기할 때 자신도 소리를 냄으로써 이야기에 참여하려고 한다. 예를 들어, 저녁 식사 시간에 가족이 모여 있을 때 식탁의 높은 의자에 앉아 있는 육 개월 정도의 어린이도 자신이 즐겁고 기분 좋다는 감정의 표현으로 무의미한 소리이지만 웅얼거리는 소리를 내면서 가족의 대화에 참여하려고 애쓴다. 또한, 어린이들은 "Bye-bye!"와 같은 인사법을 자연스럽게 습득하는데 이 말은 개인적인 의사소통을 위한 것이라기보다는 사회의 예법으로서 언어의 사회문화적 기능을 습득하는 것이라고 볼 수 있다.

이와 같은 관점은 M. A. K. Halliday의 언어관에 영향을 받은 바가 크다. *사회기호학으로서 언어*(*Language as social semiotic*)(1978)라는 Halliday의 저서 제목이 시사하듯이 Halliday는 언어를 태생적인 것으로 보거나 심리적인 상태로 설명하는 대신 사회문화적인 관점을 취하였다. Halliday는 언어가 의사소통의 수단으로서 발달되고 그것을 사용함으로써 학습된다고 하였다. Halliday의 사회기호학에서 언어가 수행하는 기능은 언어 사용의 필요성이나 목적으로서 모든 언어 행위의 출발점이다. 어린이들은 어떻게 언어가 사용되는지를 배우고 그러한 언어 사용을 통해 다른 사람들과 의미를 공유한다. 어린이들은 그들을 유의미하게 존재하게 하고, 상호작용하도록 하게 만드는 사회의 행동규범, 즉 기호체계를 배운다고 할 수 있다. 어린이들은 이러한 기호체계를 언어로 전달하지만 그 언어는 항상 사회적 맥락 속에 존재하며 그것으로부터 고립되어 사용될 수 없다. 어린이들의 언어 행위는 기호학 행위이다(임상봉, 1996).

언어 사용은 사회적 맥락에서만 의미를 띠게 되므로 그러한 맥락이 주어질 때에만 학습이 유의미해지고 용이해진다. EFL 상황하의 대부분의 언어 교실은 언어를 그 유의미한 기능적 사용으로부터 고립시킴으로써 언어를 무의미한 비언어로 바꾼다. 언어 사용 상황에서 분리된 소리, 단어, 문장은 언어가 사용되는 자연스러운 맥락과 유리됨으로써 언어 학습을 어렵게 만든다. 진정한 언어 습득을 위해서는 학교 안에서도 학교 밖에서처럼 똑같은 방법으로 기능적 욕구를 충족시킬 수 있는 진정성 있는 의사소통 활동이 수행될 필요가 있다. 이러한 관점에서 사회문화적 언어 습득을 위한 문학교육의 유용성은 더욱 부각된다고 할 수 있다.

3) 전체에서 부분으로 언어 습득

교과서를 비롯하여 대부분의 언어 학습 자료들은 본문과는 별도로 단어들을 정리한 지면을 배치하고 있다. 교재의 이러한 특징은 어린이들이 글을 읽을 때 먼저 단어 학습에서 시작하여 나중에는 그러한 단어들을 결합하고 문장을 만들고 문장 학습을 통해 글을 이해하는 단계로 발전해 간다는 인식을 보여준다. 그러나 Goodman(1986)에 의하면, 실제로 "언어는 전체에서 부분으로 학습된다"(Language is actually learned from whole to part.)(pp. 18-19). 제 2언어의 경우도 마찬가지로 모국어 습득이 전체에서 부분으로 습득되는 것처럼 전체에서 부분의 순서로 학습되어야 한다(Freeman & Freeman, 1992). 문장은 단어보다 더 쉽고 문단은 문장보다 더 쉬우며 전체 이야기가 문단보다 더 쉽다. 다른 조건이 같다면 짧은 글이 긴 글보다 이해하는데 더 어렵다. 독자가 의미를 정확히 파악하기 위해서는 텍스트에 대한 어느 정도 익숙함이 필요한데 의미론적 맥락은 전체 텍스트 상에서 발전되기 때문이다. 짧은 글은 독자가 의미를 구축하는데 제한적인 단서들을 제공하기 때문에 실제로 짧은 글 읽기를 할 때 의미에 대한 오독이 많이 발생한다. 따라서 매우 짧은 글을 사용하여 읽기 능력을 측정하는 표준화된 시험들은 텍스트의 의미 형성에 중대한 문제를 야기시킬 수 있으므로 바람직한 시험 유형이라고 보기 어렵다(Gollasch, 1982).

한편, 글을 읽을 때 새로운 단어를 처음에 정확하게 발음하기 어렵고 각 단어의 의미를 알면 본문 이해에 도움이 되기 때문에 단어를 따로 한데 모아 개별적으로 가르쳐야 한다고 생각할 수 있다. 그러나 결론적으로 문장으로부터 단어를 분리하려는 시도 그 자체가 이미 언어 습득의 원리에 역행하는 일이다. 예를 들어, 어린이가 '*da-da*' 혹은 '*ma-ma*'와 같이 말할 때 외견상 맥락에서 분리된 하나의 독립된 단어를 발화하는 것처럼 보이지만 사실은 그 자체로서 어떤 기능적 맥락에 적절한 의미를 전달하는 하나의 전체 발화(whole utterance)이다. 어린이의 이 말은 "Hey, come and get me. I want some attention."을 의미하는 일종의 언어 덩어리이다. 이 언어 덩어리는 나중에 어린이의 언어가 발달하면서 단어와 문장으로 분화된다. 어린이들은 문법적으로 정확하지는 않지만 '많은 개념을 하나의 단어로 표현하는 단계(the holophrastic stage)'를 거치고 무수한 시행착오를 통해 차후 정확한 언어 표현 및 형태를 습득한다.

이 과정에서 주목해야 할 점은 어린이들에게 각 부분의 의미는 발화의 전체적인 기능적 맥락을 이해한 상태에서만 학습될 수 있다는 점이다. 어린이들은 우선 유의미한 상황 속에서 일단 말을 하고 그런 다음 부분들의 상호 간 관계 및 부분과 전체와의 의미 관계에 대해 실험을 시작하기 때문이다. 어린이들이 정확한 언어 형태를 찾아가는 과정 – 예를 들어, "Mommy, hungry!" → "Mommy, me hungry!" → "Mommy, I'm hungry!" – 은 자신이 배고프다는 맥락을 기반으로 하는 것이므로 그러한 맥락에 대한 이해 없이 부분적으로 단어들을 익힌다고 해서 위와 같은 표현이 학습되지는 않는다. 노경희(2000)에 의하면, 어린이들은 언어를 배울 때 언어를 미분화된 덩어리로 통째로 받아들인다. 예를 들어, 어린이들은 "Gimme milk."나 "All gone."이라는 말을 할 때 이러한 표현들을 단어들이 모여 만들어진 문장이라기보다는 하나의 전체로서 인식하고 말을 한다. 그 다음 단계에서는 이 말에서 패턴을 찾아내고 필요한 단어를 부분적으로 대치하게 되는데, 예를 들어 "Gimme _____."라는 패턴의 'milk'라는 단어 대신에 'water'라는 단어를 대체하여 "Gimme water."라는 말을 하기 시작한다. 언어 발달의 진전이 더 이루어지게 되면 "Gimme"가 하나의 단어가 아니라 'Give'와 'me'로 구성되어 있다는 사실을 인식하고 "Give him milk."라는 문장도 만들어 낸다. 분석하지 않고 의사소통의 상황 전체를 통으로 인식하는 이러한 어린이들의 언어 습득 과정은 언어 습득이 부분에서 전체가 아니라 전체에서 부분으로 진행됨을 보여준다. 다시 말해서, 언어 습득은 유창성에서 정확성으로, 구체성에서 추상성으로, 거친 표현에서 세련된 표현으로 발전해 간다(pp. 21-22).

어린이들이 언어 습득 과정의 초기에 미분화된 덩어리로서 언어 학습을 시작하는 이유는 그렇지 않으면 제한된 언어 능력을 가진 어린이들이 자신의 의사소통을 성공적으로 완수할 수 없기 때문이다. 문법 규칙을 모르고 제한된 어휘력을 가지고 있는 어린이들에게 미분화된 언어 덩어리로 의사소통을 하는 전략은 어린이들의 생존 전략이고 언어 습득은 그 필연적 부산물이다. 이것은 어휘의 뜻과 문법 규칙을 먼저 배우고 어휘의 뜻과 문장 규칙을 적용하여 글을 이해하는 우리의 언어 교육 현실과는 정반대의 습득 메커니즘이라고 해도 과언이 아니다. 총체적 언어 습득의 시각에서 보면 우리의 발음 중심 학습법, 어휘 중심 학습법, 문법 중심 학습법 등은 모두 비판의 대상이다. 발음, 어휘, 문법은 각 영역이 서로 분리되어 개별적으로 혹은 단계적으로 학습되는 것이 아니라 모든 부분이 전체로서 동시에 학습되어야 하기 때문이다. 다시 말해서, 발음, 어휘, 문법 영역은 기능적인 맥락에서 함께 전체로서 작용해야지 서로 분리되어 학습될 수 없다. 따라서 언어 학습은 소리나 단어를 중심으로 학습하기보다는 의미를 이루는 최소한의 덩어리인 담화 차원의 말과 글 중심으로 학습하는 것이 중요하다. 언어 자료를 전체적 맥락에서 통으로 학습하면서 거기에서 습득에 중요한 패턴 혹은 언어 덩어리를 찾아내고 언어 패턴을 사용하는 과정에서 수많은 응용적 대체가 발생하고 언어 패턴을 바탕으로 정확한 표현을 찾아가는 시행착오 과정에서 궁극적으로 언어 습득이 완성되기 때문이다.

부분보다 전체가 먼저 습득된다는 총체적 언어관은 우리나라와 같은 EFL 영어교육 현실에 많은 시사점을 던진다. 언어 습득 과정에서 EFL 언어 학습자들에게 결핍되어 있는 부분은 다름 아닌 바로 전체로서의 언어 습득, 즉 미분화된 언어 덩어리로서의 언어 습득 과정이다. 이러한 초기의 습득 단계를 교실에서 제공하지 않고 곧바로 부분 중심의 언어 학습으로 들어가기 때문에 언어 학습이 어려워지고 고비용 저효율의 사회 문제로 비화되고 있다. 부분적으로는 몰라도 전체를 알면 텍스트의 흐름으로 그 의미 파악이 가능하지만 그 역은 성립하지 않는다. 설령 부분들을 이해한 경우에도 전체적인 패턴을 모른다면 기억에 오래 남지도 않는다. 언어 습득 초기의 어린이들과 마찬가지로 EFL 언어 학습자들도 제한된 언어 환경에 있으므로 습득 초기의 미분화된 언어 덩어리를 중심으로 언어 학습을 시도하는 것이 필요하다. 비록 불완전하지만 원시적인 언어 덩어리 혹은 패턴을 중심으로 학습하게 되면 EFL 학습자들도 언어 패턴을 바탕으로 제한된 영어 실력으로나마 최소한의 의사소통을 할 수 있고 자발적인 동기부여에 따라 부분적인 영어 규칙을 완벽하게 습득할 수 있을 것이다.

이러한 맥락에서 텍스트 기반 언어교육의 중요성이 부각되며 그러한 텍스트의 보고로서 문학 텍스트의 유용성이 더욱 의미심장해진다. 아울러 그러한 문학 텍스트를 이해하는 데 길잡이가 되어 줄 언어 습득과 관련한 틀 혹은 스키마로서 이 책에서 각 장르별로 제시하고 있는 리듬 패턴, 스크립트, 이야기 문법은 문학 텍스트 기반 언어 습득의 새로운 전기를 마련해 줄 것으로 기대한다.

4) 창조적 오류 과정으로서 언어 습득

앞서 어린이들은 모든 부분을 다 기억하고 나서 문장을 말하는 것이 아니라 미분화된 언어 덩어리 혹은 패턴을 익히게 되면 문장의 단어를 대체(substitution)하거나 결합(combination)하는 형식을 통해 새로운 문장을 만들어 낸다고 하였다. 이러한 언어 습득 과정은 우리 두뇌의 인지 과정을 알려주는 중요한 단서를 제공한다. 인간의 두뇌는 컴퓨터처럼 모든 단어와 문장을 입력하고 그것을 데이터베이스화하여 사용하는 방식을 취하지 않는다. 만약 인간의 두뇌가 컴퓨터와 같은 구조와 운영방식이라면 인간의 두뇌는 용량 부족에 걸릴 것이고, 설령 용량이 무한정이라고 해도 마치 중국인들이 평생 동안 모든 한자를 깨우치지 못하는 것처럼 그 자료를 모두 기억하지도 사용하지도 못할 것이다.

소리와 언어 습득과 관련하여, Patel(2008)의 연구에 의하면, 인간을 비롯한 모든 동물들의 소리 시스템은 세 가지로 나뉠 수 있다. 첫 번째 시스템은 '전체적 시스템(the holistic system)'으로서 각 개별 소리는 각각의 의미를 지니고 있지만, 각각의 소리와 의미의 관계는 고정되어 있다. 예를 들어, 버빗원숭이(vervet monkey), 그리벳원숭이(cercopithecus aethiops) 등과 같은 아프리카의 영장류 등이 이러한 소리 시스템을 사용한다. 많은 동물들이 사용하는 이러한 시스템은 각각의 소리는 특정한 의미를 지니고 있으나 서로 결합하여 새로운 의미를 만들어 내지는 못한다. 두 번째 소리 시스템은 혹등고래(humpback whales) 수컷 등과 같은 일부 동물들에게서 발견되는 '개별적 시스템(the particulate system)'으로서 이 동물들은 인간과 유사한 소리 시스템을 소유하고 있다. 이들은 개별적인 어구와 주제로 구성된 복잡한 노래를 부른다. 집단 내의 각 개인은 매우 비슷한 노래를 하며, 노래는 교배 기간에 걸쳐 점증적으로 변화하는데 이것은 노래의 요소들과 패턴들이 학습되고 있다는 증거를 말해준다. 그러나 인간의 소리 시스템과 결정적으로 차이 나는 것은 노래를 구성하는 요소들의 순서가 다양할 수는 있어도 노래는 항상 같은 의미를 띤다는 점이다. 노래는 보통 암컷에게 자신을 성적으로 홍보하거나 자신의 지배를 전시하는 의미를 나타낸다. 새들의 노래도 혹등고래와 유사한데, 새들도 성적으로 결합될 준비가 되어 있다는 사실을 의미하거나, 자신의 영역을 과시하거나, 일부의 경우 개인의 정체성 등을 표현한다. 세 번째는 인간에게 해당하는 '개별적 시스템(the particulate system)'으로서 인간의 소리 시스템은 혹등고래나 새들과 달리 소리들이 개별적으로 결합되어 의미가 고정적으로 사용되기보다는 다양한 의미를 창조해 낸다. 이것은 인간에게 고유한 것으로서 의미가 태생적으로 고정되어 있지 않고 음색 혹은 음소들이 제각기 결합하여 다양한 의미를 만들어내는 독특한 소리 시스템이다(pp. 10-11).

언어의 다의어(polysemy) 생성 과정도 이와 비슷한 맥락을 가지고 있다. 인간은 새로운 개념을 명명할 때 새로운 단어를 만들기보다는 기존에 알고 있는 단어의 의미를 은유(metaphor)적으로 확장해서 명명하는 경향을 띤다. 최근에 생성된 영어의 'Internet'이라는 말도 보이지 않는 가상 세계의 정보 전달 및 의사소통을 의미하는 인터넷의 개념을 그물이 상호 간 얽혀 있는 모습으로 은유적으로 이해함으로써 생성된 단어이다. 또 다른 예로, 바늘에 실을 넣는 홈으로서 '바늘구멍'을 영어로는 'the eye of the needle'이라고 하는데, 영미권 사람들은 바늘의 구멍을 처음 명명할 때 '눈'으로서 은유적으로 이해하고 있었음을 보여준다. 인간의 두뇌는 새로운 개념을 만들거나 정립할 때, 혹은 어떤 복잡하고 난해한 개념을 이해할 때, 단어의 은유적인 대체를 통해 그 개념을 정립하고 이해하려는 성향을 보인다.

은유적인 인지 구조는 우리 두뇌의 생존 전략이다. 우리는 사전에 등록된 단어의 모든 의미를 기억할 수 없다. 그 대신 단어의 기본적인 의미만 알면 은유적 확장을 통해 다른 의미를 파악할 수 있다. 흔히 은유라고 하면 문학 등과 같은 특수한 분야에서만 사용되는 수사적 장치로 간주하기 쉽다. 일상적인 언어란 보통 의사소통에 관계되는 사실적이고 직설적인 언어로만 표현된다고 생각하기 때문이다. 그러나 Lakoff와 Johnson(1980)은 이러한 수사학에 기반을 둔 전통적인 은유관이 은유의 본질에 대한 피상적인 이해에서 비롯된 것임을 지적한다. 그들은 언어에서 은유는 수사적 장치의 차원을 넘어선 것으로서 본질적으로 언어의 문제가 아니라 인간의 사고나 행동에 관계되는 인지적인 문제라고 주장한다.

인간의 인지 구조는 언어의 핵심 패턴만 기억하고 나머지 세부는 임의적으로 재구성하여 사용하는 구조이다. 인간의 두뇌는 컴퓨터처럼 정확하게 모든 것을 다 기억하지 못하지만, 그 대신 은유적 확장을 통해 무한대의 창조적인 언어 사용이 가능하다. 예를 들어, "Gimme milk."라는 패턴을 한번 익히게 되면, "Gimme sugar." "Gimme food." 나아가 "Give her milk."라는 문장까지도 만들 수 있다.

이처럼 어린이들은 처음부터 완벽히 기억된 언어를 구사하는 것이 아니라 나름대로 언어를 새롭게 만들어 실험한다고 볼 수 있다. 이 과정에서 발생하는 오류(error)는 언어 습득의 필연적인 부산물이다. 언어 소통 행위가 근본적으로 자기 의사 표현이라는 점에서 그리고 완벽한 시스템이 정착될 때까지 다양한 실험을 하면서 시스템을 재구조화(restructuring)한다는 관점에서 창조적인 오류라고 할 수 있다. 창조적인 오류가 일어나지 않으면 언어 습득도 일어나지 않는다.

어린이들은 언어 형태에 대한 규칙을 확립하는 동안 수많은 표현상의 오류를 거친다. 예를 들어, 문해 학습 초기에 발생하는 오발음(mispronunciation), 오철자(misspelling), 난필(scribbling), 독특한 구두점(creative punctuation) 등은 그러한 예들이다(Goodman, 1986, pp. 39-40). Goodman은 오류라는 명칭이 사용되고 있기는 하지만 어린이들은 그에 대해 책임감이나 죄의식을 느낄 필요는 없다고 하였다. 그것은 오류가 어린이들의 약점보다는 강점을 보다 더 많이 드러내고 어린이들이 얼마나 효율적으로 언어를 사용하고 있는가를 보여주는 가장 훌륭한 지표이기 때문이다. 오류는 그 자체로 체계성을 갖추고 있는 것으로서 언어 습득 과정의 자연스러운 부산물이다. 오히려 더 중요한 것은 어린이들 스스로 창조적인 언어를 사용하고자 하는 모험 정신(risk-taking spirit)이다. 어린이들은 원시 언어 덩어리 혹은 언어 패턴을 터득하게 되면 그 언어 형태에 대한 창조적인 실험을 진행하면서 덩어리

속의 부분들을 대체와 결합의 방식을 통해 정확한 표현과 형태를 터득하게 되고 유창하게 말할 수 있게 된다.

5) 자기주도적 언어 습득

모든 학습의 완성은 학습자의 자기 내재화 혹은 내면화(internalization; automaticity) 과정을 통해 이루어진다. 내재화란 머릿속에 들어온 지식을 학습자 자신의 시각에 의해 자기만의 지식으로 만드는 과정이다. 학교에서 유능한 교사가 훌륭한 교재를 가지고 학생들을 가르친다고 해도 그렇게 배운 것을 학생들이 교실 밖에서 연습을 통해 스스로 내재화하는 과정을 거치지 않는다면 성공적인 학습을 기대할 수 없다. 언어 습득에 있어서도 자기 내재화 과정은 언어 학습의 최종 단계로서 매우 중요하다. 어린이들 스스로 실제적인 상황 속에서 언어 연습을 하는 과정을 거치지 않으면 언어 습득이 완성되지 않기 때문이다.

부모와 교사는 어린이들을 무기력한 존재로 보고 자꾸 인위적인 학습을 통해 간섭하고 통제하려는 경향이 있다. 부모와 교사는 어린이들의 언어 습득을 위해 언어를 가르친다고 생각하기 쉬우나 어린이들 내부에 존재하는 언어 습득의 힘은 타고 나는 것이고 자가 생산적이어서 별도의 학습을 필요로 하지 않는다. 자연적이고 총체적인 언어 환경이 제공된다면 어린이들은 스스로 동기부여가 되어 자기주도적으로 언어를 습득할 수 있다. 이러한 학습자의 자발적이고 능동적인 과정을 무시하고 부모 혹은 교사가 조바심을 내어 언어 습득 과정에 인위적으로 개입하려 한다면 어린이들의 언어 습득은 왜곡될 수 있다. 부모와 교사의 역할이란 어린이들의 자기주도적인 모험 정신이 언어 습득의 중요한 부분임을 이해하고 이러한 자기주도적인 의지에 지속적인 신뢰를 보여주는 일이다(이화자, 1990). 부모와 교사가 언어를 가르치려고 하기보다는 어린이들이 자유롭게 실수하고 다시 시도할 수 있도록 분위기를 형성해 주는 것이 보다 중요하다.

우리는 어린이들이 집에서 하는 실수에는 관대한 반면 학교에서의 오류에 대해서는 엄격한 경향이 있다. 발화의 실수는 의미전달만 되면 형태상의 오류는 몇 번이고 용인되는 반면 글의 오류는 쉽게 수용되지 않는다. 그러나 구어에서처럼 문어에서도 오류 자체는 어린이들의 미분화된 단위로서 언어 능력을 나타내주는 징표이고 이러한 모험은 문해 습득에서도 필수불가결하다(석동일, 2007). 따라서 가정에서처럼 학교에서도 어린이들의 문해 학습에 대한 모험적인 시도를 격려하고 이 과정에서 오류는 얼마든지 용인해야 한다. 글에서 문법적 오류가 발생해도 주제를 잘 전달하고 있다면 의사소통이 이루어지고 있는 것이므로 용인해 주어야 할 것이다.

총체적 언어 습득 과정이란 어린이들의 내부로부터의 생존에의 의지, 외부로부터의 사회생활에의 의지의 총체적 발현이고 그러한 의지의 발현은 어린이들 자신에 의해 능동적으로 발현되는 것이며 부모나 교사 등에 의해 유도되거나 강요되는 것이 아니다. 부모나 교사는 단지 어린이들의 언어 습득을 인도해 주거나 피드백을 줄 수 있을 뿐이다. 어린이들은 주변에서 적절히 피드백을 받는다면 자신의 능력으로 스스로 언어를 습득할 수 있다. 언어 습득은 어린이들 자신의 의지에 의해 완성되는 것이고 그 과정이란 본질적으로 자기주도적인 과정이다. 언어 학습은 '자가 생산적(self-generated)'이다(Harp, 1993, p. 5).

4. 문해 습득과 문학 텍스트

그렇다면 이러한 총체적 언어 습득 원리와 학습 자료로 제시된 문학 텍스트는 어떤 관련성이 있는가? 텍스트 변인(text variable)으로서 문학 텍스트가 언어 습득, 특히 문해 습득의 자연환경을 제공한다고 할 때 그 구체적인 메커니즘은 무엇인가? 이 물음들에 답하기 위해서는 총체적 언어 습득론에서 강조하는 문학 텍스트가 다른 텍스트에 비해 문해 습득에 더 유리한 것으로 입증될 필요가 있다. 다시 말해서, 일반적으로 텍스트의 구조를 크게 이야기 글 혹은 서사문(narrative text)과 설명문(expository text) 두 가지로 구분할 때, 이야기 글, 곧 문학 텍스트 중심의 학습이 설명문에 비해 언어 습득에 효과적임을 입증함으로써 총체적 언어 습득론을 정당화할 필요가 있다. 이 작업은 지금까지 피상적으로만 알려져 온 문학 텍스트의 언어 교육적 유용성을 언어 습득 메커니즘과의 관련 속에서 증명함으로써 문학 텍스트의 유용성을 언어 습득적으로 자리매김하는 일이 될 것이다. 또한, 작금의 지식 내용 위주의 설명문에 편중된 우리나라 영어교육에 대한 비판적 성찰의 계기도 마련해 줄 것이다.

Bruner(1986)에 의하면, 우리가 알고 있는 지식을 표현하는 데 사용하는 두 가지 방법으로서 서사적 방법과 설명적 방법이 대비된다고 한다. Behrendt(2003)도 서사와 설명 양식의 글을 대조시키면서 "설명은 객관성과 직선적, 합리적 사고와 연상되는 반면, 서사는 주관성과 시간적 순서의 스토리텔링과 연상된다."고 주장한다(p. 3). 글의 유형을 이야기 글(narrative), 묘사문(descriptive), 논설문(argumentative)의 세 가지로 분류하는 경우도 있고(Beaugrande & Colby, 1979), 이야기 글, 묘사문, 설명문, 논설문의 네 가지로 분류하는 경우도 있으나(Brooks & Warren, 1979) 일반적으로 글의 종류는 크게 이야기 글과 설명문 두 양식으로 구별되고 있고(Irwin, 2007; Cooper, 1986), 이를 바탕으로 서로 다른 두 글 양식의 구조에 대한 학습자의 독해 과정이 집중적으로 연구되고 있다.

텍스트의 구조는 작가가 전달하려는 내용이 어떻게 조직화되는가에 따라 사용되는 기본적인 틀이라고 할 수 있다. 이야기 글이란 시간적 순서나 인과 관계에 따라 일어난 일련의 사건들로 구성된 이야기 글을 의미하는 것으로서 작가가 전달하고자 하는 의미나 진리는 이야기를 통해서 표현된다. 이야기 글에는 기행문, 묘사문, 일기, 수필, 자서전, 소설 등이 있고 나아가 일상생활에서 가족에게 하는 이야기, 친구나 동료에게 하는 이야기 등도 모두 여기에 포함된다. 한편, 설명문이란 어떤 개념, 이치, 진리 등을 체계적이고 객관적으로 설명한 글을 말한다. 설명문의 종류로는 기사문, 보고문, 과학기사, 논설문 등이 있고, 사용설명서나 안내문 등과 같은 실용적인 글도 대부분 설명문 양식을 취하고 있다.

이야기 글과 설명문은 그 내용과 구조에 있어서 본질적으로 대비되는 특성을 갖고 있다. Graesser(1981)에 따르면, 우선 이야기 글과 설명문을 대하는 독자의 태도가 다르다고 한다. 이야기 글의 세계는 종종 허구성을 용인하는 반면, 설명문이 전달하는 정보는 진실로 간주된다. 예를 들어, 과학소설의 독자는 무의식적으로 허구적인 가상 세계와 일련의 사건들에 대해 작가와 보이지 않는 연대를 맺게 되는데, S. T.

Coleridge의 용어를 차용하자면 '불신의 자발적 유보(the willing suspension of disbelief)'를 한다고 한다. 독자는 가상 세계에 관련된 지식과 정보에 관하여 그 진실성에 대해 더 이상 판단하지 않고 계속해서 유보한다. 반면 과학 기사의 경우, 독자는 기자가 자연과학적으로 발생한 사건, 문제, 상황을 보도하고 있다고 가정하고 기자가 진실된 보도를 하고 있는지에 대한 의문을 끊임없이 제기한다(pp. 152-153).

이야기 글과 설명문은 지칭대상(referents)의 성격에서도 차이가 난다(Graesser, 1981). 시간과 공간 지표들은 이야기 글에서는 특정한 경향을 나타내고 설명문에서는 일반적인 경향을 나타낸다. 이야기 글에서 하나의 사건은 특정 시간과 특정 장소에서 발생한다. 시간적, 공간적 지칭대상은 'On July 1, 2001 the astronauts landed on Venus.'처럼 허구적이거나 혹은 'Once upon a time in a far off land'처럼 의미상으로 무의미한 경우도 있으나 사건의 시간과 공간 지표들은 특정한 성격을 띠게 된다. 설명문의 경우, 진술 문장들은 보통 보편적 진리로 간주되므로 시간과 공간 지표들은 그 성격이 종종 일반적이다. 시간과 공간과 같은 배경뿐만 아니라 등장인물과 사물들을 지칭할 때도 마찬가지 현상이 발생하는데 이야기 글에 등장하는 인물과 사물은 지칭대상이 특정한 성격을 띠지만 설명문에 등장하는 인물과 사물들은 일반적인 속성을 띤다. 예를 들어, *빨간 망토*(*Little Red Riding-hood*)에서 늑대는 구체적인 특정한 동물로 인식되는 반면, 백과사전 기사에서 정의되고 기술되는 늑대는 일반적인 늑대로 인식된다. 따라서 상대적으로 긴 문장을 사용하고 문장의 일관성을 중시하며 대명사의 사용이 많은 설명문에 비해 이야기 글은 문장 구조가 수사학적으로 간단하고 묘사를 위한 형용사를 많이 사용하는 것이 특징이다. 또한, 설명문의 시제는 주로 현재형이 많이 사용되나 이야기 글에는 주로 과거형이 많이 등장한다(p. 153).

이야기 글과 설명문은 글의 구조적 특성에서도 차이가 존재한다(Graesser, 1981). 이야기 글에서 사건들의 순서는 인과적 혹은 목적지향적 방식으로 시간 순서에 의해 전개된다. 그러나 예를 들어, 논문을 쓴다고 했을 때 이것을 이야기처럼 시간 순서로 전개한다는 것은 생각하기 어렵다. 논문은 처음부터 연구의 주제, 문제점, 결과를 정리한 연구 요약으로부터 시작하여 그 주제를 발전시키고 결론을 맺는 것이 일반적이다(pp. 153-154). 이러한 설명문의 구조를 조직하는 방법으로는 열거

(enumeration 혹은 sequence), 주제와 증명(thesis-support 혹은 description), 원인과 결과(cause-effect), 문제와 해결(problem-solution 혹은 question-answer), 비교와 대조(comparison-contrast) 등이 대표적인 구조 유형으로 알려져 있다(Cooper, 1986, p. 273). 이를 정리하면 <표 III.2>와 같다(Five Expository Text Structures, 2014).

<표 III.2> Five Expository Text Structures

Pattern	Features	Cue Words (Signal Words)	Graphic Organizer
Description (One organizing element)	The author describes a topic by listing characteristics, features, attributes, and examples.	• for example • for instance • such as • is like • including • to illustrate • characteristics	
Sequence (Collection/ Enumeration)	The author lists items or events in numerical or chronological sequence.	• first • second • third • later • next • before • then • finally • after • when • later • since • now • previously • actual use of dates	1._____ 2._____ 3._____ 4._____
Comparison	Information is presented by detailing how two or more events, concepts, theories, or things are alike and/or different.	• however • nevertheless • on the other hand • but • similarly • although • also • in contrast • different • alike • same as • either/or • just like • in the same way • just as • likewise • in comparison • where as • yet	Alike / Different
Cause & Effect	The author presents ideas, events in time, or facts as causes and the resulting effect(s) or facts.	• if/then • reasons why • as a result • therefore • because • consequently • since • so that • for • hence • due to • thus • this led to	Cause → Effect 1, Effect 2, Effect 3
Problem & Solution	The author presents a problem and one or more solutions to the problem.	• problem is • dilemma is • if/then • because • so that • question/answer • puzzle is solved	Problem → Solution

설명문의 구조와는 달리 이야기 글의 구조에 대해서는 국내에 잘 알려져 있지 않으며 그에 대한 연구도 미비하다. 이야기 구조(story structure) 혹은 이야기 문법(story grammar)의 발견에 대한 가시적인 업적은 1970년대 후반 인지 심리학자들에 의해서 이루어졌다(Mandler & Johnson, 1977; Mandler, 1984; Rumelhart, 1975; Stein & Glenn, 1979; Thorndyke, 1977; van Dijk & Kintsch, 1983; Whaley, 1981). 그들은 다양한 이야기를 분석하고 이야기 속에 자주 등장하는 공통적인 요소들을 추출한 결과 이야기를 구성하는 구조적인 틀, 즉 주제 안에서 등장인물이 어떻게 목적 지향적으로 행동하는지를 기술하는 이야기 구조를 찾아내었고 그 내적 구조는 위계적 범주 및 각 범주 사이의 논리적 관계로 확립되어 있음을 발견하였다. 그들은 모든 이야기가 기본적으로 배경(setting: time and place), 등장인물(character), 주제(theme), 갈등(conflict), 결말(resolution) 등의 구조를 갖고 있으며, 이것을 이야기 구조 혹은 이야기 문법이라고 칭하였다(Ruddell & Unrau, 2004) — 이야기 문법에 대한 보다 자세한 논의는 제 4장 이야기 지도법 참조.

설명문 구조나 이야기 구조는 일종의 형식 스키마로 작용하게 되어 이러한 텍스트 유형을 읽을 때 내용 파악에 영향을 미치게 되므로 이에 대한 학습은 언어 학습에 매우 중요하다.

5. 이야기 글 vs. 설명문 – 구어(체) vs. 문어(체)

설명문은 이야기 글에 비해 전반적으로 어렵다고 인식되는데 그것은 정서적으로 친근하지 않은 소재, 익숙하지 않은 어휘, 추상적이고 전문적인 개념과 내용, 정보 전달 위주의 텍스트 구조 등으로 인한 학습자의 동기 유발과 감정 이입의 어려움에 기인한다(Gaskins, 2003). 설명문을 이해하기 위해서는 흥미가 덜한 소재이지만 스스로 강력한 동기부여를 하고, 익숙하지 않은 단어들의 의미를 유추하려고 노력하면서, 전문 지식에 대한 이해와 더불어 낯선 텍스트의 구조를 빨리 파악할 수 있는 능력을 필요로 한다. 극단적인 경우 설명문 읽기는 진정한 의미의 독서라기보다는 문자 혹은 기호 해독에 가까워질 수 있다. 전문적인 어휘와 개념이 밀집되어 있기 때문에 맥락 속에서 그 의미를 파악하기 어렵고 따라서 의미 파악을 위해 어휘와 문장을 분석하게 되는 등 진정한 의미의 읽기라기보다는 기호 해독에 가깝게 된다. 언어 습득 과정이 구체성에서 추상성으로 발전하는 과정이라고 할 때 구체적인 상황과 맥락으로부터 분리되어 추상화된 단어, 문장, 개념 등을 학습하는 것은 진정한 의미에서 언어 습득과는 거리가 먼 텍스트 읽기라고 할 수 있다.

이야기 글과 설명문의 이러한 특성들은 무엇보다도 각각의 텍스트가 본질적으로 구어성과 문어성에 기반을 두고 있다는 사실에 기인한다. 주지하다시피, 구어는 소리(sound)를 표현 수단으로 하는 반면, 문어는 문자(letter)를 표현 수단으로 한다. 이야기 글은 문자를 표현 수단으로 한다는 점에서 넓은 의미에서 문어로 간주될 수 있으나 스토리텔링 행위를 글로 옮긴 것이라는 점에서 구어체(colloquial style) 글로 간주된다. 방언학 사전(2003)에 따르면, '구어'와 '문어'로 구별하는 것은 언어의 물질적 표현 수단에 따른 구별 방법이고, '구어체'와 '문어체(literal style)'로 구별하는 것은 표현 방식의 유형에 따른 구별법이다. 예를 들어, 일상적 대화, 전화 대화, 방송 대화, 중계방송 등의 언어는 구어이고, 소설, 연극, 영화의 대화, 방송 뉴스, 연설, 언어 교육용 교과서의 대화는 구어체의 글이다. 상대방과의 직접적인 면대면 대화는 구어이고, 그러한 대화를 글로 옮기게 되면 구어체의 글이 된다. 구어와 문어의 차이는 <표 III.3>과 같이 정리될 수 있다.

<표 III.3> **구어와 문어 차이**

구어	문어
청각 중심의 언어 습득	시각 중심의 언어 학습
화자, 청자 동일 시공간 존재 시간, 공간 제약	화자, 청자 시공간적 분리 시간, 공간 제약 미미
다양한 전달 수단- 억양, 강세, 몸짓, 얼굴 표정 등	단순한 전달 수단- 문자, 문장 부호 등
의례적(phatic) 표현적(expressive) 기능 중시	정보적(informational) 설명적(descriptive) 기능 중시
즉각적 메시지 작성 상황 의존성, 문맥 비의존성	계획적 메시지 작성 상황 비의존성, 문맥 의존성

비논리적, 비격식적	논리적, 격식적
일반적 어휘	전문적 어휘
구체적, 모호한, 잉여적 표현	추상적, 명시적 표현
단순한 문장 구조	복잡한 문장 구조

구어와 문어의 차이를 나타내는 특징들은 앞서 언급된 이야기 글과 설명문을 구분 짓는 특징들과 크게 다르지 않다. 문어는 구어에 비해 시간과 공간에 제약을 덜 받는 편이어서 윤색과 퇴고가 가능해지고, 따라서 구어보다 훨씬 더 형식적이고 의도적인 글이 됨으로써 내용이 어려워지게 된다. 구어는 메시지 작성이 즉각적이고 시간 순서에 따라 전개되지만, 문어는 계획적이고 논리적인 전달 과정을 밟게 된다. 따라서 구어는 비격식적이고 비체계적인 발화 구조를 갖는 반면 문어는 격식적이고 체계적인 발화 구조를 지니게 된다. 구어는 상황적인 맥락에 많이 의존하게 되므로 말 그 자체만으로 진위 여부를 파악하기 어렵지만, 문어는 맥락을 최소한으로 제한함으로써 메시지 전달이 글 자체에 많이 의존하게 된다. 그 결과 문어는 다루고 있는 상황으로부터 추상화되는 경향이 있어 구어에 비해 지칭대상이 일반적이고 더 많은 지칭대상을 갖게 된다. 이야기 글과 설명문이 그 내용과 구조에 있어 본질적으로 대비되는 특성을 갖고 있듯이 구어와 문어도 사용 목적과 언어적 특성에 따라 서로 다른 양상을 나타낸다.

언어 습득 과정에서 어린이들은 먼저 구어를 습득하고 그다음 문어를 습득한다. 구어는 문어보다 더 일상적이고 기본적인 의사소통에 관여하기 때문에 어린이들의 구술능력(oracy)은 문해력(literacy)보다 먼저 발달하게 된다. 문자를 일찍 깨우치는 어린이들도 있으나 문어 교육은 대부분 초등학교에서 공식적으로 시작된다. 문어는 기본적으로 내용 지식에 관련된 기초 학술적인 언어로서 지식 체계에 관련된 학습에 가까운 영역이라고 할 수 있다.

따라서 언어 습득의 관점에서 보면, 어떤 의미에서는 구어 습득이 언어 습득의 전부라고 해도 과언이 아니다. 예를 들어, 초등학교에 진학하지 못한 문맹의 할머니와 대학교를 졸업한 성인이 서로 대화를 할 때 그들 사이에 일상적인 의사소통의 문제가 있을 것으로 생각하기는 어렵다. 의사소통의 관점에서 본다면, 언어 습득에서 구어가 차지하는 비중은 매우 크다고 할 수 있다.

Sapir는 언어 습득 과정에서 어린이들이 습득하는 "문어 형태는 구어 형태의 이차적 기호, 곧 기호의 기호다"라고 한 바 있다(*방언학 사전*, 2003). 실제로 어린이들에게 구어의 습득 방식은 그대로 문어의 습득방식으로 전이된다. 문어는 구어와 같은 어휘, 구조 등을 사용하지만 속성상 좀 더 형식적인 어휘와 구문을 선택할 뿐이다.

따라서 언어 습득을 위해서는 문어(체)의 설명문보다 구어(체)의 이야기 글에 더 많이 노출되는 것이 중요하다. 학문적이고 격식적인 설명문의 언어보다 이야기 글의 언어가 일상생활에서 더 자주 접하게 되는 언어이다. 이야기 글은 본질적으로 구체적이고 구어적이고 일상적이어서 더 잘 읽히고 이해하기 쉽고 기억에 더 유리하다. 모국어 환경에서 이야기 글과 설명문의 구조를 비교한 연구들은 모두 이야기 글이 설명문보다 읽고 이해하고 기억하는 데 더 쉽다고 말한다(Dee Lucas, 1982; Freedle & Hale, 1979; Gibson & Levin, 1975; Thorndyke, 1977).

그렇다면 과연 우리나라와 같은 EFL 환경에서도 이와 같은 현상이 일어나는지 살펴볼 필요가 있다. 김경한, 문기영, 최영은(2013)은 이야기 글 학습과 말하기 능력과의 상호 관련성에 관하여 실험한 바 있다. 이들은 고등학교 1학년 영어 교과서의 이야기 글이 학생들의 말하기 능력에 어떠한 영향을 미치는가를 알아보기 위해 연구하였는데, 이를 검증하기 위해 실험반에는 이야기 글을, 비교반에는 설명문을 각각 사용하고 텍스트 변인을 제외하고는 매 차시 동일한 형태의 말하기 중심 활동 수업을 한 학기간 적용하였으며 그 효과를 확인하기 위해 사전 사후 말하기 검사를 시행하였다. 그 결과 이야기 글을 적용한 실험반 학생들의 영어 말하기 평균 점수가 설명문을 적용한 비교반 학생들의 영어 말하기 평균 점수보다 높게 나타났다. 이들의 실험에 따르면, 이야기 글이 학생들의 말하기 능력 향상에 긍정적인 영향을 미친 것으로 나타났다. 즉, 이야기 글이 구어의 입력 제공자로서 학생들의 말하기 능력 향상에 도움을 준 것이다. 이 결과는 구어와 말하기 능력 사이의 상관관계가 높다는 것을 시사하며, 말하기 능력을 향상시키기 위해서는 구어체 이야기 글을 많이 읽어야 한다는 것을 제시하고 있다.

또 다른 실험에서 김경한, 이정인, 최영은(2013)은 문해 습득의 초기 단계라 할 수 있는 중학교 저학년 학생들을 대상으로 언어 습득 과정에서 이야기 구조가 설명문 구조보다 먼저 습득되는지, 또한 이야기 구조가 설명문 구조로 전이되는지를 실험하였다. 이들은 첫 번째 실험에서 동일 조건의 중학교 2학년 두개 반 학생들에게 '농부 지문(Farmer Passage)'을 이야기 글 양식과 설명문 양식으로 각각 만들어 읽게 한 뒤 내용을 회상하도록 하였다. 두 번째 실험은 이야기 구조가 설명문 구조로 전이되는지를 알아보기 위해 실시되었는데, 동일 조건의 다른 중학교 2학년 두 반 학생들에게 농부에 관한 지문 외에 '호랑이 콧수염 지문(Tiger's Whisker Passage)'을 이야기 글과 설명문으로 각각 만들어 한 반은 '농부 지문'의 이야기 글을 먼저 제시한 다음 '호랑이 콧수염 지문'의 설명문에 노출되게 하였고, 다른 반은 '농부 지문'의 설명문을 먼저 제시한 다음 '호랑이 콧수염 지문'의 이야기 글에 노출되게 하였다. 그 결과 이야기 글과 설명문을 동일한 조건에서 제시하였을 때 이야기 글에 대한 회상이 더 높게 나타났고, 학생들은 이야기 글뿐만 아니라 설명문 역시 이야기 글 방식으로 회상하는 경향을 보였다. 이것은 이야기 구조가 설명문 구조보다 먼저 습득되고 더 쉽게 이해되고 기억됨을 의미하는데, 인지 발달상 어려운 설명문 구조보다 구어적인 이야기 구조가 먼저 습득되는 것은 자연스러운 현상이다. 또한, 이야기 글을 먼저 접한 후 설명문을 접한 학생들은 설명문만을 접한 학생들에 비해 높은 회상 점수를 기록하였으나, 반대로 설명문을 먼저 접한 후 이야기 글을 접한 학생들의 경우 이야기 글만을 접한 학생들과 비교했을 때 유의미한 점수 차이를 보이지 않았다. 이러한 결과들은 학생들이 이야기 구조를 먼저 습득하게 되고 그런 다음 전이가 일어나 설명문의 이해와 회상을 돕는다는 것을 시사한다.

위 실험들은 모두 모국어 환경뿐만 아니라 EFL 환경인 우리나라 학습자들에게도 언어 습득 과정에서 이야기 구조가 설명문 구조보다 먼저 습득되고 그 때문에 이야기 글을 설명문보다 더 쉽게 이해하고 기억한다는 사실을 보여준다. 학생들은 심지어 이야기 글뿐만 아니라 설명문도 이야기 구조를 활용하여 회상하려는 경향을 보이는데 이것은 이야기 구조 습득이 잘 형성된 학생일수록 설명문 구조로의 전이도 잘 일어나는 것으로서 이야기 구조 학습이 매우 중요함을 시사한다. 따라서 언어 습득에 있어서 상대적으로 더 어려운 내용과 형식을 지닌 설명문이 제시되기 전에 이야기 글에 충분히 노출될 필요성이 있다. 특히 문어를 배우는 초기 단계에서 이야기 글에 많이 노출되면 이야기 구조의 전이가 잘 이루어짐에 따라 학문적 목적으로 주로 사용되는 설명문의 이해 역시 증가될 수 있다.

인간은 본능적으로 이야기를 좋아한다. 인간의 일상은 다양한 사건과 이야기들로 가득차 있다. 인간은 자기 자신이나 주위 사람들의 경험을 스토리텔링 혹은 다시말하기(retelling)를 통해 그것에 담긴 의미를 읽어내고 전달한다. 동화와 같은 이야기는 우리가 상호작용할 수 있는 쉽고 일상적인 일화나 사건 중심의 내용으로 동기와 흥미를 유발한다. 우리는 이야기에의 노출을 통해 내재적으로 이야기 구조를 습득하게 되고 이야기 구조는 언어 습득의 기초가 된다. 이야기 구조는 인간이 습득하게 되는 여러 가지 스키마 중의 하나로서 이야기의 내용을 이해하고 회상하는 데 도움을 준다(Mandler, 1984). 구어체의 이야기는 구어와 문어 습득의 중간 단계 역할을 함으로써 문해 습득에 가교 역할을 한다. 우리나라와 같은 EFL 환경에서는 구어와 구어체 글에 대한 접촉과 노출이 매우 제한적이므로 이를 극복할 수 있는 방법은 가급적 구어체 글을 많이 접촉하는 방법밖에 없을 것이다. 특히 언어 습득 초기 단계에서 이야기와 같은 문학 텍스트를 자주 접하는 것은 언어 습득에 매우 중요하다고 할 수 있다. 구어 습득이나 문어 습득을 위해서도 구어체로 쓰인 이야기와 같은 문학 텍스트는 매우 현실적으로 요청되는 학습 자료다.

6. 총체적 언어 교수·학습 원칙

앞서 언어 습득의 관점에서 이야기 글이 설명문보다 중요함을 입증함으로써 문학 텍스트의 유용성을 강조한 총체적 언어 습득론의 정당성을 확인하였다. 이제 이러한 정당성을 바탕으로 총체적 언어 습득론을 현장의 영어교육에 적용할 때 필요한 교수·학습 원칙을 도출하고, 이를 바탕으로 교수·학습 모형 및 자료를 개발할 필요가 있다. 총체적언어교수법을 기반으로 하는 문학 텍스트 중심 문해 교육 교수·학습 모형을 개발하기 위해 석동일(2007), 성일호(1996), 이승렬, 홍영숙(2003) 등을 참고하여 제시한 교수·학습 기본 원칙은 다음과 같다.

1) 총체적 언어 교실에서는 언어 형태보다는 언어 사용 중심의 수업을 원칙으로 한다. 언어는 생존의 필요성으로 인한 실제적인 의사소통을 수행하는 가운데 습득된다고 할 때 그러한 의사소통을 위한 실제적인 자료와 이것을 활용한 문제 해결 중심의 의사소통 활동이 수업의 핵심이 되어야 한다. 실제적인 자료로서는 동화, 그림책, 잡지, 신문 기사 등과 같은 이야기 글뿐만 아니라 생활 주변에서 매일 접할 수 있는 교통신호 표지판, 광고문, 상표, 지도, 달력, 전화번호부, 요리책, 팸플릿, 카탈로그, 포스터, 포장지 등의 문구 등 다양한 텍스트가 사용 가능하다. 문제 해결을 위한 활동을 하기 위해서는 실제적인 과업 수행을 중심으로 수업을 진행하고 이 과정에서 실제 상황처럼 의사소통 연습을 하도록 한다. 구어 습득이 대부분 학교 밖에서 의미 기능 중심으로 습득되는 것처럼 문어 습득 또한 가장 기능적인 문해 환경에서 실제적인 의미 중심의 의사소통 활동이 되도록 한다.

2) 사회문화적 언어 습득을 위해서는 학습자 간의 사회적 상호작용이 필요하므로 협동학습(cooperative learning)을 원칙으로 한다. 언어는 사회적 기호 체계이고, 사회 문화와 분리될 수 없는 의미를 담고 있는 복잡한 체계이다. 이러한 사회문화적 언어 습득을 위해서는 실제적인 사회문화적 맥락하에서 피드백을 제공하는 것이 중요하다. 학생들은 교사 혹은 동료와 상호작용을 하며 피드백을 활발하게 교환하고, 이를 위해 교실 활동은 모둠별로 진행함으로써 협동학습이 되도록 한다.

3) 총체적언어교수법은 학습자 중심(student-centered learning)의 교수법이다. 수업은 활동 중심으로 진행되고, 교과과정도 학습자가 선택할 수 있고 학습자 자신의 진도대로 학습할 수 있다. 그러나 총체적언어교수법에서 학습자 중심이라는 의미는 이보다 훨씬 심오한 의미를 지닌다. 그것은 언어 습득의 본질은 학습자의 능력보다는 학습자의 능동적인 의지에 존재한다는 것이다. 따라서 학생들의 잠재적 언어 습득 능력에 신뢰를 갖고 그들이 능동적으로, 자기주도적으로 언어 활동을 할 수 있도록 총체적 환경을 제공하고, 동기부여를 하며, 발달 과정을 관찰하고, 적절한 피드백을 주는 일이 보다 중요하다. 학생들의 실수에 대해서는 관대한 분위기를

조성하고 여러 번 수정해서 최종본을 발표하거나 제출하도록 함으로써 그들의 모험 정신을 격려하도록 한다.

4) 총체적언어교수법의 핵심은 학습이 전체에서 부분으로 진행된다는 점이다. 음철법에서는 전체가 부분으로 이루어져 있으므로 부분을 배우면 전체를 알게 된다고 하여 소리, 단어, 문장, 이야기로 학습의 폭을 넓혀 가는 상향식 학습법(bottom-up approach)이 사용되지만, 총체적언어교수법에서는 문자 교육의 방향을 전체에서 부분으로, 즉 이야기로부터 시작하여 문장으로, 문장에서 단어로, 단어에서 소리로의 하향식 학습법(top-down approach)을 원칙으로 한다. 학생들은 전체의 개념을 이해한 뒤에 세부적인 사실들을 더 잘 이해할 수 있다. 더욱이 흥미를 잃기 쉬운 학생들에게 동화책을 읽는 수업과 같은 하향식 학습법은 학습 동기 유발에 더욱 유리할 것이다.

한편, 총체적언어교수법에서는 소리, 단어, 문장 구조에 대한 개별적이고 명시적인 학습을 권장하지 않지만 모르는 어휘나 문장이 많게 되면 글을 읽는 데 지장을 초래하게 되므로 어휘와 문장에 대한 개별적인 지도가 필요할 수 있다. 이와 관련하여 민덕기에 따르면(1997), 초보 학습자의 경우 교사가 직접 큰 소리로 읽어주기(reading aloud) 활동을 할 수 있다고 한다. 학생들이 모두 볼 수 있는 '빅북(Big Book)'을 교단 위에 올려놓고 마치 어머니가 잠자리에서 이야기(bedtime story)를 읽어주듯이 편안한 분위기를 연출한 다음, 빅북을 소리 내어 읽어주면서 그림을 포함하여 단어와 문장을 손가락으로 짚어가며 읽기 과정을 보여준다. 학생들에게 전체의 이야기를 잘 이해시킨 후 읽어 가는 중에 맥락을 중심으로 문장, 단어, 철자의 순서로 지도한다. 그런 다음 학생들과 번갈아 가며 읽거나(shared reading), 다음 단계에 무슨 일이 일어날지를 물어 보고, 이후 나올 단어나 표현을 예측하게 한다. 궁극적으로는 학생들의 역할을 점점 늘려가면서 학생들 스스로 책을 읽게 유도한다.

물론 이러한 수업 방식은 자연환경, 즉 모국어 상황을 전제로 한 것이어서 EFL 상황에 맞지 않을 수 있고 그러한 이유로 하향식과 상향식을 절충한 '균형적 방법

(balanced way)'이 제시되기도 한다. 그러나 균형적 방법에 있어서도 총체적 시각에 의해 전체 수업모형을 구상한 뒤 담화, 문장, 단어로 그리고 핵심 주제를 중심으로 하위 주제로 확산시켜 간 다음 어휘, 문법 학습을 분석적으로 하되 이 경우에도 미분화된 언어 덩어리 단위를 중심으로 부분 학습을 진행한다. 그런 다음 독후 활동은 다시 전체적인 시각에서 과제를 제시하고 마무리한다. 균형적 방법의 경우에도 전체에서 부분으로, 다시 부분에서 전체로 마무리하는 방법을 취함으로써 총체적언어교수법의 취지를 유지하는 것이 필요하다.

5) 총체적 언어 학습 자료로는 동화, 동요, 그림책 등과 같은 문학 텍스트가 권장된다. 지금까지 우리나라에서의 읽기는 학습 자료로 만들어진 기초 독본에 수록된 단편적인 지문을 독해하는 것에 불과했다. 특히 문어체적인 설명문 양식의 짧은 지문들은 진정성 있는 자연환경의 보고로서 문학 텍스트와는 정반대의 언어 자료이다. 총체적언어교수법에서 언어의 기본 단위는 소리나 단어 혹은 문장이 아니라 맥락이 존재하는 총체적 언어로서의 담화 차원의 이야기이므로 동화와 같은 문학 텍스트는 그러한 이야기 단위를 구성하는 가장 훌륭한 언어 자료로서 권장된다.

6) 그동안 우리나라 학교 교육에서 읽기와 쓰기는 학생들에게 과제로 인식되어 부담감을 갖게 하였다. 학생들의 자발적인 동기부여에 의한 흥미로운 의미체험이 이루어지지 않은 상태에서 과제가 수행되었다. 그러나 문학 텍스트는 학생들의 자발적인 유의미한 의미체험을 가능하게 하는 좋은 환경을 제공할 수 있다. 문학 텍스트는 구체적인 사건이 전개되는 흥미로운 내용의 구어체 이야기로서 학생들의 동기유발에 유리하다. 사실을 다루는 설명문에 비해 문학 텍스트는 그 고유한 허구성으로 인해 오히려 학생들의 사고를 더 자유롭게 만들 수 있다. 고정된 사실에 대한 독자의 반응은 제한적일 수밖에 없지만, 허구는 역설적으로 더 다양하고 폭넓은 창조적인 의미 체험을 가능하게 해준다. 사실 창조의 본질은 허구에 있다고 볼 수 있다. 창조도 허구처럼 기존에 존재하지 않은 것으로부터 만들어지기 때문이다. 텍스트에 대한 창의적인 해석은 다양한 토론을 유발하게 하는데 책을 읽고 그 내용을

자기의 것으로 만들기 위해서는 토론을 통한 자기주도적인 내면화 과정이 필요하다. 학생들은 자신의 고유한 의미 체험을 협동적인 토론을 거쳐 교사와 동료로부터 피드백을 받아, 예를 들어 독서일지(reading journal) 쓰기 활동을 통해 체계화시킬 수 있다. 최윤주(2013)는 독서 사후 평가 활동 중 어느 활동이 영어 능력 향상에 더 효과적인지를 실험한 바 있다. 그는 초등학교 세 개 반에 독서 후 활동으로서 각각 '이해 측정(comprehension checkup),' '구두 보고(oral report),' '독서일지'를 실시하였다. 그 결과 세 가지 사후활동 방법 중에서 '독서일지' 활동을 한 반의 영어 능력이 가장 향상된 것을 확인하였다. 독서일지 쓰기는 학습자의 내면화 과정과 가장 관련성 높은 활동이다. 토론, 독서일지 등이 학생들의 자기주도적 학습에 효과적인 이유는 바로 여기에 있다고 할 수 있다.

학생들의 쓰기 활동은 단순히 쓰기 기능을 연습하기 위해 글을 쓰는 것이 아니라 의미를 탐색하고 발견하는 한 과정으로서의 쓰기이다. 학생들은 텍스트와의 상호작용을 통해 새로운 의미를 구성하게 되고 그러한 의미를 표현하고 싶어 한다. 인간은 자신의 생각이나 경험을 어릴 적부터 그림으로 표현하거나 글로 쓰기 시작한다(총체적 언어 학습, 2011). 인간에게는 읽기뿐만 아니라 쓰기도 본능적인 충동으로서 그러한 욕구와 본능을 표현하는 것 또한 의미를 창조하는 일이다. 인간은 의미 중심의 읽기와 쓰기를 하고자 하는 문해 욕구가 있고, 문학 텍스트는 그러한 욕구를 충족시켜줄 수 있는 의미 체험이 가능한 언어 자료이다.

7) 총체적 언어 교실에서는 문학 텍스트를 지속적으로 공급함으로써 학생들을 읽기의 홍수에 빠지도록 유도한다. 총체적언어교수법은 문학 텍스트를 끊임없이 읽는 것이 문해 습득에 가장 좋은 방법이라고 주장한다. 이러한 의미에서 다독(extensive reading)의 중요성이 대두된다. 현재 우리나라 제도 교육하에서 학생들의 영어 독서량은 매우 부족하다. 학생들의 독서량이란 일 년에 겨우 교과서 한 권 정도 읽는 것에 불과하다. 그러한 상황에서 영어 감각이 생긴다는 것은 거의 불가능에 가깝다. 총체적인 언어 환경에서 학생들이 지속적으로 일주일이나 이주일에 한 권씩 책을 읽는다면 문해 습득은 자연스럽게 완성될 것이다. 다독을 실현하기 위해

서는 책이 재미있고 흥미로워야 하는데 학생들이 본능적으로 읽고 싶어 하는 것은 이야기이다. 따라서 다양한 소재의 수준별 이야기 자료를 구비한 영어 도서관이 필요하다. 또한 다독은 학습자의 자기주도적인 학습에 가장 적합한 독서 활동이다. 다독은 학습자 자신의 관심과 흥미, 적성에 따라 책을 선택하고 스스로 읽어나가며 공식적인 평가의 부담 없이 자유롭게 수행할 수 있는 독서활동이다. 다독은 일종의 문해 몰입 프로그램이라고 할 수 있다.

8) 총체적 언어 교실에서는 언어의 네 가지 기능을 가급적 분리하지 않고 통합적으로 지도한다. 읽기와 쓰기의 통합뿐만 아니라 듣기와 말하기까지 통합하는 활동을 구안해서 적용한다. 실제 현장에서 읽기만 연습하는 경우는 드물다. 우리는 읽으면서 메모하거나 노트 정리를 하거나 혹은 리포트 등의 글을 쓰게 된다. 문해 습득에 있어서 읽기와 쓰기 기능은 통합적으로 사용되고 통합적으로 성취된다. 좋은 글을 읽게 되면 그 의미가 학습자에게 내면화되어 그것이 다시 쓰기의 소재로 나타나게 되고 또한 읽기에서 습득한 어휘나 문장이 쓰기에 영향을 미치게 된다.

나아가 언어의 네 가지 기능이 통합되어 학습되면, 보다 이상적인 문해 교육이 될 수 있다. 전형적인 문학 텍스트 중심 수업이란 보통 텍스트 전체를 꼼꼼히 읽고(읽기), 작품의 배경, 주인공, 주제 등에 대해 동료들과 토론하며(듣고 말하기), 정리 및 강화 활동으로서 텍스트의 주제에 대한 자신의 해석을 독서일지에 쓰고, 그에 관해 교사로부터 피드백을 받고 수정한다(쓰기). 사실 이러한 방식은 우리가 동화책 읽기를 통해 어릴 때부터 익숙해져 있는 방식이다. 우리는 동화책을 읽고 부모에게 자신의 느낌을 말하고, 그것을 그림으로 표현하거나 일기장 등에 글로 남긴다. 내용과 맥락 없이 일반적인 주제에 대해 글을 쓰는 것보다 주어진 내용에 대한 자신의 느낌이나 생각을 글로 쓰는 것이 훨씬 재미있고 쉬운 방법이다. 전자는 거의 새로운 창작에 가깝지만 후자는 내용과 맥락에 대한 감상 혹은 논평을 덧붙이는 차원으로서 훨씬 쉽고 재미있다. 동화책을 읽고 그에 대한 독서일지를 쓰는 전통적인 읽기와 쓰기의 통합 방법이 문해 교육에 더 효과적이다.

총체적언어교수법에서는 통합교육의 의미를 비단 언어 기능의 통합뿐만 아니라 교과의 통합으로까지 확장할 수 있다. 이러한 관점에서는 언어 학습이란 전 교과, 전 생활에서 동시 다발적으로 이루어져야 한다고 본다. 이를 위해 영어 교수·학습 활동을 위한 자료를 수학과 과학 등의 교과 내용으로 구성하여 다양하게 활용할 수도 있다. 반대로 관심 분야의 교과 내용을 연극으로 만들어 미니 드라마로 상연함으로써 교과 내용과 언어 기능의 통합교육을 추구할 수도 있다. 예를 들어, 학생들이 어려워하는 역사나 과학과 같은 과목을 이야기 혹은 만화로 풀어 가르치게 되면 이해도를 훨씬 더 높일 수 있다.

9) 문학 텍스트를 다룰 때에는 이야기 문법에 대한 지도를 한다. 김민정(2013)은 수업에서 이야기를 다루되 이야기 문법을 지도한 실험반과 일반적인 독해 지도법을 통해 이야기를 지도한 비교반을 통해 학생들의 영어 능력에 미치는 영향을 비교하였다. 그 결과 전자가 후자에 비해 전반적으로 유의미한 영어 능력의 향상을 가져왔다고 보고하였다. 이야기 구조 및 그 구조를 구성하는 요소들을 이해하고 이야기를 읽는 학생들이 그렇지 못한 학생들보다 더 높은 영어 성취도를 보이는 것은 이야기 구조에 대한 이해가 이야기 이해에 중요한 역할을 수행한다는 것을 시사한다. 따라서 이야기를 텍스트로 사용하는 수업을 할 때에는 이야기 구조에 대한 학습을 수업 활동에 포함시키는 것이 필요하다.

10) 총체적 언어 교실에서 미시적인 언어 학습은 미분화된 언어 덩어리, 즉 언어 패턴을 중심으로 수행한다. 총체적 언어에서 '총체적'이란 언어의 기본 단위로서 의미 덩어리를 뜻한다. 명시적인 어휘 학습, 구문 학습을 제한하는 대신 의미를 이루는 언어의 최소 단위로서 패턴 형태의 언어 자료를 중심으로 어휘, 구문 학습을 하도록 한다. 이러한 언어 덩어리는 문학 텍스트에 풍부한데 그중에서도 패턴북(pattern book; predictable book)은 미분화된 언어 덩어리의 보고이다. 패턴북은 동화 중에서도 일정한 패턴이 있는 단어, 구문, 문장, 개념 등이 반복적으로 등장하는 글로서, 특히 EFL 학습자에게 매우 유용한 언어 자료가 될 수 있다. 예를 들어, 예측 가능한 텍스트 구조 패턴, 즉 갈등-사건-해결과 같은 구조는 이러한 명확한

구조를 가지고 있지 않은 텍스트보다 훨씬 잘 기억된다. 또한, 패턴이 반복되는 문장을 가지고 문장의 구조 학습을 함으로써 총체적 언어 수업뿐만 아니라 미시적인 언어 형태나 규칙에 대한 학습도 보완할 수 있다.

  패턴북은 반복의 유형에 따라 네 가지 형태로 분류될 수 있다(민덕기, 1997). 첫 번째는 리듬이나 각운이 포함된 동요와 같은 글이다. 두 번째는 문장이나 에피소드가 반복적으로 되풀이는 글로서 *우락부락한 숫염소 세 마리*(Three Billy Goats Gruff)를 예로 들 수 있다. 세 번째는 똑같은 말이 단순히 반복되는 것이 아니라 반복될 때마다 새로운 표현이 한 가지씩 누적되어 나가는 것으로서(cumulative pattern book; cumulative story) *엄청나게 큰 순무*(The Great Big Enormous Turnip), *잭이 지은 집*(The House That Jack Built), *낮잠 자는 집*(The Napping House) 등이 좋은 예들이다. 네 번째로는 이야기의 구조가 숫자의 증가, 시간의 흐름에 맞춰 누적되어 진행되는 경우로서 *배가 고픈 애벌레*(The Very Hungry Caterpillar)는 그 좋은 예이다(p. 64). 패턴북은 전체적인 맥락하에서 지속적으로 반복되는 어휘, 구문, 문장, 에피소드 등이 결국 기억에 오래 남게 되는 원리를 시사함으로써 언어 습득의 원리는 맥락이 있는 언어에의 반복적인 노출에 존재한다는 사실을 보여준다.

7. 총체적 언어 평가

1) 질적 평가

  총체적 언어 교실에서 평가는 원칙적으로 실시하지 않는 것이 바람직하다. 총체적 언어 교실에서는 결과보다는 과정이 더 중시되어 학습자의 실수는 자연스러운 언어 습득 과정으로 간주되므로 오류는 오히려 격려되어야 한다는 관점에서 일반적인 의미의 평가는 중요하지 않다. 그러나 현실적으로 EFL 상황에서 영어는 국가 수준의 교육과정의 영향을 받는 하나의 교과목으로 확립되어 있으므로 평가를 피할 수는 없다. 따라서 평가를 실시하되 직접평가 대신에 간접평가 혹은 수행평가, 결과 중심의 총괄평가보다는 과정 중심의 형성평가가 되도록 하고, 계속평가, 수준별 평가로서 학생들 사이의 상호 경쟁적이지 않은 환경 조성이 필요하다(Harp, 1993).

총체적 언어 평가는 근본적으로 질적 평가를 지향한다. 총체적 언어 교사는 관찰(observation), 면접(interview), 독서일지, 구두 발표 등을 통합적으로 적용하여 학생들의 문해 발달 과정을 측정한다. 이를 위해 민덕기(1997)는 구체적으로 다음과 같은 네 가지 평가 방법을 제시한 바 있다 - 교실 관찰(classroom observation), 오독 분석(miscue analysis), 이야기 다시 말하기(story retelling), 포트폴리오(portfolios). 우선, 교실 관찰을 위해서는 일화 기록(anecdotal records), 차트 기록, 체크리스트 등을 활용할 수 있다. 오독 분석은 이야기 글을 소리 내어 읽고 그것을 전사하고 코딩하여 언어의 단서 체계(cuing system)를 효과적으로 활용하여 독해 능력이 있는지를 보기 위한 방법이다. 이야기 다시 말하기는 들은 이야기나 읽은 글을 재구성하여 이해한 바를 말하게 하는 방법이다. 포트폴리오에는 독서 노트, 작성한 글, 대화형 일기, 이야기 개요 등이 학습 결과물로 수집된다(pp. 64-65).

총체적 언어 교사는 '끊임없는 어린이 관찰자(constant kid watchers)'(Goodman, 1986, p. 41)라고 칭해질 정도로 관찰은 총체적 언어 교실에서 평가 자료를 수집하고 분석하는 가장 핵심적인 방법이다. Bertrand(1993)도 기존의 지필시험(paper-and-pencil test)과 같은 평가 방식은 총체적언어교수법의 목표에 부합되지 않는다고 하면서 관찰을 기반으로 하는 과정평가(process evaluation)의 필요성을 주장하였다. Ward와 Castillo(1993)도 총체적 언어 교실에서 관찰이 가장 근본적인 방법이라고 하면서 관찰의 다양한 방식으로서 발달 체크리스트(developmental checklists), 인터뷰지(interview sheets), 독서 기록지(reading logs), 독서일지, 쓰기 포트폴리오(writing portfolios), 총체적 채점(holistic scoring) 등을 사용할 것을 권장하였다. <표 III.4>와 <표 III.5>는 각각 발달 체크리스트, 인터뷰지의 예시이다.

<표 III.4> Developmental Checklist on Environmental Print(Harp, 1993)

	What Can I Read?				
Name					
Date					
	Level of Attainment				
	NR	NC	C	NL	DC
I. Most Common					
Butterfinger					
Cheerios					
Corn Flakes					
Lunchables					
Mayonnaise					
Pizza					
Salt					
Spaghetti					
II. Next Most Common					
Burger King					
K-Mart					
McDonald's					
Pizza Hut					
Jack in the Box					
Safeway					
Taco Bell					
III. Least Common					
TV Guide					
IGA					
Ranger Rick					
Daily Sun					
Newsweek					
Time					
NR =	No Response				
NC =	No Contextualization, response does not fit context, eg., says Jello when shown candy bar wrapper				
C =	Contextualization, response does fit context, eg., says candy bar when shown candy bar wrapper				
NL =	Names Letters, response fits context and indicates some sound symbol recognition				
DC =	Decontextualization, able to read product names when written on index card				

(The three categories of product names were established by asking children to bring in things they could read at home. Category one contains those products that 10 or more students brought, category two - 5 to 10, category three - less than 5.)

<표 III.5> Literature Interview Sheet(Harp, 1993)

Literature Interview Form		
Reader's Name _____		Date ___ / ___ / ___
Interviewer's Name* _____		
Book title _____		
Author _____		
1. Whom did you like the most in the story?		
2. Whom did you least like?		
3. Where does the story take place?		
4. When does the story take place?		
5. Why did the story keep your interest?		
6. Did the author do any thing which surprised you?		
7. What was the saddest part of the story?		
8. What was the happiest part of the story?		
9. Did any part of the story make you laugh or cry?		
10. What do you wish you could ask the author?		
11. What do you think you will always remember about this book?		
12. What type of person do you think would most enjoy reading this book?		
*Interview may be done with the teacher, another student, or independently.		

　발달 체크리스트는 어린이의 발달 과정에 초점을 두어 개발된 리스트로서 총체적 관찰 방법으로서 가장 많이 사용된다. 일반적으로 언어 능력의 발달은 언어를 사용할 수 있는 기회가 제공되느냐의 여부에 좌우된다는 점에서 발달 체크리스트는 어린이들의 언어 능력을 효과적으로 발달시킬 수 있는 교실 환경이 조성되어 있는지에 초점을 둔다. 예를 들어, 쓰기를 발달 단계별로 리스트를 만들고 성취한 것을 체크해 갈 수 있는데, 쓰기 과정 중 편집 단계(editing stage), 즉 학생들이 대문자 사용, 철자법, 구두점, 띄어쓰기 등과 같은 기계적인 부분들을 어떻게 발전시켜 나가는지 그 변화를 기록하고 이를 통해 지속적인 오류에 미치는 학습 환경의 영향을 함께 평가할 수 있다. 교사는 어린이의 오류를 분석함으로써 그것에 바탕을 두어 교수·학습도 변화시킬 수 있다. 평가는 수업에 즉각적으로 영향을 주기 때문에 관찰을 통해 수집하는 자료는 평가뿐만 아니라 교수·학습의 개선에도 도움이 된다.

2) 평가 원칙

총체적언어교수법의 평가상의 일반적인 원칙들을 제시하면 다음과 같다(Harp, 1993, pp. 37-52).

첫째, 평가는 언어의 총체성을 존중하는 방향으로 한다. 예를 들어, 읽기 능력의 측정은 발췌된 짧은 지문을 읽은 다음 빈칸 채우기 활동 같은 것을 하는 것이 아니라 실제 의사소통 상황에서 이야기를 읽고 그에 대해 독서일지를 쓰는 등 학습자가 총체적 텍스트에 다양한 방법으로 반응하고 있을 때 평가한다. 읽기 녹음 기록, 쓰기 샘플 등을 평가 자료로 사용한다.

둘째, 읽기와 쓰기는 과정으로 간주되므로 과정을 관찰하는 것이 중요하다. 오독 분석이나 발달 체크리스트의 의의는 바로 여기에 있다. 예를 들어, 오독 분석은 독자가 의미를 구성하려고 노력하고 있는지 혹은 단순히 소리와 기호 관계를 해독하고 있는지를 보여준다. 일련의 오류 분석을 시행하게 되면 의미를 구성해 가는 독자의 읽기 습득 과정을 관찰할 수 있게 된다.

셋째, 교사의 관찰과 직감은 가치 있는 평가 도구다.

넷째, 읽기 평가는 배경지식을 측정해야 한다. 예를 들어, 텍스트 구조에 대한 지식과 이야기 문법은 가르칠 필요가 있고 그에 대한 학습 여부를 측정해야 한다. 이러한 선험 지식(prior knowledge)이 읽기 이해에 큰 영향을 행사하기 때문이다.

다섯째, 평가는 계속평가(continuous evaluation)로서 지속적으로 이루어지도록 한다.

여섯째, 평가는 교수·학습의 필수적인 부분으로서 최고의 평가는 교수·학습 과정 중에 수행된다. 평가는 수업 전후에 주어지는 시험보다는 실제 의사소통 목적을 가진 문해 행위 속에 몰입되어 과업을 수행할 때 가장 효과적으로 나타난다.

일곱째, 새로운 행동, 현재 발달하고 있는 행동, 원숙한 행동 등 읽기 행동을 관찰하고 패턴을 인식한다.

여덟째, 총체적 언어 교사는 어린이의 약점을 발견하여 그것을 고치는 데 초점을 두기보다는 어린이의 강점을 우선 관찰하고 어린이가 무엇을 할 수 있는지를 강조한다.

3) 오독과 오독 분석

총체적 평가 방법으로 널리 알려진 것 중의 하나는 Goodman이 제시한 오독 분석(miscue analysis)이다(Watson & Henson, 1993). Goodman은 지필시험의 성적 등을 통해 학생들의 읽기 능력을 파악할 수 있다는 전통적인 생각에 반대하였다. Goodman은 총체적인 언어 상태를 유지하면서 평가가 이루어져야 한다고 보고 그러한 평가를 반영하는 것으로서 오독 분석이라는 새로운 평가 도구를 제시하였다.

'오독(reading miscues)'이라는 용어는 Goodman의 1964년 한 연구에서 읽기 과정에서 발생하는 모든 예기치 못한 오류를 포괄하는 말로서 처음 사용되었다. Goodman은 어린이들이 텍스트의 의미를 이해하는 과정에서 오류를 생산한다고 하였는데, 이러한 텍스트로부터의 일탈, 즉 오독을 분석하면 어린이들의 읽기 습득 과정을 파악할 수 있다고 보았다.

오독 분석은 일종의 관찰법으로서 구두 읽기를 관찰하는 방법이다. 어린이들에게 총체적 텍스트로서 읽어 본 적이 없는 이야기 한 편을 주고 큰 소리로 읽도록 한 다음 기억나는 것을 다시 말해보도록 한다. 유창한 어린이들은 의미 파악에 지장을 주는 오독의 예가 거의 없고 읽어 가는 가운데 자가 교정을 하면서 이해하려고 노력하는 반면, 유창하지 못한 어린이들은 다양한 오독을 만들어 낸다. 일부는 텍스트를 변경하는 방식에서 의미와 문장 구조를 그대로 유지하지만, 일부는 본래 텍스트의 의미와 구조 모두로부터 벗어나는 오류를 범한다. 오독의 형태는 여러 가지로 나타나는데, 추가(addition), 생략(omission), 대체(substitution), 자기수정(self-correction), 반복(repetition), 떠듬거림(mumbling), 건너뜀(skipping) 등과 같은 다양한 패턴을 보여준다.

오독 분석의 유용성으로는(Watson & Henson, 1993) 첫째, 오독은 학습자의 독서 과정에 대한 정보를 제공함으로써 학습자의 읽기 지도에 유익한 전략을 제공한다. 예를 들어, 텍스트와 배경지식으로부터 정보 추출하기(sampling), 다음에 어떤 내용이 올지 예측하기(predicting), 감춰진 의미 추론하기(inferencing), 내용 이해 확인하기(confirming), 신정보와 구정보 통합하기(integrating) 등 학습자의 읽기 전략을 파악할 수 있다. 둘째, 오독은 독해의 과정뿐만 아니라 학습자의 학습 내용에 대한 이해를 파악할 수 있게 한다. 교사는 학습자의 읽기 오독을 표기하고(marking) 코딩함으로써(coding) 그들의 능숙도와 효율성을 판단할 수 있고 학습자는 읽은 내용을 다시말하기(retelling)함으로써 자신의 이해도를 반영할 수 있다. 오독은 인지 과정을 살짝 드러냄으로써 읽기 과정과 내용 이해의 상관관계를 파악할 수 있게 한다. 셋째, 오독은 학습자의 장단점을 평가하여 이를 반영하는 새로운 교육과정을 만들어낼 수 있다. 예를 들어, 교사는 학습자가 더 유능한 독자가 될 수 있도록 학습자의 읽기 패턴을 분석하고 그 결과에 기초하는 새로운 전략을 적용한 교재를 개발할 수 있다. 오독 분석의 궁극적 목적은 학습자의 읽기 패턴을 교육과정에 반영하여 그들에게 적합한 새로운 교육과정을 만들어 내는 데에 있다(pp. 53-55).

학습자의 읽기 패턴을 분석하게 되면 학습자가 어떤 실수를 하는지, 어떤 배경지식의 도움을 받는지, 특히 총체적 관점에서 EFL 읽기의 문제점은 무엇인지 등을 규명해 낼 수 있다. 오독은 학습자가 읽기 과정에서 언어 단서를 잘못 받아들여 발생하는 것이므로 역으로 이를 분석하게 되면 학습자의 공통적인 읽기 패턴을 규명할 수 있고 학습자의 의미 이해 과정 및 독서 과정 전반에 관한 통찰을 얻을 수 있다. 예를 들어, 지문에서 어린이가 '*house*'란 단어를 의미와 관계없이 '*horse*'로 읽었다면, 이 어린이는 의미적 단서들보다는 글자 - 소리의 관계적 단서에 크게 의존하고 있음을 말해준다. 만약 '*house*'와 관련이 있는 의미를 가진 다른 단어로 교체된다면 이 어린이는 의미적, 통사적 단서에 크게 의존한다고 판단할 수 있다. Goodman에 따르면(Gollasch, 1982), 오독은 '독서 과정을 들여다 볼 수 있는 창(a window on the reading process)'이다(p. 152).

4) 오독 목록

Goodman은 1973년에 '오독 분류(The Goodman Taxonomy of Reading Miscues)'라는 일종의 오독 분석 프로그램을 개발하였다. 이 프로그램은 1987년 그의 아내인 Yetta Goodman 및 Dorothy Watson과 Carolyn Burke에 의해 '오독 목록(Reading

Miscue Inventory)'으로 재탄생되었는데(1987), 오독 목록은 오독 분석의 절차와 과정을 설명해 준다. 오독 목록의 구성 요소 및 내용은 다음과 같다(Watson & Henson, 1993, pp. 57-68).

(1) 초기 면접(initial interview)

초기 면접 단계의 목적은 학생들이 독서 과정 및 독서를 수행하는 자신에 대한 생각을 발견하는 데 있다. 예를 들어, 교사는 <표 III.6> 및 <표 III.7>과 같이 학생들이 어려운 텍스트를 어떻게 처리해 가는지를 물을 수 있다. 초기 면접에서는 기존의 '버크의 읽기 면접 질문지(Burke Reading Interview)'를 사용할 수도 있고, 교사 자신이 면접을 위해 준비한 질문지를 만들어 사용할 수도 있다.

<표 III.6> 문제 해결 의존형 학생과의 인터뷰

(T = teacher, C = Connie)
T: When you're reading and you have some trouble, or you come to something that gives you a problem, what do you do? (Burke Q1)
C: Tell the teacher.
T: What do you tell her?
C: I tell her I have a problem with my reading.
T: Let's say the teacher wasn't there and you had a problem with reading. What would you do?
C: I'd go find her and tell her what I need.
T: Do you ever do anything else when you have a problem?
C: When I'm at home I tell my parents. And when my dad and mom's ... my sister ... I ask her about it.

<표 III.7> 가족 문해의 영향을 보여주는 인터뷰

(T = teacher, M = Mike)
T: Who reads at your house, Mike?
M: No one, hardly.
T: Nobody.
M: Just my uncle.
T: Does he live with you?
M: Yeah.
T: What does he read?
M: Car books or something, you know, how to fix your engine or something … and like getting parts for his motorcycle or something, just reading. …
M: I don't like stories that much, but I like, like how to build things or something, or instruction, how to take things apart or something.

(2) 구두 읽기(oral reading)

구두 읽기 단계는 학생들이 실제 지문을 소리 내어 읽는 단계이다. 이 단계에서는 첫째, 피험자를 추출한다(selecting students). 오독의 예를 가능한 많이 확보하기 위해 읽기를 잘하는 학생보다는 읽기가 유창하지 못한 학생들을 실험 대상으로 추출하는 것이 바람직하다. 둘째, 실험용 텍스트로서 이야기 글을 고른다(selecting the story). 실험용 텍스트는 피험자들이 이전에 읽어 본 적이 없는 하나의 완전한 이야기이어야 하고 15~20분간의 독서 분량으로서 피험자의 수준보다 조금 높은 수준(i+1)의 텍스트이어야 한다. 피험자의 읽기 전략을 기술하기 위해서는 최소한 25개의 오독이 요청되므로 조금 어려운 텍스트가 요청된다. 실험자는 보통 2~3개의 이야기 글을 준비한다. 셋째, 실험자는 <표 III.8>과 같은 타자본을 준비한다(preparing the typescript). 타자본은 각 행마다 그 위에 오독을 기록할 수 있도록 줄 간을 3배로 하여 준비한다. 오른쪽 여백의 공간을 넓게 하면 코딩할 때 혹은 간단한 기록을 남길 때 편리하다. 각 페이지의 마지막 행은 평행한 실선으로 표시한다. 이러한 형태는 페이지를 넘길 때 독자에게 영향을 미치는지 알아보는 데 도움이 된다. 원본의 행과 페이지 수는 타자본의 왼쪽 여백에 표기한다. 예를 들어, 원본의 1면 4행은 '0104'로, 11면 18행은 '1118'로 표기한다. 피험자는 복사본보다는 가능한 이야기 텍스트 원본을 읽어 나간다. 복사본을 읽을 경우 복사본은 원본 텍스트와 모든 면에서 유사해야 한다. 넷째, 실험자는 읽는 과정을 녹음한다(typing the reading session). 학생들이 읽는 도중에는 그들에게 어떤 보조적인 도움도 제공되지 않는다. 학생들은 책을 읽을 때 큰 소리로 자신 있게, 마치 혼자 있는 것처럼 읽는다. 오류는 습득의 필연적 과정이므로 과감하게 실수하도록, 즉 과감하게 읽도록 유도한다. 그래야만 정확하게 습득 과정을 규명할 수 있다. 학생들이 읽어 가면 교사는 타자본 위에 오독들을 가능한 많이 표기한다. 교사가 이야기를 잘 알고 있으면 오독에 대한 자가 분석을 표기하기가 훨씬 수월해진다.

<표 III.8> 타자본의 예(Goodman, Watson, & Burke, 2005)

```
APPENDIX C7: THE MAN WHO KEPT HOUSE
TYPESCRIPT
Name _____
Date _____ Grade/Age _____
Teacher _____
Reference _____


THE MAN WHO KEPT HOUSE
0101        Once upon a time there was a woodman
0102  who thought that no one worked as hard as
0103  he did. One evening when he came home
0104  from work, he said to his wife, "What do you
0105  do all day while I am away cutting wood?"
0106        "I keep house," replied the wife, "and
0107  keeping house is hard work."
0108        "Hard work!" said the husband. "You don't
0109  know what hard work is! You should try
0110  cutting wood!
0111        "I'd be glad to," said the wife.
0112        "Why don't you do my work someday?" I'll
0113  stay home and keep house," said the woodman.
0114        "If you stay home to do my work, you'll
```

(3) 다시말하기(retelling)

학생들이 구두 읽기를 마치면 그 내용에 대해 자신의 말로 다시말하기(retelling: unaided retelling, aided retelling, cued retelling)를 실시한다. 다시말하기는 구두 읽기와 내용 이해도와의 상관관계를 알려 준다. 내용에 대한 이해도는 구두 읽기만으로 측정할 수 없으므로 구두 읽기와 다시말하기를 비교하여야 한다. 구두 읽기와 다시말하기를 비교하게 되면 읽기는 잘하지만 이해를 못한다든지, 이해는 잘하는데 제대로 잘 읽지 못한다든지 등의 경우에 대한 비교 분석이 가능하다. 다시말하기는 오독 분석의 필수적인 요소로서 반드시 병행되도록 한다. 다시말하기는 크게 세 유형으로 나눠지는데 이것을 정리하면 <표 III.9>와 같다.

<표 III.9> 다시말하기 유형

Type	Example Questions
Unaided Retelling	"Tell me all you remember about the story." "Tell me more." or "What else do you remember?"
Aided Retelling	"You say the fire truck came and took the house. Tell me more about that."
Cued Retelling	"Sally, you mentioned how the dog, the kangaroo, and the cat helped the princess. Were there any other animals that helped her?"

'unaided retelling'은 학생들이 교사의 도움 없이 자신의 방식대로 이야기하도록 하는 방법이다. 교사는 학생들이 'unaided retelling' 과정에서 언급한 것을 끌어내어 물어볼 수도 있는데 이러한 방법을 'aided retelling'이라고 한다. 'cued retelling'의 경우는 교사가 학생들의 다시말하기 과정에서 세부사항들이 좀 더 언급될 필요가 있다고 판단되면 이를 학생들에게 인지시킬 때 사용하는 방법이다.

(4) 읽기 성찰(reflection on reading)

오독과 다시말하기 단계가 인지적인 측면에서 학생들의 읽기 문제를 파악하는 절차라면 읽기 성찰 단계는 정의적인 측면에서 학생들의 문제점을 파악하려는 시도이다. 읽기에 대한 성찰 과정은 학생들의 자기 평가 및 자기 보고를 포함한다. 읽기 성찰 단계에서는 <표 III.10>과 같은 질문들이 사용된다.

<표 III.10> 읽기 성찰 질문법

. How do you think you did with your reading?
. How do you think you did on your retelling of the story?
. When did the reading go well? (Return the book to the student.)
. Where did you have trouble? (Student may point to a specific word or mention a confusing concept.)
. Why did you leave out this word?
. Do you remember what you said for this word? What do you think it means?
. Did the pictures help or bother you?

학생들의 읽기 성찰 단계는 일종의 사후 면접의 성격을 띤다. 보통 초기 면접에 15분, 구두 읽기에 15분, 다시말하기에 15분, 사후 면접에 15분을 각각 할당한다.

(5) 오독 분석(miscue analysis: marking, coding, profiling)

오독 분석 단계는 표기하기(marking), 코딩하기(coding), 프로파일 만들기(profiling)의 세 과정으로 나뉜다. 우선 교사는 학생들이 구두 읽기를 할 때 준비한 타자본에 오독을 표기한다. 읽는 도중에 표기할 수도 있고 다시 전체 녹음을 들으면서 확인하고 새로 표기할 수도 있다. 각 회기마다 녹음한 테이프들은 학생들의 장기적인 발달 과정을 보여줄 수 있다. 코딩하기는 오독 분석을 용이하게 하기 위해 일종의 데이터베이스화하는 작업이다. 코딩하기는 <표 III.11>과 같이 네 가지 항목을 분석의 틀로 잡는다.

<표 III.11> 오독 분석 – 코딩

Type	Descriptor	Frequency
Syntactic Acceptability	Is the sentence, as finally read by the student, syntactically acceptable in the reader's dialect and within the context of the story?	Yes (%) No (%)
Semantic Acceptability	Is the sentence, as finally read by the student, semantically acceptable in the reader's dialect and within the context of the entire story?	Yes (%) No (%)

Meaning Change	Does the sentence, as finally read by the student, change the meaning of the story? (Question 3 is coded only if Questions 1 and 2 are coded 'yes.')	Yes (%) P: partial change (%) No (%)
Graphic Similarity	How much does the miscue look like the text item?	H: great similarity (%) S: some similarity (%) N: no letter similarity (%)

코딩을 바탕으로 자료를 분석하고 해석하여 새로운 패턴을 발견하는 작업을 프로파일 만들기라고 하고 이를 통해 오독 분석을 완성하게 된다.

(6) 교육과정 기획(curriculum planning)

오독 분석의 목표는 이러한 분석 결과를 바탕으로 학습자의 읽기 패턴의 주요 성향을 분석함으로써 그 개선책을 새로운 교육과정에 반영하는 것이다. 주요 패턴을 발견하기 위해서는 분석된 자료를 바탕으로 <표 III.12>에 제시된 질문들에 대해 답해보는 연습을 하도록 한다.

<표 III.12> 패턴 발견 질문법

1. How do the readers feel about themselves as readers? How do they feel about reading?
2. What strategies do they see as legitimate? Do they know when a strategy is not working? Do they have alternatives?
3. How well do their strategies work? How compatible is their meaning construction with the original text? What conditions facilitate meaning construction? Which ones hinder it?
4. How do the readers define literacy? What do they see as the main purposes of reading and writing?
5. What is the role of literacy in the family?
6. What instructional procedures do the readers perceive as facilitating learning? Which ones have an adverse effect?

8. 총체적언어교수법과 의사소통중심교수법

총체적언어교수법과 의사소통중심교수법(Communicative Language Teaching: CLT)은 ESL/EFL 학습자에게 가장 효과적인 두 가지 교수법으로 알려져 있다(Kim, 2005). 언어 습득의 관점에서 총체적언어교수법과 의사소통중심교수법은 많은 부분에서 공통점을 갖고 있다. 두 교수법 모두 자연 교수법(Natural Approach)으로서 언어의 자연환경을 추구하고 있고 모국어를 습득하는 것과 같은 방식으로 제 2언어 습득을 지향하고 있다(Richards & Rodgers, 2001).

주지하다시피 의사소통중심교수법은 의사소통능력(communicative competence)이라는 언어학적 개념으로부터 도출되는 원칙들에 근거하고 있다. Nunan (1991)과 Brown(1994)의 의사소통중심교수법의 명제들을 종합해 보면, 의사소통중심교수법은 언어 습득의 본질을 언어 지식보다 언어 사용에 있다고 보고, 언어 기능이 실제의 언어 사용에 더 중요한 역할을 수행한다고 주장한다. 따라서 의사소통중심교수법은 언어의 사회적 상황 혹은 맥락(social context)을 중시한다. 하나의 언어 기능을 수행하는 데 사회적 맥락에 따라 다양한 언어 형태가 존재하게 되고 그 맥락에 적합한 언어 형태를 선택할 수 있는 능력이 의사소통능력의 중요한 부분이다. 또한 의사소통의 성격은 근본적으로 과정(process)이 중심이 되는데, 의사소통이란 암기한 일련의 구문들을 사용하여 기계적으로 대화를 나누는 것이 아니라 상대방과의 의미 협상(negotiation of meaning)을 위하여 상호작용(interaction)하면서 의미를 이해하게 되기 때문이다. 이러한 원칙들에 근거하여 도출되는 의사소통 교수·학습 전략은 학습자를 유의미한 목적을 위해 실용적이고(pragmatic), 진정성 있는(authentic), 기능적인(functional) 언어 사용에 몰입할 수 있도록 수업 설계를 하고 학습자는 목표언어(target language)로 상호작용을 통해 의사소통하는 법을 배우는 데 초점을 둔다 (Larsen-Freeman, 1986).

의사소통중심교수법의 이러한 원칙들은 언어 기능이 언어 형태에 앞선다는 대명제 하에 사회문화적 언어 사용을 강조하는 총체적언어교수법의 원칙들과 크게 다르지 않다. 총체적언어교수법에서도 학습자가 의미를 전달하고자 하는 욕구, 즉 의사소통의 욕구를 언어 습득의 핵심 요소로 보고 있다. 또한, 교사의 역할, 오류에 대한 시각, 학습자 중심 교수·학습, 소집단 중심의 협동학습, 의미 있는 과제 및 활동 중심의 수업 등 거의 모든 부분의 특징들이 상호 일치되고 있다(Kim, 2005).

물론 이 둘의 이론적 출발점은 서로 다르다. 의사소통중심교수법은 의사소통 능력을 강조하는 기능주의 사회언어학자들의 영향을 받아 언어 이론 중심의 교수법으로 발전된 반면, 총체적언어교수법은 아동발달과 언어 습득에 대한 교육철학적 이론을 근간으로 교육학자들에 의해 발전되었다(Edelsky, Altwerger, & Flores, 1991; Kim, 2005; Strickland & Strickland, 1993). 보다 근본적인 차이점은 교육 현장에 적용되는 과정에서 전개되는 양상이라고 할 수 있는데, 의사소통중심교수법은 주로 음성 언어 중심의 듣기, 말하기 기능에 초점을 두고 전개되는 반면, 총체적언어교수법은 주로 문자 언어 중심의 읽기, 쓰기 기능에 초점을 두고 전개되고 있다. 전자가 주로 일상생활에서 접할 수 있는 실용문을 주요 텍스트로 하여 구어적인 의사소통능력을 배양하는 데 역점을 두고 있는 반면, 총체적 언어교수법은 이야기 글을 중심으로 문해력 향상에 역량을 기울이고 있다고 볼 수 있다. 학습 방법에 있어서도 전자는 주로 의사소통기능 중심의 연습에 초점을 두고 있으나 후자는 기능과 더불어 내용 학습도 중시하는 교수법이라고 할 수 있다. 의사소통중심교수법과 총체적언어교수법의 차이점은 <표 III.13>과 같다.

<표 III.13> CLT vs. WLA

	CLT	WLA
Theoretical background	Linguists based on sociolinguistic theory	Educators based on developmental theory
Approach	Natural approach	Natural approach
Acquisition focus	- Language use before linguistic knowledge - Sociolinguistic context	- Language function before language form - Sociocultural use of language (schema)
Process-based learning	Meaning negotiation through interaction	Feedback
Use of language	The target language	Both the target and L1 language

Materials	Everyday life practical texts for oracy	Narrative texts for literacy
Teacher	Facilitator, helper	Facilitator, helper
Learner-centered	Collaboration Activity- & task-centered	Collaboration Activity- & task-centered
Learning strategy	Real life activities for communication	Extensive reading and writing

우리나라에서는 지난 문법 번역식 교수법(Grammar-Translation Method: GTM)에 대한 반작용으로 음성 언어 중심의 교수·학습을 강조하는 경향이 지속되고 있다. 그러나 음성 언어만을 강조하는 것은 제 2언어 습득이라는 특수성을 간과할 위험이 있다. 민덕기(1997)도 어린이들의 문자에 대한 호기심과 욕구는 지극히 자연스러운 것임에도 불구하고 문자 지도를 공식적으로 드러내놓고 가르치지 못하는 분위기는 바람직하지 못하다고 주장한다. 학자들은 자연스러운 언어 습득 과정상에서 의사소통중심교수법의 부족한 부분을 보완할 수 있는 지도 방안이 필요하고 이를 위해 똑같은 자연주의 접근 방식의 총체적언어교수법을 통해 보완하는 작업이 필요하다고 주장한다(민덕기, 1997; An & Kang, 1997).

현재 EFL 상황에서 아직까지 완벽하게 성공적인 영어 교수법은 존재하지 않고 있다. 지금까지 알려진 대부분의 교수법은 그 이론적 뿌리가 모국어 상황을 전제로 한 것이어서 EFL 상황에 적용하는 데 많은 문제점을 노출하고 있다. 그런 의미에서 의사소통중심교수법이나 총체적언어교수법도 예외는 아니다. 따라서 각 교수법의 장단점을 잘 파악하여 상호 보완적으로 적용하는 대안이 필요하다. 현재 우리나라 교육과정에서도 기능적 교수요목(functional syllabus)을 중심으로 하고 있지만 그렇다고 해서 구조주의 교수요목(structural syllabus)을 완전히 배제하고 있는 것은 아니다. 따라서 구어적인 의사소통능력을 배양하기 위해서는 의사소통중심교수법이, 문해력을 증대하기 위해서는 총체적언어교수법이 더 효과적이라고 한다면 서로 보완적으로 적용하는 방법이 연구될 필요가 있다. 앞으로 의사소통중심교수법과 총체적언어교수법을 발전적으로 결합한 새로운 패러다임을 개발하여 EFL 영어교육의 방향성을 선도해 나아가기를 고대한다.

9. 총체적언어교수법 기반 학습자문학 교수·학습 모형

1) 개요

이 장에서는 지금까지 논의된 총체적 언어 습득론과 총체적 언어 교수·학습 원칙에 준거하여 실제 EFL 교육 현장에 적용될 수 있는 총체적언어교수법 기반 학습자문학 교수·학습 모형을 제시한다. 교수·학습 모형은 앞서 논의된 총체적 언어 교수·학습 원칙을 기반으로 세 단계로 설계되었고 교재는 학습자문학 중 패턴을 보여주는 자료를 중심으로 사용하였다. 이 장에서 제시하는 총체적 문학 교수·학습 모형은 <표 III.14>와 같다.

<표 III.14> 총체적언어교수법 기반 학습자문학 교수·학습 모형

단계	학습 요소
읽기 전 활동	동기유발하기 스키마 활성화하기
읽기 중 활동	이야기 문법 적용하기 스토리텔링하기
	언어 패턴 파악하기 언어 패턴 기반 유도 글쓰기
읽기 후 활동	문해력 평가하기 – 언어 패턴 통합 자유 글쓰기

(1) 읽기 전 활동 단계

읽기 전 단계의 목표는 학습자의 경험과 연관되어 배경지식을 활성화하고 학습 동기를 유발시키는 데 있다. 이를 위해 학습하고자 하는 동요나 동화의 제목, 삽화, 표지 문구 등에 관해 학생들과 가볍게 토론하는 것으로 수업을 시작한다. 책 표지의 그림과 문구에 관해 이야기를 나누면서 의미망을 채우는 활동이나 책 표지의 문구를 보고 제목을 알아맞히는 활동을 할 수 있다.

(2) 읽기 중 활동 단계

읽기 중 단계에서는 이야기 구조에 대한 이해를 돕기 위한 틀로서 이야기 문법을 학습하고 이것을 구성하는 요소들을 파악한다. 모든 이야기에 공통적으로 나타나는 요소로서 배경(시간과 장소), 등장인물, 주제, 갈등, 결말의 여섯 가지 문법 요소를 이해하고, 이러한 이해를 바탕으로 이야기 문법의 틀에 따라 이야기를 읽고 이야기 구조를 분석해 보는 연습을 한다. 이러한 분석 연습은 향후 어떤 이야기를 접하더라도 그 이야기의 구조 파악을 용이하게 함으로써 내용 이해에 도움이 될 것이다.

내용 이해를 점검하는 활동으로서는 이야기 문법 지도의 효과를 극대화하는 관점에서 스토리텔링 활동을 한다. 학생들은 이야기 문법 요소에 따라 자신이 분석한 이야기를 전체 학생들을 대상으로 혹은 모둠별로 스토리텔링을 한다. 이야기 문법을 기반으로 스토리텔링을 하게 되면 이야기 문법이 기억의 틀로 작용함으로써 이야기를 암기하지 않고서도 임기응변적으로 말할 수 있게 되어 읽기와 말하기가 자연스럽게 통합되는 효과를 가져온다. 학생들은 자신이 분석하고 스토리텔링한 이야기에 대해 교사에게 질문하거나 토론할 수 있다.

그다음 활동은 전체 내용에 대한 이해를 바탕으로 미시적인 언어 패턴 학습에 초점을 둔다. 동요나 동화에 반복되는 구문 혹은 문장 패턴을 모둠별로 찾아보고 그러한 패턴을 바탕으로 문장을 직접 써보는 활동을 한다. 패턴을 바탕으로 하는 쓰기 활동은 유의미한 맥락, 즉 패턴이 주어지게 되므로 어휘나 구문 등을 익히는 데 매우 효과적이다. 패턴 기반 글쓰기 활동과 비교할 때, 단순히 문형을 익힌 다음 반복해서 그것을 연습하는 기존의 구문 학습법은 맥락과 분리됨으로써, 즉 패턴에 의해 생성되는 유의미한 맥락적 틀이 부재함으로써 글쓰기가 추상적이 되고 학습자의 흥미를 지속시킬 수 없으며 기억에 오래 남지도 않게 된다.

(3) 읽기 후 활동 단계

읽기 후 단계는 지금까지 학습한 내용을 종합 정리하고 강화하는 단계다. 총체적 언어교수법에서 문해력 평가는 총괄적이고 간접적인 지필평가보다는 과정 중심의 직접적인 수행평가가 그 취지에 적합하다. 수행과제는 학습자의 문해 욕구를 충족시키고 언어 학습 과정을 통합시킨 프로젝트 형식의 과제가 바람직하다. 학습자는 다양한 언어 확장 활동에 몰입하는 동안 가급적 언어의 네 가지 기능을 통합적으로 사용하도록 한다. 한편, 상시평가로서 방과 후 숙제로 부과되는 독서일지에서는 수업에서 다룬 언어 패턴을 활용하여 본문 내용에 대한 생각을 자유롭게 쓰도록 한다.

2) 교수·학습 과정

(1) 학습 목표(goals)

The goal is to enhance students' literacy through reading stories based on story grammar and storytelling and through writing based on pattern structures and reading journal.

(2) 목표 대상(target subjects): 1st year high school students

(3) 수업 목표(objectives): Students will be able to ...
① understand stories using story grammar and storytelling.
② improve writing by means of pattern structures and reading journal.

(4) 교재(texts)

본 수업모형에 사용된 교재는 문장 혹은 내용상으로 반복적인 패턴을 구성하고 있는 동요와 동화가 추출되었다. 총체적언어교수법에서는 언어 습득과 관련하여 리듬 패턴의 유용성을 주장하고 있는 바 이를 반영하여 본 교수·학습 모형에서는 패턴이 있는 언어 자료를 중심으로 수업을 구안하였다. 본 수업에서는 리듬과 각운이 반복되는 자료, 문장이나 에피소드가 되풀이는 자료, 반복될 때마다 새로운 표현이 한 가지씩 누적되어 가는 자료, 숫자의 증가, 시간의 흐름에 맞춰 이야기 구조가 누적되어 가는 자료를 사용하였다. 본 수업에 사용된 동요 및 동화는 <표 III.15>와 같다.

<표 III.15> 수업 교재와 패턴 유형

Works	Types of Patterns
The House That Jack Built	Cumulative pattern – "This Is the House That Jack Built"라는 문장이 매번 반복되면서 새로운 문장이 누적됨
The Three Little Pigs	Repetition of episode – 시작, 중간, 끝의 삼단 전개 패턴
Henny Penny	Repetition of sentence – "I must go and tell the king the sky was a-falling."이라는 문장이 반복되면서 에피소드의 누적적 전개 및 리듬과 각운의 반복
The Story of the Fisherman and His Wife	Repetition of refrain – "Once a prince, but changed you be/ Into a flounder in the sea. Come! for my wife, Ilsebel, Wishes what I dare not tell."이라는 후렴구가 반복되면서 에피소드의 누적적 전개

(5) 교수·학습 과정(teaching & learning process)

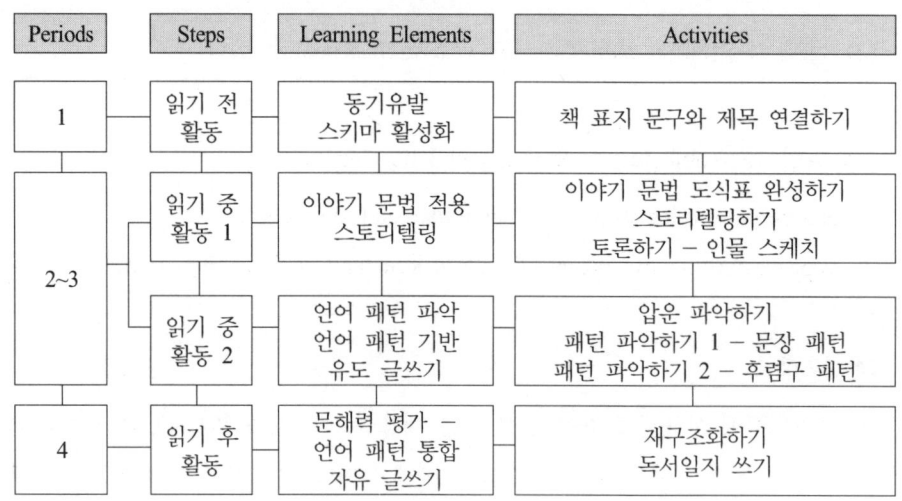

<그림 III.1> 교수·학습 과정

(6) 차시별 세부 활동 설명

각 차시별 세부 활동에 대한 설명은 <표 III.16>과 같다. 각 차시별로 사용된 활동지 원본은 참고용으로 부록에 첨부하였다.

<표 III.16> 차시별 세부 활동 설명

Activity 1. Blurb and Title Match(Day & Bamford, 1998) A. Students read the blurbs that describe the books and match each book title with an appropriate text from the box. 　_____　Science and the Modern World 　_____　A People's History of the United States: 1492 to Present 　_____　The Road Ahead **Texts** 1) If your last experience of American history was brought to you by junior high school textbooks – or even if you're a specialist – get ready for the other side of stories you may not even have heard. With its vivid descriptions of noted events, this book is required reading for anyone who wants to take a fresh look at the rich, rocky history of America. 2) For all who have marveled at the rapid advance of computers and their impact on our personal lives, Bill Gates stands out as a visionary. At an age when most students can barely see their own potential, Gates saw the revolutionary possibilities of the silicon chip. 3) Whitehead demands that readers understand and celebrate the contemporary, historical, and cultural context of scientific discovery. Taking readers through the history of modern science, Whitehead shows how cultural history has affected science over the ages in relations to such major intellectual themes as romanticism, relativity, quantum theory, religion, and movements for social progress.	① 1차시 　책을 읽기 전에 학생들의 동기유발과 책의 전반적인 내용에 대한 배경지식을 활성화하는 작업이 필요하다. 이를 위해 본 모형에서는 Activity 1과 같이 책 표지의 문구를 보고 제목을 알아맞히는 활동을 한다. 학생들은 책 표지의 문구를 통해 앞으로 읽게 될 동요나 동화의 내용이 무엇인지 예상해볼 수 있다. 또한 제목과 내용과의 관련성을 통해 책을 읽고자 하는 동기를 유발시킬 수 있다.
Activity 2.1 Story Grammar Name_____ Date_____ Title_____ Author_____ | Story Grammar Elements	Story
Setting(Time & Place)	
Characters	
Goals(Theme)	
Conflicts(Problems)	
Climax(Actions & Reactions)	
Resolution(Conclusion)			② 2차시 　이야기 글인 문학 텍스트를 이해하기 위해서는 이야기 문법에 대한 이해가 필요하다. Activity 2.1은 이야기 문법을 도식화한 샘플 활동지로서 학생들은 빈칸에 이야기 문법의 범주별로 뼈대가 되는 핵심적인 내용을 기입한다. 나아가 모둠별로 이 도식표를 바탕으로 모둠원끼리 돌아가면서 스토리텔링 활동을 한다. 이 활동을 통해 학생들은 이야기 문법을 바탕으로 한 스토리텔링이 매우 쉽고 재미있음을 인식하게 된다. 　나아가 학생들은 자신이 분석한 이야기에 대해 교사에게 질문하거나 토론한다. 토론을 지원하는 활동으로 학생들은 Activity 2.2와 같은 인물 스케치 활동을 한다. 학생들은 주어진 혹은 수업 중에 다룬

Activity 2.2 Character Sketch

A. Match descriptive words with a character in the text below, making a striking character sketch, and discuss each character based on the character sketch.

Characters	Descriptive Words
Pauline: Cecilia: Robert: Sir Wilfred Knipe:	shy, dirty, clumsy, pedantic, sarcastic, talkative, modest, soft-spoken, smartly dressed, proud, punctual, self-centered, impatient, strict, skinny, sharp-tongued, generous, sociable, strong-willed, hypocritical, vain, elegant, eager to please, kind, possessive, highly intelligent

At seventy-two, Pauline Attenborough could still sometimes be mistaken, in the half-light, for thirty. She really was a wonderfully preserved woman, of perfect chic. Of course, it helps a great deal to have the right frame. She would be an exquisite skeleton, and her skull would be an exquisite skull, like that of some Etruscan woman, with feminine charm still in the swerve of the bone and the pretty naive teeth. At the corners of the eyes were fine little wrinkles which would slacken with haggardness, then be pulled up tense again, to that bright, gay look like a Leonardo woman who really could laugh outright.

Her niece Cecilia was perhaps the only person in the world who was aware of the invisible little wire which connected Pauline's eye wrinkles with Pauline's will-power. Only Cecilia consciously watched the eyes go haggard and old and tired, and remain so, for hours; until Robert came home. Then ping – the mysterious little wire that worked between Pauline's will and her face went taut, the wary, haggard, prominent eyes suddenly began to gleam, the eyelids arched, the queer curved eyebrows which floated in such frail arches on Pauline's forehead began to gather a mocking significance, and you had the real lovely lady, in all her charm.

She really had the secret of everlasting youth, but she was sparing of it. She was wise enough not to try being young for too many people. Her son Robert, in the evenings, and Sir Wilfred Knipe sometimes in the afternoon to tea; then occasional visitors on Sunday, when Robert was home; for these she was her lovely and changeless self, that age could not wither, nor custom stale; so bright and kindly and yet subtly mocking, like Mona Lisa who knew a thing or two.

이야기 글을 읽고 이야기에 등장하는 인물들을 묘사하는 수식어를 박스에서 찾아 서로 연결하는 활동을 한다. 이 수식어들을 한데 모아 한 인물을 총체적으로 묘사해 보고 그 인물에 대해 모둠별로 토론을 한다.

Activity 3.1 Identifying Rhyme

A. Read aloud the following tongue twister and underline where alliteration takes place.

> Peter Piper picked a peck of pickled peppers,
> A peck of pickled peppers Peter Piper picked;
> If Peter Piper picked a peck of pickled peppers,
> Where's the peck of pickled peppers Peter Piper picked?

B. Read aloud the poem below and identify its rhyming pattern.

> Whose woods these are I think I know.
> His house is in the village, though;
> He will not see me stopping here
> To watch his woods fill up with snow.
>
> My little horse must think it queer
> To stop without a farmhouse near
> Between the woods and frozen lake
> The darkest evening of the year.
>
> He gives his harness bells a shake
> To ask if there is some mistake.
> The only other sound's the sweep
> Of easy wind and downy flake.
>
> The woods are lovely, dark, and deep,
> But I have promises to keep,
> And miles to go before I sleep.
> And miles to go before I sleep.

Activity 3.2 Identifying a Pattern 1

A. Replace the underlined parts in patterned phrases with your own words and phrases.

"Hush, Little Baby"

> Hush, little baby, don't say a word,
> Papa's going to buy you a mockingbird.
> And if that mockingbird won't sing,
> Papa's going to buy you a diamond ring.
> And if that diamond ring turns brass,
> Papa's going to buy you a looking glass.

③ 3차시

처음에는 간단하고 쉬운 활동으로 Activity 3.1과 같이 시적 언어에서 압운을 이루는 단어들을 찾아내고 이를 바탕으로 두운, 요운, 각운 패턴을 발견하는 활동을 한다.

그 다음에는 Activity 3.2에서처럼 동요에서 반복되는 구문 혹은 문장 패턴을 찾아보고 그러한 패턴 속에서 자기 자신의 어휘와 구문으로 문장을 직접 완성해보는 활동을 한다.

좀 더 난이도 있는 활동으로는 Activity 3.3과 같이 각 동화 속에 되풀이되는 후렴구(refrain)를 찾아내고 이를 바탕으로 후렴구의 반복과 더불어 내용 전개의 양상이 어떻게 변화해 가는지를 기술해 보는 활동을 한다.

B. Make your own song by replacing the underlined parts in patterned phrases with appropriate words and phrases.

"The House That Jack Built"

This is the house that Jack built.

This is the malt
That lay in the house that Jack built.

This is the rat,
That ate the malt,
That lay in the house that Jack built.

This is the cat,
That killed the rat,
That ate the malt,
That lay in the house that Jack built.

Activity 3.3 Identifying a Pattern 2

A. Complete the table below by filling in each box with appropriate sentences.

Title	Repeated lines	Development
Henny Penny	"I must go and tell the king the sky was a-falling."	Each time these lines are repeated, other animals are involved, who join Henny Penny in her quest.
Snow White	"Mirror, mirror, hanging there,/ Who in all the land's most fair?"/ "My Lady Queen, your are fair, 'tis true,/ But Snow White is fairer far than you."	
The Story of the Fisherman and His Wife		Each time the fisherman's wife wishes a better social position, the fisherman summons the flounder by singing this rhyme.
The Gingerbread Man		

Activity 4.1 Reconstruction

A. Make a group of 5 and choose one out of 4 ways of reconstructing the text, and then complete the table, following each reconstruction instruction.

Type	How	Text in Change
Reduction	Students are invited to shorten the text by removing certain elements.	
Expansion	Students are asked to add given elements to a text. 1. They expand a narrative text by adding what happened before it or after it. 2. They add fictional footnotes or an introduction to a given text.	
Replacement	Students remove certain elements and replace them with others.	

Activity 4.2 Reading Journal(Day & Bamford, 1998)

A. Fill this out even if you only read one page of the book.
　Your name:　　　　　　　Class:
　Title of book:
　Author:
　Publisher/Book level:
　I read all/___ pages of the book. (Circle "all" or indicate the number of pages read)

B. How did you like the book? (circle one)
　(a) Great! (I loved it)
　(b) Good (I liked it)
　(c) OK (I didn't mind reading it)
　(d) Boring/Stupid (I wish I hadn't read it)

C. Write your feelings about the book below:

(Continue on the back)

④ 4차시
 Activity 4.1의 재구조화하기 활동에서 학생들은 다섯 명으로 구성된 모둠을 만들고 모둠별로 활동지에 제시된 지침에 따라 텍스트를 재구조화하는 방법을 논의한 다음 그 중 한 가지 방법을 선택하여 표를 채우는 활동을 한다. 학생들은 재구조화 방법을 논의하는 과정에서 듣고 말하기를 하게 되고 의사결정을 하고 나면 그 다음 본문 텍스트를 다시 한 번 읽으면서 선택한 방법에 맞게 쓰기를 하게 된다.
 또한, 방과 후 과제로 부과되는 Activity 4.2 언어 패턴 통합 독서일지 쓰기에서 학생들은 텍스트의 내용 중 인상에 남는 주제 혹은 에피소드를 선택하고 자신이 선택한 이유가 무엇인지에 관한 논평을 일기 형식으로 쓴다.

10. 연구의 방향성

본 모형에서는 문학 텍스트를 통한 문해 습득 측면에서 총체적언어교수법의 의미를 재검토하였고 이를 바탕으로 현장 적용 가능한 총체적 문학 수업모형을 개발하였으며 수업모형에 따른 교수·학습 과정 및 세부 활동을 제시하였다. 특히 언어 습득과 관련하여 동화와 같은 구어체 이야기 글의 유용성을 지적하고 우리나라와 같은 EFL 영어교육적 상황에서 언어 습득 단계의 초기에서부터 이야기 글에 가급적 많이 노출되어야 할 필요성을 역설하였다.

이를 바탕으로 향후 총체적언어교수법 연구의 방향성을 제시하면 다음과 같다. 첫째, 본 모형에서는 언어 습득과 관련하여 미분화된 언어 단위로서 원시 언어 덩어리의 유용성을 주장하였는데, 향후 이에 대한 보다 체계적인 연구가 필요하다. 우선 유아 영어, 엄마 영어, 국내외 초등교과서 등의 자료를 분석하고 언어 습득에 직결되는 핵심적인 어휘 및 구문 덩어리를 추출할 필요가 있다. 그런 다음 이러한 언어 덩어리를 어휘 및 구문별로 목록화하고 이를 현장에 적용할 수 있는 교수·학습법을 제시하게 되면 총체적언어교수법의 완성과 함께 우리나라 의사소통 중심 영어교육에 획기적인 전기가 될 수 있다. 둘째, 언어 습득에 있어서 문장 단위 이상의 담화나 이야기 글이 중요함에도 불구하고 지금까지 담화 단위의 언어 습득에 대한 연구가 부족하였다. 대부분 어휘와 문장 단위의 습득에만 관심을 두었으나 총체적언어교수법은 담화 단위 이상의 텍스트가 오히려 문해 습득에 핵심적인 역할을 한다고 주장한다. 지금까지 영어교육에서 문학 텍스트의 유용성이란 단지 긴 글을 읽을 수 있는 언어 자료 정도로 취급될 뿐이었으나 향후 문학 텍스트가 담화 단위의 언어 습득을 위한 교재로서 중요하다는 사실을 언어 습득 차원에서 재정립할 필요가 있다. 무릇 언어 교육과 관련한 모든 교재 및 교수법은 언어 습득과 관련된 이론과 실험에 근거해야 한다고 볼 때, 문해 교육을 위한 담화 단위의 자료로서 문학 텍스트의 유용성에 대한 본격적인 연구가 필요하다. 셋째, 문학 텍스트 기반 문해 교육을 실현하기 위해서는 단계별 텍스트인 학년별 독본 제작과 영어 도서관 구축이 필요하다. 이를 위해서는 정부 차원의 지원이 필요하다. 학년별 독본의 제작과 영어 도서관이 구축

되면 이를 바탕으로 다독 프로그램을 운영할 수 있다. 담화 단위의 이야기 글 읽기를 가능하게 하는 현실적인 대안은 다독으로서 다독 프로그램을 통해 EFL 총체적 언어교수법은 완성될 수 있다.

총체적언어교수법은 기존의 전통적인 문해 교수법의 정당성을 재확인해 준다. 즉, 문학 텍스트를 지속적으로 읽고 그에 대한 감상문을 쓰고 토론하는 방법이 문해 교육에 가장 좋은 방법임을 다시금 깨우치게 한다. 우리나라와 같은 EFL 환경에서는 음성 언어보다는 문자 언어 형태의 영어를 접하는 경우가 더 많은 것이 현실이다. 우리나라 환경에서는 구어 습득에 한계가 있으므로 영어교육에서 문어 텍스트가 차지하는 중요성은 더 크다고 할 수 있다. EFL 영어교육이 문해 교육에 상당 부분 의존할 수밖에 없다면 더더욱 문학 텍스트를 통한 문해 교육의 중요성이 부각된다. 문학 텍스트를 중심으로 한 문해 교육에서는 구어체 텍스트에의 노출과 함께 네 가지 언어 기능의 자연스러운 통합교육도 가능해지므로 문해 습득뿐만 아니라 구어 습득까지 보장될 수 있다. 총체적언어교수법을 기반으로 문학 텍스트를 활용한 문해 교육은 우리나라 영어교육의 새로운 패러다임을 가져오는 전환점이 될 것이다.

다음 장에서부터는 구체적으로 각 장르별로 학습자문학이 어떻게 현장 교육에 적용될 수 있는지에 대해 논의한다. 먼저 EFL 학습자문학에서 소설은 이야기로 재구성되는데 제 Ⅳ장에서는 이야기 문법과 스토리텔링을 중심으로 이야기 지도 방안을 제시한다. 또한, 앞서 학습자문학을 논하는 자리에서 긴 소설보다는 짧은 이야기 중심으로 그러나 많이 읽는 방법이 EFL 언어 교육 상황에 더 적합하다고 언급하였는데 그러한 의미에서 제 Ⅴ장에서는 영어 다독 지도 방안도 함께 제시한다. 다독 지도 방안에서는 현실적으로 다독이 EFL 환경에 실현되기 위해 요청되는 여러 가지 제도적 장치들, 예를 들어 다독 교육과정 확립, 다독 교재모형 개발, 다독 교수·학습 및 평가 모형 개발, 도서관 구축 및 운영 프로그램 개발 등에 관한 실천 방안에 대해 모색한다. 드라마는 스크립트로 재구성되는데, 제 Ⅵ장에서는 일상적인 대화 상황 중에서 특히 절차적 지식, 즉 상황별 스크립트에 대한 학습의 필요성과 이를 바탕으로 스크립트 기반 영어 교수·학습 모형을 제시한다. 한편, 보다 전통적인 차원의 드라마 수업을 위해서는 제 Ⅶ장에서 교육 연극 기법을 활용한 드라마 수업모형을 제시함으로써 드라마 상연을 위한 수업 방안도 제시한다. 시적 언어를 다루는 제 Ⅷ장에서는 시 자체의 감상보다는 시적 언어로 쓰인 텍스트를 활용하여 영어 능력 향상을 위한 다양한 수업모형을 제시한다. 제 Ⅷ장에서 제시하는 패턴시 수업모형과 제 Ⅸ장의 영어 리듬 수업모형은 바로 그러한 예시들이다.

Ⅳ. 이야기 지도법

1. 이야기 글의 중요성

현재 영어교육 현장에서 문학 텍스트는 활발하게 사용되지 못하고 있다. 그러한 이유 중의 하나는 문학 텍스트가 어렵다는 인식 때문인데, 일반적으로 문학 텍스트에 등장하는 낯선 어휘, 비유적 표현, 복잡한 문장 구조 등이 그 원인으로 지적된다. 물론 이러한 지적은 문학 정전을 염두에 둔 다소 과장된 진단일 것이다. 그렇다면 같은 이야기 글이지만 일상적인 이야기 혹은 일화 형식의 글의 경우는 어떠할까? 예를 들어, 짧은 이솝 우화나 전래동화 혹은 신화 등을 영어로 읽을 때에도 학생들은 내용 파악이 어렵다고 호소하는 걸까? 지금까지의 본 연구자의 강의와 연구 경험에 의하면 대체로 학생들은 이야기 글을 어렵게 생각하는 경향이 있다. 학생들에게 설명문보다는 이야기 글 읽기가 더 어렵다는 인식이 보편적이다.

일반적으로 원어민의 경우에는 일상생활에서 설명문에의 노출이 적기 때문에 이야기 글보다는 설명문을 읽는 데 더 어려움을 느낀다고 한다(Cooper, 1986). 그러나 우리나라 학생들은 정보와 사실을 전달하는 설명문의 구조적 패턴에는 익숙한 반면, 일어난 사건의 내용을 전달하는 이야기 글에 대해서는 낯설게 느낀다. 우리나라 중고등학교 교육 현장에서 다루어지는 영어 교과서 지문의 대부분은 설명문으로 되어 있다. 예를 들어, 7차 영어과 교육과정에 따라 제작된 교과서를 분석한 자료를 살펴보면 전체 155개의 단원 중 78개의 단원이 설명문이고, 대화문 33개, 편지 13개,

이야기 10개, 그리고 나머지는 일기, 기행문, 연설 등으로 분포되어 있다(이연정, 2002). 또한, 대학수학능력시험(이하 '수능')이나 성취도평가와 같은 국가고사에서도 영어 시험 지문의 대부분이 설명문으로 구성되어 있다(최영은, 2012). 이와 같은 현상은 학습 및 평가가 짧은 지문 중심으로 이루어지다 보니 현장에서의 영어 학습이 이에 적합한 설명문 중심으로 진행되고, 그것이 계속 고착화된 결과로 보인다.

교과서나 국가시험의 설명문 편중 현상은 우리나라 영어 읽기 교육이 균형적이지 못하고 한 측면의 자료를 중심으로만 수행되고 있음을 보여준다. 우리나라 학생들은 설명문에 사용되는 어휘나 구문 형식에는 익숙해져 있지만 이야기 구조(story structure, story schema)를 지닌 이야기 글의 경우 그러한 양식의 글에는 많이 접해보지 못했고, 심지어는 그러한 지문을 기피하기조차 한다. 학생들이 구어적인 이야기 글 양식은 낯설고 어렵게 생각하고 오히려 문어적인 설명문은 익숙하고 쉽게 느끼는 이러한 모순적인 현상은 우리나라 영어교육이 처음부터 설명문 중심으로 되어 있고 이야기 글에의 노출이 절대적으로 적었기 때문에 발생하는 것으로 볼 수 있다. 이야기 글이 갖고 있는 어떤 본질적인 특성 때문에, 즉 이야기 글의 이야기 구조에 대한 기초적인 배경지식이 형성되어 있지 않기 때문에 학생들은 이야기 글을 읽는 데 어려움을 느낀다고 할 수 있다.

우리는 언어 습득 과정에서 구어적인 이야기 글에 대한 학습이 얼마나 중요한 비중을 차지하는지 이해할 필요가 있다. 언어 습득이 인간의 인지적 발달 과정과 맞물려 있다고 할 때 이야기 구조에 노출되는 것은 언어 습득에 매우 중요하기 때문이다. 실제로 어린이들이 접하는 이야기란 주로 동화에 관련된 것들인데 어린이들은 그러한 이야기를 듣고, 이해하고, 말하는 과정에서 언어를 습득한다. 이야기는 본질적으로 일상적이고 구어적이기 때문에 문어적인 설명문보다 언어 습득에 더 필수적이다. 이야기 글은 우리가 일상적으로 사용하는 담화와 유사한 구조, 어휘, 특성을 갖고 있으므로 설명문보다 의사소통능력 배양에 더 중요하다. 균형 잡힌 언어 능력을 배양하기 위해서는 문학 작품까지는 아니더라도 간단한 이야기 글을 초등학교에서부터 많이 접촉함으로써 이야기 글의 구조에 익숙해질 필요가 있다.

한편, 일상생활에서 사람들은 수다를 떨고 농담을 한다. 사람들이 일상적으로 이야기하는 것은 그들의 경험에 관한 것으로서 사람들은 어떤 일 혹은 사건이 자기 주변에 일어났는지 그것을 특정한 문맥 속에서 구체적인 예들을 사용하며 전달한다. 사람들은 이러한 이야기를 논리적 응집성을 갖춘 문어로 전달하지는 않는다. 이야기는 근본적으로 구어를 전달 수단으로 삼는다(Graesser, 1981). 이야기는 문자가 발명되기 이전부터 존재하였던 것으로서 한 국가의 역사나 국왕의 업적 등을 후세에 전달하는 중요한 의사 전달 수단이었다. 오늘날 우리가 문자로 접하게 되는 신화나 동화는 모두 문자가 발명되기 훨씬 오래전부터 입에서 입으로 이야기라는 형식으로 구전(oral tradition)되어온 것이다.

이러한 관점에서 이야기는 스토리텔링과 밀접한 관계가 있다. 이야기는 본질적으로 입으로 말하는 행위를 전제로 한다. 'story'와 비슷한 의미를 지닌 'narrative' 역시 사건의 서술, 즉 스토리텔링의 의미를 함축하는 말이다. 구전시대의 역사(history= hi (to write) + story (event))란 이렇게 입으로 전해져 온 이야기들의 집대성인 셈이다. 스토리텔링은 인간 생존의 기본적인 활동이다. 이야기를 말하고자 하는 충동과 그것을 듣고자 하는 욕구는 매우 원시적이고 본능적인 것이어서 인류의 역사 속에서 이야기가 없는 시기를 상상하기란 어렵다. 인간은 태어나서 말을 익힌 후에는 일상 자체가 끊임없는 스토리텔링 과정의 연속이다. 어린이가 말을 못하면 생존하는 데 어려움이 있듯이 이야기를 통해 최소한의 자신의 의사 표현을 하지 못하게 되면 그 어린이는 살아남기 어렵다. 일상사에서 일어난 사건들을 자기 나름대로 재해석하고 기억하여 타인에게 전달하는 스토리텔링 행위는 의사소통에 다름 아니다. Bruner(1986)에 의하면, 인간의 유전자에는 이야기의 심층 구조로서 '이야기 원형(primitive fabula)'이 존재한다고 한다(p. 19). 아이들은 선천적으로 이야기 유전자를 타고났고 이야기 유전자는 생활 속에서 언어의 습득과 함께 인간의 생존 방식에 관여해 왔다고 한다. 모든 이야기의 모태가 되는 이러한 이야기 원형이 존재하는 근거로서, Bruner(1986)에 따르면, 독자들은 이야기를 수없이 다양한 방식으로 해석하고 이해하여 '다양한 의미(multiple meanings)'를 만들어 낸다고 한다. 그는 이러한 정신적 활동의 측면을 '서사 양식(narrative mode)'이라고 불렀다(p. 5). 어린이는 끊임없이 이야기를 하고 재해석하는 과정에서 언어를 습득하고 세상의 지식을 정립해 가며 생존해 간다. 스토리텔링은 재미를 주기 위해 수행되었을 뿐만 아니라 한 부족의 역사를 전승하기 위해서도 그리고 아이들을 교육시키기 위해서도 행해졌다. 인간은 일상 속의 사건들을 이야기함으로써 사람들과 의사소통하고자 하는 본능을 지닌 이야기하는 존재로서 호모 나랜스(Homo Narans)이다.

2. 이야기 구조와 언어 습득

이야기 구조에 대한 연구는 1932년 Bartlett으로부터 시작되었다(Stein & Glenn, 1979). Bartlett(1932)은 이야기를 기억하고 회상하는 데 사용되는 정신 구조를 규명하고자 초등학교 어린이들에게 서양의 전통적인 동화의 기준과는 다른 북미 인디언의 전래동화를 들려주고 다시 말하게 하는 실험을 하였다. 그 결과 그는 어린이들이 본래 이야기의 어떤 부분들을 생략하거나 이야기 속에 없었던 부분들을 첨가하여 말하는 경향이 있음을 발견하였다. 어린이들은 회상할 때 이야기를 체계적인 방식으로 왜곡시키는 경향을 보였는데, 이러한 왜곡은 어린이들이 갖고 있는 이야기 구조에 대한 지식과 실제 이야기 글 사이의 불일치를 반영하는 것으로 이해되었다. Bartlett은 어린이들이 일관성 있게 왜곡 현상을 보여주는 이유를 어린이들에게 내재적으로 이야기 구조에 대한 지식이 존재하기 때문으로 해석하였다(Just & Carpenter, 1987).

어린이들에게 결말이 없는 이야기를 들려주게 되면 어린이들은 그 이야기가 완전하지 못하고 재미없다고 말한다. 어린이들은 한결같이 결말은 어떻게 되었느냐고 묻는다. 또한, 어린이들은 똑같은 이야기를 들었는데도 서로 다른 다양한 해석을 내놓는다. 두 가지 에피소드를 뒤섞어 놓은 이야기를 들려줄 경우에도 어린이들은 원문 그대로 회상하기보다는 두 가지 에피소드를 분리해서 회상하는 경향을 보인다. 또한, 같은 이야기를 일주일, 이주일, 삼주일 뒤에 시일을 두고 회상하게 하면 어린이들은 시간이 지날수록 자신이 갖고 있는 이상적인 이야기 구조에 더 의존하여 그 구조의 순서에 따라 이야기를 회상하는 경향을 보인다(Mandler, 1984).

이와 같은 다양한 회상 실험들은 우리의 정신 구조에 Bruner가 말하는 '이야기 원형'이 존재하고 그것은 체계적으로 구조화되어 있음을 시사한다. 우리는 이야기 원형을 바탕으로 이야기의 어떤 요소가 빠져있고, 어떤 요소가 더 새롭고 혹은 부족한지를 판단할 수 있게 된다. 또한, 들은 이야기를 다시 말할 때 그 내용을 재해석해서 스토리텔링을 하게 된다. 이야기의 목적, 동기, 내용은 문화마다 차이가 있을 수 있으나 스토리텔링은 문화와 관계없이 작용하는 이야기 구조에 영향을 받는다(Mandler, 1984). 따라서 인간은 이야기를 듣거나 읽을 때 이야기 구조를 사용해서 이해하고, 또한 그 이야기를 다시 말하거나 쓸 때도 이야기 구조에 근거해서 한다고 볼 수 있다.

  기억이란 본질적으로 구성적(constructive)이라고 한다. 기억은 입력되는 정보와 실험 대상자가 사용하는 전략, 정신작용, 구조 사이에 일어나는 상호작용의 결과이다. 이러한 특성은 주어진 문화 속에서 안정적으로 오랜 시간에 걸쳐 집단적으로 공유된 것이다. 회상의 일관성은 학년별로도 차이가 없으며, 일찍 회상하거나 나중에 회상하더라도 시간적으로도 유사성의 정도가 높다. 또한, 이야기를 회상한다는 것은 이야기를 정확히 복사한다는 것을 의미하지 않는다. 이야기 회상을 순수하게 기억에 의존해서만 할 수는 없는 일이다. 문장 단위의 기억은 반복을 통해 가능할 수 있으나 이야기와 같은 담화 단위의 기억은 그 길이와 복잡성 때문에 문장 단위로 정확히 회상할 수는 없다. 어린이들은 들은 이야기를 구문적으로, 의미적으로 정확히 기억하지 못할뿐더러 이야기 속의 정보들은 혼합되거나, 생략되거나, 새로운 세부사항들로 첨가되거나, 이와 유사한 변형들이 생기게 마련이다. 어린이들이 이야기를 회상하는 방식이란 정확한 복사는 아니지만, 이야기에 대한 이해를 바탕으로 이야기의 세부사항들을 재구성하는 방식이라고 보아야 할 것이다(Gagnè, 1985). 우리 두뇌는 이야기의 표면적인 문장들은 기억하지 못하지만, 그것으로부터 추출된 전체의 요지는 오래 기억하는 방식을 취한다(Sanford & Garrod, 1981). 따라서 어린이들의 회상은 전체적인 내용 전달에는 일관성을 띠지만 세부적인 내용은 제각기 변이성을 띠게 된다.

  이야기 회상을 가능하게 하는 두뇌 속의 장치를 이야기 구조라고 한다면, 그러한 이야기 구조를 지배하는 규칙은 이야기 문법(story grammar)이라고 한다. 문법 지식을 통해 문장을 만들어 내듯이 담화 단위의 이야기는 이야기 문법을 통해 생성된다. 어린이들이 결말이 없다고 말하는 이유도, 그들이 이야기 전개에 따라 문장들의 순서를 바로잡을 수 있는 이유도, 들은 이야기에 대한 정확한 모사는 아니지만 그 내용을 제대로 전달할 수 있는 사실도 모두 문법과 같은 장치가 우리의 두뇌 속에 존재하기 때문에 가능한 일이다. 이것을 뒤집어 말하면, 이야기에 대한 이해도와 회상 능력을 향상시키기 위해서는 이야기 구조와 문법에 대한 학습이 수행될 필요가 있음을 의미한다. 현재 대부분의 학생에게 영어의 이야기 구조는 습득되어 있지 않은 상태이다. 그것이 생성되기 위해서는 지속적으로 이야기 글에 노출되는 것이 필요한데, 우리나라 영어과 교육과정에서는 이야기 구조가 생성되기도 전에, 즉 언어 습득의 중요한 단계로서 이야기 글에 대한 학습이 채 이루어지기도 전에 문어적인 설명문으로 넘어가고 있는 실정이다.

    그렇다면 과연 어린이들에게 이야기 글이 설명문보다 더 쉽고, 언어 습득 과정에서 설명문보다 먼저 습득되는 것인지 살펴볼 필요가 있다. 한 실험 연구에서는 이야기 글이 설명문보다 회상하기 더 쉬운지를 알아보기 위해 3학년과 5학년 어린이들과 성인들에게 말(horse)에 관한 내용의 지문을 이야기 글과 설명문 양식으로 각각 만들어 읽게 한 뒤 회상하도록 하였다(Dee Lucas, 1982). 실험 결과는 어린이나 성인 모두 설명문 양식보다는 이야기 글 양식의 지문에서 더 많은 정보를 회상함으로써 이야기 글이 설명문보다 기억하기 더 쉽다는 사실을 입증하였다. 또 다른 실험에서는 같은 내용으로 이야기 글과 설명문을 학습한 뒤에 독서 속도, 이해 점수, 회상 정도를 측정한 결과 이야기 글이 설명문보다 더 높은 점수를 기록한 것으로 나타났다(Graesser, 1981).[2]

---

2) 참고로, 텍스트 회상 검사, 즉 자유 회상법(free recall test)에는 두 가지 유형이 있다(한철우, 김도만, 김명순, 김봉순, 김혜정, 박수자, 박영민, 선주원, 이경화, 이재승, 정옥년, 천경록, 한명숙, 홍인선, 2006). 하나는 글의 제목이나 첫 문장 등과 같은 단서를 제공해 주고 기억하게 하는 단서 회상(cued recall)이고, 다른 하나는 아무런 제한이나 도움 없이 읽은 내용을 회상하는 자유 회상(free recall)이다. 회상 방법으로는 구두 회상(oral recall)을 하고 난 뒤 녹음하고 전사하는 방법과 회상 내용을 글로 쓰게 하는 문자 회상(written recall)이 있는데 전자는 초등학교 저학년처럼 글로 쓰는 능력이 부족한 학생들을 위한 방법이고 후자는 문해력이 있는 학생들에게 적용된다. 회상 검사시에는 단기 기억에 의해 기계적으로 회상하는 것을 방지하

이야기 글이 설명문보다 이해하고 회상하기에 용이하다는 실험 결과에 대해서는 여러 가지 해석이 가능하다. 우선 이야기 글이 설명문보다 글의 응집력이 강하므로 읽기와 이해가 더 용이하다. 이야기의 구조는 그 특성상 사건들이 시간적인 순서로 긴밀하게 연결되어 있으므로 독자의 회상에 도움을 준다. 또한, 앞서 언급했듯이 이야기 속의 등장인물, 사물, 배경 등은 지칭대상이 특별하다는 점에서 설명문의 대상들보다 더 구체적이어서 기억에 용이하다. 정보 전달 과정에서 논리와 전문적인 용어들로 무장된 설명문은 시간이 지나면 잊히기 쉽지만, 구체적인 행위와 행위 사이에 긴밀한 연결에 의해 전개되는 이야기는 기억 속에 오래 각인된다. 또한, 배

기 위해 학생들에게 간단한 수학문제 혹은 퀴즈를 풀게 한 뒤 회상에 들어가도록 한다. 한철우 외 3인(2006)은 회상 검사 시 사용될 채점 원칙과 채점 기준표를 <표 IV.1>, <표 IV.2>와 같이 제시한다.

<표 IV.1> 회상 검사 채점 원칙(한철우 외, 2006)

<채점 원칙>

1. 학생의 회상문을 문장 단위로 명제 분석한다.
2. 주어부와 서술부로 분석한다.
3. 의미 단위로 분석한다.
4. 개별 회상문에 대한 점수를 합해서 종합점수를 부여한다.
5. 맞춤법과 띄어쓰기 등은 점수에 반영하지 않는다.
6. 원문의 중심 문장을 회상하였으면 종합 점수에 1점을 가산한다.
7. 원문의 글의 구조(예를 들어, 비교나 대조, 열거 등)를 잘 반영하여 회상하였으면 1점을 가산한다.

<표 IV.2> 회상 검사 채점 기준표(한철우 외, 2006)

점수	평가 기준
2	- 주어부와 서술부를 구성하고 회상 문장이 원본의 내용과 뜻에 거의 일치한다.
1	- 회상 문장이 원본의 내용과 일치하지는 않으나 뜻이 연결되는 수준이다. 예를 들어, 원본 문장의 주어부나 서술부의 내용을 확장하여 일반화하였거나, 하위 수준으로 구체화하여 축소한 경우가 해당된다. - 주어부와 서술부를 이루는 어느 한 부분(단어)만 회상하고 단어를 나열한 수준이다. - 원문에 없던 새로운 문장이 제시되었으나 문장의 내용은 글 내용과 관련 있다.
0	- 원문에 없던 새로운 문장이 제시되었으나 글의 내용과 거의 관련 없다.

경지식적인 측면에서도 이야기를 따라갈 때에는 삶에 대한 기본적인 배경지식을 활용할 수 있지만 설명문을 읽을 때에는 그러한 배경지식 없이 시작하게 되는 경우가 보통이다. 설명문은 주로 정보를 전달하는 것이 목적이어서 독자가 익숙하지 않은 새로운 내용과 개념이 자주 등장하므로 독자는 자신의 배경지식보다는 텍스트 해독에 더욱 의존해야 한다. 반면, 이야기는 일상생활에서 흔히 접하는 경험에 바탕을 두고 있기 때문에 독자들이 실제 경험이나 과거에 들은 이야기를 통해 내재화된 이야기 구조의 도움을 받을 수 있다. 오랜 시간에 걸쳐 독자의 인지 구조 속에 내재화된 이야기 구조와 플롯은 독자가 새로운 이야기를 이해하고 기억하는 데 도움을 준다. 그러나 무엇보다도 이야기가 이해하기 쉬운 이유는 이야기의 언어가 구어적이라는 점에 있다. 학문적이고 격식적인 설명문의 언어보다 이야기의 언어는 일상생활에서 자주 접하는 언어이다(Drum, 1984). 이야기는 본질적으로 구체적이고 구어적이고 일상적이고, 그래서 더 잘 읽히고 이해하기 쉽고 더 회상에 유리한 속성을 지니고 있다.

따라서 인지 발달상 어려운 설명문 구조보다는 쉬운 이야기 구조가 먼저 습득되는 것이 자연스럽다. Freedle과 Hale(1979)에 의하면, 이야기 구조에 대한 인식은 일곱 살의 어린이에게서도 발견이 되지만 설명문에 대한 회상은 16세의 중학교 삼학년 학생 중에서도 뛰어난 학생들만이 가능하며, 설명문을 이해하는 데 어려워하는 5, 6세 어린이들도 이야기는 충분히 이해하고 회상하는 능력을 갖추고 있다고 한다. Irwin(2007)에 의하면, "설명문의 구조 패턴에 대한 인식은 이야기 구조에 대한 인식보다 훨씬 나중에 계발된다"(p. 71)고 한다.

인간의 인지 발달 과정에서 이야기 글의 구조를 습득한 다음 순차적으로 설명문의 구조를 습득하게 된다는 것은 이야기 글의 구조 습득이 설명문의 구조 습득에 전이가 됨을 의미한다. 이것은 높고 어려운 수준의 글을 읽기 위해 먼저 쉽고 낮은 수준의 글을 읽는 연습을 하는 것과 같은 이치이다. Freedle과 Hale(1979)은 초등학교에서도 교육상 설명문이 많이 사용되고 있는데 초등학교 저학년 학생들은 아직 설명문을 이해하는 능력을 갖추고 있지 못하기 때문에 이를 극복하기 위해 이야기 구조를 활용하는 방법을 시도한다고 한다. 그들은 다음과 같은 실험을 통해 어린이들에게서 설명문을 이해하고 회상하기 위해 '이야기 구조의 전이(narrative schema transfer)'가 일어나는 것을 입증하였다(pp. 121-122).

<표 IV.3> 이야기 구조의 전이

Expository "Farmer" passage	Narrative "Farmer" passage	Category label for story information
Here's how a farmer	Once there was a farmer	Setting
can get his stubborn horse into the barn.	who wanted to get his stubborn horse into the barn.	Response-goal
The farmer can go into the barn	The farmer went into the barn	Beginning
and hold out some sugar to get the horse to come and eat.	and held out some sugar to get the horse to come and eat.	Attempt
But if the horse does not like sugar,	But the horse did not like sugar	Response
he will not come.	and he did not come.	Outcome
Here's another thing he can do.	The farmer tried something else.	Beginning
Suppose the farmer has a dog.	The farmer had a dog.	Setting
He can get the dog to bark at the horse.	He got the dog to bark at the horse.	Attempt
This may frighten the horse	This frightened the horse	Response
and make him run into the barn.	and made him run into the barn.	Ending

우선 <표 IV.3>에서처럼 1차 실험에서 "Farmer"라는 이야기를 같은 내용의 설명문 유형으로 전환한 뒤 어린이들에게 들려주었을 때에는 이야기 글보다 설명문에 대한 이해와 회상이 낮게 나왔다. 그다음 2차 실험에서는 먼저 같은 난이도이지만 "Farmer"와 다른 내용의 이야기 글을 들려주고 그다음 설명문으로 전환된 "Farmer"라는 이야기를 들려주었는데, 설명문에 대한 이해와 회상이 1차 실험보다 더 좋은 효과를 나타냈다. 1차 실험에서는 이야기 구조에 대한 활성화가 일어나지 않은 상태에서 설명문을 회상하였고, 2차 실험에서는 이야기 구조가 활성화된 상태에서 설명문의 내용을 이해하고 회상한 것으로서 결국 활성화된 이야기 구조가 설명문의 이해에 영향을 미친 것으로 해석된다. Freedle과 Hale(1979)은 이러한 결과를 두고

서 초등학교 저학년 어린이들에게 이야기에서 설명문으로의 '구조 전이'가 일어났다고 보았다. 그 이유로 어린이들은 설명문을 회상할 때에도 이야기 구조로 회상하는 경향을 보였고, 설명문의 현재 시제 대신 이야기 글의 과거 시제를 1차 실험에서보다 2차 실험에서 더 많이 사용하였으며, 고학년 (사 학년) 초등학생도 별도로 실험하였는데 고학년의 경우에는 이미 이야기 구조와 설명문 구조가 생성되어 있었기 때문에 실험의 영향에서 비교적 자유로운 결과가 나왔다 – 고학년은 저학년과는 달리 이미 시제를 과거로 사용하지 않고 올바른 시제를 쓰면서 회상함으로써 이야기 구조의 영향이 미미함을 보여주었다 – 는 점을 들고 있다(pp. 123-124). 이러한 실험 결과를 고려한다면, 어린이들에게 어려운 과학지식을 전달하고자 할 때, 그것을 딱딱하게 강의하거나 설명하는 것보다는 이야기로, 예를 들어 그 내용을 만화로 쉽게 풀어쓴 책을 읽도록 하는 것이 더 효과적인 방법이 될 수 있다.

같은 내용이라도 설명문이 이야기 글보다 잘 회상되지 않는 경향을 보이는 것은 설명문이 이야기 글보다 이해하기 어렵다는 것을 의미한다. 또한 저학년에서 설명문을 이해하는 데 이야기 구조를 사용한다는 것은 저학년 어린이들에게 이야기 구조는 생성되어 있으나 설명문 구조는 아직 생성되어 있지 않음을 말하는 것이고, 그렇기 때문에 이야기 구조를 빌어 설명문을 이해하고 있음을 나타낸다. 어린이들은 이야기 글을 이해할 때 사용했던 지식을 설명문을 이해할 때도 도움을 얻기 위해 사용한다. 또한, 어린이에게서 설명문 구조는 고학년에 생성되는데 그것은 이전에 형성된 이야기 구조의 전이로 형성된다는 것을 의미한다. 이러한 사실로 미루어 볼 때 새로운 설명문의 구조는 기왕의 이야기 구조를 토대로 습득되는 것으로 판단된다(Freedle & Hale, 1979). 또한, 고학년에게 이미 설명문 구조가 형성되어 있다는 사실은 어린이들이 초등학교에 들어가 문자 교육을 받으면서 2~3학년 사이에 설명문 구조를 습득하는 것으로 인식된다. 따라서 이야기 구조 습득이 잘 형성된 학생일수록 설명문으로의 구조 전이도 잘 일어나는 것으로서 이야기 구조 학습은 매우 중요하다고 말할 수 있다.

3. 이야기 문법 모형

이야기 구조의 규칙성에 대한 도식적 기술은 이야기 문법으로 알려져 있다. 이야기의 형식 스키마(formal schema)를 구성하는 이야기 문법은 이야기 글의 정보 처리에 자동성을 부과하여 이야기를 읽을 때 정보와 개념을 조직화하는 데 도움을 준다. 이야기 문법은 규칙의 전이성이 높아서 한번 학습하게 되면 이야기 글에 다양하게 적용되기 때문에 매우 유익하다. 이는 마치 문장의 규칙으로서 문법을 알게 되면 다른 여러 문장의 이해에 적용될 수 있는 것과 같은 이치이다. 이야기를 구성하는 데 있어 일반적으로 두 가지 기본 규칙이 필요한데, 하나는 내용 범주에 대한 규칙이고 다른 하나는 각 범주 내의 관계 유형을 정의하는 규칙이다(Stein & Glenn, 1979). 범주에 대한 규칙은 지문에 포함되어 있는 정보 단위들의 유형을 정의하고 구별하는데 필요한 것으로서 대부분의 전래동화나 우화에 빈번히 등장하는 반복적인 정보 유형들을 의미한다. 이 정보 유형들은 다른 정보 단위들보다 더 잘 회상되는 경향이 있다. 예를 들어, 배경(setting), 결과(consequences), 발단(initiating events)은 가장 빈번히 회상되는 범주라고 한다(Stein & Glenn, 1979). 범주 내의 관계 유형을 정의하는 규칙은 하나의 범주가 하위 범주의 발생에 영향을 주거나 논리적으로 선행하는 정도를 구체화한다. 예를 들어, 상위 범주와 하위 범주를 나누는 위계적 관계(hierarchical relations) 혹은 원인과 결과의 관계, 시간적 관계 등과 같은 규칙들은 각 범주 내에 존재하는 관계를 논리적으로 정립함으로써 상호 밀접하게 연결되도록 기능한다. 이야기 문법에서 발견되는 범주 내의 관계 규칙을 종합해보면 다음과 같다(Just & Carpenter, 1987, pp. 234-235).

1) 이야기 구조의 조직은 위계적이어서 구조의 높은 곳에 있는 개념은 낮은 곳에 있는 개념보다 더 잘 회상된다. 일반적으로 상부구조(superstructure)가 대구조(macrostructure)보다 더 잘 기억되고, 대구조는 미세구조(microstructure)보다 잘 회상된다. 또한, 전체(the whole)가 부분(the part)보다 더 잘 기억되는데, 이것을 레벨 효과(level effect)라고 한다.

2) 이야기 구조가 이상적일수록 보다 잘 회상된다. 그러나 이야기가 이상적인 구조를 위반할 때에는 왜곡된 해석이 생긴다.
3) 이야기 구조에 적합하지 않은 정보는 손실된다.
4) 인과적으로 연결된 에피소드가 시간적으로 연결된 에피소드보다 잘 회상된다.
5) 결론(conclusion)이 본문(main body)보다, 원인(cause)이 결과(effect)보다, 목적(ends)이 수단(means)보다, 해결(solution)이 문제(problems)보다 더 잘 기억된다.
6) 인물이나 배경과 같은 주요 구성 요소를 이해하는 데 시간이 더 투입된다.
7) 에피소드 간의 경계에서 시간이 더 많이 소요된다.

한편, 지금까지 알려진 고전적인 이야기 문법의 내용 범주에 대한 연구들을 정리하면 <표 Ⅳ.4>와 같다(김승태, 1997).

<표 Ⅳ.4> 이야기 문법의 내용 범주

Rumelhart (1975)	setting	place + time + character
	episode	event + change of state (internal response) + reaction (external response)
Thorndyke (1977)	setting	time + location + main character
	theme	event + goal
	plot	episode: subgoal + desire + attempt + outcome
	resolution	attainment of goal + response of main character
Mandler & Johnson (1977)	setting	protagonist + time + locale + props
	beginning	precipitating event
	reaction	internal response + formation of goal
	attempt	planned effort
	outcome	success or failure of the attempt
	ending	ending event
Stein & Glenn (1979)	setting	place + time + character
	episode	initiating event + internal response + attempt + consequence + reaction

문장 단위를 넘어서는 담화 차원의 문법으로서 이야기 문법의 개념을 처음 도입한 사람은 Rumelhart(1975)이다. Rumelhart(1975)에 의하면, 이야기에는 개별적인

문장을 조직하는 어떤 상층 수준의 규칙이 존재하여 이해 가능한 전체를 형성하도록 문장을 연결한다. 이야기의 구성 요소는 배경과 에피소드로 대분되고, 배경은 장소, 시간, 등장인물로 구성되며, 에피소드에는 사건과 사건에 대한 등장인물의 내적 반응(상태의 변화)과 목표를 성취하기 위해 시도하는 외적 반응이 포함된다 (Just & Carpenter, 1987).

Thorndyke(1977)는 Rumelhart의 문법을 더 세분화하여 이야기가 네 가지 필수 요소인 배경, 주제, 플롯, 결말로 구성된다고 한다. Rumelhart와 같이 배경은 등장인물, 장소, 시간을 의미하고, 주제는 주인공이 성취하려는 목표이며, 플롯은 목표를 성취하기 위해 시도하는 에피소드들로서 각 에피소드는 하위 목표, 욕구, 시도, 결과로 구성된다. 결말은 목표의 성공적인 달성 혹은 결과에 대한 주인공의 반응을 나타낸다(Sanford, 1981).

Mandler와 Johnson(1977)의 이야기 문법에서 배경이 주인공과 시간, 장소로 구성되는 것은 Rumelhart나 Thorndyke와 비슷하지만 에피소드는 그들보다 더 세분화되어 사건의 발단, 이에 대한 주인공의 내적 반응과 목표의 형성 그리고 목표를 성취하기 위한 시도와 결과 및 주인공의 최종 반응을 포함하는 결말로 구성된다. Mandler와 Johnson(1977)의 이야기 문법의 특징은 Chomsky(1965)적인 언어학 이론을 도입하여 이야기 구조를 수형도(tree structure)로 표시한 점인데, 수형도 모형은 이야기 문법을 다층적인 에피소드 구조에도 적용 가능하게 하였다. Rumelhart의 문법은 단일한 에피소드로 구성된 우화나 신화에는 적절한 모형이지만 소설과 같이 다층적인 에피소드로 이루어진 복잡한 플롯에는 적용되기 어렵고 이야기 글 전체를 일반화하기에는 단점이 있었다. 후속 연구에서 Mandler(1984)는 이 모형을 정리해서 다음처럼 제시하여 Rumelhart의 이야기 문법 모형을 개선하고자 하였다.[3]

---

[3] Mandler와 Johnson(1977)은 에피소드가 상호 연결되는 유형으로서 AND, THEN, CAUSE의 세 가지 유형을 제시하였는데, AND 관계(And relationship)는 동시성을 나타내고, THEN 관계(Then relationship)는 사건의 시간적 순서를 나타내며, CAUSE(Cause relationship) 관계는 인과적인 순서를 함의한다. 이것은 수형도가 가지는 단점, 즉 의미와 관계없이 형식과 구조로만 이야기를 분석하려는 단점을 보완한 것이다(Just & Carpenter, 1987).

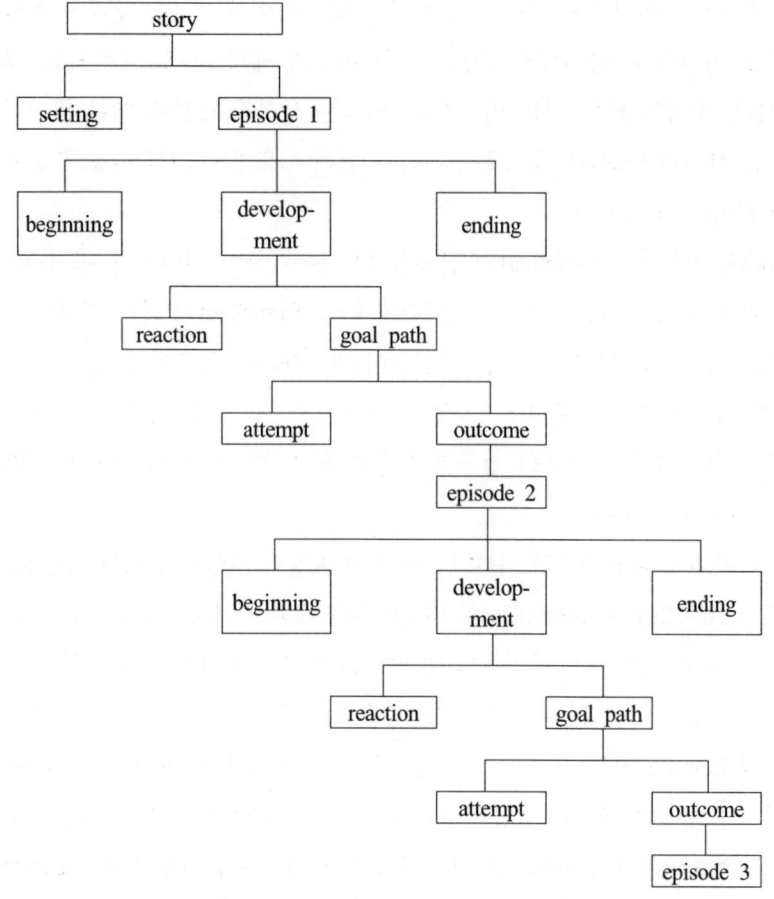

<그림 IV.1> Mandler의 이야기 구조 수형도

　Stein과 Glenn(1979)의 이야기 문법에서도 이야기는 배경과 에피소드로 나뉜다. 배경에는 주인공과 시간, 장소가 포함되고 에피소드는 발단, 내적 반응, 시도, 결과, 해결로 구성된다. Stein과 Glenn의 이야기 문법은 사실 Mandler와 Johnson의 문법과 명칭만 다를 뿐 내용은 대동소이하다. Stein과 Glenn의 이야기 문법의 특징은 이야기를 구성하는 요소와 그들의 계층적 관계를 명백히 정의하기 위해 이야기 문법을 단순화한 것이다. 그들은 이야기 문법에 들어맞는 가장 단순화된 이야기를 직접 만들어서 <표 IV.5>와 같이 예시하고 있다.

<표 IV.5> 이야기 문법의 예

Story	Setting	Characters	Once there was a woman
		Setting	who lived in a forest.
		Initiating Event	One day she was walking up a hill and she came upon the entrance to a lonely tiger's cave.
	Episode	Internal Response	She really wanted a tiger's whisker and decided to try to get one.
		Attempt	She put food in front of the opening of the cave and she sang soft music.
		Consequence	The lonely tiger came out and listened to the music. The lady then pulled out one of the whiskers and ran down the hill very quickly.
		Reaction	She knew her trick had worked and felt very happy.

이야기 문법이 처음 발견되었을 때 사람들은 왕도를 발견한 것처럼 들떠 있었으나 곧 그것이 전형적인 간단한 이야기에만 적용 가능한 것임을 알게 되었다. 전래동화, 우화, 신화와 같은 이야기들은 상대적으로 전통적인 이야기 형식을 엄격하게 준수하고 있지만 현대의 소설과 같은 형식은 파격이 많고 또한 다층적인 이야기들로 중첩되어 있기 때문이다.

그럼에도 불구하고, 이야기 문법에 대한 학습의 중요성은 감소되지 않는다. 현재의 장편 소설도 그 기원은 역시 원형적인 이야기 구조를 바탕으로 하고 있고, 이야기 구조에 대한 지식은 이야기 양식의 글을 이해하는 데 기본 지식으로서의 역할을 할 것이므로 길고 복잡한 소설의 이해에도 필수적으로 요청된다. 또한, 우리나라와 같이 EFL 환경에서는 복잡하고 긴 분량의 소설보다는 간단한 우화 중심의 이야기 글 읽기가 현실적으로 적합하므로 결국 이야기 구조 및 이야기 문법에 대한 학습은 중요하다고 할 수 있다. 무엇보다도 이야기 구조 학습은 설명문 중심의 현 영어교육의 상황을 고려할 때, 언어 습득과 관련하여 그동안 간과되었던 분야라는 점에서 매우 중요한 의미를 지닌다. 이야기 구조와 이야기 문법에 대한 이해는 학생들이 이야기 양식의 글에 익숙해지도록 함으로써 학생들의 영어 능력 향상에 기여할 것이므로 앞으로 이야기 학습법 개발은 중요한 과제가 될 것이다.

많은 연구들이 이야기 문법의 지도 효과에 대해서 언급하고 있는데, 초등학교

4학년 학생들이 Mandler와 Johnson(1977)의 이야기 문법 모형을 학습한 뒤 이야기 회상을 한 결과 높은 이해도를 보였다고 하고, 이야기 문법 지도를 받은 집단이 이야기 구성 요소를 더 많이 회상했다는 연구 결과도 있으며, 더욱이 이들 집단이 명시적 혹은 추론적인 이해에도 높은 점수를 보였다고 한다(김승태, 1997).

한편, 이야기 문법을 구성하는 요소를 도출해내기 위한 전형적인 질문들은 학습에 방향성을 제공하고 학습자의 이해를 촉진시킨다고 한다. Singer와 Donlan(1989, p. 181)은 <표 IV.6>과 같이 이야기 구조 일반 질문법(schema general questions)을 고안하여 이를 바탕으로 학습자 스스로가 이야기 구조에 맞는 구체적인 질문을 할 수 있도록 지도하였다. 이들에 의하면, 학습자는 이야기 구조 일반 질문법을 활용하여 자신의 이야기 구조를 활성화하고, 결과적으로 내용에 대한 이해를 깊게 할 수 있다고 한다.

<표 IV.6> 이야기 구조 일반 질문법

Setting	. Where does the story take place? . Who are the main characters of the story? . When does the story take place? . Is there any other information that helps us get the picture of what things are like at the beginning of the story?
Main characters	. Who is the leading character? . What action does the character initiate? . What do you learn about the character from this action?
Goals	. What does the leading character appear to be striving for? . What is the main goal of the main character? . What courses of action does the character take to reach the goal? . What do you learn about the character from the course of action chosen?
Obstacles	. What is the first obstacle the character encounters? . How does the character deal with this obstacle? . Does the character alter the goal because of this obstacle? How? . What do you learn about the character from the way the obstacle is dealt with? . What is the final obstacle the character encounters? . How does the character deal with this obstacle? . Does the character alter the goal because of this obstacle? How? . What do you learn about the character from the way the obstacle is dealt with?

Resolution	. Does the character reach the original goal or the revised goal or no goal? . If the character is successful, what helped most? . Forces within character's control? Which ones? . Forces outside character's control? Which ones? . If the character is defeated, which hindered the person most? . Forces within the person's control which weren't dealt with? . Forces outside the person's control which weren't dealt with?	
Theme	. This story basically shows a person's struggle with … himself or herself/ nature/ other people	

이러한 관점에서 이야기 문법과 저널리즘의 육하원칙(5Ws & 1H Principle)을 연계하여 설명하는 것은 매우 시사적이다(조정래, 2010). 신문 기사의 내용도 결국 사건의 발생을 기술하는 구조로 되어 있으므로 신문의 기사나 이야기는 같은 구조를 가지고 있다고 할 수 있다. 따라서 이야기 문법을 구성하는 요소들인 등장인물(who), 배경(when, where), 주제(what), 문제(why), 결말(how)을 신문 기사의 형식 구조인 육하원칙에 그대로 투영하여 적용할 수 있다.

이 장에서는 앞에서 살펴본 다양한 이야기 문법의 모형들을 토대로 우리 환경에 맞고 학생들이 사용하기에 편리한 이야기 문법 모형 및 이야기 구조 수형도를 <표 IV.7>과 <그림 IV.2>와 같이 제시한다.[4]

<표 IV.7> EFL 이야기 문법

	Narrative Structure	5Ws & 1H	Schema-General Questions
Setting	Time & Place	When Where	When did the story happen? Where did the story happen?
	Characters	Who	Who was the story about? Who were the people in the story? Who was the most important person in the story?

---

[4] 이야기 문법을 기술할 때, 도식 조직자(graphic organizer)를 사용하게 되면 이야기 구조 파악에 도움이 된다. 도식 조직자는 텍스트 내용을 시각적으로 조직화하여 재현하는 모든 종류의 그림이나 도식을 의미한다. 도식 조직자는 보이지 않는 스키마를 시각적으로 재현한 것이라 할 수 있는데, 특히 이야기 구조를 이해하는 데 매우 훌륭한 도구이다. 도식 조직자의 종류로는 'concept maps,' 'flow diagrams,' 'tree diagrams,' 'matrices,' 'venn diagrams,' 'comparison and contrast chart,' 'cause-effect charts,' 'time lines,' 'event chains' 등 여러 가지가 있다.

Episode	Goals(Theme)		What	What was his/her goal in the story? What lesson could we learn from the story?
	Conflicts (Problems)	Development	Why	Why couldn't the main character reach his/her goal? What was the big problem that the story was about?
		Climax	How	How does the character deal with the obstacle? How does the character alter the goal because of the obstacle?
		Resolution		Does the character reach the original goal or the revised goal or no goal? How did the story end?
	Conclusion			

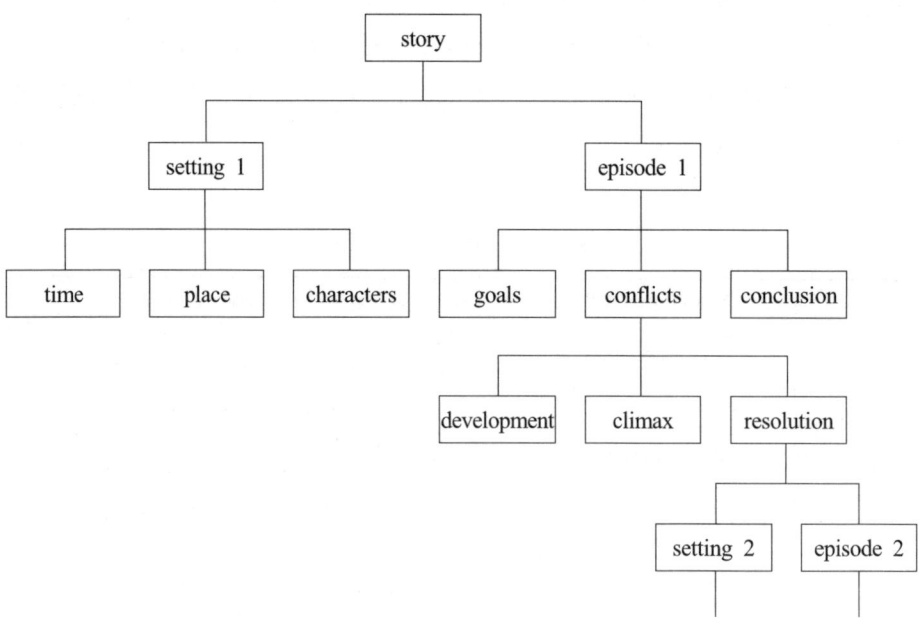

<그림 IV.2> EFL 이야기 구조 수형도

본 이야기 문법 모형은 Rumelhart(1977)의 인지 심리학적인 전통을 따르면서도 갈등, 정점과 같은 우리에게 더 친숙한 문학적인 용어를 사용함으로써 현장감을 높인 것이 특징이다. 그리고 이와 같은 용어에 적합하게 다층적인 에피소드 구조에도 적용 가능한 수형도 모형을 적용하여 단층적인 문법 모형을 개선하려고 노력하였다. 또한, Singer와 Donlan(1989)의 이야기 구조 일반 질문법을 사용하되 Cooper(1986)의 모형을 참조하여 기본적인 질문들만으로 간략하게 정리함으로써 역시 현장에서 사용하기 간편하게 제시하였다. 또한, 이야기 글과 설명문 사이의 구조의 전이성 및 연계성을 강조하기 위해 이야기 문법의 요소에 상응하는 설명문의 육하원칙을 나란히 병기하였다. 나아가 플롯 중심이 아닌 등장인물 중심의 이야기 문법을 고안함으로써 학생들의 이야기 회상에 도움이 되도록 하였다.

전통적으로 플롯 중심의 분석 방법은 사건 중심으로 이야기를 이해하는 방식이다. 그러나 서사 구조에 관한 많은 연구에 의하면 주인공 중심의 목적 지향적 개념화가 사건 중심의 인과적 개념화보다 훨씬 회상이 잘된다고 한다(Beaugrande & Colby, 1979; Black & Bower, 1980; Bruce, 1978; Lichtenstein & Brewer, 1980; Wilensky, 1978). Haven(2000)은 이야기는 본질적으로 등장인물에 관한 것이라고 주장한다. 등장인물이 추구하는 목적이 이야기의 주제가 되고, 등장인물이 그 목적을 달성하지 못하게 방해하는 요소가 갈등이 되며, 갈등을 무릅쓰면서 목적을 달성하기 위한 등장인물의 투쟁이 이야기를 이끌고 나아가는 원동력이 되고, 그들의 목적은 갈등의 정점을 거치면서 마침내 해결된다. 이처럼 모든 이야기의 핵심에는 바로 등장인물이 존재하고 있고 따라서 등장인물 중심으로 이야기를 이해하는 것이 기억에 효과적이다.

4. 이야기 문법 기반 스토리텔링

언어 학습에 있어서 스토리텔링 교수법의 우수성은 이미 널리 알려져 있고 우리나라에서도 많은 학자들이 그 필요성을 주장한 바 있다(김영미, 2001; 김정숙, 2001; 정숙경, 2014; Greene & Negro, 2010; Hall, 2005; Haven, 2000; Vale & Feunteun, 1996; Wells, 1986; Wright, 2008). 그러나 막상 영어교육 현장에서는 스토리텔링이 그다지 활성화되고 있지 못한 실정이다. 그것은 스토리텔링이 우리나라 학생들의 능력에 비해 어려운 활동으로 인식되기 때문이다. 지금까지 우리나라에 소개된 스토리텔링 교수법은 플롯 중심의 스토리텔링이었다. 이것은 내용 중심의 스토리텔링으로서 학습자가 이야기 내용을 세부적으로 기억하지 못하면 스토리텔링을 할 수 없게 된다. 내용 중심의 스토리텔링은 근본적으로 학습자의 즉흥적인 임기응변적 발화가 필요한데 그러한 능력은 우리나라 학생들에게 상당한 말하기 능력을 요구한다. 또한, 말하기를 의사소통기능을 암기하고 연습하는 것 중심으로 학습해 온 학생들에게 내용을 전달하는 스토리텔링은 일상영어회화보다 더 어렵게 생각된다. 따라서 학생들이 아예 처음부터 기계적으로 이야기 내용을 암기하여 요약하듯이 그대로 발표하게 되는 부작용이 발생한다. 그러다 보니 본래 취지와 다르게 스토리텔링은 진정성 있는 의사소통 활동이 되지 못하고 이야기 줄거리 외워서 말하기 활동 정도에 지나지 않게 됨으로써 학습자의 흥미가 반감되고 몇 번 지나게 되면 그 동력을 상실하게 되고 만다.

무릇 우리나라에 소개된 모든 영어 교수법들이 그러하듯이 스토리텔링도 어디까지나 모국어 혹은 ESL 상황을 전제로 하는 교수법이어서 우리나라와 같은 EFL 상황에 적용하기에는 무리가 있다. EFL 현실을 고려한 별도의 방법론 혹은 교수·학습 자료를 개발하지 않고 기존의 이론만 도입하여 적용하는 것은 근본적으로 무의미한 일이다. 이 장에서는 EFL 환경에 맞는 스토리텔링 방법으로서 이야기 문법에 기반한 스토리텔링을 적용하고자 한다. 이것은 일종의 '유도 말하기(guided speaking)' 학습법의 일종으로서 학습자에게 이야기 문법이라는 틀을 제공하고 그에 기반하여 이야기 내용을 재구조화하여 다시 말하게 하는 방법이다. 학습자는 이야기 문법을 바탕으로 이야기 글을 분석하고 이야기 문법의 절차에 따라 등장인물 중심의 스토리텔링을 하는데, 이야기 문법을 통해 이야기 파악이 쉬워지고 그 내용이 회상 가능해짐으로써 이야기에 대한 나름대로의 표현이 가능해지는 놀라운 경험을 하게 된다. 이야기 문법의 여섯 가지 요소를 기억하는 학습자들은 그 순서에 따라 그 틀 안에서는 자유롭게 자신의 의사를 전달할 수 있게 된다. 이야기 문법 기반 EFL 스토리텔링 교수·학습 모형을 제시하기 전에 우선 이해를 돕기 위해 스토리텔링에 대해 간략하게 알아본다.

1) 정의

스토리텔링은 이야기나 사건을 다양한 말, 몸짓, 이미지, 소리 등을 통해 즉흥적으로 혹은 각색을 통해 전달하는 활동이다. 스토리텔링이란 단어가 'story + telling'의 결합으로 이루어진 것처럼 스토리텔링은 단순히 이야기를 다시 말하는 차원을 넘어서서(story retelling) 구연자(storyteller)의 생각이나 가치관을 전달하는 행위까지 포함한다. 어떤 의미에서는 구연자의 전달 방식(how)이 이야기 내용(what)보다 더 중요할 수도 있다. 구연자는 이야기 전달 방식을 통해 다양한 메시지와 의도한 교육적 효과를 달성할 수 있는데 그러한 의미에서 스토리텔링은 청자와 화자의 상호작용이고, 진정한 의미의 청자와 화자 간의 의사소통이라고 할 수 있다.

스토리텔링, 즉 이야기를 전달하는 행위는 본질적으로 일상생활에서 일어나는 스토리텔링에 그 기반을 두고 있다. 자신의 이야기 혹은 하루에 일어난 이야기를 상대방에게 정확히 전달하는 일은 인간의 근본적인 의사소통 형태이다. 그러한 이유로 어린이들의 언어 발달 과정에서 스토리텔링 행위가 언어 습득과 밀접한 관계가 있음은 앞서 언급한 대로이다. 이야기 구조 및 이야기 문법은 인간 두뇌에 유전 인자화되어 있는 것으로서 이야기의 형태로 정보가 전달될 때 어린이들은 그 내용을 쉽게 그리고 오래 기억한다. 스토리텔링의 이러한 효과는 한 실험에서 입증된 바 있는데(Haven, 2000), 실험에서는 이야기를 기억하는 네 가지 방법을 각 집단별로 적용하였다. 학생들이 큰 소리로 읽는 방법을 사용한 집단, 교사가 큰 소리로 읽어준 집단, 이야기를 비디오로 시청한 집단, 그리고 스토리텔링을 실시한 집단의 네 집단 중에서 이야기를 가장 잘 기억한 집단은 스토리텔링을 사용한 집단으로 나타났다.

2) 유용성

스토리텔링은 언어 습득과 관련하여 어린 학습자들에게 매우 중요한 활동이다. 이야기는 구어체 언어가 보전되어 있기 때문에(Cassady, 1994; Peck, 1989), 특히 구어적 노출이 부족한 우리나라 환경에서는 스토리텔링 학습을 많이 하는 것이 필요하고 이러한 의미에서 유초등 영어교육에서 스토리텔링을 진지하게 다룰 필요가 있다.

스토리텔링을 반복적으로 학습하면 구어의 유창성 향상(Gambrell, Koskinen, & Kapinus, 1991; Morrow, 1985)뿐만 아니라 읽고 쓰는 능력과의 상호 연계성 혹은 긍정적인 전이 효과도 크다. 학자들은 스토리텔링 활동을 통한 구어의 발달은 독해와 작문 능력과도 상관이 있다고 주장한다(Woodward, Harste, & Burke, 1984).

또한 소리, 단어, 문장 단위의 습득에만 초점을 두는 현재 우리나라 영어교육 현실을 감안할 때 스토리텔링은 부족한 담화 단위의 습득을 가능하게 하는 것으로서 언어 습득의 궁극적인 완성을 위해서도 필수적으로 요청된다(Paul & Smith, 1993). 스토리텔링은 또한 언어 발달 단계에서 사회적 관계에 대한 지식을 구축하고 화용론적 언어 능력을 확립할 수 있도록 도와준다(Nelson, 1989; Westby, van Dongen, & Maggart, 1989). 말하기를 의사소통기능을 암기하고 연습하는 것 중심으로 학습해 온 우리나라 학생들에게 스토리텔링은 말하기 능력의 새로운 차원을 여는 의미 있는 활동이 될 것이다.

나아가 어린이들은 기억한 것을 로봇처럼 그대로 단순히 재생하는 것이 아닌 이야기 문법이라는 틀을 바탕으로 기억을 재구성하여 말하므로 이야기를 스토리텔링 함으로써 스스로 의미를 창의적으로 재해석할 수도 있다.

교과서 위주의 현행 교사와 학생 간의 담화는 인위적인 상황을 설정하여 너무 단조롭고 지루하여 학생들의 흥미를 유발하기 어렵다. 실생활과 동떨어진 인위적인 상황 속에서 기계적으로 역할놀이를 하기보다는 진정성 있는 자료인 이야기를 통해 실생활의 언어와 행동으로 학습자 자신의 생각을 표현하도록 하는 것이 언어 학습에 효과적이다. 학생들에게 자신의 일상에서 벌어진 일들 혹은 주말에 읽었던 재미있는 이야기 등에 대해 말하게 하면 모두 집중하여 듣고 질문을 할 것이다. 지금까지 스토리텔링의 유용성을 정리하면 다음과 같다(Haven, 2000).

첫째, 스토리텔링은 학습자를 정의적으로 몰입하게 하고 즐겁게 한다.
둘째, 스토리텔링은 어휘 학습 특히, 구어의 발달에 유용하다.
셋째, 스토리텔링은 듣기와 말하기를 향상시킨다.
넷째, 스토리텔링은 글을 읽고 쓰는 능력으로 전이됨으로써 언어의 네 가지 기능을 통합적으로 배양한다.
다섯째, 스토리텔링은 상상력과 창의성을 계발하는 데 효과적이다.
여섯째, 스토리텔링은 인지적인 능력을 향상시킨다.
일곱째, 스토리텔링은 강력한 교과통합적 도구이다.

3) 유형

스토리텔링 기법과 유사한 것으로는 낭독(reading aloud), 이야기 공유하기(story sharing) 등의 형태가 있다. 정숙경(2014)에 따르면, 낭독은 교사가 학습자에게 매일 큰 소리로 15분씩 책을 읽어주는 형태를 말한다. 나이 어린 학습자에게는 같은 책을 반복해서 여러 번 읽어주는 것이 효과적일 수 있다. 교사는 읽어 가다가 일부분은 학습자와 함께 읽을 수도 있다(shared reading). 낭독은 교사 중심의 스토리텔링으로서 전체 이야기에 대한 이해를 도모하는 방식으로 스토리텔링이 전개된다. 교사는 언어 학습보다는 의미 파악 중심의 활동을 주로 하는데, 예를 들어 내용을 예측하고 확인하게 하거나, 문제 파악 및 해결을 위해 의견을 물어 학습자를 스토리텔링 과정에 참여시킨다. 주요 수업 절차는 다음과 같다(정숙경, 2014).

첫째, 학생들을 모아 놓고 책의 그림이나 단어를 보여 주면서 큰 소리로 읽어준다.
둘째, 학생들에게 다음에 어떤 일이 벌어질지 물어보면서 페이지를 넘긴다.
셋째, 교사가 단어를 손가락으로 가리키면서 큰 소리로 읽으면서 어디를 읽고 있는지 알 수 있도록 한다.
넷째, 반복되는 어구가 있는 부분에서는 단어나 문장을 큰 소리로 같이 읽는다.
다섯째, 이야기에 대한 질문을 하면서 읽어 가도록 한다.
여섯째, 빅북(Big Book)을 사용할 때는 보통 크기의 책들을 교실에 배치하여 학생들이 같이 읽을 수 있도록 한다.

이야기 공유하기 형태는 학습자가 읽은 책에 대해 혹은 자신이 경험한 이야기에 대해 스토리텔링하는 방법이다. 학생들은 자신이 읽은 책을 짝이나 모둠원에게 이야기하면서 책에서 보았던 단어나 문장을 재생산함으로써 언어 습득을 강화시킨다.

흔히 언어경험교수법(Language Experience Approach)이라고 불리는 이러한 스토리텔링은 학생이 자기 언어로 말하는 것을 교사가 기록한 후 이것을 학생들의 읽기 쓰기 교재로 사용할 수 있다(정숙경, 2014).

위의 스토리텔링 유형들은 이론적으로는 널리 알려져 있지만, 실제 현장에서는 잘 사용되지 않고 있다. 첫 번째 낭독은 교사 중심의 스토리텔링으로서 유아나 초등학교 저학년 언어 학습자에게는 적합할지 모르나 중등 언어학습자에게는 적합하지 않고 현행 학습자 중심 교수·학습법에 맞지 않는다. 두 번째 유형인 이야기 공유하기는 EFL 환경을 고려한 스토리텔링이라고 볼 수 없다. 학습자가 중심이 되어 스토리텔링하는 방향성은 맞지만 아무런 틀 없이 막연하게 스토리텔링을 하는 것이어서 EFL 학습자에게는 어렵게 인식된다. 이를 해결하기 위해서는 학습자에게 스토리텔링의 안내가 될 수 있는 일반화된 스토리텔링 틀을 제공하는 것이 필요하다. 즉, 스토리텔링이 EFL 환경에서 성공을 거두기 위해서는 학습자에게 일반화할 수 있는 스토리텔링 틀을 제공하고 그에 기반하여 학습자가 스토리텔링 연습을 할 수 있도록 하는 것이 중요하다.

앞서 제시한 이야기 문법은 바로 그러한 스토리텔링 틀이라고 할 수 있다. 이야기 문법은 학습자에게 이야기를 이해하고 개념화하는 스키마를 제공하기 때문에 이 틀을 바탕으로 스토리텔링을 하게 되면 기억하는 데 어려움 없이 학습자 중심의 스토리텔링이 가능해진다. 이야기 문법에 기반한 스토리텔링은 스토리텔링이 본질적으로 가지고 있는 활력과 재미를 잃지 않고서도 내용을 쉽게 기억하여 임기응변적으로 전달할 수 있는 EFL 환경에 최적화된 스토리텔링 교수법이다.

5. 이야기 문법 기반 스토리텔링 교수·학습 모형

1) 개요

이 장에서는 지금까지의 이야기 문법 이론에 따른 교수·학습 원칙에 준거하여

EFL 교육 현장에 적합한 이야기 문법 기반 스토리텔링 교수·학습 모형을 제시한다. 본 이야기 교수·학습 모형은 고등학교 1학년 학생을 대상으로 일주일에 4시간 동안 실시되도록 설계되었다. 이야기 문법 기반 스토리텔링 교수·학습 모형은 <표 IV.8>과 같다.

<표 IV.8> 이야기 문법 기반 스토리텔링 교수·학습 모형

단계	학습 요소
읽기 전 활동	이야기 스키마 활성화
읽기 중 활동	이야기 문법의 이해 이야기 구조 분석
	이야기 문법 기반 스토리텔링
읽기 후 활동	이야기 문법에 따라 이야기 만들기

(1) 읽기 전 활동 단계

읽기 전 단계에서 학생들은 동료들과의 토론을 통해 이야기란 무엇인가에 대해 생각해 보고 개념적 이해를 도모한다. 학생들은 다양한 활동을 통해 이야기의 본질이 무엇인지, 이야기를 구성하는 요소가 무엇인지 생각해 본다.

(2) 읽기 중 활동 단계

읽기 중 단계에서는 이야기 문법에 대해 이해하고 배경, 주인공, 목적, 갈등, 정점, 결말의 여섯 가지 문법 요소를 학습하며 이에 상응하는 저널리즘의 육하원칙을 상호 비교해 본다. 나아가 이야기 문법을 적용하여 다양한 이야기들을 스스로 구조 분석해 보는 연습을 한다. 그 다음 단계로는 이야기를 이야기 문법으로 분석한 다음 그 이야기를 이야기 문법 요소의 순서에 따라 스토리텔링 형식으로 발표한다.

(3) 읽기 후 활동 단계

읽기 후 단계에서는 지금까지 학습한 내용을 종합 정리하는 차원에서 모둠별로 이야기책 만들기를 하고 그에 대한 이야기 발표회를 가진다. 학생들은 이야기 문법에 따라 스스로 이야기를 창작해 볼 수 있다.

2) 교수·학습 과정

(1) 학습 목표(goals)

The goal is to understand story grammar and apply it to analyzing the structure of a story and to doing storytelling effectively, thereby enhancing reading competence.

(2) 목표 대상(target subjects): 1st year high school students

(3) 수업 목표(objectives): Students will be able to ...

① understand the use of a story in language acquisition.
② explain what story grammar is and analyze a story based on it.
③ do storytelling based on story grammar.

(4) 교수·학습 과정(teaching & learning process)

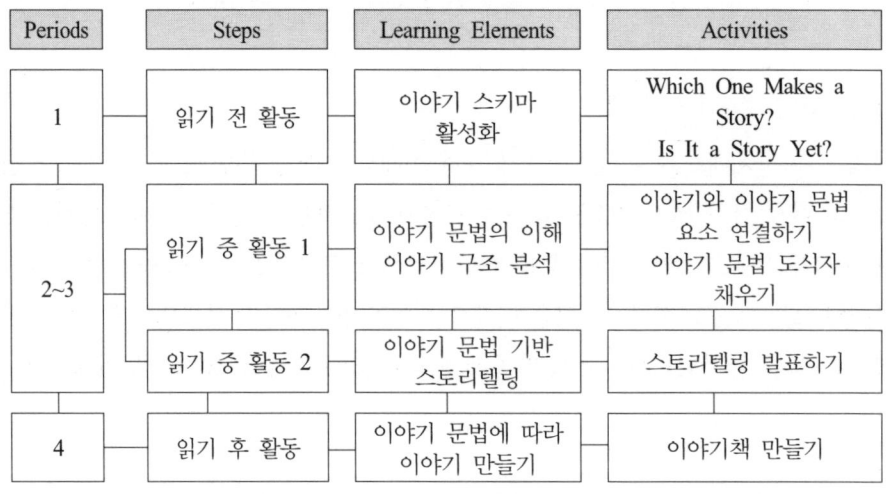

<그림 IV.3> 교수·학습 과정

(5) 차시별 세부 활동 설명

각 차시별 세부 활동에 대한 설명은 <표 IV.9>와 같다. 각 차시별 활동지 원본은 참고용으로 부록에 첨부하였다.

<표 IV.9> 차시별 세부 활동 설명

① 1차시

Activity 1.1은 Rumelhart(1977)가 고안한 것으로서 문단 (1)은 전체적으로 완성되어 있는 이야기이고, 문단 (2)는 같은 내용이지만 문장들의 나열일 뿐 하나의 이야기로 구성되어 있지 못한 상태의 글이다. 학생들은 두 글을 비교하면서 문장 단위가 아니라 담화 단위로서 이야기를 조직하는 어떤 규칙이 있음을 깨닫는다.

Activity 1.2는 하나의 완성된 이야기를 단계별로 하나씩 전개해 나아가면서 이야기를 구성하는 요소들을 학생들 스스로 발견할 수 있도록 하는 활동이다. 학생들은 이 활동을 통해 이야기의 구성 요소가 무엇인지 발견할 수 있으며, 동시에 우리의 두뇌에 이야기 구조를 인식하는 장치가 있음을 깨닫게 된다.

Activity 1.1 Which One Makes a Story?(Rumelhart, 1977)

(1) Margie was holding tightly to the string of her beautiful new balloon. Suddenly a gust of wind caught it. The wind carried it into a tree. The balloon hit a branch and burst. Margie cried and cried.

(2) Margie cried and cried. The balloon hit a branch and burst. The wind carried it into a tree. Suddenly a gust of wind caught it. Margie was holding tightly to the string of her beautiful new balloon.

Activity 1.2 Is It a Story Yet?(Haven, 2000)

As you tell a story, you will stop periodically to ask your class if it is a story yet. Students must then defend their answers. Why is it? or Why isn't it?

Segment 1. Little Brian woke one morning after an all-night, hard rain. He headed off to school just as the rain ended. Clouds began to drift apart. Sunbeams filtered down, splashing light on the grass and sidewalk around him. That afternoon, Brian came home from school to find his mother waiting for him on the front porch.

Stop for discussion. Ask, Is it a story yet? Does what I have already said have everything you need it to have to be a story, or is something critical still missing? Make your students vote by show of hands. Ask them why they voted as they did.

Segment 2. Her fists were jammed onto her hips. Her foot angrily tapped on the wooden floorboards of the porch. Her eyes glared down the steps Brian would have to climb up if he was ever going to make it into the house for dinner that night.
"Brian! What on earth happened to you today? Your teacher called."

(Stop for discussion)

Segment 3. "But mooommm. I already know she called. I was standing right beside her in the office when she did."
"She was furious, Brian. She said you were an hour and a half late for school. Now why were you late?"

(Stop for discussion)

Segment 4. "But moooom. It rained last night."
"Brian, the rain ended before you left for school. That's no excuse. Now why were you late?"
"But mooooommm. After all that rain, all the worms crawled out on the sidewalk. I was afraid the sun would dry them out and kill 'em, or that some of the mean kids would step on them and squish 'em. I had to put the worms back in the grass where they'd be safe....There were a lot of worms, mom."

(Stop for discussion)

Segment 5. And Brian's mother said, "Brian, I love you."
That's the story of Brian.

Activity 2.1 Elements of Story Grammar

A. Match each element of a story with an appropriate definition.

① setting	. the people or animals who carry out the action in a story
② characters	. the solution of the problems
③ theme	. the disagreement between people with opposing ideas
④ conflict	. the place and time at which the story occurs
⑤ climax	. the basic idea about which the whole story is written
⑥ resolution	. the turning point of a story

B. Fill in each blank with an appropriate word from the box and reorder the following passages in terms of a story sequence.

setting, conflict, climax, resolution

#1 _____
There once lived a man and a woman who had long wished for a child but could not have one. The woman wanted to eat a plant from a witch's garden. But no one was allowed to have plants from the garden. The witchhad great powers and everyone was afraid of her.

#2 Climax
Rapunzel grew into the most beautiful child under the sun. When she was twelve years old, the witch shut her into a tower. She was lonely. One day the prince passed the tower and saw her. He wanted marry her. The witch got angry and made him blind.

#3 _____
He passed many years wandering the forest in pain. One day he heard his lover's voice and they met together again. Two of her tears wetted his eyes and they grew clear again, and he could see with them as before. They lived for a long time afterwards, happy and contented.

#4 _____
The man loved his wife so much and he stole a plant for her. The witch got really angry. She made the man promise to give her their baby. He were so afraid that he agreed to give up the baby. When the baby was born, the witch named the child rapunzel and took it away with her.

Activity 2.2 Fowler(1982)'s Story Frames

Frame 1	Story summary with one character included	Our story is about _____. _____ is an important character in our story. _____ tried to _____. The story ends when _____.
Frame 2	Important idea or plot	In this story the problem starts when _____. After that, _____. Then, _____. The problem is finally solved when _____. The story ends _____.
Frame 3	Setting	The story takes place _____. I know this because the author uses the words "_____." Other clues that show when the story takes place are _____.
Frame 4	Character analysis	_____ is an important character in our story. _____ is important because _____. Once he/she _____. Another time, _____. I think that _____ (character's name) is _____ (character's trait) because _____.
Frame 5	Character comparison	_____ and _____ are two characters in our story. _____ (character's name) is _____ (character's trait) while _____ is _____. For instance, _____ tries to _____ and _____ tries to _____. _____ learns a lesson when _____.

② 2차시

읽기 중 단계에서는 Activity 2.1에서처럼 앞서 제시된 이야기 문법 모형에 따라 이야기 문법을 구성하는 요소들을 학습한다. 더불어 배경, 주인공, 목적, 갈등, 정점, 결말의 여섯 가지 문법 요소에 상응하는 육하원칙을 비교해 본다. 학생들은 이야기는 사건이 단순히 시간 순서적으로 시작, 전개, 결말로 끝나는 것이 아니라 주인공이 목적, 갈등, 사건, 해결에 이르는 이야기 구조에 따라 행동함으로써 결말에 이르는 것임을 이해하도록 한다.

Activity 2.2는 이야기 분석에 사용되는 샘플 활동지로서 학생들은 하나의 이야기를 읽고 이야기 문법의 범주별로 빈칸 채우기를 한 다음 그 중 하나에 대해서 토론한다.

Activity 3 Analyzing a story based on story grammar

Name _____ Date _____
Title _____
Author _____

1. Setting
Time: _____
Place: _____

2. Main Characters
_____
_____

3. Goals (or Theme)
_____
_____

4. Conflicts (or Problems)
_____
_____

5. Climax (Actions & Reactions)
_____
_____

6. Resolution (or Conclusion)
_____
_____

③ 3차시
2차시에서 학습한 이야기 문법 요소들에 대한 이해를 바탕으로 학생들은 하나의 이야기를 읽고 이야기 문법을 분석해 보는 연습을 한 다음 그 이야기를 이야기 문법 요소에 따라 스토리텔링하도록 한다.

Activity 4 Making a storybook	
Story Grammar	My Story
Setting	
Characters	
Goals	
Conflicts	
Climax	
Resolution	

④ 4차시
읽기 후 단계에서는 지금까지 학습한 내용을 종합 정리하는 차원에서 이야기책 만들기를 하고 그에 대한 발표회를 실시한다. 학생들은 이야기 문법 요소에 따라 모둠별로 이야기를 만들어 본다. 학생들은 재미있으면서도 창의적인 이야기를 직접 창작해 봄으로써 이야기 구조를 체험적으로 파악할 수 있다. 마지막으로 각 모둠별로 이야기를 전체 학생들을 대상으로 무대 위에서 스토리텔링하도록 한다.

6. 연구의 방향성

이야기 글이 어렵다고 생각하는 것은 편견에 불과하다. 실제로 학생들은 이야기 문법을 통해 이야기에 대한 분석 방법을 알게 되면서 더 한층 이야기를 잘 이해할 수 있게 되었고, 이야기 읽기가 예전보다 쉬워졌다고 말한다. 또한, 이야기 문법에 대한 이해를 통해 언어 능력을 향상시킬 수 있다고 생각한다. 따라서 이야기 양식의 글을 더 잘 읽기 위해서는 이야기 문법과 같은 형식 스키마를 학습하는 것이 필요하다. 나아가 이야기 문법을 바탕으로 이야기 글을 지속적으로 읽어나간다면 EFL 영어교육에서 지금까지 경시된 담화 단위의 언어 습득의 길을 개척할 수 있다.

우리는 언어를 구어로 접근할 수 없고 그 대신 문어로 접근할 수밖에 없는 환경에 처해 있다. 그러나 구어라고 하면 듣기와 말하기만을 생각할 수도 있지만 사실은 읽기를 통해서도 다양하게 접할 수 있음을 이야기 글은 보여준다. 우리나라 환경에서 구어적인 언어 입력을 확보하기 위해서는 구어체로 쓰인 이야기 글을 많이 읽는 방법이 현실적이고 의미 있는 대안이다. 문학 작품은 아니더라도 가벼운 이야기 글을 많이 읽음으로써 구어적인 감각을 익힐 수 있다. 인지 발달상으로 이야기 구조가 먼저 습득된 다음 그 구조가 설명문으로 전이되는 것이라면 이야기 글에 대한 학습은 곧 설명문에 대한 학습을 위한 효과적인 방법이기도 하므로 언어 발달에 있어서 이야기 구조에 대한 학습의 중요성을 인식할 필요가 있다. 현행 교육과정, 교재, 교수·학습, 평가 등에서도 이러한 인식이 반영되어야 할 것인데, 특히 교재 개발 시 가급적이면 이야기 양식의 글을 많이 싣도록 노력하고, 국가 단위의 시험문제 출제 시에도 이야기 지문을 보다 많이 포함시키려고 노력하며, 이야기 지문을 제대로 평가할 수 있는 문항 유형의 개발에도 심혈을 기울일 필요가 있다.

V. 다독 지도법

1. 다독과 학습자문학

총체적언어교수법은 문학 텍스트, 즉 이야기 글을 끊임없이 지속적으로 읽는 것이 언어 습득에 가장 좋은 방법이라고 강조한다. 그러나 이야기 글이 언어 습득에 유용하다는 사실을 아무리 강조해도 현행 우리나라 교과서 중심의 영어과 교육과정 하에서 이야기 글을 지속적으로 읽어 나가는 것은 교육과정상 구조적인 한계가 있다. 이를 극복하기 위해서는 궁극적으로 교과서를 보완하는 글 읽기가 필요하다. 교육과정에 학습자문학의 개념을 정립하고 학습자문학을 기반으로 하는 다독(extensive reading) 프로그램을 도입하는 일은 그 하나의 대안이다.

우리나라와 같은 EFL 상황에서 읽기는 네 가지 언어 기능(language skills) 중 학습자에게 정의적 여과(affective filter)가 가장 낮고, 일상에서 접근하기 가장 용이함으로써 가장 현실적인 언어 입력(input)으로 작용한다. 이러한 이유로 읽기 교육에 대한 중요성은 꾸준히 강조되어 왔지만 우리나라 현장 교실에서 수행되고 있는 대부분의 읽기 수업은 제대로 된 읽기 수업이라고 볼 수 없다.

언어 습득이라는 관점에서 진정한 읽기란 학습자가 자기 수준에 맞고 관심이 있는 소재의 텍스트를 스스로 선택하여 자기주도적으로 읽는 것이 되어야 한다. 그러나 우리나라 교실에서는 학습자 개개인의 인지적 수준과 정의적 성향이 무시된 채 모두가 똑같은 텍스트(class reader)를 가지고 타율적인 수업을 한다. 그 결과 인지적으로 낮은 수준의 학습자는 낮은 수준의 학습자대로, 높은 수준의 학습자는 높은 수준의 학습자대로 본인의 수준과 맞지 않는 텍스트 내용에 대해 흥미를 잃고 좌절하게 된다. 설령 자신의 인지적 수준에 맞는 텍스트라고 할지라도 정의적 관점에서 소재 선택의 자유와 동기부여가 되지 않는다면 읽기 효과는 반감되는데, 예를 들어 로맨스 장르를 선호하는 학생에게 과학책을 읽도록 한다면 그 책의 인지적 수준과 상관없이 독서 효과는 현저하게 저하될 것이다. 마찬가지로 추리물을 좋아하는 학생에게 역사책을 읽으라고 한다면 그 학생에게 일주일은 고역이 될 수 있고, 오히려 역효과를 불러일으킬 수 있다. 더욱이 지금처럼 구문 분석 중심으로 텍스트를 암호 풀 듯이 해독(decoding)하는 방식의 읽기가 진행된다면 - 특히 평가를 염두에 둔 문제풀이 식의 읽기 수업으로 일관된다면 - 결국 학습자는 영어 읽기의 편향된 방법만을 배우게 될 뿐이다. 읽기 교육의 핵심은 학습자가 글의 의미를 파악하고 추론하는 과정에서 주체적으로 사고하는 경험을 확장시키는 것일 때 해독 위주의 제한된 읽기 경험은 올바른 읽기 교육이라고 할 수 없다. 또한, 현재의 제도 교육하에서 우리나라 학생들의 영어 독서량은 일 년에 교과서 한 권 정도 읽는 것에 불과한데 언어 입력에의 노출이 절대적으로 부족한 문제를 해결하는 것도 시급한 당면 과제다.

    주지하다시피 우리나라 영어교육의 가장 큰 목표는 학생들의 의사소통능력을 배양하는 것이다. 1993년 제 6차 교육과정이 실시되면서 지난 20여 년 동안 우리나라에 의사소통중심 영어교육이 시행되어 왔다. 그동안 정부에서는 의사소통 환경을 구축하기 위해 원어민보조교사프로그램(English Program in Korea: EPIK), 영어마을(English Village), 영어도시(English Town), 몰입교육(Immersion), CBI(Content-Based Instruction), TEE(Teaching English in English), 영어회화 전문강사제도(English Conversation Instructor Program), 그리고 최근의 NEAT(National English Ability Test)에 이르기까지 다양한 영어 정책과 제도를 시도하였다. 그러나 이러한 노력들은 영어교육에 대한 관심은 불러일으켰지만 아직까지 만족스러운 결과를 도출하지 못하였다. 이러한 실패의 배경에는 의사소통중심 영어교육 목표와 시험 중심 현장교육과의 불일치, 나아가 ESL 환경에 그 이론적 뿌리를 둔 CLT(Communicative Language Teaching)와 EFL인 우리나라 언어 환경의 불일치가 근본적인 문제로 지적

된다(Butler, 2011; Jeon, 2009; Sakui, 2004).

우리는 EFL 환경에서 진정성 있는 의사소통 환경, 특히 음성 언어 환경을 구축하는 것이 거의 불가능에 가깝다는 사실을 경험적으로 인식하고 있다. 이제 음성 언어 환경이 아닌 다른 관점에서 용이하게 영어 입력을 증대시킬 방안에 대해 생각해 볼 필요가 있다. 영어의 네 가지 기능 중에 우리가 가장 손쉽게 접할 수 있고, EFL 환경에서도 노력하기에 따라 충분히 달성 가능한 기능은 읽기뿐이다. 네 가지 기능 중 읽기만이라도 영어 입력을 증대하여 언어 습득의 최소 임계점(the threshold level)에 도달할 수 있다면 이제 그러한 정책을 모색하는 것이 필요한 시점이다. 이러한 관점에서 다독은 읽기를 기반으로 하지만 궁극적으로는 읽기를 토대로 나머지 기능들도 통합적으로 성취할 수 있는 EFL 현실에 가장 적합한 언어 교수법으로 간주된다.

Carrell(1989)은 EFL 상황에서 읽기 능력은 언어의 네 가지 기능 중에서 가장 중요하다고 언급한 바 있다. Nuttall(1996)에 따르면, 새로운 언어를 배울 때 가장 좋은 방법은 그 언어를 사용하는 나라에 가서 직접 원어민들과 함께 생활하는 것이고, 그다음으로는 목표 언어로 다독을 하는 것이라고 하였다. 그 이유로는 자신의 수준에 맞는 자료를 많이 읽음으로써 그 언어에 대한 노출이 많아지고 자연스럽게 사회 문화적 체험을 대신할 수 있기 때문이다. Grabe(1991)에 따르면, 많이 읽게 되면 어휘를 계속해서 반복적으로 학습하게 되고, 그로 인해 일견 어휘(sight vocabulary)의 수가 점점 증가되어 어휘 신장이 일어난다고 한다. 그는 제 2언어 학습자가 읽기를 통해 어휘를 습득할 때에는 세 단계의 어휘 발달 과정을 거치게 되는데, 형태와 의미를 모르기 때문에 문맥 속에서 추론하거나 사전을 찾아야 하는 어휘 습득 단계에서, 형태와 의미가 어느 정도 익숙하지만 오직 문맥 속에서만 인식할 수 있는 어휘 습득 단계로, 그리고 문맥에 관계없이 단어의 형태와 의미가 자동적으로 인지되는 어휘, 즉 일견 어휘 습득 단계로의 세 단계를 거친다고 한다. Paran(1996)도 EFL 상황에서 읽기를 잘하려면 어휘의 자동인식(automaticity)이 매우 중요하다고 보고 이를 위해 다독을 권장한다. 한편, Freeman과 Freeman(1992)은 책을 읽음으로써 읽고 쓰는 능력이 향상되고, 읽기 능력은 다시 듣고 말하는 능력의 신장에 도움을 준다고 하였다. Brown(1994)도 읽기 능력은 쓰기, 듣기, 말하기 활동과 연관되어 발달된다고 하면서 네 가지 기능의 상호작용을 강조한다. 언어 입력 상황을 높이는 방법으로서 많은 양의 텍스트 읽기를 지속적으로 수행하는 다독은 EFL 언어 습득을 위한 가장 효율적이고 혁신적인 방법이 될 수 있다.

2. 다독의 개념

1) 정의 및 특성

외국어 교수법의 관점에서 다독이라는 용어를 처음 사용한 사람은 Harold Palmer이다(Day & Bamford, 1998). 1917년 Palmer는 자신의 책 *The scientific study and teaching of languages*에서 언어 자체보다 의미에 집중하여 '빠르게(rapidly),' '계속해서(book by book)' 읽는 것을 다독이라고 정의하였다. 그는 정확하고 자세하게 텍스트 내용을 파악하기 위해 개별 어휘와 통사적 구문 관계를 분석하면서 읽는 방법은 다독과 대비하여 정독(intensive reading)이라고 하였다. 인도에서 영어를 외국어로서 가르쳐 본 경험을 지닌 West(1955)는 다독을 '보충적 읽기(supplementary reading)'라고 정의하고 다독의 목적은 외국어로 된 책을 읽기 위한 능력을 개발하고 즐거움을 얻는 것이라고 하였다. Krashen(1993)은 다독을 '자유롭고 자발적인 읽기(free voluntary reading)'로 규정하고 다독을 문해력을 향상시키는 방안으로 제안하였다. Krashen(1993)은 학습자가 자발적으로 책을 읽게 될 때 철자와 어휘, 읽기와 쓰기 등 전반적인 문해력이 향상될 수 있다고 하면서 문법 지식보다는 글의 내용에 집중하여 이야기에 '몰입(flow)'하는 것이 중요하다고 하였다. Day와 Bamford(1998)는 정독에서는 텍스트의 수준이 'i + 1'이지만 다독에서는 학습자의 수준보다 한 단계 아래 수준('i - 1')의 텍스트를 읽으면서 점차 높은 수준으로 나아가는 과정을 거친다고 하였다. Aebersold와 Field(1997) 그리고 Grabe(1991)는 다독은 정독과는 달리 수업 시간이 아닌 교실 밖에서 주로 이루어지고 사전에 의존하지 않고 글을 빠르게 읽음으로써 정확성보다는 유창성을 기르는 데 초점이 있다고 하였다. 이 밖에도 다독은 '즐거움을 위한 읽기(pleasure reading),' '속독(rapid reading),' '독립적 읽기(independent reading),' '여가시간을 활용한 읽기(spare-time reading),' '학교 밖에서의 읽기(out-of-school reading),' '지속적 묵독(sustained silent reading),' '많이 읽기(abundant reading),' '책의 홍수(book flood)' 등 다양한 용어로 그 의미가 표현되고 있다.

다독은 인지적, 정의적으로 수준별 맞춤형 읽기라는 점에서 학습자 중심의 교육 철학과 부합하는 읽기 방법이다. 이러한 관점에서 많은 학자들은 적은 양을 자세히 읽는 정독보다는 즐거움을 목적으로 다양한 내용의 책을 많이 읽는 다독이 '진정한 읽기'임을 강조하고 있다(신규철, 2003; 신인숙, 2004; 이화자, 김미정, 2007; Cho & Krashen, 1994; Davis, 1995; Day & Bamford, 1998; Hyland, 1990; Jacobs, Davis, & Renandya, 1997; Welch, 1997).

2) 유용성

다독의 유용성으로는 우선 다독은 학습자의 자기주도적 학습으로서 학습자 자신의 관심과 흥미, 적성에 따라 책을 선택함으로써 언어 학습에 대한 학습자들의 긍정적인 태도를 형성하는 데 기여할 수 있다. 다독은 인지적으로 학습자 자신의 수준에 맞는 책을 골라서 읽기 때문에 중도에 좌절하지 않게 됨으로써 영어 읽기에 대한 자신감을 키워 줄 수 있다. 또한, 다독은 비단 읽기 능력뿐만 아니라 쓰기, 듣기, 말하기 등 전반적인 언어 능력의 신장도 동시에 추구할 수 있다. 나아가 학습자는 다양한 텍스트 읽기 경험을 통해 다양한 사회문화적 지식을 접할 수 있어 다른 글을 읽을 때 배경지식으로 기능하여 새로운 글에 대한 읽기 능력을 증진시킨다(Ascough, Steward, & Varcoe, 2006; Bell, 1998; Geoffrey, 1980; Grabe, 1991; Krashen, 1982; Nation, 2001).

다독의 유용성에 관해 국내외의 많은 연구들은 문헌 및 실험 연구를 통해 그 효과성을 검증해 왔다. 긍정적인 정서의 향상(Rodrigo, 1995), 읽기 능력과 정의적 영역에서 긍정적 효과(김미영, 2010; 선덕금, 2010; 오임우, 2010; 최춘화, 2002; 한수형, 2007; Robb & Susser, 1989), 읽기, 쓰기 능력 및 긍정적인 정서 효과(김재현, 2007; Elley, 1991; Hafiz & Tudor, 1989; Hunt & Beglar, 2005; Mason & Krashen, 1997; Pretorius & Manpuru, 2007), 읽기, 듣기, 쓰기 및 긍정적인 정서 효과(Elley & Mangubhai, 1981), 듣기 및 말하기 능력 향상(장미영, 2013), 어휘력 향상(문선희, 2002; 이진숙, 2000; Pitts, White, & Krashen, 1989; Renandya & Jacobs, 2002; Samuels, 2006), 어휘력 및 읽기 능력 향상(황지영, 2006; Lai, 1993a; 1993b), 어휘력 및 쓰기 능력 향상(Hafiz & Tudor, 1989) 등 다독은 언어 습득의 거의 전 영역에서 정의적, 인지적으로 긍정적인 효과를 거두고 있다고 해도 과언이 아니다. 다독은 어휘 및 읽기뿐만 아니라 쓰기, 듣기, 말하기 능력의 향상은 물론, 심지어 철자법, 문법, 유창성의 신장에도 효과적이며, 나아가 정의적인 영역에 있어서도 언어 학습 태도 및 동기유발에 매우 긍정적인 영향을 미치는 등 제 2언어 습득에 미치는 효과가 매우 총체적인 교수 방법이라고 할 수 있다.

　Bell(1998), Day와 Bamford(1998) 등이 제시한 다독의 장점을 종합하면 다음과 같다.

(1) 다독은 외국어 읽기에 대한 긍정적인 태도를 갖게 한다.
(2) 다독은 장문의 텍스트에 대한 자신감을 형성시킨다.
(3) 다독은 학습자에게 독서 동기를 부여한다.
(4) 다독은 진정성 있는 언어 사용의 보고로서 이해 가능한 입력(comprehensible input)을 제공함으로써 언어에 대한 학습자 노출을 증대시킨다.
(5) 다독은 일견 어휘, 일반 어휘(general vocabulary) 등 어휘력 향상은 물론 문장력, 담화 능력을 길러준다.
(6) 다독은 읽기 유창성을 신장시킨다.
(7) 다독은 읽기뿐만 아니라 쓰기, 듣기, 말하기 등 언어 능력을 통합적으로 향상시킨다.
(8) 다독은 텍스트에 있는 잉여 요소들을 인지하고 텍스트의 잉여성(redundancy)을 적극적으로 활용하여 메시지를 효과적으로 파악하는 능력을 향상시킨다.
(9) 다독은 읽기 과정에서 예측하고, 가정하고, 내용을 재구성하는 단계를 거침으

로써 학습자의 추론 능력을 발달시킨다.
(10) 다독은 배경지식을 신장시킨다.

3) 다독 교수법의 원칙

Day와 Bamford(1998)는 다독 교수법의 원칙을 다음과 같이 제시한다(pp. 7-8).

(1) 학생들은 가능한 많이, 주로 교실 밖에서 책을 읽는다.
(2) 학생들은 광범위한 주제에 관한 다양한 책들을 읽도록 권장된다.
(3) 학생들은 읽고 싶은 책을 스스로 선택하고 흥미가 없는 책은 자유롭게 읽기를 중단할 수 있다.
(4) 독서의 목적은 즐거움, 정보, 일반적인 이해를 얻기 위해서이다.
(5) 독서 자체가 보상으로서 독서 후 활동은 거의 하지 않는다.
(6) 독서 자료는 학생들의 어휘 수준이나 문법 수준을 넘어서지 않는다.
(7) 학생들은 독서 중 사전을 거의 사용하지 않는다.
(8) 독서는 개별적으로, 조용히, 자신의 속도에 따라 진행된다.
(9) 학생들은 자신이 이해하기 쉬운 책들을 읽기 때문에 읽기 속도가 빠르다.
(10) 교사는 학생들을 다독 프로그램의 목적에 맞게 방향을 잡아주고 방법을 설명하며 각각의 학생들이 무엇을 읽고 있는지를 함께 지켜본다.

3. 다독과 EFL 환경

언어 습득적 관점에서 다독의 우수성에도 불구하고 지금까지 우리나라에서는 공교육 차원에서 다독을 전면적으로 실시하지 못하고 있다. 다독이 효과적인 언어 교수법으로 인식되고 있음에도 불구하고 교육 현장에 구현되지 못하는 것은 우리나라와 같은 EFL 교육 환경에 무엇인가 다독의 구현을 저해하는 요인들이 있고, 또한 그러한 요인들을 학계나 현장에서 아직 구체적으로 명확히 규명하고 처방하지 못하였기 때문이다.

우선 학교 현장에서 지금까지 진정한 의미의 다독을 실현하기 가장 어려웠던 점 중 하나는 다독 교재로서 문학 텍스트를 사용하는 문제이다. 학생들이 다독의 읽기 자료로 본능적으로 읽고 싶어 하는 것은 설명문과 같은 단조롭고 딱딱한 텍스트가 아니라 재미있는 이야기 글이다. 이 점에서 문학 텍스트가 다독 교재로 사용되어야 할 정당성이 존재하지만, 그동안 문학 텍스트의 길이와 난이도 때문에 현장에서는 다독을 아예 생각조차 하지 못하였다. 그러나 앞서 제시된 학습자문학의 개념은 이제 우리나라와 같은 EFL 환경에서도 다독의 실현 가능성을 시사한다. 다독의 성공적인 운영을 위해서는 수준별 텍스트로서 학년별 독본(graded readers)의 제작과 공급이 핵심적으로 요청되는데 학습자문학은 수준별 텍스트라는 개념에 기반하고 있고, 원전 텍스트를 각색 혹은 축약함으로써 원전의 길이와 난이도 문제를 동시에 해결하고 있다. 이제 EFL 언어 습득에 있어서 다독과 학습자문학의 역할에 대한 새로운 인식이 필요할 때이며, 학습자문학 기반 다독 프로그램을 공교육에 실현하기 위해 필수적으로 요청되는 것들이 무엇인지 본격적으로 검토해 볼 시점이다.

이 장에서는 그동안의 연구 결과를 토대로 우리나라와 같은 EFL 환경에서 학습자문학 기반 다독을 시행하기 위해 요청되는 사항들을 다음과 같이 제시한다.

첫째, 어휘 목록 확립 – 현재 영어과 교육과정의 어휘 목록을 다독을 실시할 수 있도록 확대 정립하는 것이 필요하다. 현재 최대 3,000 단어 수준으로는 다독뿐만 아니라 언어 습득에 필요한 최소 임계점에도 도달하기 어려운 수준이다.

둘째, 한국형 독서지수 개발 – 학년별로 수준별 학습자문학을 제작하고, 학교 현장에 다독 프로그램을 운영할 수 있도록 영어 도서관을 보급하며, 이와 더불어 학년별 텍스트 제작에 필수적인 텍스트 난이도를 산정하는, 우리나라 현실에 맞는 한국형 EFL 독서지수(Korean Readability Index)를 개발하고 관련 소프트웨어를 구축하는 일이 필요하다. 다독 교재를 출간할 때에는 산정된 독서지수를 책 표지에 표기하여 학생들이 책 선정시 참고할 수 있도록 한다.

셋째, 독서 능력 진단 평가 시험 개발 – 학년별 독본을 가지고 다독을 실시하기 위해서는 텍스트의 독서지수뿐만 아니라 텍스트의 난이도에 상응하는 학습자의 독서 능력 지수를 측정하는 검사지 개발도 필요하다.

넷째, EFL 다독 교재 모형 개발 – 다독 교재로서 한국형 독서지수에 근거한 학습자 문학 텍스트 개발이 필요하고, 이를 위해 EFL 환경을 고려한 다독 교재 모형에 대한 연구가 요청된다. EFL 학습자를 위한 다독 교재란 원어 교재와 비교해서 텍스트 내에 보다 많은 배경지식을 제공함으로써 학습자의 읽기를 도와줄 수 있는 교재를 의미한다.

다섯째, 다독 교육과정 확립 – 다독이 교육과정에 구체적으로 명시되어 있지 않은 관계로 현재 공교육에서 다독을 시행하기가 어렵다. 다독을 공교육 차원에서 정규 수업의 일환으로 시행하기 위해서는 다독 교육과정을 확립할 필요가 있다. 이를 위해 다독 교수요목을 확립하고, 실제 다독 교수·학습 모형 및 자료를 제시할 필요가 있으며, 다독을 실시할 때 학습자를 어떻게 평가할지에 관한 다독 평가 모형에 대해서도 연구할 필요가 있다.

1) 어휘 목록 확립

다독을 실행하기 위해서는 텍스트 개발이 필요한데 텍스트 개발에서 가장 중요한 것이 어휘 크기(vocabulary size)를 정하고 그 크기에 적절한 어휘 목록을 확립하는 일이다. 물론 기존에 개발된 영미권의 어휘 목록이 있으므로 그것을 활용하면 해결될 수도 있겠으나 앞서 언급했듯이, 우리나라와 같은 EFL 환경이 원어민 혹은 ESL 환경과 같을 수 없으므로 교육과정에서 어휘 통제(vocabulary control)를 하지 않고 영미권의 모든 어휘를 자유롭게 사용할 수는 없다. EFL 환경에서는 국가 수준의 제한된 어휘 목록이 확립되어 있는데 문제는 우리나라 환경에 적정한 어휘 크기를 어떻게 산정하느냐이다.

현재 우리나라 영어과 교육과정에 제시된 어휘 목록으로 다양한 내용과 수준의 텍스트 읽기를 포괄하기는 어렵다. 우리나라 영어과 어휘 목록은 Nation(2001)의 'Most Frequent Word List,' Coxhead(1998)의 'Academic Word List,' West(1953)의 'General Service List,' 'American National Corpus' 및 'British National Corpus' 등을 참고하여 2,315 단어를 확립하였는데, 그 중 75%인 1,790 단어를 고등학교 일 학년 때까지 학습하도록 하고 있고, 공통교육과정 외의 어휘 수를 합하여 총 어휘 크기는 3,000 단어를 넘지 않도록 하였다(교육부, 2007). Nation(1993)에 따르면, 일반적으로 원어민 수준의 읽기를 하기 위해서는 한 텍스트에서 알고 있는 어휘 수, 즉 텍스트 점유율(text coverage)이 98~100% 이상이 되어야 하고, 텍스트 점유율이 95%, 즉 한 페이지에 모르는 단어가 다섯 개 미만이 되지 못하면 텍스트 이해에 어려움이 발생한다고 한다. 텍스트 점유율이 98%가 되기 위해서는 원어민의 경우 8,000~9,000개의 단어족(word family)이 필요하고, 제 2언어 학습자들의 경우에도 문어 텍스트(written text)의 95% 이해도를 갖기 위해서는 5,000개 단어족을 알아야 한다고 한다(Laufer, 1989; Liu & Nation, 1985; Nation & Waring, 1997). 이러한 수치를 고려하면 우리나라의 어휘 크기는 매우 작다고 할 수 있는데, 현행 교육과정에서 고교 전체 총 사용 가능 어휘 수인 3,000개의 어휘로는 텍스트의 60~70%만 그 의미를 이해할 수 있을 뿐이다(Clark & Nation, 1980; Laufer, 1997).

어휘 크기를 현실화하기 위해 그동안 학계에서는 지속적으로 어휘 크기를 확대해야 한다는 목소리가 있었고, 지금은 중단되었으나 2007년 국가영어능력평가시험(National English Ability Test: NEAT) 수행 계획을 수립할 당시에 한국교육과정평가원에서 2급 시험의 어휘 수를 5,000개로 확립하여 개발한 시도가 있었다(Choi, 2010; Hwang, 2003; Kim & Suh, 2006; Lee, 2004). 현행 총 3,000개 정도의 어휘 수로는 효과적인 다독 교육을 실시하기 어렵기 때문에 다독의 관점에서 앞으로 우리나라 교육과정 상의 어휘 크기에 대한 연구가 필요하고 그에 따라 어휘 목록을 새롭게 정립하는 일이 필요하다.

그렇다면 현실적으로 어느 정도의 어휘 크기가 우리나라와 같은 EFL 국가의 영어 환경에서 다독 구현 시 최소한으로 요청되는지 규명되어야 한다. 우리나라 교육과정에서 어휘 크기로 원어민 수준의 8,000개 단어족을 확립하는 일은 현실적으로 불가능하다. 그렇다고 현행 최대 3,000개의 어휘 수로는 최소한의 텍스트 점유율 95%에 훨씬 못 미치기 때문에 사전에 의존하는 다독이 되게 될 것이고, 그렇게 될 때 다독은 무의미해진다.

Kim, Hong, Choi와 Kim(2013)은 EFL 환경에서 최소 텍스트 점유율 95%를 차지하는 어휘 크기를 규명한 바 있는데, 이들은 어휘 크기로 4,000개 단어족을 제시하였다. Kim 외 3인(2013)은 빈도(frequency)를 기준으로 추출된 기존의 영어과 교육 과정의 어휘 수 3,000개를 기반으로 하되 빈도 기준의 단점으로 지적되고 있는, 배경지식을 구성하는 핵심 내용 어휘가 빈도에서 누락되지 않도록 중핵 교과내용 어휘(core content words)를 초등학교 교육과정에서 각 교과별로 추출하고 문화 간 의사소통에 요청되는 중핵 문화 어휘(core cultural words)를 추가하여 4,000개의 단어족을 확립하였다. 이 어휘 목록은 초등학교 수준에서는 교육과정 어휘를 활용하여 읽을 수 있는 수준으로, 중고등학교 수준에서는 교육과정에서 제시하는 어휘뿐만 아니라 중핵 교과내용 및 문화 어휘를 활용하여 읽을 수 있는 수준으로 설정하였다.

언어 학습과 관련해서 학습자는 어떤 어휘가 중요하고 어느 정도의 어휘 수를 최소한 학습해야 의사소통에 지장을 받지 않는지에 대해 궁금할 수 있다. 학습자는 사전에 존재하는 모든 단어를 학습할 수는 없기 때문에 가장 많이 사용되는 단어를 중심으로 학습해야 할 것이다. 즉, 높은 빈도(high frequency)의 단어들을 먼저 학습하는 것이 바람직하다(Coxhead, 2006). 그동안 이러한 높은 빈도의 필수 어휘 목록을 정립하기 위한 연구가 많이 진행되어 왔다. West(1953)의 *General Service List* (GSL)는 이러한 연구의 기본이 되는 자료로서 가장 필수적인 어휘로서 빈도를 준거로 하여 약 2,000개의 어휘를 제시하였다(Richards, 2000). Nation(2001)의 어휘 목록도, 현행 우리나라 영어과 교육과정의 어휘 목록도 모두 West의 GSL에 근거하고 있다. 그러나 빈도 목록은 특정한 분야, 예를 들어 '무역학'과 같은 분야의 내용 어휘는 거의 포함하지 못한다. 만약 텍스트가 무역학에 흔히 등장하는 단어들을 포함하고 있다면 다른 양식의 빈도 목록이 개발되어 이를 보완해야 한다. 이 분야의 목록 중 가장 널리 알려진 것이 *Academic Word List* (AWL)(Coxhead, 1998)이다. 이것은 570개의 단어족으로 구성되어 있는데 이들은 West의 2,000개의 빈도 목록에는 포함되어 있지 않다. 아래 <표 V.1>은 AWL이 텍스트 점유율을 높이는 데 얼마나 중요한 역할을 하는지를 잘 보여준다.

<표 V.1> Text Type and Text Coverage by the Most Frequent 2,000 Words of English and *Academic Word List* in Four Different Kinds of Texts(Nation, 2001)

Levels	Conversation	Fiction	Newspaper	Academic Text
1st 1000	84.3%	82.3%	75.6%	73.5%
2nd 1000	6%	5.1%	4.7%	4.6%
Academic	1.9%	1.7%	3.9%	8.5%
Others	7.8%	10.9%	15.7%	13.3%

위의 표에서 학술 텍스트의 경우 AWL을 합칠 때 텍스트 점유율이 78.1%에서 86.6%로 큰 변화를 보인다. 즉, 2,000개 어휘 목록에서는 다섯 개 중 한 개의 단어를 모르게 되지만 AWL이 합쳐지면 열 개 중 한 개의 단어만을 모르게 되는데 이것은 매우 의미심장한 변화이다.

교과 내용 지식을 구성하는 핵심 어휘들은 텍스트 이해에 필수적임에도 불구하고 빈도라는 준거 때문에 교육과정 어휘 목록에서 번번이 누락된다. 그 결과 우리나라 교육과정의 어휘 목록은 빈도가 높은 기능어(function word) 중심으로 구성되어 있는 모순을 지니고 있다. 실제 의사소통에서는 기능어보다는 내용어(content word)가 더 중요한 역할을 한다는 점을 고려하면 빈도 준거를 보완하는 AWL이 어휘 목록 구성에 포함되어야 한다. 이러한 문제의식에 따라 Kim 외 3인(2013)은 한국 및 미국 초등학교 교과서를 분석하고 국내외 문화 사전 등을 분석하여 총 1,000개의 핵심 교과내용 어휘를 현행 교육과정 어휘 목록과 통합하였다. Kim 외 3인(2013)이 제시한 4,000개 어휘 수는 <표 V.2>와 같다.

<표 V.2> 학년별 다독 목록 어휘 수

다독 단계	학년	현행 교육과정 어휘 수	중핵 어휘 수	합계	누적 어휘 수
1	1	80 (phonics)		80	80
2	2	100 (phonics)		100	180
3	3	110	80	190	370
4	4	120	80	200	570
5	5	130	80	210	780
6	6	140	80	220	1,000
7	7	170	100	270	1,270
8	8	280	100	380	1,650

9	9	390	100	490	2,140
10	10	450	130	580	2,720
11	11	500	130	630	3,350
12	12	500	130	630	3,980
		2,970	1,010	3,980	3,980

위와 같은 어휘 목록에 대한 연구가 앞으로 더 진행된다면, 예를 들어 3,500개, 4,500개, 5,000개 등 다양한 어휘 크기에 대한 연구, 그리고 나아가 같은 어휘 크기에 대한 연구라 할지라도 그 준거가 무엇인지 그리고 어떤 자료 수집 방법을 사용했는지에 대한 비교 검토가 동시다발적으로 병행된다면, EFL 다독 교육에 필요한 최적의 어휘 목록과 크기가 확립될 수 있을 것으로 본다.

2) 한국형 EFL 독서지수 개발

우리나라 상황에서 다독을 구현할 때 또 다른 문제점은 다독을 위해 교육과정 상의 어휘 수를 늘린다고 해도 수준별 교재가 체계적으로 제공되지 않는다면 다독을 교육 현실에 적용하기에 매우 어렵다는 점이다. 현재 각급 학교나 영어교육 시설에 비치된 도서들은 학생들의 수준별 독서 능력에 대한 고려 없이 단순히 영어 도서를 한데 모아놓은 것에 불과하다. 학생들은 자신의 수준에 맞는 책을 고르기가 어려워 읽다가 좌절하는 경우가 많다.

우리나라에서는 지금까지 책을 선택할 때, 책의 수준별 등급을 유아용 도서, 초등학년용 도서, 청소년용 도서, 성인용 도서 등과 같은 기준을 적용하여 왔다. 이러한 기준은 다분히 자의적이고, 일반적이고, 광의적이어서 학습자의 학년별, 수준별, 단계별 능력에 따른 정확한 책 선정에 어려움이 있고, 그 결과 체계적이고 지속적인 다독을 수행하기가 불가능하였다. 수준별로 자신에게 적합한 책을 고르지 못하게 되면 일주일이 고역이 되고 다독 체험이 유쾌하지 못한 경험이 되어 책 읽기에 대한 정의적 태도 및 동기부여에 악영향을 미치게 된다. 그러한 이유에서 다독에서는 무엇보다도 책 고르기, 특히 학습자의 수준에 맞는 맞춤형 책 선정이 매우 중요하다.

물론 최근에는 영미권에서 개발된 비교적 다양한 학년별 독본이 소개되면서 다독을 위한 환경이 마련되어 있는 상황이긴 하다. 국내에서도 몇몇 출판사들이 이러한 독본들을 본떠 자체적으로 독본 시리즈를 출간하기도 하였다. 그러나 지금까지 출판된 독본들은 주로 ESL 학생들을 대상으로 개발된 것이어서 우리나라와 같은 EFL 현실에는 맞지 않은 문제점이 있다. 이는 교재를 개발할 때 대상으로 하는 학생들의 언어 수준이나 문화적 배경 등이 ESL과 EFL이 다르다는 점에 대해 명확한 인식이 부족해서인데, 결국 한국인 학습자를 위해서는 한국 학생들의 어휘 수준이나 문화적 배경 등을 고려한 한국형 다독 교재를 개발하여 제공하는 것이 중요할 것이다. 요컨대, 한국형 EFL 상황에 맞고, 학생들의 인지적 수준에 맞는 내용과 적절한 어휘와 문장 구조로 제작된 한국형 다독 교재의 개발이 필요하다.

학습자 자신의 인지적 수준에 맞게 텍스트를 선택하기 위해서는 텍스트 난이도(text difficulty)에 대한 객관적인 지수 혹은 지표를 정립하여 제시할 필요가 있다. 모든 독본에 텍스트 난이도에 대한 객관적인 지수가 제시된다면 학습자는 자신의 독서 능력에 맞는 텍스트를 시행착오 없이 고를 수 있다. 텍스트 난이도를 알려주는 지수, 즉 독서지수(readability index)는 학습자의 독서 능력 수준(student reading ability)과 텍스트의 난이도 수준을 맞추어 주는 객관적인 척도이다. 물론 텍스트 난이도를 파악하는 간략한 방법이 있기는 하다. 소위, '다섯 손가락 법칙(five finger rule)'이라고 하는 전통적인 눈대중 방법은 모르는 단어가 한 페이지당 다섯 개 미만이면 그 텍스트가 자신의 수준에 맞는 것으로 간주하는 방법으로서 최소 텍스트 점유율 95% 논리에 근거하고 있다. 그러나 객관적이고 과학적인 정확성을 기하기 위해서는 궁극적으로 텍스트 난이도 측정 단위로서 독서지수를 사용하는 것이 필요하고, 나아가 독서지수를 바탕으로 수준별 다독 교재를 우리나라 실정에 맞게 제작한다면 한국형 EFL 다독이 실현 가능해질 것이다.

텍스트 난이도를 파악하기 위해서는 텍스트 난이도를 결정짓는 요인에 대한 연구, 즉 어떤 텍스트 요인이 텍스트를 어렵게 만들고 혹은 쉽게 만드는지에 대한 연구가 요청된다. 텍스트 난이도를 결정짓는 데에는 여러 가지 요인이 작용한다. 일반적으로 널리 알려진 것은 어휘(vocabulary difficulty), 구문(sentence length and complexity), 배경지식(prior knowledge), 개념의 개수와 추상성(idea density and difficulty)이다(Chall, Bissex, Conrad, & Harris-Sharples, 1996, p. 16).

일반적으로 어휘에 대한 지식의 유무가 텍스트 이해에 가장 중요한 영향을 미치는 것으로 간주된다. 구문에 대한 지식이 없어도 약간의 의미 이해는 가능하지만, 어휘에 대한 지식이 없으면 의미 이해가 거의 불가능하다. Thorndike(1973)에 따르면, 어휘 지식과 독해는 매우 높은 상관관계를 가지는데, 빈도가 높은 단어로 구성되고 단어의 길이가 짧을수록, 그리고 문장의 구조, 즉 문장의 길이가 짧고 단순할수록 텍스트 이해가 더 용이해진다고 한다. 또한, 배경지식의 유무도 텍스트 이해에 상당한 영향을 끼치는데, 텍스트의 소재가 추상적일수록, 제시된 개념의 수가 많을수록 텍스트 이해는 어려워진다.

배경지식의 유무와 개념의 추상성이 텍스트 이해에 영향을 미치는 것은 사실이나 배경지식의 경우, 어떤 배경지식이 더 어렵고 덜 어려운지는 사람마다 상대적이다. 예를 들어, 스포츠에 흥미를 갖고 있는 사람은 스포츠 관련 지문이 더 쉽게 이해될 것이고, 과학 관련 지식이 풍부한 사람은 과학 지문이 더 쉽게 느껴질 것이다. 그리고 스포츠에 대한 배경지식과 과학에 대한 배경지식 중 어느 것이 더 어렵고 쉬운지를 판단하는 절대적인 기준은 없다. 개념의 추상성도 마찬가지여서 그것을 객관적 수치로 나타내는 일은 거의 불가능에 가깝다.

텍스트 난이도에 영향을 미치는 요인은 비단 텍스트의 내적 요인뿐만 아니라 텍스트의 외적 요인, 즉 텍스트를 구성하는 삽화, 글자, 형식 등도 있다. 삽화의 유무, 글자의 크기, 부가 자료의 배열 등 편집에 따라 책 읽기가 흥미로울 수도 지루해질 수도 있다. 나아가 학습자 요인으로서, 예를 들어 학습자의 영어에 대한 동기 등과 같은 정의적 요인도 텍스트 이해에 영향을 미친다.

위와 같은 내적, 외적 요인들은 눈에 보이지 않고 추상적인 성격을 띤다. 따라서 이것을 객관적인 수치로 제시하기는 어렵다. 이러한 이유로 전통적인 독서지수 공식(readability formula)들은 위의 요인들을 텍스트 난이도를 측정하는 데 고려하지 않고 어휘와 구문을 중심으로 독서지수를 산정하는 방식을 취하고 있다(Fry, 2002). 어휘의 난이도는 단어의 길이와 빈도를 측정하고, 구문 난이도는 보통 문장의 길이(sentence length)를 측정하여 독서지수를 확립하고 있다. 현재 약 200여 개의 독서지수 공식이 소개되어 있는데, 조금씩 기준이 다르기는 하지만 대부분 어휘 빈도와 문장 길이 두 가지 기준을 근거로 만들어져 있다. 대표적인 독서지수 공식으로는 1975년의 '플레쉬 안락 독서지수 공식(The Flesch Reading Ease Readability Formula)'(Kincaid et al, 1975), 1977년의 '데일-촐 독서지수 공식(The Dale-Chall Readability Formula)'과 '프라이 그래프 독서지수 공식(The Fry Graph Readability Formula)'(Fry, 1977), 1995년의 '신 데일-촐 독서지수 공식(The New Dale-Chall Readability Formula)'(Chall & Dale, 1995), 1995년의 메타메트릭스(Metametrics)사가 개발한 '렉사일 공식(Lexile Formula),' 1999년의 시금석 응용과학사(Touchstone Applied Science)가 개발한 'DRP'(Degrees of Reading Power), 2000년의 장점 학습 시스템(Advantage Learning Systems)이 개발한 'ATOS'{Advantage TASA (Touchstone Applied Science Associates) Open Standard} 등이 있다(Carrell, 1987; Crossely, Greenfield, & McNamara, 2008; Tompkins, 2003).

영미권의 대표적인 독서지수로 알려져 있는 렉사일 공식도 기본적으로 어휘 빈도와 문장 길이라는 두 핵심 변인을 조합해서 만든 독서지수 공식이다(Metametrics, 2008; Schnick & Knickelbine, 2000). 미국에서 발행되는, 특히 초등학교부터 고등학교까지를 대상으로 하는 교재와 추천 도서는 대부분 렉사일 독서지수에 따라 학년별로 분류되어 있고, 초등학교 1학년부터 고등학교 12학년까지 도서에 렉사일 독서지수가 표기되어 학생들의 책 선정에 도움을 주고 있다. 렉사일 독서지수는 모든 텍스트를 렉사일 공식에 의거 텍스트 난이도를 분석한 결과로서, 예를 들어 '200L,' '1000L' 등과 같이 표기하고, <표 V.3>에서 예시되는 것처럼 각 학년별로 부여된 렉사일 치수(lexile measure) 사이에 분포하게 된다(Burdick & Lennon, 2004).

<표 V.3> Lexile Measures

Grade	Text Measures
1	200~400L
2	300~500L
3	500~700L
4	650~850L
5	750~950L
6	850~1050L

7	950~1075L
8	1000~1100L
9	1050~1150L
10	1100~1200L
11~12	1100~1300L

1단계 아래에 해당하는 200L 이하는 유아용으로 음성 언어를 사용하는 단계이다. 1~2단계는 음성 언어에서 문자 언어로 전환되는 시기로서 초등학교 1, 2학년에 해당된다. 3~4단계는 독서 기초 기능을 학습하는 단계로서 초등학교 3, 4학년에 해당된다. 5~6단계는 독서 기능 발전 단계로서 초등학교 5, 6학년에 해당된다. 7~8단계는 고급 사고 및 비판적 시각을 계발하는 단계로서 중1, 2 수준에 해당한다. 9~10단계는 독서 정보를 실생활에 적용할 수 있는 단계로서 중3, 고1 수준이다. 11~12단계는 능숙한 독서를 할 수 있는 단계로서 고2, 3수준이며 그 위의 단계는 학문 및 직업 세계의 독서를 할 수 있는 대학교 수준 혹은 그 이상에 해당된다(Lexile, 2013).

최근 도서관을 기반으로 한 다독 프로그램의 시행을 위해 우리나라에서도 영미권의 렉사일 독서지수가 도입되기 시작하고 있다. 이미 개발된 영미권의 독서지수를 그대로 도입하게 되면 우리나라 다독을 위한 독서지수를 별도로 개발할 필요가 없게 되어 개발에 필요한 막대한 시간과 전문적 노력이 절감되고 따라서 수준별 교재 제작과 공급 문제가 해결된다고 생각할 수 있다. 그러나 결론적으로 영미권 원어민 학생들을 중심으로 산정된 렉사일 독서지수를 한국적 상황에 적용하는 것은 많은 한계가 따른다.

공교육 차원에서 다독을 위한 하드웨어, 즉 영어 도서관을 구축하여 다독 기반을 일찍이 준비한 부산시 교육청은 2007년부터 '부산영어 도서관' 건립을 준비하여 2009년 7월 영어 도서관을 개원하였다(박정수, 2009). '부산영어 도서관'은 다독을 위한 독서지수의 필요성을 인식하고 미국의 렉사일 독서지수를 바탕으로 수준별로 분류된 도서를 직수입하여 다독 프로그램을 운영하였다. '부산영어 도서관'뿐만 아니라 대부분의 국내 다독 프로그램은 영미권의 독서지수를 바탕으로 도서를 분류하는 방식을 취하고 있는데 이러한 다독 프로그램의 문제점은 우선 다독을 위한 읽기 교재로서 학습자문학에 대한 이해가 결여되어 있다는 점이다. 예를 들어, 독본이 원어민을 목표 대상으로 만들어진 것이기 때문에 책 수준이 초등학교 2~3학년이라고 해도 우리나라의 경우 고등학교 이상의 수준이 될 수 있다. 가장 쉬운 단계조차도 우리나라 중고등학생들이 읽기에 쉽지 않다. 물론 수준을 낮춰서 진정성 있는 자료를 사용할 수도 있지만 원어민용 초등학교 자료를 우리나라 고등학생이 읽는다고 할 때, 인지적 측면에서 어휘 수준은 비슷할지 몰라도 내용 지식수준이 매우 낮으므로 정의적 측면에서 흥미와 동기를 유발하는 데에는 실패하게 된다.

서우식(2010)은 렉사일 공식을 바탕으로 텍스트의 독서지수를 알려주는 '렉사일 분석 프로그램(The Lexile Analyzer)'을 직접 사용하여 우리나라 중학교 영어 교과서 지문을 분석해 보았다. 그 결과 우리나라 중학교 교과서의 난이도는 대부분 렉사일 1단계와 2단계, 즉 원어민 초등학교 1, 2학년 수준과 유사함을 규명하였다. 현재 한국에 도입된 독본 시리즈들은 EFL 학습자를 위해 제작된 학습자문학이라고 명시되어 있기는 하지만 실제로는 ESL 학습자를 연구하고 그러한 연구 자료를 분석한 결과에 토대서 제작된 경우가 대부분이다. 좀 과장되게 말하면, 이러한 독본 시리즈들에는 우리나라 초중고 학생들의 수준에 맞는 독서지수에 해당되는 도서가 거의 없다고 말해도 과언이 아니다. 따라서 우리나라 학생들 대부분을 위해서는 가장 낮은 수준의 독서지수인 200L 이하의 영역을 더 많이 세분화시킨 독서지수를 개발하고 그에 따른 독본을 제작할 필요가 있다.

Brown(1998)은 전통적인 영미권 독서지수 공식들을 가지고서는 제 2언어 독자들의 변인들에 대해 설명하기 어렵다는 점을 인식했다. 그는, 예를 들어 'Coh-Metrix'라는 공식은 제 2언어 학습자를 위한 영어 텍스트 난이도를 측정하지만, 그것은 전통적인 독서지수 공식이라기보다는 독해에 인지언어학적 요인들을 더 잘 반영하는 도구일 뿐이라고 하였다(McNamara, Louwerse, McCarthy, & Graesser, 2010). Greenfield(2004)도 EFL 독서지수 공식에 대해 논의한 바 있으나 그의 독서지수도 제대로 된 EFL 환경을 반영한 것으로 보기 어렵다.

이러한 영미권 독서지수가 갖는 한계는 우리나라 교육과정에 맞게 EFL 환경을 반영하는 독서지수의 개발을 요청한다. 텍스트 난이도를 측정할 수 있는 한국형 독서지수가 현재 우리나라에는 없는데, 심지어 국어과에서도 아직까지 독서지수를 명확히 정립하지 못한 상태이다. 그러나 성공적인 영어 도서관 및 다독 프로그램의 운영을 위해서는 EFL 학습자의 인지 수준, 정의 수준, 언어 수준에 적합한 한국형 EFL 독서지수의 개발과 이를 운영할 소프트웨어의 구축이 절실하다.

이러한 시각에서 Choi, Kim, Lee, Hong과 Jo(2012)는 '한국형 독서지수 공식(Korea Readability Formula: KRF)'의 개발을 시도하였다. 이들은 김경한, 서우식, 이용배(2011)가 제안한 핵심 교과내용 어휘를 포함하는 초중고별 12학년 단계 어휘 목록을 바탕으로 영어과 교육과정에 제시된 문장 길이에 의거하여 독자적인 독서지수 공식을 만들었다. Choi 외 4인(2012)이 제시한 한국형 독서지수 공식은 <표 V.4>와 같다.

<표 V.4> 한국형 독서지수 공식

Step 1: Select a text sample of 100~150 words from the text.
Step 2: Compute the average sentence length by dividing the number of words by the number of sentences.
Step 3: Compute the following equations:

$$\frac{\sum_{1}^{N}(VL \times NWVL)}{TNW} = X$$

$$\frac{\sum_{1}^{N}(SL \times SLSL)}{TNS} = Y$$

$$\left(\frac{TL \times X}{VL} + \frac{TL \times Y}{SL}\right) \times \frac{1}{2} = RGL$$

RGL = Reading Grade Level
VL = Vocabulary Level
NWVL = Number of Words in the Vocabulary Level
TNW = Total Number of Words
SL = Sentence Level
SLSL = Sentence Length in the Sentence Level
TNS = Total Number of Sentences
TL = Total Level
X = Reader's Vocabulary Level
Y = Reader's Sentence Level

이에 따르면, 가장 간단한 독서지수 공식은 다음과 같이 산출될 수 있다. 어휘의 경우, 한 페이지에서 각 수준별로 어휘 수를 곱하고 그것을 모두 더한 뒤에 어휘 수로 나누게 되면 어휘 난이도 평균이 나온다. 문장의 길이도 각 수준별로 나누어 모두 곱하고 그것을 더한 뒤에 문장 수로 나누게 되면 문장 길이의 평균이 나온다. 그런 다음 어휘와 문장의 난이도를 합하여 둘로 나누게 되면 가장 간단한 독서지수 공식이 나온다.

독서지수를 개발하기 위해 Choi 외 4인(2012)이 참고한 학년별 어휘 수 및 평균 문장 길이는 <표 V.5>와 같다. 여기서 초등학교 1, 2학년은 교과서가 없기 때문에 이에 해당하는 문장 길이로서 음철법에 나오는 단어 혹은 문장을 근거로 하였다. 즉, 알파벳 문자, 하나의 단어, 간단한 문장이 이 단계에 속한다.

<표 V.5> 한국형 다독을 위한 어휘 수와 문장 길이

단계	학년	교육과정 어휘 수	중핵 어휘 수	합계	누적 어휘 수	문장 길이(=Y)
1	1	80 (phonics)		80	80	Y ≤ 1
2	2	100 (phonics)		100	180	Y ≤ 3
3	3	110	80	190	370	Y ≤ 5
4	4	120	80	200	570	Y ≤ 7
5	5	130	80	210	780	Y ≤ 9
6	6	140	80	220	1,000	Y ≤ 9
7	7	170	100	270	1,270	Y ≤ 12
8	8	280	100	380	1,650	Y ≤ 15
9	9	390	100	490	2,140	Y ≤ 18
10	10	450	130	580	2,720	Y ≤ 21
11	11	500	130	630	3,350	Y ≤ 25
12	12	500	130	630	3,980	Y ≤ 25
		2,970	1,010	3,980	3,980	

<표 V.5>는 현행 교육과정과 비교해 어휘 수는 확대되고 문장 길이는 축소된 모형을 제시하고 있는데, 이것은 우리나라 학습자를 위한 독본이란 좀 더 짧은 길이의 쉬운 문장 구조를 바탕으로 좀 더 높은 수준의 어휘를 포함하는 교재가 되어야 함을 나타낸다. 서우식(2010)에 의하면, 현행 초등학교, 중학교, 고등학교 영어 교과

서 지문을 어휘와 문장 수준을 각각 따로 렉사일 공식에 넣어 분석해 본 결과 우리나라 교과서의 어휘 수준은 영미권보다 더 낮게 나온 반면 문장 수준은 더 높게 나왔다고 한다. 이것은 우리나라 교과서가 좀 더 높은 수준의 어휘를 사용할 필요가 있고 반면 문장은 더 짧고 단순하게 제시되어야 한다는 것을 시사한다.

3) 독서 능력 진단 평가 시험 개발

독서지수 공식을 통해 출간되는 모든 독본에 독서지수를 표기하여 제공한다고 해도 다독 문제가 모두 해결되는 것은 아니다. 독서는 텍스트와 학습자의 상호작용이므로 텍스트의 난이도 외에 학습자의 독서 능력도 수준별로 파악되어야 한다. 다독을 수행하기 전에 자신의 수준을 알아보는 것은 영어에 대한 관심과 흥미로 이어지므로 효과적인 다독을 위해서는 자신이 정확히 독서지수의 어느 단계에 속하는지 파악할 필요가 있다. 텍스트 난이도와 함께 학습자의 독서 능력이 측정될 때 더욱 정확한 수준별 텍스트 읽기가 가능해지므로 이를 위해서는 단계별 어휘 목록을 중심으로 한 독서 능력 진단 평가 시험이 개발되어야 한다.

독서 능력 진단 평가 시험과 관련하여 기존에 개발된 독서 능력 평가 도구를 살펴보면 다음과 같다.

(1) 렉사일 검사

미국의 렉사일(lexile)은 공식적인 자체 검사는 없으나 그 대신 주정부나 공식 시험 관련 출판사들과 협력 관계를 맺어 학생들의 렉사일 독서지수를 파악하게 하고 있다(www.lexile.com). 렉사일 관련 공식 시험으로는 'Stanford Diagnostic Reading Test,' 'TerraNova,' 'The Iowa Tests,' 'Florida Assessments for Instruction in Reading,' 'SRI'(Scholastic Reading Inventory) 등이 있다. 렉사일 시험을 치른 학생들은 자신의 읽기 시험 점수를 토대로 렉사일 치수를 제공받는다. 독서 능력 진단 평가 시험을 통해 나온 값인 렉사일 치수 단위는 100단위로서 이론적으로 그 범위는 0에서 2000까지에 이르지만, 현실적으로는 200~1700L 사이의 치수를 의미한다. 학생들은 부여받은 자신의 렉사일 치수에서 -100L 혹은 +50L 정도의 도서를 읽으면 된다. 예를 들어, 한 학생이 1000L을 받았다면 그 학생은 900L이나 1050L 사이의 책을 읽으면 된다. 각 단계별 치수는 해당 학생이 그 단계에 맞는 책을 읽었을 경우 책 내용의 최소 75%를 이해할 수 있다는 것을 전제로 한다.

미국의 S출판사가 개발한 소프트웨어인 SRI 평가 프로그램은 컴퓨터를 통해 사지선다형 지필평가를 진행할 수 있다. 각 문제는 맨 마지막 문장이 빈칸으로 처리되고 그 빈칸을 채울 수 있는 적당한 단어나 구를 네 개의 선택지 중에서 택일하는 것으로 총 50문항으로 구성된다. 평가 결과에 의해서 학생들은 렉사일 치수를 부여받고 자신의 독서 능력 수준을 파악할 수 있다.

(2) MRLT(Macmillan Readers Level Test)

MRLT(www.macmillanreaders.com)는 학습자의 독서 능력을 진단하는 기준으로 학습자의 어휘력을 평가한다. M사의 독본은 총 여섯 단계로 구성되어 있는데 각 단계별로 어휘 문제를 풀고 나면 자신의 단계가 정해지고 그 단계에서 독서 가능한 책들의 정보를 얻을 수 있다.

(3) EPER(Edinburgh Project on Extensive Reading)

EPER(www.ials.ed.ac.uk)는 David Hill이 에딘버러 대학(University of Edinburgh) 재직 시 응용언어학과에서 운영한 다독 연구소이다. 이 연구소의 목적은 제 2언어로서 영어를 교수·학습할 때 다독을 중요한 프로그램으로 자리매김하는 것이다. EPER는 다독 교사들을 위한 이야기 자료를 개발하고 그것을 교사들이 언어 학습자를 위해 사용할 수 있도록 훈련시키는 일을 한다. EPER는 학년별 독본으로 4,225권의 자료를 소장하고 있고, 그중 1,265권이 출판되어 있다. EPER가 제시한 도서 목록은 도서 수준에 따라서 9단계로 분류되는데 삽화의 수나 활자의 크기 등 텍스트의 외적인 부분도 고려하고 있다. EPER의 다독 능력 검사지는 단계별로 18~40문항의 주관식과 객관식 혼용으로 된 지필고사를 통해 독자의 수준을 결정한다.

영미권의 경우에는 이미 독서지수가 개발되어 있고, 이를 토대로 학습자의 독서 능력 수준을 파악할 수 있는 검사지가 마련되어 있다. 우리가 이미 개발된 영미권의 독서지수, 검사지, 학년별 독본을 그대로 사용할 수도 있으나 우리나라 EFL 상황에 그대로 적용하기에는 문제점이 많다. 영미권 검사지들은 EFL 어휘 통제에 관한 학술적인 이론 연구를 바탕으로 한 것이 아니다. 또한 우리나라와 같은 EFL 환경에서는 문화적인 내용이 다르고, 습득하는 어휘 수준도 큰 차이를 보인다. 지금까지 우리나라에서 개발된 다독 검사지는 모두 국어교육과 관련된 것으로서 진정한 의미에서 EFL 영어 다독을 하기 위한 학습자의 자기 수준을 측정해 볼 수 있는 객관적이고 체계적인 평가 도구는 사실 아직 개발되어 있지 않다.

그간의 독서 검사지는 우리나라 학생들의 영어 독서 능력을 측정하는 데 한계를 지니고 있었다. 따라서 우리나라 학습자가 자신에 맞는 영어 도서를 선정할 수 있도록 독서 능력을 평가할 수 있는 한국형 진단 평가 도구의 개발, 즉 학습자의 독서 능력 수준을 측정할 수 있는 EFL 다독 검사지에 대한 체계적인 연구가 필요하다. 다독에 대한 긍정적인 기대와 달리 자신의 수준을 모르는 상태에서 책을 고르게 되면 처음부터 좌절하는 경험을 맛보게 된다. 학습자의 독서 능력을 평가할 수 있는 평가 도구를 통해 학습자가 자신의 수준을 판단하고 수준에 맞는 영어 도서를 고르게 되면 즐거운 다독으로 이어질 수 있다.

이와 같은 맥락에서 김경한, 이용배, 최성희, 김영미, 홍주희(2012)는 앞서 언급된 어휘 목록과 한국형 독서지수에 대한 연구를 바탕으로 한국형 다독을 위한 독서 능력 측정 평가 도구를 개발하였다. 김경한 외 4인(2012)은 기존의 독서 능력 검사 도구와 국가 수준의 영어과 성취도 기준에 대한 분석을 토대로 초등학교용(1~6단계)과 중등학교용(7~12단계) 검사지를 각각 두 세트 제작하였다. 이들 검사지는 어휘 목록과 독서지수를 전제로 개발된 것이기 때문에 영어의 네 가지 기능을 중심으로 일반적인 영어 능력을 측정하는 능숙도(proficiency) 테스트와는 그 성격이 다르다. 독서 능력 검사의 평가 영역은 어휘, 어법, 독해로 구성되는데 이러한 영역은 어휘와 구문을 중심으로 개발된 다독 어휘 목록 그리고 독서지수 공식과 관련되어 있다. 학년별 독본의 수준별 단계를 나눈 준거가 된 것이 어휘 수준과 구문 수준이었으므로 어휘와 구문을 주로 측정하게 된 것이다. 다독 검사지 문항의 단계별 지문은 다독용 어휘 목록 연구를 통해 제작된 다독용 어휘(김경한 외, 2011)와 Choi 외 4인(2012)의 KRF 독서지수를 적용해서 판별되었고, 판별된 단계에 따라 검사지 문항이 개발되었다. 개발된 검사지 문항을 통한 학생의 독서 능력 수준 판별 방식은 절대평가 방식이 적용되었다. 문항별로 단계가 정해져 있고, 단계 숫자만큼 가중치가 적용되는데, 가중치를 문항 수와 곱해서 해당 단계의 점수만큼 나오면 해당 단계로 결정된다.

독서 능력 진단 평가 시험은 앞으로 좀 더 다양한 실험을 통해 정교화, 고도화하는 작업이 필요하다. 나아가 독서 능력 진단 평가 시험이 국가 단위의 진단평가 시험으로 정착되도록 노력할 필요가 있다. 독서 능력 진단 평가 시험은 일종의 진단 평가적 성격을 띠기 때문에 다독뿐만 아니라 다른 차원의 영어 능력 진단에도 많이 활용될 수 있을 것으로 본다.

4) EFL 다독 교재 모형 개발

어휘 목록, 독서지수, 독서 능력 진단 평가 시험을 갖추게 되면 학생들은 실제로 자신의 독서 능력에 맞는 텍스트를 고르게 되고 맞춤형 독서를 시작할 수 있게 된다. 이 단계에서는 실제 텍스트 읽기를 시작할 때 텍스트의 어떤 구성요소가 학습자에게 영향을 주는지에 대해 파악하는 것이 중요하다. 이것은 다독 교재 모형의 중요성을 의미하는데 다독 교재 개발 시 인지적, 정의적 측면에서 학습자의 다독 효과를 최대한으로 끌어올릴 수 있는 교재 제작의 필요성을 시사한다.

앞서 살펴보았듯이 독서지수는 독해에 영향을 주는 어휘와 구문의 난이도를 측정하여 학습자에게 적합한 텍스트를 제공해줄 수는 있으나 독서지수가 텍스트의 난이도를 대표하는 절대적인 지표라고 말할 수는 없다(Fry, 2002). 어휘와 구문 외에 다른 요소들, 즉 배경지식, 개념의 추상성 등과 같은 독서지수로 측정될 수 없는 요소들이 존재하기 때문이다. Graves와 Graves(2003)는 텍스트 난이도와 접근성에 영향을 미치는 요소로서 <표 V.6>에서와 같이 열 가지 요소를 제시한다(p. 291).

<표 V.6> 텍스트 난이도와 접근성에 영향을 미치는 요인

	텍스트 난이도와 접근성에 영향을 미치는 요인
텍스트 요소	- 어휘 (vocabulary) - 문장 구조 (sentence structure) - 길이 (length) - 설명 (elaboration) - 일관성과 통일성 (coherence and unity) - 글 구조 (text structure)
텍스트 및 독자 관련 요소	- 글 내용과 배경지식과의 친밀성 (familiarity of content and background knowledge) - 독자 적합성 (audience appropriateness) - 글의 질적 수준과 활력 (quality and verve of the writing) - 흥미도 (interestingness)

열 가지 요소 중 텍스트 요인들은 객관적 수치화가 가능하여 독서지수와 같은 시스템을 구축하면 되지만 독자 관련 요인들은 객관화된 수치로 표시하기 어렵다. 이러한 독서지수의 단점을 보충하고 독자 관련 요인들을 보완, 조정하기 위해서는 학습자의 흥미, 동기부여, 배경지식 등을 활성화시키는 장치를 텍스트 내에 구축하는 것이 필요하다. 다독은 자기주도적인 영어 학습 방법이라고 할 때 다독 교재는 다독의 성패에 절대적인 영향을 미친다. 더욱이 교재 의존도가 높을 수밖에 없는 EFL 상황을 고려할 때 원어민 또는 ESL 학습자가 아닌 EFL 학습자의 특성을 고려한 교재 구성 요소가 무엇인지 규명할 필요가 있다.

지금까지 다독과 관련하여 이루어진 대부분의 연구는 다독의 효과성 검증에 치우친 경향이 있다. 반면, 다독 교재와 관련하여 교재의 선정, 교재 개발, 다독 교사 연수 등에 대한 논의는 많지 않은 편이다. 서우식(2010)은 다독 프로그램에 미치는 교사의 역할과 도서 선정에 관한 연구를 한 바 있고, 한수형(2007)은 다독 수업 사례 연구에서 도서 장르, 편집 상태, 어휘 주석의 유무 등이 다독에 미치는 영향에 대한 분석이 필요함을 언급하였다. 송미정(2003)은 영영, 영한, 영영한 세 가지 유형의 어휘 목록의 효용성 연구에서 영영한 어휘 목록이 어휘를 장기적으로 기억하고 사용하는 데 효과적이라고 제안하였다. 권영재(2011)는 다독 교재에 어휘 주석이 중학생의 읽기 능력에 미치는 영향을 조사한 결과 학습자에게 한글과 영어 주석 모두 함께 제공되고 학습자가 필요한 주석을 스스로 선택할 수 있도록 교재를 구성하는 것이 효과적이라고 결론지었다.

앞서 연구들을 근거로 하여 이하정(2012)은 초등학교 영어 고학년용 다독 교재 모형 개발에서 다독 교재 구성을 다음과 같이 제안하였다. 첫째, 글의 내용이 어렵거나 약간의 배경지식이 필요할 경우 텍스트 마지막에 요약(summary)을 제공하여 학습자의 이해를 높일 수 있도록 한다(Carroll, 1990; Reder, 1986). 둘째, 어휘의 경우 영어과 교육과정 밖의 어휘에 한해서 어휘 주석을 제공하는 것을 원칙으로 하되, 삽화 등을 제공하여 글의 내용을 이해하고 학생들이 스스로 재미있게 글을 읽을 수 있도록 구성한다(Reder, Charney, & Morgan, 1986). 셋째, 텍스트와 독자의 상호작용적 요소인 배경지식과의 친밀성을 높이고 흥미도를 높이기 위해 저자 소개, 작품 소개, 등장인물 소개, 읽기 전 어휘 활동, 삽화 제시, 읽기 전략 및 정보 등을 포함시켜 교재를 구성한다.

이하정(2012)이 제시한 다독 교재 구성의 세부 특징은 <그림 V.1>과 같다.

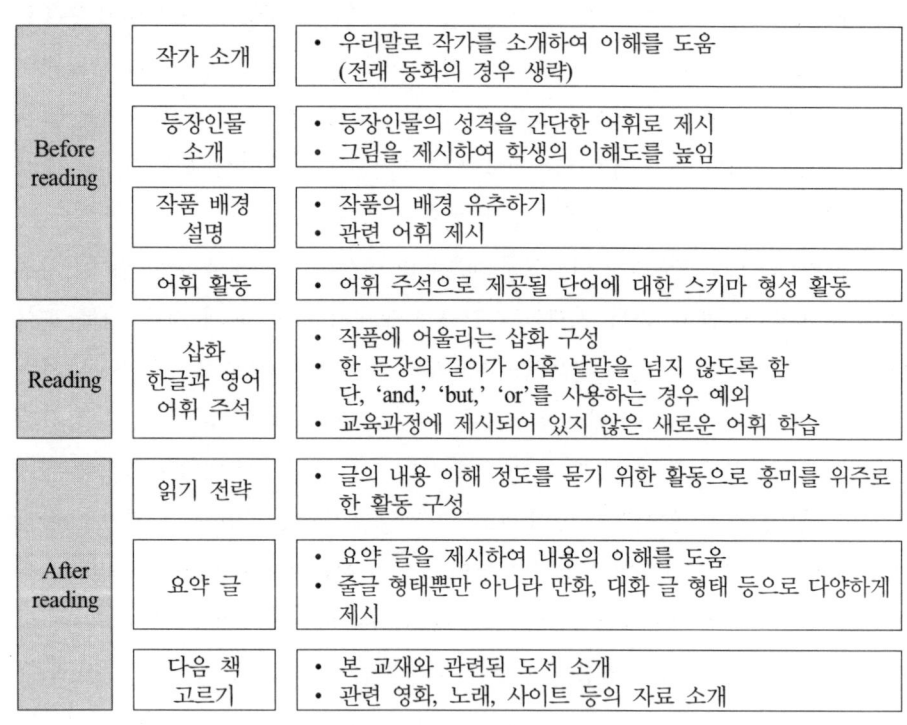

<그림 V.1> 교재 구성의 세부 사항

같은 맥락에서 김경한 외 4인(2013)도 한국 학생들의 영어 능력 수준과 문화적 배경지식을 고려하여 한국적 상황에 맞는 효과적인 다독 교재 모형 개발을 시도하였다. 이들은 독해에 영향을 미치는 요인으로서 언어 지식, 배경지식, 독해 전략, 그리고 흥미있는 소재에 관한 이론적 분석을 바탕으로 어휘 지식의 사전 교수, 작품 및 작가에 대한 정보, 줄거리 정보, 본문 주석 제공, 이해를 돕기 위한 활동, 그리고 단계별 교재를 제공함으로써 외국어로서 영어교육 현실에 가장 적절한 한국형 다독 교재 모형을 제시하였다. 이 모형은 영어 다독을 할 경우 어떤 항목이 포함된 교재가 독자에게 실질적인 도움이 되는가를 체계적으로 정리해서 제시했다는 점에서 의의가 있다. 즉, EFL 학습자의 흥미를 끌면서도 언어 수준에 적합한 다독 교재의 모형을 제시하였다는 점에서 그리고 앞으로 다독의 현장 적용 가능성을 높였다는 점에서 의의를 지닌다.

5) 다독 교육과정 확립

우리나라에서 영어 수업은 대부분 교과서 중심으로 운영되기 때문에 정규 수업 내에서 다독을 실행하기는 쉽지 않다. 다독 프로그램은 보통 학교 차원에서 이루어지지 못하고 교육과정 밖에서, 즉 아침자습시간, 방과 후 수업, 심화 보충 활동, 창의 재량 시간, 영어 북클럽 등의 동아리활동 등을 통해 시행된다. 비정규 교과 프로그램이나 학습의 경우, 특히 수능과 관련이 없을 경우 더더욱 우리나라 교육 문화의 특성상 성공하기 어렵다. 따라서 아직까지 현장에서 다독 프로그램은 일시적이고, 임의적이며, 교사의 재량에 달려있는 실험적인 프로그램 정도로 인식되고 있다. 다독이 영어 능력 향상에 효과가 있다는 수많은 연구 보고에도 불구하고 EFL 환경에서 다독의 현장 적용은 여전히 그 한계를 갖고 있는 것이다.

물론 원칙적으로 다독은 교실 밖에서 이루어지는 과정, 즉 도서관 프로그램을 중심으로 도서관에서 책을 빌려서 집에서 읽고, 다시 도서관에 반납하고 새로 책을 골라 빌려가 읽는 과정으로서 정규 학교 수업과는 무관한 프로그램이긴 하다. 그러나 이 경우에도 도서관 다독 프로그램이 학교 차원의 제도로서 운영되느냐 아니냐에 따라서 효과가 달라지므로, 결국 다독의 성패는 공교육 과정으로서 정규 수업의 일환으로 운영되느냐 아니냐의 문제에 달려있다고 할 수 있다.

다독의 효과를 현장에 제대로 구현하기 위해서는 다독을 교육과정 속에 체계적으로 정립하는 것이 필요하다. 이러한 관점에서 이수영(2012)은 공교육 과정으로서 다독 구현을 위해 다독 교수요목을 확립하고 다독 교육의 목표, 목표에 따른 구체적인 내용, 교수·학습 방법, 평가 방법을 제시하였다. 또한, 다독 교수요목을 기존의 교육과정과 별도로 확립할 것이 아니라 그동안 읽기 교육과정에서 부족했던 부분을 보완하기 위한 방안으로 설계하고, 학생들이 독서를 가치 있고 흥미로우며 즐거운 활동으로 여길 수 있도록 다양한 다독 교수 방법을 소개하고 있다. 이수영(2012)에 의하면, 우리나라와 같은 EFL 상황에서 다독이 실현되기 위해서는 국가 수준의 교육과정 속에 다독이 확립되어야 하며 다독 교육과정 정립 시 다음과 같은 요소들이 고려되어야 한다고 한다.

(1) 다독 교과과정 혹은 다독 프로그램

다독은 기존 영어과 교육과정의 주요 학습 목표로 제시된 의사소통기능과 언어형식 학습으로부터 제한받지 않고 자유롭게 읽기를 중심으로 네 가지 언어 기능을 통합적으로 달성할 수 있도록 목표를 정립한다. 또한, 교육과정에 언어 재료로 제시되어 있는 소재, 어휘, 문화 항목은 자연스럽게 다독 교재에 포함되므로 다독 프로그램은 교육과정의 일환으로 포괄된다.

현행 학교 단위의 교과과정과 관련하여 다독을 영어과 교과과정에 통합하는 방법은 네 가지 정도로 압축될 수 있다(Day & Bamford, 1998). 첫째, 현행 영어 교과와 별도의 독립적인 교과(a separate course)로서 영어 다독 과목을 확립할 수 있다. 둘째, 기존의 영어 교과 내에서 한 부분(part of an existing reading course)으로 – 예를 들어, 일주일 3시간 영어 수업의 경우, 2시간은 기존 교과서, 1시간은 다독 수업으로 – 운영할 수 있다. 셋째, 기존 영어 교과의 한 부분으로 운영하되 그 대신 학점이 부여되지 않는 시간(a noncredit addition to an existing reading course)으로, 예를 들어 영어 3시간을 과외로 1시간을 더하여 4시간으로 운영하는 방법이다. 넷째, 정규적으로 운영은 하되 학점은 인정하지 않고 방과 후 활동으로만 운영하는 방법이 있다(an extracurricular reading club).

가장 현실적으로 현장 적용이 가능해 보이는 두 번째 방안을 기준으로 다독 프로그램을 예시해 보면 <표 V.7>과 같다(Day & Bamford, 1998).

<표 V.7> 다독 프로그램 예시

- 일주일 단위로 학생들은 도서관 혹은 교실에 비치된 책 중에서 자신의 수준에 적합한 책 한 권(그 이상도 가능)을 빌려가 원칙적으로 집에서 읽는다.
- 일주일 3시간 영어 수업 중 2시간은 기존의 정규 읽기 수업에, 1시간은 다독에 할애 하고 활동 위주의 수업을 한다.
- 수업이 시작되면 지난 일주일간의 독서 체험에 대해 모둠원 끼리 혹은 교사와 학생이 서로 이야기를 나누고 피드백을 주고받는다(sharing experience).
- 교사는 학생들이 매주 작성하는 독서일지(reading journal)를 발표하거나 구두보고(oral report)를 하도록 한다.
- 교사는 수업의 마지막 5분을 학생들이 도서관 혹은 교실에서 빌려갈 책을 고르는 시간으로 지정한다(choosing a book).
- 매 수업마다 15분 정도 학생들이 선택한 책을 읽는 시간으로서 지속적인 묵독(Sustained Silent Reading: SSR)을 한다.
- 학생들은 자신이 고른 책을 집에서 적어도 하루 1시간은 읽도록 한다.
- 학생들은 자신의 읽기 습관을 기록하는 독서일지를 쓰고 포트폴리오를 만드는데 이것은 독서 능력의 향상을 꾀하기 위한 것이다.

(2) 영어 도서관

그동안 다독 프로그램이 활성화되지 않은 이유는 교육과정이 미비한 것 이외에도 하드웨어의 구축, 즉 다독을 위해 수준별로 분류된 읽기 교재를 구비한 영어 도서관이 구축되지 못한 문제를 들 수 있다. 영어 도서관의 구축은 개인적 차원의 문제를 넘어서서 비용이 많이 드는 사업이다. 이러한 사정을 감안하여 시도 교육청에서 영어 도서관 및 영어 전용 교실을 학교 현장에 구축하기 시작한 것은 매우 고무적인 발전이다. 공교육 차원에서 다독을 위한 하드웨어를 일찍이 구축하기 시작한 부산시 교육청의 경우 2009년 7월에 영어 도서관을 개원하고 다독 프로그램을 선도적으로 운영한 바 있다(박정수, 2009).

(3) 소재

영어 도서관 구축과 함께 언어 자료로서 다양한 소재의 수준별 읽기 자료가 구비되어야 한다. 다독 교육에서는 학습자들이 관심을 갖고 즐겨 볼 만한 읽기 자료를 마련하는 것이 무엇보다도 중요하다. 학생들의 흥미와 필요, 인지적 수준 등을 고려하여 학습 의욕을 유발시킬 수 있는 다양한 분야의 내용을 목록으로 정립할 필요가 있다. 다독 소재 목록은 일상생활과 친숙한 일반적인 화제를 중심으로 학생들의 의사소통능력, 탐구능력, 문제 해결 능력을 기르는 데 도움이 되는 내용이어야 하며, 네 가지 언어 기능의 성취 기준을 통합적으로 달성하기에 적합하고, 영어권 및 비영어권 문화 이해에 도움이 되는 다양한 장르의 이야기로 구성되어야 한다. 다독 교육의 장르 예시는 <표 V.8>과 같다(Bamford & Day, 2004).

<표 V.8> 다독 교재 장르별 분류

adventure	detective	horror	biography
disaster	crime	ghost story	self-help
thriller	western	human interest	science and technology
suspense	romance	humor	current events (issues)
spy	science fiction	travel	culture (international relations)
mystery	fantasy	history	children's literature

(4) 어휘

앞서 <표 V.5>에서처럼 학습자가 습득해야 할 어휘 수와 문장 길이는 12단계별로 제시된다. 김경한 외 2인(2011)이 제시한 어휘 목록을 토대로 각 등급은 교육과정 상에 제시된 학년의 어휘 수와 문장 길이를 반영한다. 예를 들어, 1단계란 어휘 수준이 80낱말 정도이고, 문장 길이는 0~1정도 되는 수준이며 이러한 수준은 알파벳을 식별하거나 쉽고 간단한 낱말을 따라 읽는 수준이다.

(5) 교수·학습

학생들의 체계적인 다독 수업을 위해 학습 목표에서부터 교수·학습, 평가에 이르기까지 체계적인 지도 방안을 제시한다면 학교에서 조금 더 체계적으로 다독을 지도하고 실시하는 데 도움이 될 것이다. 이와 같은 맥락에서 박민아(2013), 김준구(2014)는 정규 수업을 활용한 영어 다독 수업모형과 교수·학습 방안을 제시한 바 있다. 이들의 연구는 영어 다독 수업모형을 활용한 다독 지도가 중학교 정규 교육과정 안에서 효과적으로 적용될 수 있음을 보여준다. 영어 다독 교수·학습 모형의 예를 제시하면 <표 V.9>와 같다(김준구, 2014).

<표 V.9> 다독 교수·학습 모형

단계	학습 요소	교수·학습 활동
다독 입문: 1차시	- 다독 오리엔테이션 - 책 고르기 연습 - 책 고르기	- 다독의 정의 등 다독 전반 설명 - 독서일지 작성법 이해 - 책 고르기 연습(Genres & Titles) - 읽을 책 선정
다독 수행: 2차시~11차시	- WPM 측정 - 독서일지 공유 - 활동지 완성 - 책 고르기	- WPM 측정(1분) - 모둠별 독서일지 공유 - 1~2명 선정하여 전체 발표 - English Summary Report: 스토리텔링 - 1~2명 선정하여 전체 발표 - 단계별 활동하기 - 읽은 책 반납하고 새로 읽을 책 고르기
다독 평가: 12차시	- Cloze Test - 정의적 영역 설문조사 - 독서일지와 활동지 모은 폴더 제출	- 평가 항목 안내 - Cloze Test(20분) - 정의적 영역 설문(10분) - 포트폴리오(독서일지, 활동지) 제출

위 수업모형은 총 3단계, 12차시의 한 학기 다독 수업으로 구성되어 있다. 첫 입문 단계 1차시에서는 다독 및 수업 전반에 대한 오리엔테이션을 실시하고, 두 번째 다독 수행 단계 2차시부터 11차시까지는 본격적인 다독 수업, 즉 독서일지 공유 및 네 가지 기능 통합 활동이 진행되며, 마지막 평가 단계 12차시에는 종합적인 평가를 실시한다.

① 다독 입문 단계: 1차시

본격적인 다독 수업이 진행되기 전 다독의 본질에 대한 학습자의 정확한 이해가 선행되어야 한다. 즉, 다독이 무엇인지, 다독의 장점은 무엇인지, 일반적으로 하고 있는 정독과는 무엇이 다른지에 대한 설명이 필요하다. 자기 수준보다 한 단계 낮은 책을 선택하고(i-1) 그 대신 많이 읽는 다독의 원리에 대해 설명하면서 수준에 맞는 책을 고르는 연습을 한다. 또한, 책을 읽은 후 작성해야 하는 독서일지의 구성을 안내하고 다양한 책들을 살펴볼 수 있도록 'Genres and Titles' 활동을 실시한다. 1차시 수업에서는 이러한 부분을 집중적으로 다루어 학생들이 다독에 잘 입문할 수 있도록 지도한다.

② 다독 수행 단계: 2차시~11차시

1차시 입문이 끝나면 2차시부터 11차시까지는 본격적인 다독이 진행되며 수업은 매주 동일한 구조로 진행된다. 다만 매 차시 실시하는 열 개의 활동지는 각기 차별화되어 적용되도록 한다. 또한, 2차시부터는 학생들이 제출하는 독서일지에 대한 지속적인 피드백을 통해 학생들이 책을 제대로 읽었는지, 동기부여가 잘되고 있는지, 나쁜 독서 습관은 없는지 등에 대한 여부를 점검한다. 일반적으로 다독 수행 단계의 수업은 다음과 같이 진행된다.

> 첫째, 학생들은 빌려간 책을 일주일 동안 집에서 읽는다. 수업 시간에는 우선, 각자가 읽어온 책의 첫 부분을 펴고 WPM(word per minute)을 측정하고, 이 결과를 독서일지에 기입한다. 구체적인 수치로 WPM의 증감을 기록하는 것은 그 자체로 학생들의 동기를 자극할 수 있다.
> 둘째, 기록한 독서일지의 내용을 모둠 내에서 공유하도록 한다. 이때, 교사는 모든 모둠을 모니터링하면서 독서일지 공유가 잘 이뤄지도록 한다. 학생들은 보통 3차시부터는 다독 수업 패턴에 익숙해져 다독이라는 새로운 경험을 하면서도 수업에서는 편안함을 느낄 수 있게 된다. 학생들은 또한 한 달 정도가 지나면 자기 수준에 맞는 책을 선정하는 데 시행착오를 겪지 않으며, 그 후 본격적으로 '빠르게 읽기'에 집중할 수 있게 된다.
> 셋째, WPM 측정과 독서일지 공유가 끝나면 매주마다 특별히 제작된 활동이 본격적으로 이루어진다. 매주 특별히 개발된 활동지는 총 열 개로 구성되는데 내용 이해를 바탕으로 창의적인 의견을 표현하는 데 중점을 둔다.

③ 평가 단계: 12차시

마지막 12차시에서는 평가를 실시한다. 12차시 수업에서는 수업모형이 추구하는 목표의 달성 여부를 모두 평가할 수 있도록 다양한 평가가 이루어진다.

기본적으로 다독에서는 평가를 하지 않는 것을 원칙으로 하지만 현실적으로 평가를 하지 않는다면 학습자들의 이해 정도나 수준 파악, 그리고 교육의 효과성을 논할 수 없으며, 학생들의 동기를 지속적으로 이끌어 내는 데 한계가 있다. 따라서 평가의 느낌을 최소한으로 주면서 효과적인 평가 방법에 대한 연구가 필요하다.

이러한 맥락에서 직접적이고 부담을 주는 평가 대신 간접적인 사후 평가 활동 방법으로 이영인(2011)은 읽은 책의 수로만 평가하는 방법, 원어민 교사와 독서 면접, 교사지도 일지 활용법, 설문지, 독서 발표, 모둠 일기, 감상문, 회상시험, cloze test 등 다양한 방법을 제시하고 있다. Day와 Bamford(1998)는 다독 후에 가장 좋은 활동으로 학생들이 책을 읽고 난 후 자신들의 의견과 느낌을 피력하고 그 책이 의미하는 바를 표현할 기회를 주는 것이라고 하였다. 주로 사용되고 있는 방법으로 독서일지, 한 문장 요약하기(one sentence summary), 구두 보고, 역할극(role play), 스토리텔링, 질문에 대답하기(answering questions), 어휘 테스트(vocabulary test), 선택형 시험 문제(multiple-choice test) 등을 제시하였다. 그중에서 Day와 Bamford(1998)는 다음 네 가지를 주요한 다독 평가 방법으로 제시한다.

첫째, 질문에 대답하기는 가장 기본적인 사후 활동 중 하나로서 대부분 독본의 맨 끝부분에 실려 있다.
둘째, 요약문 쓰기는 가장 일반적인 사후 활동 중의 하나이지만 학생에 따라서는 줄거리를 쓰는 일이 심각한 장애가 될 수도 있다.
셋째, 독서일지는 학생들이 읽은 책에 대해 반추해보고 교사와 진정한 의사소통을 할 수 있는 기회를 제공한다. 독서일지를 통해 교사는 학생들이 책을 읽고 어떻게 반응하는지 알 수 있고, 학생들의 읽기 경험에 활발히 참여할 수도 있으며, 학생들의 질문에 대답하고, 좋은 책을 추천해줄 수도 있다.
넷째, 구두 보고는 자신이 읽은 책에 대해 2분 정도의 보고서를 준비하여 수업 시간에 모둠을 만들어 한 사람씩 차례로 팀원들에게 읽은 내용에 대해 말하는 활동으로서 발표 시 필요한 질문들이 활동지에 주어지기 때문에 학생들이 발표하기에 큰 부담은 없다. 교사는 모둠 사이를 순회하면서 학생들의 이야기를 듣고 학생들이 다른 사람의 보고를 잘 듣는지 확인한다.

최윤주(2013)는 초등영어 다독 사후 평가 활동 방안 연구에서 세 가지 사후 활동 – 간단하게 이해도를 파악하는 이해도 측정 시험(comprehension check-up), 구두 보고, 독서일지 – 의 효과를 비교하는 실험을 수행한 바 있다. 그 결과 위에 제시한 세 가지 사후 평가 활동 방법 중 독서일지 활동을 한 집단이 가장 크게 영어 능력이 향상되었다고 보고하였다. 홍신자(2013)의 경우도 최윤주(2013)와 비슷한 비교 실험을 하였는데, 그는 다독 사후에 평가 활동을 전혀 하지 않는 집단(reading group), 독서일지를 쓴 집단(reading and writing group), 그리고 구두 보고를 한 집단(reading and speaking group)을 상호 비교하였다. 그 결과 세 모둠 중에서 구두 보고 활동을 한 집단이 가장 영어 능력이 향상되었다고 보고하였다. 이 결과는 최윤주(2013)의 결과와 일치하지는 않는데 – 이 부분에 대해서는 앞으로 추가적인 후속 연구가 필요할 것이다 – 분명한 사실은 독서일지를 쓰든 구두 보고를 하든 평가의 개념으로 사후 활동을 하는 집단이 평가 활동을 하지 않은 집단에 비해 영어 능력이 크게 향상되었다는 점이다. 이점은 다독에서 사후 활동이 매우 중요한 역할을 수행하고 있음을 시사한다.

4. EFL 영어교육 대안으로서 다독

영어 다독은 국내외의 수많은 연구 결과가 뒷받침하듯이 언어 학습에 많은 장점을 지니고 있다. 그러나 우리나라의 현장에 바로 적용하기에는 많은 난관이 있다. 앞서 살펴보았듯이, 우리나라 실정에 맞는 다독을 위한 바람직한 어휘 목록이 필요하고, 이에 근거한 한국형 독서지수 개발이 이루어져야 하며, 이에 근거하여 독서 능력 수준 검사지와 수준별 다독 교재가 개발되어야 한다. 또한, 이를 뒷받침하기 위해 영어 도서관 건립이 필요하고, 다독 교육과정, 교수·학습법, 평가 도구의 개발이 필요하다. 아직은 영어 다독 수업이 일선 학교에 일제히 보급되기는 어려운 실정이기는 하지만 제도적 개선을 통해 점진적으로 그 저변을 넓혀가야 할 것이다.

이제 기존의 영어 마을이라는 패러다임에서 영어 도서관이라는 패러다임으로 바뀔 시기가 도래했다고 본다(from English village to English library). 기존의 영어마을은 비용 대비 효과가 매우 낮았으나 영어 도서관은 저비용 고효율 영어교육으로 인도할 것이다. 영어 마을이나 영어 도서관은 둘 다 자연 교수법(Natural Approach)을 바탕으로 하고 있지만, 전자는 ESL 환경을 전제로 한 것이고, 후자는 EFL 환경을 전제로 하고 있다. 영어 마을은 말하기를 기반으로 네 가지 기능 통합교육을 달성하고자 하는 반면, 영어 도서관은 읽기를 기반으로 네 가지 기능을 통합적으로 향상시킬 것을 목표로 한다. 영어 마을은 우리나라와 같은 EFL 환경에서는 말하기 학습이 거의 불가능하여 실패한 정책이 되었으나, 다독은 EFL 환경에서도 언어 입력에 충분히 노출되기 쉬운 기능인 읽기를 기반으로 쓰기, 듣기, 말하기 기능의 통합적 완성을 통해 성공 잠재성을 시사하고 있다. 학교 교육과정 안에서 다독이 공교육 십 년 기간 동안 쌓이게 된다면 우리나라의 고질적인 영어교육의 문제가 해결될 수 있을 것이다. 영어교육의 새로운 대안으로서 한국형 다독은 우리나라 영어교육 발전에 이바지하고 나아가 우리와 처지가 비슷한 다른 EFL 국가들의 영어교육 발전에도 일대 혁신을 가져올 것으로 기대된다.

Ⅵ. 스크립트 기반 언어·문화 통합 지도법

1. 드라마 교육의 어려움

　대화체라는 장르적 특성과 그로 인한 의사소통 교육에의 다양한 유용성에도 불구하고(김정수, 2003; 정승영, 박해선, 2002; Bolton, 1984; Fleming, 2011; Maley & Duff, 2005; McCaslin, 1990; Phillips, 1999) 드라마 교육에 대한 논의는 그다지 활성화되지 않고 있는 실정이다. 이는 드라마를 교육 현장에 적용할 때 여전히 장애가 되는 요소들이 존재한다는 것인데 드라마 교육의 어려움은 결국 현장에서는 주로 드라마를 문학 작품으로서만 취급하기 때문이라고 할 수 있다. 시의 난해성, 소설의 방대함처럼 드라마 역시 외국어로서 영어를 학습하는 우리나라 학생들에게는 기본적으로 텍스트 자체가 어렵고 길다. 드라마가 구어적 대화체 형식으로 쓰인 것은 맞지만 사실 사용된 언어는 매우 기교적이고 인위적인 언어이다. 드라마의 언어란 고도로 농축되고 응집된 언어이어서 대부분 일상적인 대화로 보기 어렵고 일상적인 상황에 응용하기도 쉽지 않다.

　이 장에서는 드라마 교육의 난맥상에 대한 대안으로서 드라마 교육의 방향성을 문학 작품으로서보다는 드라마가 갖고 있는 장르 혹은 형식의 특성을 활용하여 학습자의 영어 능력을 향상시키는 데 두고자 한다. 이러한 시각에서 드라마를 영문학 정전에 국한하지 않고 드라마 형태를 갖추고 있는 텍스트를 모두 포함하는 의미에서 '스크립트(script)' 혹은 '극적 텍스트'의 사용을 제안한다.

드라마가 스크립트로 구성되어 있다고 할 때 스크립트의 의미는 협의의 의미로서 영화나 연극의 각본을 의미하나 광의로 사용될 때에는 교과서, 회화 교재 등의 듣기와 말하기 대본을 포함하여 일상적으로 일어나는 극적 대화도 모두 스크립트라고 할 수 있다. 예를 들어, 영화관에서 일어나는 일상적인 대화도 드라마처럼 고객, 티켓 판매 직원 등과 같은 주어진 역할이 있고 대화와 행동이 있으며 절차에 따라 이야기가 전개되는 일종의 잘 짜인 각본이라고 할 수 있다. 또 다른 예로, 병원에서 일어나는 상황에도 전형적인 스크립트가 존재하는데, 의사, 환자, 간호사 등 주어진 역할이 있고 일상적인 순서에 따라 표준화된 대화와 행동이 일어난다. 우리는 매일 매일 일상생활에서 주어진 스크립트를 지속적으로 반복하면서 살아가고 있다고 해도 과언이 아니다.

영어교육적 관점에서 스크립트의 또 하나의 중요한 의미는 인지심리학에서 말하는 절차적 지식(procedural knowledge), 즉 스키마(schema)로 작용하는 '사회적 스크립트(social script)'이다(Meng, 2008). 이때 스크립트는 형식 스키마(formal schema)로서 언어 습득과 밀접한 관계가 있다. 스크립트는 인간에게 내면화되어(internalized) 있어 기억의 틀로 작용함으로써 일상에서의 의사소통을 가능하게 한다. 예를 들어, 레스토랑 스크립트는 레스토랑에 가서 주문하고, 식사하고, 지불하기 등의 과정을 포함하는데 이러한 절차는 사회적으로 표준화된(standardized) 의례(ritual)라고 할 수 있다(Schank & Abelson, 1977; St. Clair, 2006). 레스토랑 스크립트는 이러한 절차에 관한 지식을 제공함으로써 레스토랑에서의 의사소통을 가능하게 한다. 스키마로서 기능하는 스크립트는 문화와도 밀접한 관련이 있는데, 예를 들어 쇼핑하기 스크립트가 모든 나라에서 다 똑같지 않은 이유는 나라 간의 문화가 다르기 때문이라고 할 수 있다. 따라서 스크립트를 학습하게 되면 자연스럽게 모국 문화와 목표 문화 간 차이를 비교 학습하게 되고 이를 통해 문화 간 의사소통능력을 증진시킬 수 있다.

전통적인 정전으로서의 드라마 작품보다 일상의 스크립트를 교육적 목적을 가지고 극화한 각본을 드라마 수업에 활용하게 되면 분량의 간소화를 통해 길이의 문제도 해결하고, 문학 작품으로서 진정성은 약화되지만 드라마 고유의 특성을 유지하면서 드라마 학습이 가능하며, 역할극을 포함하여 다양한 극적 활동을 통해 영어 의사소통능력의 향상에도 기여할 수 있다. 일상의 극적 대화로서 스크립트 개념은 우리나라와 같은 EFL 환경에서 드라마 교육의 현실적인 대안이다.

이 장에서는 의사소통능력 향상을 도모하고 영미 문화의 이해에도 도움이 되는 스크립트 개념을 기반으로 하는 언어·문화 통합 수업 방안을 제시한다. 비록 영미 드라마 정전은 아니지만, 학생들은 극적 대화와 행동이 있고 사건이 일률적으로 전개되는 일상의 스크립트를 가지고 역할극 등과 같은 극적 활동을 전개함으로써 드라마에 대한 이해를 높이고 동시에 영어 의사소통능력 및 영미 문화에 대한 이해를 도모할 수 있다.

2. 스크립트의 개념 및 특성

인지심리학에서 말하는 스크립트는 흔히 배경지식이라고 간주되는 일종의 스키마이다. Piaget에 따르면, 인간의 정신은 주어진 자료나 정보를 정리하여 보존하려는 경향이 있으며, 스키마란 이렇게 조직화되어 두뇌에 저장된 지식 구조라고 하였다(Mandler, 1984; Rumelhart & Ortony, 1977). 인간의 기억 속에 구조화된 지식은 다시 새로운 정보를 인식하고 이해하고 기억하는 데 중요한 역할을 하게 되고, 그 결과 기존의 스키마는 새로운 정보를 받아들여 그 정보가 기존 지식 체계의 일부가 되도록 재구조화 된다(Athey, 1990). 스키마 연구는 지식이 어떻게 표상되고 그러한 표상이 지식의 활용을 어떻게 촉진하게 되는지에 관한 연구로서 철학, 심리학, 교육학, 언어학 등 지식과 학습에 관련된 인접 학문 분야에 많은 영향을 미쳤다.

스키마란 용어는 원래 Kant에서 기원했다고 한다(Rumelhart & Ortony, 1977). Kant는 자신의 *순수이성비판*(*The Critique of Pure Reason*)에서 새로운 정보나 개념은 기존의 알려진 것(a priori imagination)과의 관계 속에서만 의미를 가질 수 있다고 하였는데, 이러한 개념을 1926년 Piaget가 사용한 바 있고 1932년에는 영국의 형태심리학자(Gestalt psychologist)인 Bartlett이 인지심리학에 도입하였다(Piaget,

1962; Nutbrown, 2011). 1960년대에는 Anderson, Goodman 등 교육심리학자들에 의해 스키마 개념이 확장되었으며, 이들은 이해(comprehension), 학습(learning), 기억(memory)은 학습자가 적절한 스키마를 여하히 끌어낼 수 있는가에 달려있다고 주장하였다(*Wikipedia*, psychology). 1975년 Rumelhart는 스키마 이론으로부터 이야기 구조(story structure)를 규명한 바 있는데 그는 소위 '이야기 문법(story grammar)'이라고 불리는 '이야기 스키마(story schema)'를 발견함으로써 학계에 지대한 영향을 미쳤다(Rumelhart, 1975). 한편, 컴퓨터 인공지능(Artificial Intelligence: AI) 학자인 Minsky(1975)는 스키마를 우리 두뇌에 존재하는 하나의 기계 장치로 간주하고, 이를 과학적으로 기술하고자 스키마 대신 '틀(frame)'이라는 개념을 도입하였다. 그에 따르면, 각 틀은 전형적이고 표준적인 가치가 부여되어 있는 일련의 구멍(slots) 혹은 절차(procedures)로 구성되어 있는데 이러한 구멍을 채워가는 과정이 일상의 대화를 생성하는 계기가 된다고 한다. 예를 들어, 일반적으로 어떤 사건에 대한 설명은 늘 불충분하기 마련이다. 만약 제시된 설명만이 유일한 정보라면 그러한 설명은 이해되기 어렵다. 인간은 자신의 기존 지식을 사용하여 이 사건에 존재하는 공백들을 채우고 다음 이야기를 예측해 간다. 다음은 이러한 사고 과정을 보여주는 좋은 예이다(박태진, 1985, pp. 55-56).

John은 레스토랑에 들어가면서 매우 시장기를 느꼈다. 그는 식탁에 앉아서 종업원이 다가오는 것을 보았다. 그런데 갑자기 그는 안경을 두고 왔다는 사실을 깨달았다.

우리는 위의 예에서 안경을 두고 왔다는 것으로부터 John이 눈이 나빠서 메뉴를 볼 때 안경이 필요하다는 사실을 바로 파악할 수 있다. 여기서 메뉴는 전혀 언급되고 있지 않지만 우리는 '레스토랑 가기'라는 일상적인 상황에 관한 지식이 있기 때문에 이러한 지식에 의존하여 언급되지 않은 공백을 채우고 문맥을 정확히 이해할 수 있다.

1970년대 후반 Schank와 Abelson은 이러한 지식 체계에 대한 연구를 통해 스크립트라는 개념을 정립하였다. 그들에 의하면(1977), 스키마 개념이 어떤 핵심적 개념에 대한 정적인 지식의 총체적 패턴을 말한다면 스크립트는 주로 인과 관계나 시간적 순서와 관련된 동적인 개념을 의미한다고 한다. 스크립트란 특정 상황을 기술하는 표준적이고 일반화된 일련의 사건 절차로서 주로 일상생활에서 자주 일어나는 반복적인 사건들에 관한 지식이다. 많은 상황이 전형적인 일련의 행동을 포함하고 있는데 스크립트는 고정화된 행동 순서를 내포하는 사건 스키마다. 예를 들어, 매일 반복되는 일상(routine events of daily lives)은 스크립트의 전형적인 예들이다. '아침에 일어나기(getting up in the morning),' '일하러 가기(going to work),' '레스토랑 가기(going to a restaurant),' '병원 가기(going to see the doctor),' '강의 듣기(attending a lecture),' '장보러 가기(shopping at a grocery store),' '학교 가기(going to school),' '도서관 가기(going to the library),' '등산하기(climbing a mountain),' '커피숍 가기(going to a coffee shop),' '영화 보러 가기(going to the movies),' '버스 타기(taking a bus)' 등은 일상적인 상황에서 사회인들이 어떻게 행동할지를 결정하게 하는 지식이며 이런 지식은 선험적으로 구조화된 것으로서 관련된 담화 이해에 매우 중요하다. 예를 들어, 레스토랑에 가게 되면 식사를 하기 위해 밟아야 하는 일정한 표준적인 절차가 있는데 그에 대한 지식이 있어야 레스토랑에서 의사소통할 수 있다. 만약 레스토랑에 대한 스크립트 지식이 없으면 의사소통은 단절된다. 이러한 스크립트의 전형적인 구조적 특징을 나타내는 레스토랑 스크립트를 제시하면 <표 Ⅵ.1>과 같다(Schank & Abelson, 1977, pp. 43-44).

<표 Ⅵ.1> 레스토랑 스크립트

Script: Restaurant	
Track:	Cafeteria
Props:	Tables, Menu, Fast food, Check, Money
Roles:	Customer(S), Waiter(W), Cook(C), Cashier(M), Owner(O)
Scene 1: Entering	S goes into the restaurant.
	S looks for the table.
	S decides where to sit.
Scene 2: Ordering	S sees the menu.
	S makes a choice of food.
	S sends the signal to W.
	W comes to the table.
	S orders food.
Scene 3: Eating	W brings food to S.
	S eats food.

Scene 4: Exiting	W brings a check to S.
	S goes to M.
	S pays money to M.
	S goes out of the restaurant.

Mandler(1984)에 의하면, 스크립트의 구조적 특징은 다음과 같다(pp. 15-16, 75-77).

첫째, 스크립트는 그 안에 하위 구조가 있고 상위 구조와 위계적(hierarchical)으로 연결되어 있다. 스크립트는 장면(scenes)이라는 하위 구조로 구성되어 있는데, 예를 들어 레스토랑 스크립트의 경우 '들어가기(entering scene),' '주문하기(ordering scene),' '식사하기(eating scene),' '지불하기(paying scene)' 등의 장면으로 이루어진다. 물론 이 장면들도 구체적인 하위 행동(actions)들을 포함하고 있다. 예를 들어, '들어가기' 장면은 '고객이 레스토랑에 들어가기,' '테이블 찾기,' '앉을 자리 결정하기,' '테이블로 가기,' '자리에 앉기' 등의 하위 행동으로 구성된다. 요컨대, 스크립트는 '스크립트 - 장면 - 행동(script - scene - action)'이라는 위계적 구조를 가지고 있다. 이와 관련하여 Bower, Black과 Turner(1979)는 사람들이 스크립트에서 장면을 정말 구분하는지에 대한 실험을 한 바 있다. 이들은 하나의 스크립트를 재현하는 하위 범주로서 열 개의 작은 이야기를 쓰고 실험 대상자들에게 절차적으로 경계가 되는 곳에 사선을 긋게 하는 실험을 했는데 실험자들은 스크립트의 각 장면을 정확히 구분해 보였다. 이들은 이 실험을 통해 스크립트와 장면의 위계적 구조를 발견함으로써 Schank와 Abelson이 주장한 스크립트의 하위 구조로서 장면의 존재를 입증하였다.

둘째, 스크립트의 각 단위는 또한 계기적으로 연결되어 있다(박태진, 1985). 스크립트를 구성하는 행동들은 선행하는 행동과 후행하는 행동으로 서로 시간적으로 연결되어 있을 뿐만 아니라 인과적으로도 연결되어 있다. 예를 들어, 식탁으로 가는 행동은 자리에 앉는 행동을 가능하게 해주고, 이 행동은 다시 식당 안에 들어가는 행동이 먼저 이루어져야 가능해진다. 스크립트 행동들 간의 이러한 특성은 계기적 순리성과 함께 연결 관계의 수평성을 특징으로 하는 스크립트만의 독특한 구조이다.

셋째, 스크립트에는 고객(the customer)과 웨이터(the waiter) 등과 같이 하위 행동들과 관련되는 전형적인 역할들이 있다. 또한, 스크립트는 방, 거리, 건물 등과 같은 일상이 발생하는 장소(places)를 알려주고, 각 장면에 전형적으로 나타나는, 예를 들어 식탁(tables), 의자(chairs), 메뉴(menus) 등과 같은 소품(props) 목록도 알려준다.

넷째, 스크립트는 부분-전체 관계(part-whole relations)를 보여준다. 레스토랑에는 벽, 창문, 식탁, 의자 등이 놓여 있는데, 이것들 각자가 레스토랑의 예를 나타내는 것이라기보다는 부분들이 한데 모아져 공간적으로 특정한 레스토랑의 장면을 연출하는 것으로 이해된다.

한편, Meng(2008)은 의미론적 관점에서 스크립트가 다음과 같은 특성을 갖고 있다고 말한다(pp. 132-137).

첫째, 인간은 스크립트를 선천적으로 타고 나는(innate) 것은 아니다. 스크립트는 본능적이라기보다는 매일 매일의 행동과 다른 사람들과의 상호작용을 통해 사회적으로 학습된다. 아이가 태어나서 배고파 처음으로 울 때 그것은 스크립트를 외재화(externalization)한 것으로 간주되지는 않는다. 그것은 본능적인 행동이다. 그러나 반복적으로 행해져서 엄마로부터 젖을 달라는 의미로 확립되면 스크립트로 간주된다. 우는 것과 젖 주기가 아이와 엄마 사이의 사회적인 상호작용의 형태로서 아이의 정신에 새겨져 있기 때문이다. 따라서 아이는 배고플 때 그렇게 내면화된 개념을 엄마에게 외재화한다. 스크립트는 사회적이고 후천적으로 학습된다.

둘째, 스크립트는 인간에게만 고유한(human-specific) 것은 아니다. 스크립트는 동물에게도 존재하는데, 예를 들어 사자는 무리를 이루며 살고 식사할 때 위계를 지켜 서열에 따라 식사를 한다.

셋째, 스크립트는 행동(action)과 상호작용(interaction)을 통해 내면화되고 그것의 외재화는 특정한 상황의 사회적 규범과 관행을 따른다. 이것은 Ratner (1996)의 '활동 이론(Activity Theory)'의 개념과 유사하다고 할 수 있는데 스크립트는 전형적인 절차를 따르는 일련의 동적인 행동들로 구성되어 있다.

넷째, 스크립트는 언어적이면서 동시에 비언어적이기도 하다(verbal and nonverbal). 스크립트는 말로서 수행되기도 하고 행동으로 수행되기도 하며 이 둘은 상호 분리되기 어렵다.

다섯째, 스크립트는 만인에게 보편적(universal)으로 적용되지 않는다. 스크립트는 특정한 문화의 가치관에 종속되기(culture-specific) 때문에 문화 간에 서로 다른 스크립트가 존재하게 된다. 이 때문에 아주 극단적인 경우에는 스크립트가 문화 충격(culture shock)으로 나타날 수 있다. 예를 들어, 미국, 중국, 프랑스는 서로 다른 레스토랑 스크립트를 가지고 있다. 이것은 같은 레스토랑의 상황이지만 다른 문화권에서는 서로 다른 방식으로 내재화됨을 나타낸다. 미국과 중국의 레스토랑 스크립트 간의 차이점을 예시하면 <표 VI.2>, <표 VI.3>과 같다(Meng, 2008, pp. 34-35).

<표 VI.2> 미국 레스토랑의 스크립트

The Restaurant Schema under Social Script Theory	
Event Frame	Dining at an **American** Restaurant
Social Roles	Waiter, Customer, Cashier, Busboy, Manager, Cook
Episodic Functions	Enter a restaurant. **Approach the host.** **Have someone direct the customer to a table.** Have someone bring a menu to the customer. The customer peruses the menu. Have the waiter approach the customer and ask for an order. The customer puts in his order. The waiter leaves and eventually returns with the food. **The waiter signals the end of the main meal by asking about desserts.** The customer signals the end of the meal by asking for the bill. The waiter brings the bill or the check. The customer either pays the waiter or pays the cashier. The customer pays the cashier. **The customer may leave a tip.** The customer leaves the restaurant.
Lexicon	Waiter, Customer, Table, Main meal, **Desserts, Tip,** Cashier, Restaurant, the Bill, the Check, the Menu, etc.
Script	enter a restaurant, approach a waiter, go to your assigned table, accept the menus, read them, place an order, wait for the meal, eat your meal, discuss the topic of conversation during the meal, wait for the waiter to ask if you want to **have a dessert, order the dessert (optional),** receive the bill, **leave a tip,** pay the cashier, leave the establishment

<표 VI.3> 중국 레스토랑의 스크립트

The Restaurant Schema under Social Script Theory	
Event Frame	Dining at a **Chinese** Restaurant
Social Roles	Waiter, Customer, Cashier, Busboy, Manager, Cook
Episodic Functions	Enter a restaurant. **Approach a waiter.** **The waiter directs the customer to a table.** The waiter brings a menu to the customer. The customer peruses the menu. The waiter approaches the customer and asks for an order. The customer puts in an order. The waiter leaves and eventually returns with the food. **The waiter signals the end of the main meal by asking about 'main food' (which usually means steamed rice, noodles, dumplings, etc., from which the customer chooses one or two items).** The customer signals the end of the meal by asking for the bill. The waiter brings the bill or the check. The customer either pays the waiter or pays the cashier. The customer pays the cashier. The customer leaves the restaurant.
Lexicon	Waiter, Customer, Table, Main meal, **Main food,** Cashier, Restaurant, the Bill, the Check, the Menu, etc.
Script	enter a restaurant, approach a waiter, go to your assigned table, accept the menus, read them, place an order, wait for the meal, eat your meal, discuss the topic of conversation during the meal, wait for the waiter to ask if you want to **have the 'main food,' order the 'main food' (optional)**, receive the bill, pay the cashier, leave the establishment

　미국과 중국의 레스토랑 스크립트는 상당 부분 유사하지만, 다음 세 가지 점에서 문화 간 차이를 보인다 — 표에 볼드체로 표시함. 첫째, 미국 레스토랑에서는 고객이 레스토랑에 들어갈 때 제일 먼저 접근하는 사람이 레스토랑 주인이다. 레스토랑 주인은 고객을 테이블로 모실 사람을 부른다. 반면, 중국 레스토랑에서 고객은 웨이터에게로 직접 가고 웨이터가 그를 테이블로 데려가거나 혹은 고객 스스로 테이블을 찾아간다. 둘째, 미국 레스토랑에서는 웨이터가 보통 무엇을 디저트로 할 것인지 물어봄으로써 메인 식사가 끝났음을 알린다. 그러나 중국 레스토랑에서는 웨이터가 무엇을 식사로 할 것인지 물어봄으로써 메인 식사가 끝났음을 알린다. 예를 들어,

밥, 국수, 만두를 메인 식사로 할 것인지 물어본다. 셋째, 미국 레스토랑에서는 보통 고객이 웨이터에게 식대의 10~15%가량 팁을 주지만 중국에서는 팁을 주지 않는다.

3. 스크립트와 언어 습득

그렇다면 이러한 스크립트가 영어교육에 필요한 이유는 무엇인지 언어 습득과 관련하여 검토해 볼 필요가 있다. 스키마와 언어 습득과의 관련성에 대해서는 이미 많은 학자들이 언급한 바 있다. Piaget의 발달 이론에 따르면, 어린이들은 세계를 이해하기 위한 일련의 스키마를 사용하고 있다고 하며, 기억(혹은 지식)과 언어는 서로 뗄 수 없이 연관되어 있다고 한다(Anderson & Bower, 1973; Norman & Rumelhart, 1975; Quillian, 1968; Rieger, 1975; Schank & Abelson, 1977).

마찬가지로 스크립트도 스키마의 한 유형으로서 언어 습득에 매우 중요한 역할을 한다. 스크립트는 어떤 특정 상황에 대한 표준화된 절차적 지식이라는 구조적 틀을 학습자에게 제공함으로써 일종의 형식 스키마의 기능을 수행한다. 이야기 스키마가 이야기 구조를 제공하여 이야기의 전개를 예상하게 함으로써 이야기의 내용을 쉽게 이해하고 기억을 용이하게 하는 것처럼 스크립트도 어떤 상황에서 구체적인 행동들이 어떻게 전개될지 예측 가능하게 함으로써 의사소통을 가능하게 하고 관련 표현 등을 기억하는 데 도움을 준다.

Mandler(1984)에 의하면, 인간의 두뇌는 유사성(similarity)에 기반하여 사실이나 개념을 병렬적으로 나열하는 '의미 기억(semantic memory)'보다 개인의 경험이나 사건을 시간적, 인과적 관계에 따라 순서적으로 기억하는 장치인 '사건 기억(episodic memory)'에 기억의 많은 부분을 의존한다고 한다. 한 실험에서는 <표 Ⅵ.4>에서처럼 대학생들에게 각각 명사와 동사로 구성된 영어 표현들을 다섯 개씩 묶어서 보여주고 회상하는 실험을 하였다(Mandler, 1984, pp. 95-97). 왼쪽 열에는 다섯 개 표현을 의미 범주로 묶어서 분류하고, 오른쪽 열에는 다섯 개 표현을 사건 순서로 나열하여 제시하였다. 그런 다음 제시된 것을 각각 회상하도록 하였다. 한편,

이와 병행하여 어떤 분류 법칙도 없이 무작위로 묶어서 제시하고 보여준 목록에 대해 회상하는 실험도 실시되었다.

<표 VI.4> 지식 구조와 영어 표현의 배열

Taxonomic Organization	Schematic Organization
Food	**Going Skiing**
Eat Pineapple	Go to Mountains
Eat Peanuts	Put on down Jacket
Eat Birthday Cake	Buy Lift Ticket
Drink Hot Chocolate	Ski down Slopes
Drink Champagne	Drink Hot Chocolate
...	...
Places	**Going to a Party**
Go to Mountains	Buy Present
Go to Hawaii	Go to Party
Go to Theater	Put on Paper Hat
Go to Party	Eat Birthday Cake
Go to Stadium	Play Charades
Activities	**Going to a Baseball Game**
Play Charades	Put on Padre's Cap
Watch Ballet	Go to Stadium
Ski down Slopes	Buy Admission Ticket
Watch Baseball Game	Watch Baseball Game
Swim in Ocean	Eat Peanuts
...	...

회상 실험 결과, 위 두 가지 분류 법칙에 따르지 않고 무작위로 목록을 만든 경우는 가장 나쁜 회상 결과를 보였다. 또한, 유사성에 기초한 의미 범주보다는 사건 순서 중심으로 기술한 것이 더 잘 회상되었다. 이러한 실험 결과는 지식이 스키마 형태로 구조화될 때 잘 기억되고, 유사성을 토대로 병렬되는 스키마 구조보다는 사건 순서를 중심으로 나열되는 스크립트 구조가 더 잘 기억된다는 사실을 보여준다.

또 다른 실험의 예로서, Schank와 Abelson에 따르면(1977) 자신의 과거 여자 친구를 회상한다고 할 때 인간의 두뇌는 보통 그 여자 친구를 직접 회상하여 세부 사항들을 기억한다기보다는 먼저 자신이 존재했던 과거의 시간과 장소를 떠올리고 당시 자신이 무엇을 하고 있었는지를 회상한 다음 누구와 데이트하였는지를 떠올리는 방식을 취한다고 한다. 인간의 두뇌는 시간과 장소와 같은 배경 혹은 상황을 먼저 떠올리고, 그런 다음 자기 자신의 행동을 기억하면서 당시 여자 친구의 세부 모습을 회상한다는 것이다. 마찬가지로 레스토랑에 갔을 때 누구를 만나고 어떤 이야기를 나누었는지는 잘 기억하지 못하지만, 반복적으로 나타나는 레스토랑의 패턴들, 즉 주문하기, 식사하기, 계산하기 등과 같은 전형적인 절차적 지식인 스크립트는 잘 기억하는 것이 인간의 기억 방식이라고 한다.

우리 두뇌는 컴퓨터처럼 모든 자료를 다 저장하고 기억하는 시스템이 아니라 일반화된 것만을 기억하는 시스템으로서 세부 기억에는 약한 단점이 있지만, 그 대신 그러한 전형적인 틀을 바탕으로 임기응변적으로 혹은 창의적으로 세부 사항에 대한 대화가 가능해진다. 달리 표현하자면, 특정한 상황에서 말을 한다는 것은 그 상황에 대한 전형적인 절차적 지식을 바탕으로 세부 사항 혹은 새로운 정보를 덧붙이는 형식으로 언어를 생성한다는 것이다. 자신이 알고 있는 배경지식을 구조적 틀로서 삼고 구체적인 정보는 이를 바탕으로 임기응변적으로 생성해내는 방식이 인간의 언어 생성 방식이다.

대화의 본질이란 세부 사항들에 관해 이야기하는 것이 아니라 기본적으로 일반화된 절차를 따라가는 데에 있다고 할 수 있다. 어떻게 보면, 의사소통이란 스크립트에 존재하는 일반적인 절차들을 세부 지식으로 채우는 것에 불과할 뿐이다. 이 경우 스크립트라는 형식 혹은 틀은 사전 지식으로 이미 주어진 것이므로 그 안에 비어있는 절차들을 인식할 수 있게 해주고, 결국 언어를 생성해내는 행동이란 스크립트에 기반을 두어 '빈 공간들을 채우는 행위(filling in the blanks)'라고 말할 수 있다 (Schank & Abelson, 1977). 따라서 만약 이러한 절차적 지식이 없거나 그러한 절차를 무시한다면 의사소통에 지장을 초래하게 된다. 다음은 이러한 예를 잘 보여준다. 처음 듣는 말이라도 첫 번째 예는 이해가 되지만, 두 번째 예는 이해가 되지 않는다 (Just & Carpenter, 1987, p. 243).

1. Harold sat down in the restaurant. The menu was illegible.
2. Harold sat down in the museum. The menu was illegible.

위의 예처럼 상대방이 특정 상황에 고유한 일반적인 절차와 표현에 무지하게 되면 의사소통은 단절된다. 일상적인 대화가 겉보기에 자유롭고 마음대로 이루어지고 있는 것처럼 보이지만 그 안을 들여다보면 스크립트와 같이 준수해야 하는 보이지 않은 틀 혹은 지식이 존재한다. 그리고 이러한 틀을 준수함으로써 상호 의사소통에 지장이 없는 것이지 이 틀을 무시하게 되면 서로 무슨 말인지 모르게 된다. 스크립트는 교통 신호등과 같이 일종의 의사소통규칙으로 작용하는 것으로서 이러한 일상의 스크립트를 학습하는 것이 의사소통능력 향상에 필수적이다.

지금까지 우리나라 영어교육은 의사소통기능 중심의 교육이다. 의사소통기능이란 의사소통 목적에 따른 언어 행위를 말하는 것으로서 이러한 항목들을 언어로 전달하는 경우에 필요한 핵심 표현들을 제시하여 학습하는 방식이다. 의사소통기능별로 각 항목에 해당하는 표현들을 학습하는 장점은 이러한 표현들이 다른 다양한 의사소통 상황에도 응용될 수 있다는 점이다. 그러나 이러한 장점에도 불구하고 각 의사소통기능별로 표현들을 목록화해서 학습하다보니 전체 상황 혹은 맥락과 분리됨으로써 쉽게 망각되는 경향이 있어 오히려 그 효율성이 떨어지고 있다. 상황 혹은 맥락은 언어 습득의 차원에서뿐만 아니라 문화적 배경 지식으로서도 기능하는데 그러한 문화적 배경과 분리됨으로써 언어·문화 통합 교육이 이루어지지 못하고 있다.

지금까지 의사소통기능 중심 교육이 간과한 것은 의사소통기능별 표현을 암기하는 데에만 초점을 두었지 그것이 배태된 맥락 및 상황에 대한 관심은 부족했다는 것이다. 각 상황별로 의사소통 표현들을 학습해도 잘 기억되지 않아 학습 효과가 미미하였다. 이것은 의사소통 표현들이 스크립트를 바탕으로 한 장기기억으로 구조화되지 않은 채 단기기억에서만 맴돌다가 사라지고 말기 때문이다. 그러나 상황별 스크립트에 대한 학습이 이루어지게 되면 상황에 대한 기억이 의사소통기능별 표현들을 훨씬 쉽게 습득할 수 있게 돕는다. 이것은 마치 이야기를 읽고 나서 그에 대해 회상할 때 이야기 문법에 따라 이야기를 회상하면 전체가 잘 회상되는 이치와 같다. 이야기 문법을 바탕으로 스토리텔링(storytelling)을 잘할 수 있듯이 스크립트를 바탕으로 일상적인 대화를 잘할 수 있게 된다. 교육과정에 의사소통기능별 표현 학습과 더불어 상황별 스크립트의 도입이 필요한 이유이다. 예를 들어, 레스토랑과 같은 의사소통에 핵심적이고 기본적인 상황들을 설정하고 그에 적합한 전형적인 스크립트 대화를 개발한 뒤 해당 의사소통 표현들을 중심으로 역할극 등을 통해 지속적으로 연습한다면 듣기, 말하기 습득이 훨씬 효과적으로 이루어지게 된다.

스크립트를 습득하게 되면 나아가 자연스럽게 문화 능력도 배양되는 효과가 발생한다. 앞서 언급했듯이 모든 문화는 자신의 고유한 스크립트를 가지고 있고 모두 다르다고 할 수 있다. 해당 문화권의 사람들은 그들 자신의 스크립트에 따라 학습하고, 사고하고, 행동하므로 문화 간 의사소통능력을 배양하기 위해서는 목표 언어의 스크립트를 학습해야 한다. 모국어에 대한 스크립트가 존재하므로 대부분은 모국어 스크립트의 도움을 받아 절차를 예상할 수 있으나 문화 간 차이를 보여주는 부분들에 대해서는 그것이 심한 경우 문화 충격이 될 수 있다. 이러한 문화 간 차이가 실제 의사소통의 단절을 가져오게 되므로 이 부분에 대해 집중적으로 학습하는 것이 필요하다. 예를 들어, 한국에서 레스토랑 가기는 미국에서 레스토랑 가기와 다르다. 표준화된 절차에서도 차이가 있고, 의사소통 표현도 다르다. 한국에서의 음식 주문하기는 하나의 세트를 고르기만 하면 된다. 그 안에 모든 것이 다 포함되어 있기 때문에 웨이터가 다 알아서 해준다. 그러나 미국에서 주문하기는 마실 것부터 시작해서 수프, 메인 요리, 디저트 등 모든 항목에 걸쳐, 선택에서 시작해서 선택으로 끝나므로 손님이 다 알아서 주문해야 한다. 따라서 이러한 절차에 대한 이해가 있으면 다음을 예상할 수 있기 때문에 까다로운 미국 레스토랑에서 주문하기가 어렵지 않게 된다. 스크립트를 학습하게 되면 자연스럽게 목표 문화와 모국 문화 간 차이를 비교 학습하게 되고 이를 통해 문화 간 의사소통능력을 증진시킬 수 있으며 자연스럽게 언어·문화 통합교육이 이루어질 수 있다.

요컨대, 의사소통능력의 배양을 위해 기본적으로 일상의 스크립트에 대한 학습이 필요하다. 스크립트 지식은 일상생활의 담화를 이해하는 데 핵심적이기 때문이다. 스크립트에 대해서는 모국어 스크립트의 도움을 받을 것이긴 하지만 그것을 목표 언어인 영어로 접촉하는 연습이 일차적으로 필요하다. 나아가 궁극적으로 영미권 스크립트는 우리나라의 스크립트와 다를 것이므로 차이가 있는 부분에 대해서는 보다 집중적으로 학습할 필요가 있다. 스크립트는 이러한 문화 간 차이를 일목요연하게 보여주는 좋은 자료로서 스크립트 기반 영어 수업은 영어교육의 두 가지 목표인 의사소통능력과 문화 간 이해 능력을 동시에 함양할 수 있다.

4. 스크립트 기반 언어·문화 통합 수업 방안

Bower 외 2인(1979)은 1979년 스크립트의 존재를 확인하기 위해 스크립트를 생성하는 실험을 한 바 있다(Mandler, 1984). 그들은 대학생들을 실험 참가자로서 선정하고 그들에게 '강의 듣기(attending a lecture),' '병원 가기(visiting a doctor),' '식료품 쇼핑하기(shopping at a grocery store),' '고급 레스토랑에서 식사하기(eating at a fancy restaurant),' '아침에 일어나 학교 가기(getting up in the morning and going to school)'의 다섯 가지 상황을 제시하고 이러한 상황에서 일어나는 일반적인 행동들을 목록으로 기술하되 일어나는 순서대로 기술할 것을 요청하였다. 그 결과로 피험자들이 기술한 행동들 중에서 전형적인 행동의 숫자는 대략 20여 개 정도로 보았고 이 중에서 25% 이상의 일치를 보인 행동들을 스크립트 행동으로 규정하였다. 그리고 25% 이상의 빈도를 보인 행동들 중에서 이를 다시 40% 미만, 40~50%, 55% 이상의 세 가지 전형성 범주로 나누었다.

Bower 외 2인(1979)의 실험 결과를 바탕으로 박태진(1985)은 똑같은 실험 조건에서 한국 사람을 대상으로 한국어 스크립트 생성 실험을 시도하였다. 그도 대학생들을 실험 참가자로 선정하고 그들에게 모두 열 가지 상황을 제시하였다. 제시한 상황은 '레스토랑 가기,' '모둠미팅 하기,' '병원 가기,' '등산 가기,' '다방에 가기,' '도서관에서 공부하기,' '강의 듣기,' '아침에 일어나 학교 가기,' '생일 축하 모임에 가기,' '영화관 가기'였다. 마찬가지로 그는 각 실험 참가자에게 이들 상황에서 일반적으로 수행되는 행동들을 순서에 따라 기술할 것을 요구하였고 Bower 외 2인(1979)이 사용한 방법과 같은 방식으로 실험 결과를 적정화하였다. 그가 실험한 열 가지의 상황 중 '레스토랑 가기,' '병원 가기,' '강의 듣기,' '아침에 일어나 학교 가기' 네 가지는 Bower 외 2인(1979)이 실험하고 생성해 낸 상황과 같은 것이어서 이 네 가지 상황에서는 한국어와 영어의 스크립트를 비교할 수 있는데, 모국어와 목표 언어의 스크립트 비교를 위해 네 가지 상황을 제시하면 <표 Ⅵ.5>와 같다. 표에서 볼드체는 전형성이 55% 이상을, 밑줄은 전형성이 40~55% 사이를, 나머지는 전형성이 40% 미만을 의미한다.

<표 Ⅵ.5> 한국어 스크립트 생성하기

상황	스크립트	상황	스크립트
레스토랑 가기	**안으로 들어간다** **빈자리를 찾는다** **자리에 앉는다** **메뉴를 본다** 종업원이 온다 **음식을 주문한다** 물을 마신다 <u>주위를 둘러본다</u> <u>이야기를 한다</u> 음식을 먹는다 음식이 나온다 물을 마신다 입을 닦는다 <u>자리에서 일어선다</u> **음식값을 지불한다** 인사를 한다 **밖으로 나온다**	강의 듣기	**강의실에 들어간다** **자리를 찾는다** **자리에 앉는다** **책을 꺼낸다** 예습을 한다 <u>이야기를 한다</u> 교수가 들어온다 출석에 응답한다 **강의를 듣는다** **필기를 한다** 헛생각을 한다 <u>잡담을 한다</u> <u>시계를 본다</u> **가방을 챙긴다** **밖으로 나온다**
병원 가기	아픔을 느낀다 <u>참고 지낸다</u> 증상이 악화된다 <u>약국에서 약을 사먹는다</u> 차도를 살핀다 집에서 쉰다 병원에 간다 접수를 한다 대기실에서 기다린다 **진찰을 받는다** 처방을 받는다 주사를 맞는다 <u>약을 받는다</u> **밖으로 나온다**	아침에 일어나 학교 가기	**잠자리에서 일어난다** <u>이부자리를 정돈한다</u> 청소를 한다 **화장실에 간다** **세수를 한다** 신문을 본다 식사를 준비한다 **식사를 한다** <u>양치질을 한다</u> **가방을 챙긴다** 옷을 갈아입는다 머리를 빗는다 집을 나선다 학교에 간다 오늘 할 일을 생각한다 **강의실에 간다**

한국어와 영어 스크립트를 비교해 보면 전반적으로 유사한 행동들이 많이 나타난다. 이것은 인간의 일상생활과 사고방식이 대체로 비슷하기 때문이다. 즉, 차이점보다는 공통점이 많기 때문에 스크립트의 행동 양식들이 쉽게 이해되고 기억된다. 문제는 양 스크립트 간 차이가 나는 행동들인데 이로 인해 의사소통의 장애 혹은 단절이 발생하므로 학습의 초점은 이러한 차이를 나타내는 스크립트 행동을 익히는 데 둘 필요가 있다. 스크립트 간 차이가 나는 행동들을 기술하면, 예를 들어 '레스토랑 가기' 스크립트에서 Bower 외 2인(1979)의 연구 결과에서는 '음료를 먼저 주문한다,' '냅킨을 무릎에 편다,' '디저트를 주문한다,' '웨이터에게 계산서를 요청한다,' '팁을 계산한다,' '팁을 테이블에 올려놓는다' 등의 행동들이 스크립트 행동으로 기술되었으나 한국 학생들에게서는 이러한 행동 유형들이 거의 나타나지 않았다. 반면, 한국 학생들에게서는 '신발을 벗고 들어간다,' '음식점에 들어가 자리에 앉는다,' '호출벨로 종업원을 부른다'는 내용이 문화 간 비전형성으로 파악되었다.

한편, 스크립트는 절차를 나열한 진술문의 형태이므로 영어 학습을 위해서는 이것을 극화(dramatization)한 텍스트로 제시할 필요가 있다. 이것은 스크립트를 한 편의 연극 각본으로 구현한 대화문으로 제작하는 것을 의미한다. 스크립트에 나타나는 절차적 지식과 문화적 가치관은 일반화된 진술과 설명을 통해 체득되는 것이 아니다. 그것은 그것이 구현될 구체적인 상황과 사건의 전개를 요구한다. 절차적 지식과 문화 인식은 특정한 상황의 사건을 추이하고 행동과 대화를 통해 그 의미를 체험해 가는 과정이기 때문이다. 따라서 스크립트 상황을 극화할 필요가 있고 이를 위해 드라마는 가장 적절한 형식을 제공한다. 스크립트의 상황은 대부분 순서에 따라 사건이 전개되는 한 편의 잘 짜인 드라마이다. 사건의 전개뿐만 아니라 드라마처럼 정해진 역할이 있고 대사와 행동을 통해 그러한 역할을 수행하게 되는 점도 유사하다.

스크립트를 극화할 때 일차적으로 중요한 점은 언어 습득에 도움이 될 수 있도록 스크립트의 절차적 전형성이 잘 드러나도록 대화를 구성하는 것이다. 결국 학습자에게 기억되어 언어 습득에 도움이 되는 것은 스크립트의 절차적 전형성이므로 무엇이 가장 많이 반복적으로 사용되는지 파악하여 제시할 필요가 있다. 두 번째로 중요한 점은 문화 간 차이가 잘 드러나도록 대화문을 만드는 일이다. 모든 스크립트에는 문화 간 차이가 존재한다고 볼 수 있고, 그것이 문화 충격을 일으키느냐 아니냐는 정도의 차이일 뿐이지 이미 모국어와 목표 언어에는 문화 충격이 담겨있다. 예를 들어, 인사하기의 경우 언어마다 의사소통기능은 같지만 똑같은 방식으로 인사하지 않고 또한 인사 표현도 다 다르다. 언어와 문화의 통합교육이 필요한 이유가 바로 여기에 있다. 따라서 가급적이면 문화 충격을 극화한 스크립트 대화문이 좋을 것이다. 문화 충격의 상황은 극화하기에도 적합하고 학생들은 역할극 등을 통해 문화 충격을 연습하게 되면 목표 문화에 보다 잘 적응하는 데 도움을 받을 수 있다.

    Bower 외 2인(1979)의 연구와 박태진(1985)의 연구는 스크립트를 생성하는 것에 관한 연구이므로 생성된 스크립트를 영어교육 현장에 사용하기 위해서는 이를 바탕으로 스크립트 대화문을 만들고 이를 수업에 활용할 수 있도록 수업모형을 제공해야 한다. Bower 외 2인(1979)과 박태진(1985)의 실험 결과를 바탕으로 정혜민(2013)은 <표 Ⅵ.6>에서처럼 대표적으로 한국어와 영어의 전형적인 레스토랑 스크립트를 만들었다(pp. 67-68). 그는 특히 문화 간 의사소통이 잘 드러나는 스크립트 행동들을 추출하여 이를 바탕으로 각 장면별로 스크립트 대화문을 제작하였다. 그는 한국어와 영어 양 스크립트에서 각 장면별로 일어나는 행동 과정에 나타나는 공통점 및 차이점을 비교하여 우리나라 및 영미권 문화 간의 전형성과 비전형성을 분석하고 스크립트 대화문을 제작하였다. 한국 학생들과 원어민들이 각각 기술한 응답 중에서 전형성과 비전형성을 적정화하여 레스토랑 스크립트 각 장면별로 분할하고 추출한 레스토랑 가기 스크립트를 비교하면 다음과 같다.

<표 Ⅵ.6> 레스토랑 가기 행동 양식 절차 비교

한국 학생	원어민
1) 음식점에 들어가서 자리에 앉는다. 2) 직원이 와서 물과 물컵, 메뉴판을 준다. 3) 메뉴판을 보고 원하는 음식을 주문한다. 4) 음식이 나오면 음식을 먹는다. 5) 후식으로 음료를 마시거나 과일을 먹는다.	1) The customers enter a restaurant and wait to be seated. 2) The customers are shown to their seat. 3) The waiter brings the menu and glasses of water. 4) The customers order for beverages first.

6) 계산대에 가서 계산을 하고 음식점 밖을 나간다.	5) The customers order the meal. 6) The waiter brings food. 7) The waiter checks if everything is alright. 8) The customers order desserts and eat them. 9) The waiter brings the bill to the table. 10) The customers pay the bill. 11) The customers put tips on the table and leave.

정혜민(2013)은 <표 Ⅵ.6>의 행동 양식 절차를 비교한 것을 바탕으로 레스토랑 가기 스크립트의 각 장면별 대화문을 극화하였다(pp. 92-93). 전체의 스크립트를 '들어가기(entering),' '주문하기(ordering),' '식사하기(eating),' '후식 먹기(getting some desserts),' '지불하기(paying the bill)'로 총 다섯 장면으로 나누고 이를 제작하였다. 다섯 가지 장면 중에서 '주문하기' 장면을 예시하면 <표 Ⅵ.7>과 같다.

<표 Ⅵ.7> 주문하기 스크립트 및 대화문

Scene: Ordering	
◎ Situation description: The waiter takes drink orders if they want something to drink. After they decide the menu, they order the main dish.	
Dialogues	**Cultural difference**
Waiter: Would you like something to drink? Dad: Yes. Can I get some orange juice? Waiter: Sure. Mom: I'm ok. John & Sally: Cherry coke, please. (The waiter takes a note. Later, she comes with the beverages they ordered.) Waiter: Are you ready to order? Dad: I'll get some fajitas. John: I want a BBQ burger. Sally: One club sandwich, please. Waiter: What will you have? Mom: Umm... I'd like to have salmon salad. Thank you.	Americans order beverage first. They are given enough time to look at the menu while they are drinking. The customers can order appetizers or starters before the meal. The servers give options to choose different types of soup, salad, or side menu. Sometimes, the servers recommend "today's special" dish.

Bower 외 2인(1979), 박태진(1985) 그리고 정혜민(2013)의 스크립트 연구 결과를 바탕으로 스크립트 기반 언어·문화 통합 수업 지도 방안을 제시하면 <표 Ⅵ.8>과 같다.

<표 VI.8> 스크립트 기반 언어·문화 통합 수업모형

단계	학습 요소	교수·학습 활동
스크립트 체험	스크립트 활성화하기	일상 스크립트 말해보기
스크립트 이해	스크립트 개념 이해하기	일상 스크립트 생성하기 전형적 절차 추출하기
스크립트 적용	스크립트 극화하기	'레스토랑 가기' 대화문 만들기 모국 문화 vs. 목표 문화 비교/대조
스크립트 습득 및 평가	스크립트 습득 및 평가하기	대화문 역할극하기

스크립트 체험 단계에서는 본격적인 스크립트 수업을 하기 전에 학생들의 배경지식으로서 스크립트를 활성화하는 데 학습 목표를 둔다. 이를 위해 학생들은 개별적으로 일상의 스크립트에 대해 말해보는 활동을 한다. 예를 들어, '아침에 일어나 학교 가기'와 같은 스크립트 절차를 서로 말해보면서 자신의 스크립트와 다른 학생의 스크립트를 비교해 보고 무엇이 같고 무엇이 다른지 분석해 본다. 나아가 그러한 차이가 무엇을 의미하는지 그리고 궁극적으로 스크립트의 의미가 무엇인지에 관해 토론한다.

스크립트 이해 단계에서는 스크립트 개념 및 이론에 관해 학습한다. 특히 스크립트와 언어 습득과의 관련성에 대해 그동안의 다양한 실험 결과들을 소개하고 설명함으로써 학생들의 이해를 넓히고 스크립트 기반 영어 학습에의 동기를 부여한다. 스크립트 이해를 위한 활동으로는 실제로 학생 스스로 일상의 스크립트를 생성해 보는 활동을 한다. 본 수업의 핵심 주제인 '레스토랑 가기' 스크립트를 모둠별로 나누어 한국어 스크립트와 영어 스크립트를 생성하도록 한다. 이때 전형적인 행동들을 적어도 20개 이상 적어내도록 요청한다. 학생들이 스크립트를 생성하면 생성된 행동들 중에서 전형적인 행동들을 추출하고 한국어 스크립트와 영어 스크립트 간 차이가 나는 행동들을 정리하도록 한다. 양 스크립트 간 차이는 다음 시간에 이어질 문화 간 차이를 비교 분석하는 데 사용하도록 한다.

스크립트 적용 단계에서는 생성된 스크립트를 바탕으로 그것을 대화문으로 극화한다. 스크립트 간 차이가 나지 않는 절차와 행동들은 모국어 스크립트가 이미 습득되어 있기 때문에 의사소통에 지장은 없다. 중요한 것은 스크립트 간 차이를 보이는 절차와 행동들이다. 스크립트 간 비전형성을 보이는 절차와 행동들을 모르게 되면 문화 충격으로 다가올 수 있기 때문에 이것은 반드시 학습해야 된다. 따라서 스크립트 간 차이가 나는 부분을 중심으로 집중적으로 활동을 한다. 특히 문화 충격의 경우 에피소드를 극화해서 드라마 기법을 활용하여 문화 충격 상황을 연습하면 학습 효과를 높일 수 있다. 나아가 모국 문화와 목표 문화를 비교 및 대조하면서 문화 충격이 일어나는 이유에 대해 토론하고 귀납적으로 그 이면에 존재하는 문화적 가치관 혹은 문화 패턴을 발견하고 그에 대해서 의견을 교환하도록 한다.

마지막으로 스크립트 인식 및 평가 단계에서는 수업을 통해 '레스토랑 가기' 스크립트가 제대로 습득되었는지를 검증한다. 이를 위해 대화문을 가지고 역할극하기와 같은 극적 활동을 통해 스크립트의 습득 여부를 평가한다.

5. 연구의 방향성

이 장에서는 드라마 수업을 활성화하는 하나의 방안으로서 드라마 정전에서 벗어나 일상의 스크립트에 기반을 둔 극적 활동 수업을 제시하였다. 이를 위해 스크립트 개념과 이론을 살펴보았고, 스크립트와 언어 습득과의 관련성을 점검함으로써 스크립트 기반 영어 학습의 유용성을 도출하였다. 그런 다음 실제로 '레스토랑 가기'의 한국어와 영어 스크립트를 모두 생성해 보았고 이를 비교 분석함으로써 문화 간 차이를 드러내는 스크립트 행동들을 추출하였다. 나아가 차이를 드러내는 행동들을 중심으로 각 장면별로 스크립트 대화문을 극화하였고 역할극과 같은 연극적 기법을 활용하여 스크립트 습득에 교수·학습의 초점을 두었다. 이 장에서 제시하는 스크립트 기반 언어·문화 통합 수업은 드라마 수업의 응용으로서 학생들이 전형적인 일상의 스크립트를 생성하고 이를 극화하는 과정에서 영어 의사소통능력과 문화 이해 능력을 동시에 배양하고자 하는 수업 모델이다.

이와 같은 결과를 바탕으로 향후 스크립트 연구 혹은 드라마 수업 연구의 방향성을 제시하면 다음과 같다.

첫째, 학생들의 근본적인 영어 회화 능력을 향상하기 위해서는 스크립트를 기반으로 하는 영어 학습이 중요하다. 대부분의 우리나라 교과서에 나오는 듣기, 말하기 스크립트나 시중의 회화 교재들은 스키마로서 스크립트 개념의 관점에서 제작된 것으로 보이지 않는다. 우리 두뇌의 스키마를 형성하는 절차적 지식으로서 스크립트의 개념에 입각하여 일상의 스크립트를 재구성하여 교재를 새롭게 개발할 필요가 있다.

둘째, 스크립트 개념에 기반을 둔 교재 개발 시 상황별 교수·학습의 도입을 고려한다. 현재의 의사소통기능 중심의 교육은 스크립트 지식의 핵심인 상황을 학습하는 데 미흡하다. 따라서 의사소통에 핵심이 되는 상황들을 확립하고 그러한 상황에 적합한 스크립트를 개발하여 이를 바탕으로 교재를 개발하는 것이 필요하다.

셋째, 지금까지 우리나라 영어교육에서는 언어에만 초점을 두고 문화교육에는 관심을 두지 않았다. 그러나 스크립트 개념은 언어와 문화가 상호 분리되는 것이 아님을 말해준다. 스크립트 기반 영어 학습의 핵심적인 장점 중의 하나는 바로 스크립트를 통해 문화 간 차이를 학습할 수 있다는 점으로서 앞으로 영어 학습은 스크립트 학습을 통해 언어·문화 통합 교육을 지향하도록 한다.

넷째, 스크립트 혹은 대화문을 개발할 때에는 가급적 문화 간 차이를 극대화한 상황을 개발하도록 한다. 어떤 상황이 문화 간 차이를 가장 잘 드러내는가에 대한 지속적인 연구와 실험을 통해 문화 충격 에피소드를 담은 교재를 개발할 필요가 있다. 문화 충격을 느낄 법한 것들을 찾아 에피소드 형식으로 문화 충격 상황을 다수 익힌다면 학생들의 실전 경험에 많은 도움이 될 것이다.

다섯째, 일상의 스크립트는 드라마처럼 극적 사건의 전개가 있고 주어진 역할이 있으며 역할별로 대화와 행동이 요청되므로 학생들에게 흥미를 불러일으켜 영어 학습의 동기를 부여한다. 따라서 상황별로 다양하게 특정 상황에서의 행동에 관한 절차가 드러나는 스크립트 대화문을 개발하여 교재로서 보다 적극적으로 사용할 필요가 있다.

스크립트 개념은 우리 일상이 드라마이고 우리는 그러한 드라마를 통해 언어를 습득한다는 사실을 일깨운다. 일상의 스크립트 개념으로 볼 때, 사건의 전개, 장면과 장소, 절차적 행동과 대화, 그리고 역할 수행 등과 같은 드라마의 기본 개념들은 우리 인간의 핵심적인 기억 메커니즘이라는 점, 다시 말해서 언어 습득의 본질이라는 사실을 말해준다. 스크립트 기반 언어·문화 통합 수업을 통해 학생들은 소위 서바이벌 단계의 의사소통능력을 습득할 수 있다.

제 Ⅵ장에서는 드라마 내용보다는 스크립트라는 형식 스키마에 초점을 맞추어 드라마 수업을 구안하였으나 제 Ⅶ장에서는 좀 더 문학적인 내용을 중심으로 교육연극 혹은 프로세스 드라마 기법을 통해 교실 현장과의 접목을 시도한 드라마 교수·학습 모형을 제시한다.

Ⅶ. 교육 연극 기법을 활용한 드라마 지도법

1. 드라마의 유용성

　드라마는 영어교육적인 관점에서 영문학의 어떤 장르보다 활용 가능성이 매우 높은 장르로 관심을 받아 왔다. 드라마 텍스트는 문자로 되어 있지만, 구어체 언어를 사용하는 대화체 형식, 유의미한 상호작용이 가능한 역할극(role play)과 같은 드라마 고유의 기법은 시나 소설에 비해 의사소통 교육과 잘 부합되는 것으로 간주되었다. Smith(1984)에 따르면, 드라마의 다양한 전달 방법은 실제 일상생활에서 우리가 사용하는 의사소통 방법과 크게 다르지 않다. 드라마는 대화(dialogue)와 행동(action)을 통해 메시지를 효과적으로 전달하는 것을 궁극적인 목적으로 삼는데, 이를 위해 배우는 대화를 통해 보다 이해하기 쉽고 분명하게 의사를 전달하려고 노력하며, 언어적 제한이 있는 경우에는 적절한 행동, 몸짓, 표정을 사용하게 된다. 일상생활에서 사용되는 구어적 언어 형태와 신체적 행동이나 표정 등의 비언어적 표현 방법은 언어 교육에 있어서 중요한 의사소통의 방법들이다. 요컨대, 드라마는 언어적, 비언어적 방법을 포함하여 의사소통능력을 배양할 수 있는 기회를 제공함으로써 언어 학습에 효과적인 자료를 제공한다(김정수, 2003; 정승영, 박해선, 2002; Bolton, 1984; McCaslin, 1990).

　Phillips(1999)는 언어 학습에 관한 드라마의 유용성에 대해 다음과 같이 설명한다 (pp. 6-8).

첫째, 동기부여 – 극 활동은 기본적으로 학생들의 정의적 측면에 호소하는 활동이다. 극 활동 과정과 그 결과물로서 무대 위의 공연은 학생들에게 흥미를 불러일으켜 언어 학습에 대한 동기를 유발한다.

둘째, 자신감 고취 – 드라마는 평소 수줍은 성격으로 인해 영어로 말하는 것을 꺼려하는 학생들에게 매우 효과적이다. 특히, 가면극과 인형놀이는 소심하고 활동적이지 못한 학생들에게 거부감을 제거하고 말할 수 있는 기회를 제공한다. 공연을 마치고 난 후의 성취감은 영어 말하기에 자신감을 갖게 하고 자긍심을 지니는 계기가 된다.

셋째, 협동심 배양 – 극 활동은 대부분 과업을 중심으로 하는 모둠 활동이므로 이를 통해 구성원 서로를 이해하고 협동하는 법을 배울 수 있다. 학생들은 개인으로서가 아니라 하나의 전체 집단으로서 의사결정을 하고, 목표를 위해 서로의 의견을 존중하며, 서로 간의 차이점을 해소하기 위해 노력하는 과정 속에서 사회성을 함양시킬 수 있다.

넷째, 공감대 형성 – 학생들은 본능적으로 극적인 활동을 좋아한다. 드라마 속의 상황과 활동들은 학생들에게 어린 시절부터 익숙한 삶의 일부분으로서 정서적으로 친숙하다. 학생들은 놀이를 통해 어른을 흉내내고 삶을 모방하려는 본능이 있으므로 극 활동에 감정을 이입하기가 쉽고 공감대를 형성하기에 용이하다.

다섯째, 다양한 학습 유형 포괄 – 학생들은 제각기 다양한 학습 유형을 지니고 있다. 시각형(visual) 학생들은 정보가 도표나 그림처럼 시각적으로 주어질 때 더 잘 이해하는 경향을 보이고, 청각형(auditory) 학생들은 발표와 토론과 같은 방식에서 보다 더 좋은 학습 효과를 나타내며, 촉각형(kinesthetic) 학생들은 책에서보다는 직접 실물에 신체 부분을 접촉할 때 정보를 잘 기억하는 경향을 보인다. 드라마는 시각, 청각, 신체 등 모든 자극을 통해 통합적으로 메시지를 전달하므로 다른 어떤 활동보다 서로 다른 유형의 학생들에게 골고루 적합할 수 있다. 학생들은 극 활동에서 그들에게 가장 적합한 자극을 통해 언어 학습을 효과적으로 극대화시킬 수 있다.

여섯째, 자기 표현력 향상 – 극 활동은 학생들로 하여금 자신의 감정과 개성을 통해 대사를 생생하게 표현하도록 함으로써 언어를 자신의 것으로 만든다.

일곱째, 진정성 있는 언어 학습 – 일반적인 교실 수업과 달리 드라마는 의사소통의 실제 상황이 연출되고 유의미한 맥락 속에서 언어의 의미가 전달되므로 진정성 있는 언어 학습이 가능하다.

여덟째, 통합 교과교육의 수단 – 드라마만큼 범교과적 응용력이 풍부한 학습 기법도 드물다. 교과 학습의 내용이 추상적이고 무미건조할 때 학생들은 그 내용을 극화하여 역할극을 함으로써 교과 학습을 효과적으로 대신할 수 있다. 예를 들어, 과학 교과의 우주의 기원, 도덕 교과의 예의범절, 국사 교과의 삼국시대, 사회 교과의 문화 간 차이를 나타내는 행동 양식 등에 관하여 관련 에피소드를 극화함으로써 교과 내용 학습을 대신할 수 있다. 드라마는 언어 교육뿐만 아니라 다른 교과 교육에도 매우 유용한 도구이다.

이밖에도 Maley와 Duff(2005)는 언어의 네 가지 기능을 통합적으로 학습할 수 있다는 점을 드라마의 유용성으로 적시하였다. 드라마 활동은 듣기, 말하기, 읽기, 쓰기의 네 가지 언어 기능을 실제적인 상황 속에서 자연스럽게 통합한다. 나아가 드라마는 진정성 있는 맥락 속에서 의미 중심의 의사소통을 가능하게 함으로써 학생들은 삶의 의미를 추론하거나 사고할 수 있는 능력, 즉 인문학적 상상력과 창의성도 계발할 수 있다. Fleming(2011)은 이러한 드라마 교육의 장점을 전인교육으로 언급한 바 있다.

그러나 이러한 드라마의 언어 교육에의 장점에도 불구하고 지금까지 드라마를 현장의 영어교육에 적용하려는 시도는 그렇게 활발했다고 볼 수 없다. 시의 추상성, 소설의 방대한 분량처럼 드라마도 영어가 외국어인 우리나라 학생들에게는 근본적으로 텍스트가 길고 어렵다. 예를 들어, 학부생들이 영미 드라마의 백미인 William Shakespeare의 4대 비극을 혼자서 읽어내는 것은 여간 고통스러운 일이 아니다. 우리나라 EFL 환경에 맞는 수준으로 작품을 개작하거나 혹은 그러한 수준의 원전 텍스트를 찾지 않는 한 제대로 된 드라마 수업을 하기란 현실적으로 쉬운 일이 아니다.

드라마 교육은 교재의 난해성이라는 문제 외에도 교수법과 관련해서도 많은 지적을 받아 왔다. 일반적으로 드라마는 영문과나 영어교육과에서 고유한 교수법의 개발 없이 시나 소설과 비슷한 차원에서 평면적으로 강의되었다. 드라마 강의는 드라마가 지닌 장르적 특성을 살리지 못한 채 정밀 독서(close reading)와 번역 중심으로 강의되었고 이러한 번역 중심의 교수법은 학생들의 실질적인 의사소통능력을 기르는 데 실패했다는 비판을 받았다.

이러한 비판을 인식하고 학계에서는 1990년대부터 드라마를 드라마답게 가르치고자 독해 중심의 강의를 벗어나 연극 중심의 공연 활동을 전제로 한 드라마 수업을 시도하였다. 근본적으로 드라마가 공연을 전제로 쓰인 것이라면 드라마는 마땅히 공연을 수업의 최종 목표로 설정하고 그에 따라 수업이 진행되어야 할 것이다. 그렇게 될 때 공연 중심의 드라마 수업은 학생들의 의사소통능력 배양이라는 영어교육 목표에도 잘 부합될 수 있다. 김연호(1994)는 드라마의 위기를 극복하는 방법으로서 텍스트를 읽고 감상하는 것을 넘어서서 무대 상연을 전제로 하는 수업 방식을 제시하였다. 정문영(2006)은 드라마 수업에서 관객성을 체득하는 것이 중요하다고 하면서 드라마 수업은 행위자와 관람자의 역할을 나누고 또한 바꿈으로써 함께 행위하고 관람하는 것을 경험하는 공연의 장이라고 하였다. 좀 더 실용적인 관점에서는, 영어 연습을 목표로 연극 공연을 한 학기 동안 준비하는 방식의 수업도 제시되었고(김계숙, 2007; 김태원, 2008), 공연을 드라마의 본질과 그 문화적 생산력에 대한 총체적 경험을 쌓기 위한 틀로서 보는, 보다 포괄적인 영미 드라마 교육 방향을 모색하는 입장도 등장하였다(최성희, 2006).

드라마를 연극화하는 일은 언어 예술이 공연 예술로 전이하는 과정을 체험할 수 있도록 한다는 점에서 긍정적이나 학기 중에 수업을 하면서 무대 공연을 준비하는 데에는 시간적, 물리적인 한계가 있다. 우선, 제대로 된 연극 공연을 하는 것은 연기와 관련한 전문적인 지식과 훈련을 요구하는 것으로서 아마추어 학생들에게는 부담이 되는 작업이다. 더욱이 공연 연습은 시간이 오래 걸리기 때문에 학생들이 제한된 정규 교과 시간에 충분히 준비하기 어렵다. 대사를 외우고 숙달된 연기를 위해 학생들은 다른 과목을 제쳐두고 한 학기 대부분의 시간을 연극 공연에 할애해야 한다. 또한, 수업에서 많은 작품을 다루지 못하고 한두 작품밖에 취급하지 못하는 현상이 발생할 수 있는데, 드라마 과목이 대부분 개관적인 성격을 띠므로 오히려 다양한 작품을 다루는 것이 학생들에게 더 의미가 있을 수 있다(김연호, 1994). 나아가 다양한 의사소통 상황에 참여할 수 있는 기회가 부족한 것도 단점이다. 실제로 의사소통 능력을 배양하기 위해서는 기본적으로 주어진 역할을 연습할 뿐만 아니라 돌발적인 상황에 처하여 임기응변적으로 언어를 구사하는 연습도 필요한데 공연은 그 점이 부족하다. 드라마가 영문과나 영어교육과뿐만 아니라 연극과에서도 다루어지고 있는 현실은 드라마 장르 자체에 태생적인 갈등이 내재하고 있으며 이로 인해 드라마만의 고유한 수업 방법론이 확립되지 못하는 아이러니가 발생하고 있다.

이러한 맥락에서 공연 부담이 없으면서도 드라마 고유의 공연 체험을 할 수 있도록 제시된 방법이 소위 '교육 연극' 혹은 '프로세스 드라마(educational drama, drama in education, process drama, creative drama)'이다(Bowell & Heap, 2001; Heathcote & Bolton, 1995; Kao & O'Neill, 1998). Kao와 O'Neill(1998, pp. ix-x)에 의하면, 교육 연극은 1970년대 영국의 Dorothy Heathcote으로부터 시작되었는데 드라마 수업 방식에 있어서 하나의 전환점을 이룬 것으로 평가된다. Heathcote은 평소 학생들이 문제 상황에 봉착했을 때 그것을 드라마 형식을 통해 해결할 수 있다고 믿었다. 그녀는 연극적 활동이 개인적 통찰, 자기표현, 창조성을 배양하기 위해 교육적으로 활용될 수 있음을 보고, 교과 학습의 도구로써 드라마를 만들어 사용하는 의미로서 교육 연극이라는 개념을 발전시켰다. Heathcote의 교육 연극은 1990년대 초기 미국에서 Cecily O'Neill에 의해 '프로세스 드라마'라는 용어로 진화하여 오늘날 대중화되기에 이르렀다.

교육 연극의 이해를 돕기 위해 그 특징을 간략히 살펴보면 다음과 같다(한광석, 2001; Kao & O'Neill, 1998; O'Neill, 1995).

> 첫째, 교육 연극은 이미 쓰인 각본이나 시나리오로부터 진행하지 않는다. 교육 연극에는 텍스트가 주어지지 않는 대신 학생들이 흥미롭게 느낄만한 도전적인 주제, 상황 혹은 그림이나 광고 카피와 같은 프리텍스트(pretext)로부터 출발하여 그에 대한 대안을 구성원과의 논의를 통해 드라마로 만들어가는 형식을 취한다. 프리텍스트란 앞으로 극화될 내용과 관련하여 분위기나 흥미를 불러일으킬 만한 소품이나 소재, 예를 들어 광고, 그림, 시, 영상물 등과 같은 것을 총칭하는 말이다. 학생들에게 흥미를 끌어내고 움직임을 끌어낼 수 있는 것

이라면 무엇이라도 프리텍스트로서 기능할 수 있다. 이러한 시각에서 Phillips(1999)는 '드라마(drama)'라는 말보다 '극화하기(dramatizing)'라는 용어를 더 선호한다고 하였다.

둘째, 교육 연극에서는 주어진 텍스트의 상연을 위해 리허설을 하는 대신 주제와 관련된 텍스트를 새롭게 만들어 가는 극 활동에 초점을 둔다. 학생들은 사전 준비 없이 즉흥적으로 일련의 에피소드를 구성하고 그에 따른 대사를 스스로 만들게 된다. 교육 연극은 이러한 다양한 드라마 기법을 의미하는 수업 형태로서 주제 혹은 텍스트 자체를 이해하기 위해 수업 중에 효과적인 극 활동을 창의적으로 구성할 뿐이며 그것이 학습 목표의 전부이다. 극적 활동은 플롯과 인물의 갈등과 같은 전통적인 연극적 요소를 사용하는 것이 아니라 아이들이 하는 모방적 놀이와 유사한 개념으로서 학생들이 자신의 생각을 자유롭게 행동으로 표현할 수 있도록 한다.

셋째, 교육 연극은 학생들의 즉흥성과 창의성을 강조함으로써 수동적인 학습이 아니라 능동적인 발견 학습을 유도한다. 이러한 시각은 주어진 텍스트에 대해 의견을 달고 해석하는 활동은 열등한 활동이고 자기 자신의 생각과 표현이 더 중요하다는 관점을 나타낸다. 이러한 의미에서 교육 연극은 '창의적 연극'이라고 불리기도 한다.

넷째, 교육 연극은 학습의 결과보다는 과정을 중시하는 수업 형태를 띤다. 학생들이 자신이 만든 연극을 학기 말미에 공연하는 것이 아니라 수업 과정 중에 시연한다. 따라서 과정 중에 하는 연극은 관객을 위한 것이 아니라 동료 학생들을 위한 것이다. 학생들의 연극은 전통적인 관객과 배우의 구별이 없고 관객이 곧 배우이자 배우가 곧 관객인 형태를 띤다.

한편, 교육 연극은 작품 감상의 결과물로서 공연을 전제하지 않으므로 드라마 정전의 선택에서 자유로울 수 있다. 그 결과 수업에서 반드시 드라마 정전을 다루지 않더라도 다양한 드라마 기법을 사용하여 소기의 드라마 관련 학습 목표를 달성할 수 있다. 정전 대신 보통 사회적으로 논쟁이 되는 문제, 개념 혹은 상황을 제시하고 그에 대한 해법에 관해 학생 스스로 극을 만들어 보도록 유도한다. 예를 들어, 개인의 심리 문제를 드라마의 역할극을 통해 해결하도록 할 수 있고, 지구촌화(globalization)의 문제에 대한 대안을 드라마로 제시하도록 할 수도 있다(Smith &

Herring, 2001). 학생들은 주어진 문제에 대해 집중 토론을 거쳐 자신들의 해결책을 결정하고 그것을 반영하는 극을 만들어 간다. 이 때문에 교육 연극은 드라마 영역의 한계를 넘어 통합교과적인 성격을 띨 수 있다(김수정, 2010).

한편, 통합교과적 성격은 아니지만, 영어 산문 텍스트를 주고 그것을 극화하는 방식의 수업 방향을 설정할 수도 있다. 그동안 이러한 방향성에 대해 많은 연구가 진행되었는데 쉬운 이야기 글을 대화 중심의 역할극으로 재구성하여 의사소통능력을 제고하는 연구들이 다수 존재한다(김덕규, 1998; 김성연, 2004; 김진철, 김혜련, 1999; 김현진, 이진아, 2006; 유정숙, 국방호, 2000). 예들 들어, 아이들이 좋아하는 신데렐라(Cinderella)와 같은 동화를 극화하고 그 결과로 완성된 단막극(skit)을 역할극으로 도입하여 연습함으로써 영어 능력을 향상시키고자 하는 수업 형태를 구안해 볼 수 있다. 이 경우 일반적으로 수업 목표는 드라마 기법을 통한 학생들의 의사소통능력의 배양에 있게 된다.

EFL 언어 환경을 고려할 때, 일차적으로는 드라마 교육의 목표를 드라마 자체에 대한 내용 학습보다는 드라마 활동이 언어 습득에 도움이 되는 것이므로 드라마 활동을 하면서 언어 능력 향상에 초점을 두는 방향이 바람직해 보인다. 앞서도 언급되었듯이 문학 수업의 장점은 문학 고유의 장르적 형식에 기반을 둔 활동들이 언어 습득에 매우 효과가 있다는 점에 있다. 이야기도 이야기 문법(story grammar)을 통해 글을 읽고 이해할 수 있는 능력을 배양하고, 시도 리듬 패턴의 시적 언어를 통해 어휘, 쓰기, 듣기, 말하기 능력을 배양할 수 있는 것처럼 드라마도 연극 고유의 장르적 형식에 관련한 기법들을 통해 영어 능력 향상에 이바지할 수 있다. 따라서 드라마 교수법에서도 드라마를 작품으로서 내용을 학습하기보다는 드라마 활동들을 언어 교육에 도입하여 활용하는 것이 핵심이다.

이 장에서는 교육 연극 이론에 기반을 두되 우리나라와 같은 EFL 영어교육의 상황에 맞는 드라마 교수·학습 모형 및 자료를 제시하고자 한다. 수업에 사용되는 텍스트는 드라마 정전으로 하되 정전의 어려움을 고려하여 작품 전체를 학습하는 대신 중요한 장면들을 중심으로 발췌하고 그에 대해 교육 연극 기법을 적용하는 수업 모형을 제시한다. 교육 연극 기법을 통해 학생들은 드라마 작품에 대한 이해를 효과적으로 높일 수 있으며 동시에 실질적인 영어 의사소통능력도 배양할 수 있다. 본 수업모형은 모든 드라마 수업에 적용되지 못하는 한계를 지니나 이를 바탕으로 향후 보다 발전된 드라마 수업모형을 위한 하나의 토대를 제시한다는 점에서 의의를 갖고자 한다.

2. 교육 연극

교육 연극이 발전하게 된 배경을 파악하기 위해서는 전통적인 의미에서의 연극(theater)과 드라마(drama)의 개념에 대한 구별이 필요하다. 연극은 배우와 관객의 두 요소가 존재하고 이미 만들어진 대본에 근거하여 관객에게 보여주기 위해 공연을 최종 목적으로 하는 반면, 드라마는 배우라는 요소가 존재하지만 관객이나 대본의 개념이 없고 대본을 만드는 과정 자체를 위한 극 활동으로 구성된다. 연극은 전문적이고 격식적이지만, 드라마는 비전문가인 학생들이 자유롭게 의사를 표현하는 비격식적인 드라마 활동에 초점을 둔다. Fleming(2011)은 이러한 두 개념의 차이를 <표 Ⅶ.1>과 같이 제시한다.

<표 Ⅶ.1> Theater vs. Drama

Theater	Drama
Product	Process
Teacher/Director-centered	Students-centered
Fixed in role	Dynamic in role
Rehearsal	Self-expression
Communication between actors and an audience	Experience by the participants
Accuracy in performance	Fluency in communication
Importance of content	Importance of form
Focus on reading	Focus on writing

연극 감상의 결과로 생기는 경험의 세계를 중시하고 공연을 학습 목표로 간주하면 '연극 교육'이 되지만 연극을 준비하는 과정에서 생기는 교육적 효과를 보다 중시하면 '교육 연극'이 된다. 요컨대, 연극과 드라마의 경계를 긋는 기준은 각본이 어느 정도 통제되는가, 배우가 각본으로부터 어느 정도 자유로울 수 있는가의 문제라고 할 수 있다. Kao와 O'Neill(1998)은 각본의 통제성 정도에 따른 연극과 드라마 형식의 차이를 <그림 Ⅶ.1>과 같이 제시한다(pp. 5-16).

Text-Driven				Improvisation-Driven		
Scripted Role-play	Dramatized Story	Language Games	Simulations (Improvisational Role-play)	Scenarios (Strategic Interaction)	Process Drama

<그림 Ⅶ.1> A Continuum of Drama Approach

위 그림에서 각본 역할극(Scripted Role-play)은 고정된 스크립트에 주어진 역할을 암송하는 차원의 활동으로서 전형적인 공연 교수법의 의미에 가장 가까운 형태이다. 예를 들어, 우체국에서 편지 부치는 방법을 배우기 위해 학생들은 우표를 사고, 봉투에 주소를 쓰며, 우편을 붙이는 일련의 절차에 관한 대화를 – "Can I send this letter to Canada?" "How long will it take for the letter to get there?" 등 – 짝과 함께 연습한다. 학생들은 반복 연습을 통해 특별한 상황에 쓰이는 중요한 문장 구조나 어휘 및 관용어 등을 익힐 수 있다. 그러나 이러한 반복적 연습은 진정성 있는 언어 상호작용과는 무관하기 때문에 자기 생산적인 유의미한 의사소통이 되지 못하고 예상하지 못한 돌발적인 상황에는 대처할 수 없는 단점이 있다.

극화된 이야기(Dramatized Story)는 단막극의 일종으로서 교실 연극이라고 부를 수 있는데 짧은 이야기를 대본으로 만들어 가는 과정, 즉 주어진 이야기를 각색하여 등장인물과 장면, 사건들을 계획하고 직접 연극으로 만들어 나가는 극화활동(dramatization)을 전제로 한다. 극화된 이야기도 각본 역할극과 마찬가지로 각색된 대본이 실제 일상생활에서 일어나는 상호작용적인 의사소통과는 무관하며 학생들은 대본의 정확한 수행에만 신경을 쓸 뿐 의사소통에는 무관심한 경향을 보이는 한계가 있다.

언어 게임(Language Games)도 각본 역할극이나 극화된 이야기의 한계를 벗어나지는 못하지만 고정된 패턴을 반복하는 과정에서 새로운 어휘나 표현 등을 대체할 수 있는 여지는 있다. 예를 들어, "The seat on my left is free."라는 게임에서 학생들은 원형으로 앉아 있고 한 의자는 비어 있는데 자신의 왼쪽에 빈 의자가 놓여 있으면 학생은 "The seat on my left is free, and I'd like (student's name) to sit next to me."라고 말한다. 자신의 이름이 호명된 학생은 빈 의자에 가서 앉고 자신의 의자를 비워둔다. 다시 자신의 왼쪽에 빈 의자가 있는 학생은 이와 같은 과정을 반복한다. 이 게임에서 학생들은 "I'd like (student's name) to sit next to me." 라는 문장 구조에 익숙해질 것이고 반 학생들의 이름을 발화해 보는 기회를 갖게 된다(Maley & Duff, 2005, pp. 70-71).

가상극(Simulations)이나 즉흥 역할극(Improvisational Role-play)은 학생들에게 미리 고정된 각본을 제공하는 것은 아니지만, 그들이 수행할 역할에 대한 상세한 설명 혹은 수행해야 할 과제가 무엇인지 기술한 상황 카드를 주게 된다. 학생들은 특별한 어휘 항목과 구조를 연습하고 기존 학습을 재강화하기 위해 하나의 상황을 선택하도록 요청받는다. 예를 들어, 아래의 A나 B와 같은 가상의 상황에 처해 학생들은 어떻게 행동할지 가상극을 만들어 볼 수 있다.

A. 당신은 물건을 구매하기 위해 상점을 방문한다. 여러 가지 물건의 가격에 대해 문의하라.
B. 당신은 우연히 어느 보행인의 짐 꾸러미를 쳐서 땅에 떨어뜨렸다. 보행인에게 사과하라.

A. You visit a store to make some purchases. Inquire about the cost of several items.
B. Make an apology to a passer-by whose packages you have accidentally knocked to the ground.

또는 아래의 'Role A'나 'Role B'와 같은 가상의 역할이 적힌 카드를 받은 뒤 즉흥적으로 그에 적합한 대화와 행동을 연기하는 즉흥 역할극을 만들어 볼 수도 있다.

역할 A: 당신은 버스를 타려고 애쓰다가 우연히 짐 꾸러미를 든 보행인과 충돌한다. 당신은 그 사람에게 뭐라고 말할 것인가? 버스는 막 떠나려고 하고 있음을 기억하라.

역할 B: 당신은 방금 깨지기 쉬운 도자기 몇 개를 샀는데 누군가가 당신하고 부딪혀서 당신의 짐 꾸러미를 땅에 떨어뜨렸다. 당신은 그 사람에게 뭐라고 말할 것인가?

Role A: You are trying to catch a bus and you inadvertently run into a passer-by loaded with packages. What will you say to this person? Remember the bus is about to leave.

Role B: You have just bought some delicate china, and someone has bumped into you, knocking your packages to the ground. What will you say to this person?

가상극이나 즉흥극에서 학생들은 자신의 가치와 태도에 따라 선택한 상황에 반응하게 됨으로써 어느 정도 수준의 상호작용을 할 수 있다. 그러나 태도와 과업이 명확히 규정되어 있기 때문에 역할은 자유로울 수 없다. 언어 사용역도 제한되어 있어 의미적으로도 대화에 한계가 존재한다. 가상극과 즉흥극은 초보 수준의 학생들에게는 효과적일 수 있으나 높은 수준의 자유로운 대화를 하기에는 한계가 있다.

시나리오(Scenario) 혹은 전략적 상호작용(Strategic Interaction)은 통제된 드라마 기법으로부터 열린 의사소통으로 좀 더 발전된 혁신적인 드라마 기법이다. 시나리오는 학생들에게 하나의 상황 혹은 에피소드를 제공하고 어떻게 반응할지 작성할 것을 요청한다. 시나리오는 적어도 두 개의 서로 충돌하는 가치관에 대해 선택의 문제가 제시되고 학생들은 이 중에 하나를 선택한다. 예를 들어, 다음과 같은 시나리오가 제시될 수 있다.

당신은 이탈리아의 어느 대학에 다니는 미국인 학생이다. 당신은 두 가지 저녁 초대를 받았다. 하나는 당신과 저녁을 같이 하면서 당신이 열성적으로 수행하려고 하는 연구 프로젝트에 관해 논의하고 싶어 하는 교수가 보내온 초대장이다. 이 교수는 쉽게 친해질 수 있는 사람이 아니고 그의 초대는 매우 드문 일이다. 다른 초대는 최신식 아파트의 생활비를 상당 부분 감해주겠다는 학생회로부터 온 제의이다. 당신은 돈이 많지 않아 덜 비싼 숙소를 찾고 있다. 이 제의는 학생회가 발표하는 그 해의 유일한 제의이다. 당신이 응하지 않으면 당신은 아파트의 특별 리스트에서 제외될 것이다.

시나리오에서 학생들은 가치관의 문제, 태도의 문제로까지 확장된 대화를 할 수 있다. 학생들은 누구와 상호작용할지, 어떤 전략을 선택할지 자유롭게 결정할 수 있다.

프로세스 드라마(Process Drama)는 단편적이고 짧은 시나리오에 비해 다섯 개 정도의 에피소드를 제시함으로써 보다 포괄적이고 유기적인 구성을 지닌다. 특히, 시나리오와 다른 점은 어떤 상황을 제시하여 학생들이 그 상황에서 주어진 문제를 스스로 해결하는 데 초점을 둔다는 점이다. 예를 들어, 학생들은 다음과 같은 프로세스 드라마를 만들 수 있다.

1) 학생들은 남아메리카에 살고 있는 집 없는 어린이들을 자기 집에 받아들이기로 동의한다. 복지사회사의 역할을 맡고 있는 교사는 그들에게 어린이들의 배경지식을 제공한다. 학생들은 그들이 부양하기로 동의한 어린이들의 가상의 이름, 나이, 상황 등을 만든다. 학생들은 어린이들에게 편지를 쓰고 그들이 살 집과 앞으로 닥칠 삶에 대해 기술한다.
2) 학생들은 모둠별로 길거리에서 어린이들의 삶의 한 순간을 포착한 정지 장면(still image)을 연출하고 교대로 정지 장면을 동료들에게 보여준다.
3) 교사는 남아메리카로 어린이들을 만나러 간다고 설명한다. 학생들은 어린이들이 양자로 부양하기에 적합한지 파악하기 위해 어린이들을 면접한다. 일부 학생들은 집 없는 어린이의 역할을 한다. 어린이들은 일부러 면접을 어렵게 하기 위해 부끄러워하거나 뚱하거나 무서워하거나 아픈 척한다.
4) 교사는 거리의 어린이들을 근절하는 계획에 대해 적대적이고 대수롭지 않게 생각하는 정부 관리의 역할을 맡는다. 학생들은 어린이들이 매우 궁핍하여 살기 어려우므로 외국으로 보내는 것이 유익하다고 관리를 설득한다.

5) 그로부터 10년이 흐른 뒤 어린이들은 이제 청소년이 된다. 학생들은 그들이 내린 결정과 행동을 보여주고 그들이 입양한 어린이들이 어떻게 되었는지 보여주는 장면을 연출한다.

3. 교육 연극 기법

이와 같은 내용이 주어지면 학생들은 각 에피소드를 극화하고 극화 과정에서 다양한 교육 연극 기법들을 사용하도록 한다. Maley와 Duff에 의하면(2005), 드라마 기법은 원래 배우를 훈련하는 데 사용된 기법으로서 한 편의 드라마를 완성시키기까지 거쳐 가는 모든 중간 활동을 의미한다. 교육 연극에 자주 사용되는 드라마 기법으로는 다음과 같은 것들이 있다(원지영, 2007; Fleming, 2011).

첫째, 정지 장면(still image, tableau, photograph, freeze frame, statues)은 어떤 한 인상적인 순간을 포착하여 대사 없이 몸짓과 표정으로만 메시지를 전달하는 기법이다. 마치 사진처럼 하나의 개념을 표현하기 위해 정지된 시간 속의 한 순간을 포착하여 한 장면을 구성한다. 교육 연극에서는 보통 하나의 주제를 파악하고 극화하기 위해 핵심이 되는 다섯 개의 사건들을 선택하고 학생들을 다섯 모둠으로 나눈 뒤 모둠별로 할당된 사건들을 정지 장면으로 연출한다. 다섯 장면은 발단, 전개, 위기, 절정, 대단원을 나타내는 드라마 플롯의 구성 단계와 유사하다. 정지 장면 활동은 어떤 한 순간을 독립적으로 분리시켜 집중하게 하므로 감정이입을 통해 인물과 상황에 대한 심도 있는 분석이 가능해진다.

둘째, 심층 면접 의자(hot seating, questioning in role)는 각 등장인물의 동기, 성격, 태도 등을 그 역할을 담당한 사람에게 질문하여 파악하는 기법이다. 이 활동은 극을 중지하거나 혹은 극을 마친 후에 하게 되는데 등장인물에 대한 심층적인 정보를 얻을 수 있다. 참여하는 학생은 의자에 앉는 순간 극 중 등장인물로 변신하여 마치 자신의 일인 것처럼 등장인물을 대변하고 감정을 토로한다.

셋째, 엿듣기(eavesdropping, spotlighting, open door) 기법은 학급 전체가 동작을 정지하고 있다가 교사의 신호에 따라 일부 모둠은 다시 살아나 다른 학생들이 관찰하는 가운데 그들의 각본을 연기한다. 보통 30초 정도의 짧은 시간 동안 각자의 각본을 연출하는데 이 활동은 연극의 내용을 학생들이 서로 공유할 수 있는 기회를 부여한다.

넷째, 토론 극장(forum theater)은 한 모둠이 논쟁이 되는 짧은 장면 하나를 연기하면 나머지 학생들이 지켜보다가 이견이 생길 때 언제든지 연극을 중지시키고 등장인물의 감정이나 행동, 대화 등을 바꿀 수 있는 기법이다. 학생들은 무대 공간으로 들어가 등장인물의 역할을 대신하여 다른 것을 보여주거나 해당 배우에게 별도의 행동을 요구할 수 있다. 토론 극장은 문제를 분석하고 토론을 유도하며 궁극적으로 문제에 대한 해답을 찾도록 하는데, 이러한 이유로 신인 배우들이 가장 도움을 많이 받는 드라마 기법으로 알려져 있다.

다섯째, 전문가 놀이(mantle of the expert, playing the expert)는 교사가 문제를 의뢰하거나 도움을 청하는 역할을 하고 학생들은 그 상황에 관련된 전문가가 되어 문제를 해결하는 방식의 활동이다. 학생들은 자신의 교과 지식과 체험을 활용하여 주어진 문제를 해결하기 위해 토론하고 협상한다. 예를 들어, 정부가 암을 치료하기 위해 실험실을 운영하는 상황을 제시하고 학생들은 그 해법에 대해 토론할 수 있다. 학생들은 자신을 전문가라고 생각하므로 책임감을 지니게 되어 더 큰 학습 효과를 얻게 된다. 전문가 놀이는 연극적 성격이 덜해 보이지만 가상의 상황을 설정하며 관객을 전제하고 연기한다는 점에서 전체의 틀은 근본적으로 연극적이다.

여섯째, 연기자 교사(teacher in role, actor teacher) 기법은 드라마에서 교사의 역할이란 학생들의 지식 생성을 돕기 위한 매개자 기능을 한다는 시각에 바탕을 두고 있다. 교사는 적절한 배역을 맡아 학생들의 탐구를 유도하는데 학생들의 과제 수행을 돕거나 혹은 과제를 어렵게 하는 역할을 할 수도 있다.

일곱째, 인물 관계도(sociogram)는 극 중 인물의 인간관계를 탐구하기 위한 방법 중 하나이다. 중앙 의자에 주인공, 예를 들어 '백설공주'를 앉혀 놓고 학생들은 그 인물과의 관계에 따라 자리를 잡는다. 학생들은 자신의 판단에 따라 등장인물 주변으로 적당한 거리를 두고 선다. 그 후 학생들은 교사의 신호에 따라 등장인물과의 관계나 그에 대한 생각 등을 말한다. 이 활동을 통해 학생들은 등장인물이 사회에서 어떻게 생활하고 느껴왔는지를 타인의 목소리와 시선으로 확인함으로써 등장인물과 그를 둘러싼 사회와의 관계를 파악할 수 있다.

4. 교육 연극 기법 기반 영미 드라마 교수·학습 모형

1) 개요

(1) 학습 목표(goals)

본 교육 연극 수업은 영미 드라마 정전을 텍스트로 하되 이에 대한 비판적이고 창의적인 이해를 모색하고 동시에 학습자의 의사소통능력을 배양하기 위해 교육 연극 기법을 사용하는 수업모형을 제시한다. 본 수업에 사용된 드라마 텍스트는 Christopher Marlowe의 *파우스투스 박사(Doctor Faustus)*이며 영어교육과 3학년 학생을 대상으로 한 학기 강의를 전제로 설계되었다. 학생들이 기본적으로 텍스트를 이해하는 데 어려움이 있기 때문에 텍스트 전체의 플롯은 배우로서 역할을 하는 교사의 설명과 활동으로 대신하고 각 막마다 중요한 장면을 발췌하여 그것을 교육 연극 기법을 통해 재구성하는 수업 방식을 취한다. 수업의 핵심은 학생들이 각 막의 주요 장면을 다양한 교육 연극 활동을 통해 창의적으로 재해석하고 그 결과를 극으로 재현하는 데 있다. 학생들은 파우스투스 박사가 르네상스적 지식과 힘에 대한 열정으로 인해 악마에게 영혼을 팔고 그 결과 형벌과 죽음으로 치닫는 일련의 비극을 이해하고, 나아가 형벌과 당대의 정치적 구조에 대한 창의적인 비평에 도달한다. 학습 단계는 준비, 연습, 공연, 평가의 네 단계로 나뉘고 각 단계마다 목표로 하는 학습 요소들을 충족시키기 위해 이에 따른 교육 연극 활동이 수행된다.

(2) 교수·학습 과정(teaching-learning process)

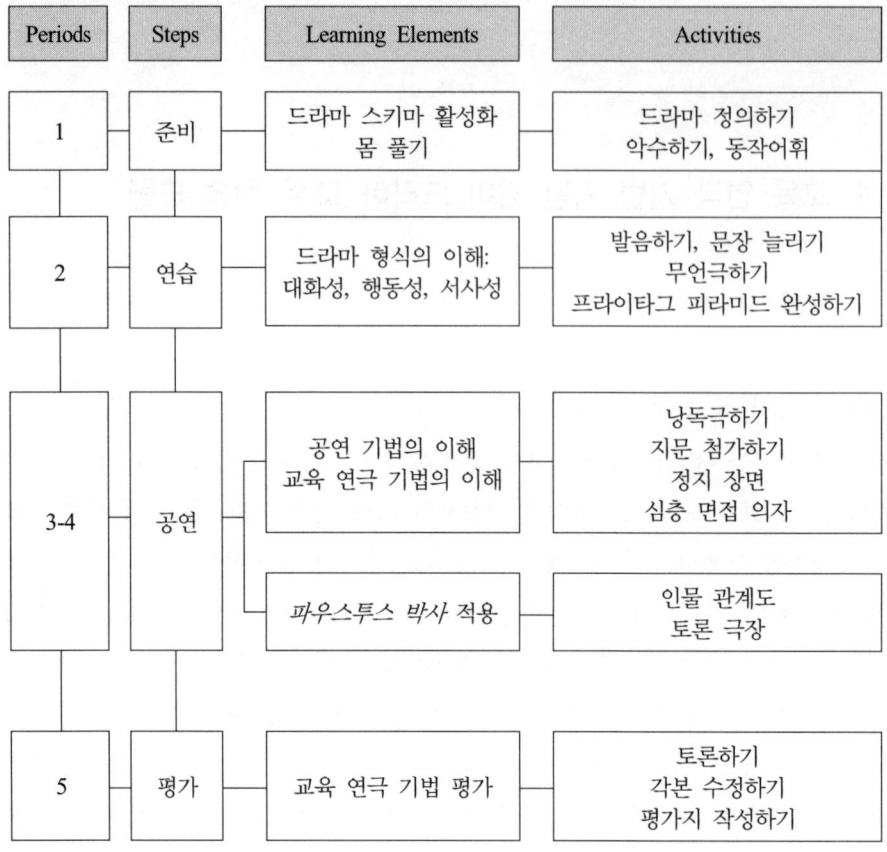

<그림 VII.2> 교육 연극 교수·학습 과정

(3) 차시별 세부 활동 설명

각 차시별 세부 활동에 대한 설명은 <표 VII.2>와 같다. 각 차시별 활동지 원본은 참고용으로 부록에 첨부하였다.

<표 VII.2> 차시별 세부 활동 설명

Activity 1.1 What is drama?

Write down your definition of drama briefly and discuss it with your group members.

_____
_____
_____
_____
_____
_____
_____
_____
_____
_____
_____

Activity 1.2 Handshakes(Maley & Duff, 2005)

Move around the classroom, shaking hands with each other and telling your name aloud as in the example below.

A: My name is _____. How are you today?

Activity 1.3 Acting out movement

Show your body movement properly according to the meaning of each word below.

1. Using leg and foot: kick, skip, step, tiptoe
2. Using arm and hand: box, clench, dig, grope, knead, pick, point, pull, scratch, wring
3. Using face: chew, smile, pout, squint, wink, wrinkle
4. Other: bob, collapse, creep, hobble, lunge, revolve, rise, sink, stalk, strut, sway, trudge

① 1차시 준비(preparation) 단계

준비 단계에서는 드라마란 무엇인가를 생각해 보는 드라마 스키마 활성화 활동이 중요하다. 모든 드라마 수업의 일차적인 목표는 드라마 형식에 대한 이해이다. 드라마의 장르적 특성에 대한 이해를 기반으로 학생들은 드라마 고유의 학습법에 대해 인식하게 되고 나아가 이러한 인식을 토대로 드라마 정전에 대한 올바른 감상 및 공연에 도달할 수 있다. 학생들은 드라마에 대한 배경지식을 활성화하기 위해 <Activity 1.1>과 같이 각자가 생각하는 드라마의 정의를 간략하게 쓴 뒤 이에 대해 토론할 수 있다. 또한, <Activity 1.2>에서처럼 다양한 몸 풀기(physical warm-up) 활동을 하는데 몸 풀기는 극 활동을 하기 전 긴장을 풀고 서로 간의 어색함을 없애며 수업에 대한 동기를 유발하기 위한 것으로서 연기자가 에너지와 열정을 발산할 수 있도록 몸을 준비시킨다. 몸 풀기 활동으로는 보통 간단한 신체 활동 게임을 한다. 예를 들어, '악수하기(handshakes)' 활동에서는 학생들이 교실을 자유롭게 돌아다니며 서로 악수한다. 이때 서로 인사하고 각자의 이름을 큰 소리로 부름으로써 상호 친근감이 형성된다. 신체 준비 운동으로서 '동작 표현하기(acting out movement)' 활동도 수업 첫 시간에 효과적이다. 이 활동은 자신의 몸을 사용하여 해당 언어의 의미를 표현하도록 하는 것인데 이러한 어휘들은 극 활동과 언어 학습 모두에 도움이 된다.

이 외에도 태그 게임(tag game)이나 음악 의자(musical chairs) 등도 몸 풀기에 좋은 게임들이다. 태그 게임에서 술래(chaser)가 되는 사람은 다른 사람들을 쫓아 다니는데 누군가를 손으로 치거나 잡게 되면 그 사람이 술래가 되고 술래는 다시 다른 사람을 쫓아 다니게 된다. 음악 의자는 중앙에 의자가 사람 수보다 적게 놓여 있고 한 무리의 사람들이 의자 주의를 돌다가 음악이 그치면 의자에 앉아야 하며 앉지 못한 사람은 퇴장 당하는 게임이다.

② 2차시 연습(rehearsal) 단계

드라마의 장르적 특성은 크게 대화성(dialogue), 행동성(action), 서사성(narrative)의 세 가지로 집약될 수 있다. 대화란 구어적 의사소통의 가장 단순하고 고전적인 형태로서 독백 혹은 방백의 형태로 표현될 수 있다. 준비 단계에서 몸 풀기가 끝난 뒤 학생들은 <Activity 2.1>에서처럼 소리, 찬트, 노래, 라임, 시 등을 포함하는 목소리 운동(voice warm-up)을 한다. 학생들이 어떤 특정한 발음에 어려움이 있다면 그 부분만을 따로 떼어 놓고 연습할 수도 있다. 소리 연습을 통해 학생들은 분명하고 자연스러운 목소리로 자신을 표현할 수 있는 자신감을 배양한다. <Activity 2.2>의 문장 늘리기 활동은 학생들이 긴 문장의 대사를 발화할 때 호흡 조절을 연습하는 활동이다.

주지하다시피 드라마는 'dran'(to act)으로부터 유래한 것으로서 '행동하다'의 의미를 지니고 있다. 드라마는 기본적으로 삶을 행동을 통해 재현하는 예술 장르이다. 행동이란 놀이(play) – 몸짓(gesture) 혹은 춤(dance) – 로도 표현될 수 있는데 놀이는 인간이 어린 시절에 겪게 되는 일종의 통과의례이고 삶의 모방은 모두 이러한 놀이에서 나온다. 그래서 인간을 놀이하는 인간(Homo Ludens)이라고 부르기도 한다. 드라마의 행동은 단순한 신체적 움직임을 의미할 수도 있으나 보통 느끼고 생각하는 눈에 보이지 않는 여러 가지 의미를 함축하는 고도로 압축되고 농축된 행동이다. 드라마의 행동이라는 특성은 드라마를 규정짓는 가장 큰 특성이자 드라마 고유의 장르적 특성으로서 모든 드라마 기법이 여기에 근거하고 있다. 따라서 다른 장르와 변별되는 고유한 드라마 교수법이란 이러한 행동성에 기반을 둔 교수법이 되어야 할 것이다.

드라마에서 행동이 중요한 표현 수단임을 말해주는 대표적인 활동으로는 무언극(mime)을 들 수 있다. 무언극은 대사 없이 의미 표현에 맞는 신체 언어와 몸짓을 추구한다. 무언극은 학생들의 상상력에 자극을 제공하는 활동이며 학생들은 무언극을 통해 몸짓과 같은 비언어적 의사소통의 중요성을 인식할 수 있다. 무언극은 말로 하는 언어적 의사소통과 행동으로 표현하는 비언어적 의사소통 사이에 존재하는 복잡한 인과 관계를 시사한다(Maley & Duff, 2005). 무언극 활동으로는 단어나 속담의 의미를 몸짓으로 표현하거나, 불만스러운 상황의 목록을 적은 뒤 몸짓을 통해 어떤 상황인지 알아맞히는 등의 활동을 한다. 무언극에서는 <Activity 2.3>과 <Activity 2.4>에서처럼 카드에 적힌 사랑이나 질투와 같은 감정을 무언극으로 표현하는 활동과 일상생활의 다양한 상황을 무언극을 통해 알아맞히는 활동을 한다.

Activity 2.1 Voice warm-up(Wessels, 1987)

1. Inhale, and let out the breath on a long a, e, o:
   aaaa—eeee—oooh
2. Now do the same with MMMMMMMMM and NNNNNNNNNN
3. Now practice combinations of the above, i.e.
   MMMMAAAA; MMMMOOOH; MMMMEEEE;
   NNNNAAAA; NNNNOOOH; NNNNEEEE

Activity 2.2 Elastic sentences(Maley & Duff, 2005)

Work in pairs and take turns to speak the sentence to each other. Student A reads *Mary arrived* and student B reads *Mary arrived late*. And so on till the end.

Mary arrived.

Mary arrived late.

Mary arrived late from the airport.

Mary, who had been away, arrived late from the airport.

My cousin Mary, who had been away, arrived late from the airport.

My cousin Mary, who had been away in Italy, arrived late from the airport.

My cousin Mary, who had been away in Italy visiting her boyfriend, arrived late from the airport.

My cousin Mary, who had been away in Italy visiting her boyfriend, arrived late from the airport in a snowstorm.

My cousin Mary, who had been away in Italy visiting her boyfriend, arrived late from the airport in a snowstorm just as we were getting ready.

My cousin Mary, who had been away in Italy visiting her boyfriend, arrived late last night from the airport in a snowstorm just as we were getting ready.

Activity 2.3 Miming feelings(Wessels, 1987)

Work in pairs. Each student gets four cards and has to mime the feelings written on the cards, such as love, hate, greed, envy, jealousy, grief, happiness, surprise, fear, etc. The partner has to guess what the feeling is.

Activity 2.4 Miming situations(Maley & Duff, 2005)

Work in group. Each group is given one of the cards that describes a certain situation as in the box below. One of the group members mime the situation on the card and the rest identify it.

1. You are trying to stay awake in a boring lesson.
2. You are watching a football match on TV. Your team is losing.
3. You are in a crowded train, trying to read someone else's newspaper.
4. You are in the middle of a frozen lake, fishing through a hole in the ice.
5. You are trying to eat with chopsticks. It is the first time you have used them.
6. You are in bed in the dark in a strange house. You are trying to find the light switch near your bed.
7. You are in a big store. When you get to the pay counter, you discover that you have lost your money.
8. You are waiting for the last bus. There are lots of people and you know they will not all be able to get on. Some of them are trying to jump the queue.

드라마도 하나의 이야기이므로 이야기가 가지고 있는 플롯 구조를 지닌다. 드라마의 플롯 전개를 나타내 도식으로는 '구스타프 프라이타그의 피라미드(Gustav Freytag's Pyramid)'가 유명하다. 드라마의 갈등 전개는 발단(exposition, introduction), 전개(rising action), 절정(climax), 하강(falling action), 파국(denouement, catastrophe, resolution)의 다섯 단계를 거치는데 프라이타그의 도식은 전통적인 드라마의 5막 구성과 일치한다. <Activity 2.5>는 프라이타그의 피라미드를 학습하는 활동이다.

Activity 2.5 Gustav Freytag's Pyramid

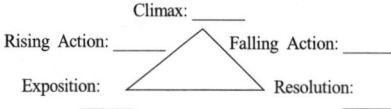

- Exposition: (Write the background, or what happens first.)
- Rising Action: (Write what leads up to the main problem or conflict.)
- Climax: (Write what happens when the problem or conflict reaches a high point.)
- Falling Action: (Write how the problem of conflict is solved.)
- Denouement: (Write how things end up.)

See the Freytag's Pyramid above and complete the following pyramid based on the plot of "*Cinderella*."

```
              Climax: ____
Rising Action: ___        Falling Action: ___
   Exposition:                Resolution:
       ____                      ____
```

③ 3~4차시 공연(performance) 단계

　드라마의 장르적 특성을 이해한 뒤에 학생들은 드라마 공연의 기초를 다지는 활동을 한다. <Activity 3.1>에서처럼 각 모둠별로 드라마 상연을 위한 대본만을 가지고 연기 없이 큰 소리로 읽는 활동을 한다(reader's theater). 이때 특정한 발음, 어휘, 억양 문제를 수정하고, 해설, 지문, 소품, 조명, 의상 등을 논의하며, 상황과 배역에 대한 전체적인 흐름을 조정한다. 또한, 극 중 이해되지 않는 부분에 관해서는 서로 토의하면서 대사의 의미 관계도 명확하게 한다. 또한, 학생들은 <Activity 3.2>처럼 지문 첨가하기 활동을 통해 각 배역 혹은 장면에 적절한 지문 만들기 연습을 한다. 리허설(rehearsal) 단계에서는 학생들이 대사를 외우고 연기 연습을 하며 감정을 넣어 동작을 표현하고, 교사는 연출자로서 학생들의 총괄적인 연기 지도를 한다.

　공연의 기초가 되는 드라마 기법에 대한 이해를 바탕으로 학생들은 이제 본격적인 교육 연극 기법에 대해 학습한다. 학생들은 <Activity 3.3>과 같이 교육 연극 기법 중 가장 널리 알려진 정지 장면을 연출해 본다. 만약 교사가 정지 장면에서 한 걸음 더 나아가 정지 장면의 학생을 건드리게 되면 그

Activity 3.1 Reader's theater

The main focus of reader's theater is to discuss how the lines should be said. Read through each scene with the group and discuss the following questions.

a. Where is each person standing?
b. What movements or gestures accompany each line, word, utterance, etc.?
c. How is the line spoken? (eg. loud, soft, quick, tense, etc.)
d. Could any adverb be applied to the way in which a line is spoken? (eg. resignedly, happily, furiously, etc.)
e. What furniture or stage props are needed?
f. What lighting would be appropriate?
g. What is each person wearing?

Activity 3.2 Adding stage directions

Make a small group of five, read the following script, and work out stage directions: how the lines should be said and what movements and facial expressions should accompany the acting.

> MESSENGER I was unable to find any more new names, but on the way back I did find a little house, on top of a high mountain. Inside, was a little man shouting around a fire and hopping around on one leg.
> GIRL What did he say?
> MESSENGER Today I bake, tomorrow I brew, The next I'll have the young Queen's child. Ha! for no one knew That Rumpelstiltskin I am styled.
> NARRATOR Just then the little man came in.
> GIRL Is your name John?
> RUMPELSTILTSKIN No.
> GIRL Is it Harry?
> RUMPELSTILTSKIN No.
> GIRL Then, perhaps your name is Rumpelstiltskin?
> RUMPELSTILTSKIN Nnn – the devil told you that! The devil told you that!
> NARRATOR And in his anger, he plunged his right foot so deep into the ground that his entire leg went in. With both hands, he then pulled his left leg so hard that he tore himself in two.

Activity 3.3 Story stills(Phillips, 1999)

Listen to a story and then prepare scenes for key points in the story as if they were stills from a film.

| <scene 1> | <scene 2> | <scene 3> | <scene 4> |

Activity 3.4 Hot seating

Make a small group of five. One of the group members plays a historical figure, such as Martin Luther King, Jr., and is questioned by the rest of the group about his background, behavior, and motivation. The student playing the character sits on a chair in front of the group arranged in a semi-circle.

Q: When and where were you born?
A: _____
Q: Why did you decide to be a minister?
A: _____
Q: How were you involved in the civil rights movement?
A: _____

학생은 해당 등장인물의 내면의 생각을 말하게 되는데 이 기법을 사고 추적(thought tracking)이라고 한다. 학생들은 이 방법을 통해 등장인물이 무엇을 생각하고 있는지를 파악할 수 있다. 한편 <Activity 3.4>의 심층 면접 의자 활동에서 학생들은 등장인물의 내면을 직접 투시하는 것 같은 느낌을 받게 되고 등장인물의 입장을 공감하거나 비판할 수 있게 된다. 심층 면접 의자의 좌석 배치는 빈 의자를 가운데 두고 반원 형태로 학생들이 앉는 형태를 취한다.

교육 연극 기법에 대한 학습을 마치고 나면 이러한 기법들을 실제로 드라마 작품에 적용하는 단계로 들어간다. 교사는 말로우의 *파우스투스 박사*를 텍스트로 선정하고 극의 흐름상 중요하다고 생각되는 다섯 장면을 선택한다. 학생들은 전체 다섯 모둠으로 나뉘어 각 모둠별로 한 장면씩 할당 받아 해당 장면을 교육 연극 기법을 적용해 재구성한다. 교사는 해설자의 역할이 되어 *파우스투스 박사* 전체의 개요를 학생들에게 설명한다. 교사는 파우스투스가 르네상스 정신을 이어 받아 지식과 권력을 추구하지만 자신의 영혼을 판 대가로 사형에 처해진다는 내용을 전달한다. 이와 동시에 교사는 학생들의 작품에 대한 새로운 해석을 돕기 위해 르네상스 당시의 정치적 상황과 연극과의 관계를 설명한다. 영국 르네상스 연극에서 현저하게 나타나는 구조적 특징들 중의 하나는 연극적 전복(theatrical subversion)이라는 개념으로서 르네상스 연극에서 정통적인 가치 체계에 도전하는 전복적 행위는 권력의 입장에서 처벌하는 형벌(punishment), 즉 고문과 병행되어 나타난다는 점이다(김경한, 2005). 공포를 조장함으로써 질서 파괴자에 대한 암묵적인 경고 메시지를 전달하는 이러한 형벌의 정치적 의미에는 연극적 인식이 깔려 있다. 학생들은 정통적 가치관에 도전한 대가로서 파우스투스가 겪는 형벌의 양상을 통해 *파우스투스 박사*가 연극적 전복을 기본 전략으로 하는 르네상스 시대의 형벌을 형상화한 극임을 재발견하도록 한다.

이러한 주제 의식하에 학생들이 극화해야 할 첫 번째 장면은 1막 3장이다. 이 장면에서 파우스투스는 르네상스 시대에 정도로 간주되었던 학문을 무시하고 그 대신 이단적으로 금기시된 마술의 힘으로 전향하며 급기야 자신의 영혼을 루시퍼(Lucifer)에게 팔고 만다. 이때부터 실제로 파우스투스는 극의 마지막 사형 집행 장면에 이르기까지 파우스투스를 조정하는 루시퍼와 그의 부하들이 연출하는 무대 위의 배우, 즉 형벌의 주인공이 된다. 학생들은 이 장면에서 '심층 면접 의자'에 파우스투스를 앉혀 놓고 그가 왜 자신의 영혼을 팔게 되었는지 질문하도록 한다.

Activity 3.5 Sociogram

With reference to the following definition of a sociogram in the box, draw a sociogram of Dr. Faustus and other characters, such as Old Man, Good Angel, Bad Angel, Mephistophilis, and Lucifer, including Chorus, in Act 5, scene 1 of *Dr. Faustus*.

> Definition: A sociogram is a graphic representation of social links that a character has. People stand close or distant to one another based on a specific criteria. It can be used to provide how the character interacts with others.

A Sociogram of Dr. Faustus

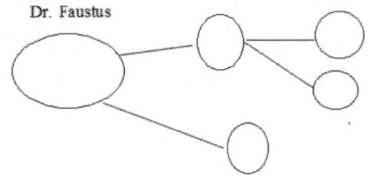

Activity 3.6 Forum Theater

With reference to the following definition of forum theater, act out the execution scene in Act 5, scene 2 of *Dr. Faustus* and shout "Stop!" if necessary, replacing one of the characters to change the situation.

> Definition: During the replay of a scene indicating some kind of oppression, any member of the audience is allowed to shout "Stop!", step forward and take the place of one of the oppressed characters, showing how they could change the situation to enable a different outcome.

두 번째는 2막 2장으로서 파우스투스가 쾌락을 즐기는 것으로 보이지만 실제로는 고통과 형벌을 받고 있음을 시사하는 장면이다. 파우스투스의 형벌은 제 5막에만 국한되지 않는다. 예를 들어, 2막에서도 '교수용 밧줄,' '독 묻은 칼,' '처형' 등과 같은 용어가 등장하는데 이 용어들은 바로 사형 집행 직전의 교수대 광경을 연상시키는 말들이다. 이를 통해 파우스투는 이미 형벌의 과정에 있다고 볼 수 있다. 그는 심장이 굳어 있어 참회할 수 없는 고통스러운 상태에 처해 있다. 이 장면에서 학생들은 '정지 장면'을 통해 파우스투스의 쾌락과 고통의 양면성을 연기로 표현해 볼 수 있다.

세 번째는 3막 1장으로서 파우스투스가 허망한 쾌락을 쫓는 모습을 보여준다. 파우스투스가 쾌락을 위해 저지르는 수많은 무자비한 일들은 마침내 그가 후회하기에는 너무 늦은 시점까지 발전한다. 덧없는 힘의 추구에서 오는 쾌락은 파우스투스로 하여금 자신의 진정한 정체성을 발견하지 못하게 하고 더욱 그를 회의에 빠지게 한다. 세 번째 장면에서 교사는 '연기자 교사'가 되어 메피스토필리스(Mephistophilis)의 역을 맡아 파우스투스에게 계속 질문하는 역할을 수행한다.

네 번째 장면은 극 중의 여러 인물들이 등장하여 파우스투스 박사에게 충고와 경고를 하는 5막 1장이다. 코러스(Chorus)를 포함하여 노인(Old Man), 착한 천사(Good Angel), 타락한 천사(Bad Angel), 루시퍼, 메피스토필리스는 모두 관객에게 정통적인 가치관을 상기시키는 당대 권력을 대변하는 인물들이다. 학생들은 이러한 인물들과 파우스투스와의 관계를 탐구하기 위해 <Activity 3.5>에서처럼 '인물 관계도'를 연출함으로써 파우스투스의 사회적 관계를 파악할 수 있다.

다섯 번째 장면은 파우스투스가 마침내 죽음을 맞이하는 5막 2장이다. 이 장면에서 파우스투스가 지옥으로 떨어지는 모습은 사형 집행 시의 교수대 장면 바로 그 자체이다. 학생들은 말로우가 사형 집행 장면에서 르네상스 시대의 권력이 정치적 목적으로 만들어 낸 속세 판 지옥의 모습을 형상화하고 있음을 이해한다. 학생들은 이 장면에서 비극적인 죽음의 연기를 수행하는 파우스투스의 모습을 보면서 <Activity 3.6>과 같이 '토론 극장'을 연출한다.

Activity 4.1 Evaluation

Assess the performance of each group. (1~4 points)

	Group 1	Group 2	Group 3	Group 4	Group 5
Preparation					
Performance					
English use					
Interpretation					
Total					

④ 4차시 평가(evaluation) 단계
연극을 무대 위에서 발표한 다음 마지막으로 학생들은 각 모둠별로 수행한 조별 공연에 대한 평가를 실시한다. 학생들은 각 모둠별 연극의 내용 및 언어 능력에 관한 소감을 나누고 반성회를 가지거나, 설문지 혹은 평가지를 통해 각 모둠의 공연에 평점을 부여할 수 있다. 또한, 학생들은 비디오로 녹화된 자신의 공연을 다시 보면서 부족한 요소들을 보완하고 이를 바탕으로 각본을 재수정하여 재공연할 수도 있다.

5. 연구의 방향성

교육 연극은 연극 상연이라는 결과보다는 그러한 상연을 해 나아가는 과정을 중시한다는 점에서 기존의 공연 교수법보다 진일보한 교수법이라고 평가할 수 있다. 작품에 대한 기왕의 해석보다는 학생 개개인의 해석을 중요시한다는 점에서도 학습자 중심의 창의적인 학습법이다. 또한, 연극 활동이 전문적인 공연을 전제로 하고 있지 않기 때문에 학생들이 부담 없이 드라마 기법을 배울 수 있는 장점이 있다. 더욱이 드라마 정전을 반드시 취급하는 것은 아니어서 정전에서 벗어나 텍스트의 폭을 다양화할 수 있다. 이 때문에 쉬운 동화를 텍스트로 하여 극화활동을 함으로써 영어 능력 향상에 활용될 수 있는 가능성도 지닌다.

그러나 이러한 교육 연극의 장점을 살리고 현장의 수업에 도입하기 위해서는 몇 가지 현실적인 문제들을 고려할 필요가 있다. 첫째, 교육 연극에서는 기본적으로 드라마 정전을 텍스트로 삼지 않기 때문에 드라마 수업의 느낌이 약화되는 단점이 있다. 물론 학생들 스스로 주제나 텍스트를 극화하는 과정을 거치기 때문에 수업의 성격이 드라마라는 틀을 갖추고 있다고 볼 수는 있으나 기존의 드라마 정전에 대한 보다 심도 있는 텍스트 읽기는 여전히 병행되기 어렵다.

둘째, 드라마 텍스트 읽기를 하기 위해서는 근본적으로 텍스트 자체가 쉽게 각색되어야 하는 문제가 있다. 예를 들어, 학부생들이 *Hamlet*을 원전 그대로 읽는 것은 용이하지 않으므로 이를 쉽게 각색한 간략본(simplified play)이 필요하다. 쉬운 일상적인 대화체로 각색된 간략본은 작품의 개괄적인 이해에 도움을 줄 것이고 이러한 이해를 바탕으로 심도 있는 토론까지 가능해질 수 있다. 그러나 드라마에서 개작본이 근본적으로 가능한지에 대한 회의론도 만만치 않다. 앞서 논의한대로 드라마의 본질은 대화와 행동이고 이러한 대화와 행동은 일상적인 삶에서의 대화와 행동과는 다른 것으로서 농축성, 응축성 등을 그 특징으로 한다. 문제는 드라마의 대화와 행동을 일상적인 대화와 행동으로 개작할 때 이러한 농축성, 응축성 등이 사라지게 된다는 점이다. 주지하다시피, 드라마보다 더 농축되고 응축된 표현을 사용하는 시의 경우에 개작은 처음부터 불가능하다. 소설보다는 덜하겠지만, 드라마의 경우에도 마찬가지여서 간략본은 드라마의 본질을 상당히 왜곡시킬 우려가 있다.

셋째, 텍스트 읽기가 현실적으로 어려운 것이고 텍스트 읽기를 중심으로 하는 수업 자체가 공연이라는 드라마의 본질과 거리가 있는 것이라면 가벼운 소재의 이야기 등을 극화한 텍스트를 가지고 드라마 수업을 하는 방향도 생각해 볼 필요가 있다. 학생들은 전래 동화를 극화하거나 문화충격과 같은 논쟁이 되는 주제에 대해 창의적으로 극을 만들어 역할극을 해볼 수 있다. 이러한 극화활동 과정에서 드라마의 원리와 형식을 습득하게 되고, 의사소통능력도 배양함으로써 드라마 교육의 소기 목적을 달성할 수 있다.

넷째, 이와 같은 맥락에서, 주어지는 텍스트 없이 처음부터 드라마 수업의 목표를 드라마 장르 형식에 두는 수업 방식도 고려해 볼 수 있다. 이 경우 문학적인 성격이 많이 약화되는 단점이 있으나 문학 장르만이 갖는 고유한 형식을 통해 문학 장르에 대한 심도 있는 이해뿐만 아니라 영어 능력 향상에도 도움을 얻을 수 있다. 예를 들어, 시도 패턴시(pattern poetry)와 관련한 활동을 통해, 즉 리듬과 형태의 반복을 통해 어휘력, 쓰기 능력, 듣기 능력의 향상을 꾀할 수 있고, 소설의 경우도 이야기 문법이라는 형식 스키마에 대한 이해를 통해 이야기 구조에 대한 심층적 이해를 돕고 이를 바탕으로 이야기를 읽는 힘을 배양할 수 있는 것처럼 드라마도 고유의 연극 형식과 기법들에 대한 학습을 통해 드라마 원리에 대한 이해는 물론, 듣기, 말하기 능력의 향상도 꾀할 수 있다.

우리나라와 같은 EFL 상황에서는 궁극적으로 텍스트 자체의 문제가 심각하기 때문에 텍스트의 여하한 변화 없이는 어떤 수업 방법 혹은 교수법도 큰 효과를 가져오기 어렵다. 따라서 향후 드라마 수업에 대한 연구는 교육 연극 기법을 토대로 하되 위와 같은 텍스트의 단점들을 보완하고 드라마의 교육적 유용성을 극대화할 시킬 수 있는 방향에서 이루어져야 할 것이다.

VIII. 패턴시 기반 영어 수업 방안

1. 영시에 대한 편견

  영문학 중에서도 영어교육을 위한 자료로서 일반적으로 영시를 특히 어렵게 생각하는 경향이 있다. 영시에 대한 부정적인 태도는 많은 부분 문학이라는 개념 자체에 대한 편견에서 비롯된다. 일반적으로 문학이란 시, 희곡, 소설 등과 같은 완성된 고급 문학 작품을 의미하고, 문학 언어란 일상적인 언어라기보다는 비유적이고 고급스럽게 치장된 언어로 취급된다.

  그러나 이러한 시각은 기존의 영시 정전을 염두에 둔 것이라면 타당한 지적일 수 있으나, 시라는 장르와 형식 자체에 관한 것이라면 오히려 시의 본질을 왜곡시킬 소지가 있다. 사실 시처럼 본질적으로 구어적이고 일상적인 장르는 없기 때문이다. 이러한 태도는 문학 학습을 고급 문학에로만 국한시킴으로써 중등교육 이전의 언어 습득 과정에서 일어나는 문학적 자료들의 핵심적인 역할을 간과하고 있다.

  실제로 유아 단계나 초등 단계의 아동들이 접하는 영어책이란 주로 동시, 동요, 우화, 신화 등에 관련된 것들이다. 이들은 다름 아닌 문학 언어로 쓰인 작품들이고, 문학 중에서도 가장 고전 중의 고전으로 알려진 것들이다. 그 작품들이 너무 고전적이어서 오히려 문학 작품으로 인식되고 있지 않을 따름이지 사실 아동들은 언어 습득의 중요한 시기에 문학 작품을 가지고 언어를 배우고 있는 것이다. 문학 학습은 유아 단계에서 시작하여 초등, 중등, 대학 및 인생 전반에 걸쳐 지속적으로 진행되는 학습 과정으로서 문학 언어가 비일상적인 고급 언어라는 것은 우리의 고정관념일 뿐이다. 문학적 언어에의 노출이 자연스러운 언어 습득 과정의 일환으로써 필요한 것임에도 불구하고(Maley & Duff, 1989) 문학적 언어에의 노출을 통한 언어 습득 과정을 왜곡한다면 그것은 더 큰 문제를 야기할 수 있다.

이 책의 서론에서 지적했듯이 EFL 문학교육의 제 문제는 텍스트의 난해성으로부터 발생한다고 해도 과언이 아니다. 시도 예외는 아니어서 어순 도치와 같은 복잡한 문장 구조, 고풍스럽고 낯선 어휘, 현재와 역사적인 거리감을 지닌 내용 등으로 인해 비일상적이고, 비실용적이며 일상생활의 의사소통과는 거리가 먼 작가 특유의 독특한 창조물로 치부되어 왔다. 그 결과 영어교육에서 영시는 영어 학습에 적절한 언어 자료로부터 분리되거나 배제되어 왔다. 특히 1990년대 이후 의사소통능력을 중시하는 관점이 대두한 이래로 더욱 그러한 추세가 지배적이다.

교재뿐만 아니라 교수법의 관점에서도 지금까지 영시 교육이 실패한 중요한 원인은 영시를 문학 작품으로 간주하고 전통적인 내용 이해 중심의 수업을 고수한 점을 둘 수 있다. 일반적으로 영시 수업은 영시를 읽고 그 내용을 파악한 다음, 시대나 작가 등과 관련된 배경적인 요소를 학습하고, 시에 사용된 문체와 이미지를 분석하며, 주제와 대의를 찾아가는 과정으로 진행된다. 그러나 이 방법은 우리나라에서 영어가 외국어인 상황을 고려하지 않고 영미권에서의 영어교육, 즉 우리나라에서의 국어교육과 같은 원어민을 대상으로 하는 교수 방법을 적용했다는 점에서 비현실적이다.

영시 교육의 난맥상에 대한 하나의 대안으로서 송무(1998)는 영어교육에서 시를 영문학 정전에 국한시키지 않고 시적 형태를 갖추고 있는 텍스트를 모두 포함하는 의미에서의 '시적 텍스트(poetic text)' 혹은 '시적 자료(poetic materials)'를 사용할 것을 제안하였다. 그에 의하면, 시적 텍스트에는 발음시, 수수께끼, 말놀이, 속담, 격언, 표어, 광고문, 헤드라인, 동요, 동시, 노래, 영화 등이 포함될 수 있는데, 시적 텍스트는 난해하지 않고, 유의미한 이야기로서 재미있으며, 운율을 가지고 있어 배우기 쉬울 뿐만 아니라 기억하기도 쉬워 언어 학습의 중요한 자료가 된다고 한다.

'시적 텍스트'라고 하면 글이 연상되어 작품으로서의 시를 떠올리게 된다. 영어교육에서는 시 자체를 취급하는 것이라기보다 시의 언어적 요소를 다루는 것이므로 이 장에서는 앞으로 '시적 텍스트'라는 용어 대신에 '시적 언어(poetic language)'라는 용어를 도입하여 시적 언어를 활용한 영어교육 방안에 대해 논의한다.

2. 시적 언어

시 자체보다는 시적 언어가 영어교육에 필요하다고 할 때, 그렇다면 그러한 정당성이 무엇인지 언어 습득과 관련해서 검토할 필요가 있다. 우리는 매일 매일 삶에서 느끼는 바를 언어로 표현하려고 노력한다. 예를 들어, 오늘 유명 스타가 학교를 방문해서 그와 악수를 하게 되었고 기운이 용솟음치는 느낌을 받았다면 그러한 느낌을 되살려 오래 기억하고 싶은 충동이 생길 수 있다. 이를 위해 일기장에 글로 남기려고 하지만 오히려 글로 줄줄이 풀어낼 때 그러한 가슴 벅찬 느낌이 사라지는 걸 느낄 수 있다. 또 다른 예를 들어, 지금 기분 좋은 일이 있어 자신의 마음이 평화롭고, 관대하고, 푸르고, 시원하고 등등과 같은 느낌이 든다. 그래서 그것의 본질을 몇 마디로 요약해보려고 했으나 우리는 보통 그것을 글로 다 표현하지 못하는, 다시 말해서 국어사전에 등록되어 있는 어휘를 총동원해도 그 느낌을 그대로 재현하지 못하는 한계를 종종 체험한다. 이 경우, '내 마음은 호수요'에서처럼 '호수'라는 하나의 시적 언어로 표현한다면, 즉 글로 풀어서 기술하는 대신 호수라는 이미지 — 객관적 상관물(objective correlative) — 를 찾아서 그것으로 자신의 복잡다단한 기분, 혹은 '삶의 비평(criticism of life)'을 효과적으로 재현할 수 있다. 여기서 호수라는 시적 언어는 의미를 전달한다기보다는 그러한 언어적 의미를 압축한 형태의 이미지로서 기능한다. 노래, 춤, 댄스, 미소, 눈물, 꿈 등도 이러한 시적 언어와 유사한 기능을 수행하는 매체라고 할 수 있는데, 이처럼 우리의 일상생활에는 말이나 글로 표현하기 어려운 상황이 존재하고 그것을 표현하는 데 산문이 아닌 운문, 즉 이미지와 같은 시적 표현이 더 적합한 수단이 되는 경우가 종종 있다. 바로 여기에 삶의 또 다른 영역의 의사소통 수단으로서 시적 언어의 정당성이 존재한다.

일상생활에서 운문으로 된 시적 언어가 의사소통의 수단으로 필요할 때가 빈번히 발생한다. 압축적으로 어떤 이미지를 전달할 수밖에 없는 경우 혹은 삶의 영역이 존재하는데, 예를 들어 책 제목(*A Tale of Two Cities*), 이름(*Big Ben*), 노래, 동요(nursery rhyme), 동시, 광고 카피, 구호, 속담, 신문 헤드라인, 은유, 축시 등과 같은 영역은 시적 표현이 요청되는 삶의 영역들이다(Maley & Duff, 1989). 여기에는 단지 우리가 인식하고 있지 못할 뿐이지 시적 리듬과 패턴이 숨어 있는데, 예를 들어 '*A Tale of Two Cities*,' '*Big Ben*'에는 두운 −alliteration: 초성 자음의 반복 − 이 사용되고 있어 리듬을 주고 재미를 주며 그 결과 이름 및 구호가 쉽게 기억되는 효과가 발생한다. Widdowson(1992)도 생일카드, 대중가요, 묘비 등에 새겨진 표현들이 얼마나 시적인가를 지적하면서 시적 충동이란 흔히 오해되듯이 문학적이고 예술적인 특별한 감정이 아니라 일상적으로 발생하는 감정임을 주장한다. 즉, 시적 언어란 특별한 언어가 아닌 일상적인 언어로서 사실 우리가 삶의 일상에서 마주치는 모든 것에 이미 시적 언어가 사용되고 있고, 따라서 시적 언어에 대한 학습은 학습자의 언어 습득에 필수적으로 요청된다는 것이다.

이 장에서는 시적 언어를 영어교육을 위한 자료로서 운문의 형태를 갖추고 있는 모든 언어를 의미하는 것으로 정의하고, 영시 교육을 문학 작품으로서 시가 아닌 삶의 의사소통의 일부로서 일상적이고, 재미있고, 쉽게 기억되는 시적 언어를 일깨우는 학습에서 출발할 것을 주장한다. 시적 언어를 활용한 영어교육의 유용성은 다음과 같다.

첫째, 시적 언어는 교육을 목적으로 만들어진 가공된 학습용 자료가 아니라 진정성 있는 자료이다.
둘째, 시적 언어는 노래처럼 재미있어 수업 참여도를 높여 주고 기억하기 쉬워 언어 습득에 유용하다.
셋째, 시적 언어는 다양한 압운과 리듬 유형을 가지고 있어 영어의 강세, 리듬 습득에 도움이 된다. 시적 언어를 많이 듣고 소리 내어 읽으면 영어의 자연스러운 억양을 익힐 수 있게 되고 올바른 발화에도 도움이 된다.
넷째, 시적 언어는 언어의 네 가지 기능을 통합적으로 학습할 수 있어 총체적 언어

교육이 가능하다.

다섯째, 시적 언어는 학생들에게 창의적이고 비판적인 해석 능력까지 함양시킬 수 있다.

이러한 시적 언어의 특징을 구체적으로 살펴보면 다음과 같다.

1) 구어성, 일상성

시적 언어는 근본적으로 구어성, 일상성을 특징으로 한다. 시적 언어는 일상생활의 의사소통에 필수적이고 의사소통능력의 습득과 밀접한 관련이 있다.

문학의 다른 장르와 비교할 때 시는 본질적으로 구어적이다. 소설은 기본적으로 문자(letter)를 매체로 하는 장르이다. 새로운 문학 장르로서 소설이 태동하고 발전한 시기가 문자가 대중화되기 시작한 18세기 초엽이라는 사실은 이를 뒷받침한다. 이에 비하여 시는 희곡과 더불어 소리(sound)를 매개 수단으로 하는 장르이다. 문자가 발명되기 이전의 인류 역사와 삶의 총체성은 소리를 통해 후세에 구전되었다. 문자가 발명되기 전 – 최초의 문자는 기원전 약 3,000년경의 중국의 상형문자, 메소포타미아 수메르인의 설형문자로 알려져 있다 – 오랜 세월 동안 인류는 문자 대신 소리를 통해 당대의 중요한 업적과 역사를 구전하였다. 구전시대에는 구전 기록의 매체로서 글과 밀접한 관계를 가지고 있는 산문보다는 소리와 직접적인 연관성이 있는 운문이 선호되었다. 구전시대의 기록의 매체로서 서사시처럼 운문의 형태가 선호된 이유는 소리의 반복을 통해 생성된 리듬과 운율을 지닌 운문이 장황하고 단조로운 산문보다 구전의 내용을 기억하고 암송하여 후세에 전수하는 데 훨씬 용이하였기 때문이다. 성서(*The Bible*)와 그리스 로마 신화(*Greek and Roman Mythology*)는 이러한 구전시대의 유산 중 생존하는 가장 훌륭한 산물이다. 유대인들이 지금까지도 암송(recitation)을 중요한 교육 수단으로 생각한다는 사실은 이와 관련하여 매우 시사적이다. 인류 최초의 서사시로 알려진 Homer의 *The Iliad*와 *The Odyssey*도 그러한 구전문학의 정수로서 호머의 역사적 의의는 그 이전부터 구전되어 오던 이야기들을 처음으로 문자의 형태로 기록한 사실에 있다. 요컨대, 구전시대의 기록의 매체로서 운문의 형태를 띤 시는 구전시대의 역사와 삶의 총체성을 전달한 가장 태고적 장르 혹은 기억의 틀이라고 할 수 있다.

현행 학교의 시 교육 방식은 주로 상아탑적인 정전을 읽고, 토론하고, 비평하는 방식으로 이루어진다. 소위 정전으로 간주되는 시 작품들은 사실 소리로 읊어진 것이 아니라 문자가 대중화되고 나서 문자로 쓰인 시들이 대부분이다. 과거 구전시대의 시인들은 지금의 시인들처럼 집에서 홀로 펜으로 시를 쓰지 않았고, 광장 같은 곳에 나아가 대중 앞에서 즉흥적으로 시를 직접 노래처럼 읊었다. 물론 전통적으로 전해 내려오는 관습적인 시작을 위한 틀(formulae)이 존재하였고, 정해진 주제 목록과 그것을 담아내는 의례적인 어구들도 있었으며, 시인들은 이것을 따로 학습하였을 것이다. 그러나 시인의 능력이란 그러한 관습적인 틀과 어구들을 바탕으로 하지만 당대의 새로운 내용을 순발력 있게 담아내는 임기응변적인 재치에 있었을 것이다(Ong, 1982).

시란 본질적으로 문어적이 아니라 구어적인 장르다. 시란 즉흥적이고, 구어적이고, 대중과 함께 노래되었다. 시적 자료를 주로 정전으로 간주되는 시 '작품'에 국한하는 현행 교육방식은 시의 본질적인 구어성 및 일상성과 매우 동떨어진 교육이라고 할 수 있다. 소리로부터 분리되어 문자 중심으로 수행되는 현행 영시 교육은 시의 본질로부터 괴리된 것이다. 시의 구어성, 즉 리듬과 운율이 매우 중요한 언어적 자산임을 인식하게 될 때 현행의 산문 읽기와 다를 바 없는 시교육의 왜곡된 흐름을 바로 잡을 수 있고, 시를 영어교육적 의미에서 유용한 자료로 확립하여 활용할 수 있다.

2) 리듬과 패턴

시의 본질적인 구어성은 인간의 언어 습득 과정에서도 드러난다. 인간은 태어날 때부터 시적 언어를 통해 말을 배운다. 유아는 출생하면서 어머니의 목소리를 통해 처음으로 소리와 접촉하기 시작한다. 유아는 소리에 반복적으로 접촉하게 되면서 모국어의 특징적인 리듬을 습득하게 되는데 이를 통해 모국어의 고유한 리듬과 운율을 익히게 된다. 아기를 재울 때 불러주는 자장가에도, 아기를 달랠 때 들려주는 이야기에도, 아기의 옹알이에도 일정한 리듬과 박자가 있다. 같은 음절이 반복되는 'ma-ma'(엄마)라는 단어는 거의 모든 언어에 유사한 형태로 존재하는 보편적인 현상으로서 언어 습득 초기의 언어와 리듬과의 관계를 잘 보여준다. 유아는 말을 체계적으로 하기 전에 이러한 비체계적인 소리를 발화하는 과정을 거치는데 이 비체계적인 소리들이 다름 아닌 바로 시적 언어들이라고 할 수 있다.

시적 언어란 리듬을 특징으로 한다. 리듬은 운문(verse: line of writing)의 기본적인 특징으로서 행이 반복적으로 등장하는 형식 때문에 발생한다. 'verse'의 어원으로서 라틴어의 'versus, vertere'(= to turn, bend)라는 단어를 보면 알 수 있듯이 'verse'는 마치 농부가 소에다 쟁기를 매어 밭을 갈 듯이 한 행으로부터 다른 행으로 바뀐다는 의미이다('turning from one line to another')(Online Etymology Dictionary). 즉, 운문에는 산문과 달리 소리, 단어, 구, 문장 등의 반복으로 인해 생성되는 리듬이 존재한다.

유아어에서 두드러진 소리의 반복, 음절의 단순화 현상은 바로 이러한 시적 언어의 리듬적 특성을 잘 보여준다. 예를 들어, 'ba-ba-ba,' 'da-da-da-da,' 'pun' (spoon)과 같은 유아의 소리들은 그 좋은 예이다(이춘형, 2002; Bassnett & Grundy, 1993). 또한, 유아들은 동음이의어 등을 이용하는 말놀이(word play) — 예를 들어, 'see'와 'sea'의 경우처럼 — 를 좋아하는데, 그들이 말놀이를 좋아하는 이유도 말의 의미보다는 소리, 리듬, 의성어 등의 반복이 만들어내는 리듬과 음악성에서 보다 흥미를 느끼기 때문이다.

3) 리듬 패턴과 언어 습득

리듬은 삶에 근원적으로 존재하는 것으로서 인간에게는 생득적인 것이다. 매일, 낮과 밤, 사계절, 해의 반복 등 리듬은 삶의 주기성, 반복성의 근간이다. Patel(2008)에 따르면, "리듬은 주기성, 즉 시간 속에서 규칙적으로 반복되는 패턴을 의미한다"(p. 96)고 한다. Fraisse(1963)도 인간이 자연의 시간적인 주기적 변화에 적응하는 과정에서 인간의 생물학적 리듬이 생성되었다고 한다. 인간은 시간의 변화, 즉 리듬에 적응하도록 유기적인 신체 변화를 만들어 반사적으로 반응하도록 조건화되어 있다. 예를 들어, 낮과 밤의 반복적인 패턴은 낮에는 밤을, 밤에는 낮이 올 것임을 예상 가능하게(predictable) 하여 이에 우리의 몸이 적응할 수 있도록 한다. 이러한 리듬의 주기성(반복성), 예상 가능성, 패턴성의 특징은 결국 질서에 대한 지각이다 (성명희, 1986). 우리 몸의 생물학적 시계는 본능적으로 시간의 변화가 만들어 내는 리듬에 익숙해져 있고 리듬이 제공하는 그러한 질서에 정서적인 안정과 안락함을 느낀다. 그래서 우리 몸은 리듬을 빨리 쉽게 인식하고 그 리듬이 부여하는 질서를 기억하게 된다.

유아의 언어 습득은 주로 청각에 의존하는데 그것은 리듬과 밀접한 관계가 있다. 유아는 소리의 리듬에 대한 인식을 통해 언어를 기억한다. 반복적인 리듬은 궁극적으로 어떤 패턴 혹은 틀을 형식 스키마(formal schema)의 형태로 유아에게 제공하는데 유아는 이러한 패턴 혹은 틀을 기억하고 이를 기반으로 소리를 기억하게 된다. 예를 들어, 엄마가 유아와 하는 놀이로서 가장 대표적인 '짝짜꿍 짝짜꿍' 혹은 '도리도리 잼잼'이라는 놀이를 보면 여기에는 같은 소리와 단어가 반복적으로 등장한다. 유아는 이러한 반복적인 소리를 쉽게 기억하는데 그러한 이유는 이 소리가 특별한 의미를 갖고 있어서라기보다는 이 소리의 리듬 때문이다. 리듬이 있는 소리는 귀로 듣기에 즐겁고 예측 가능하며 쉽게 기억된다.

사실 유아의 언어란 모두 반복적인 소리라고 해도 과언이 아니다. 이러한 소리들은 바로 시적 언어의 영역이고 이것은 의미에 앞서는 것으로서 유아의 언어 습득 과정에 있어 매우 중요한 역할을 수행한다. 만약 엄마가 유아에게 반복적인 리듬을 가진 시적 언어 대신 산문을 들려주게 되면 언어 습득의 효과는 매우 미미해질 것이다. 운문은 "기억을 돕기 위해 발명되었다"(Verse was invented as an aid to memory)(*Online Etymology Dictionary*)라고 일컬어지는 것처럼 불규칙적인 리듬을 가진 산문보다 규칙적인 리듬을 가진 운문이 더 잘 기억되는 원리가 작동되고 있다. 영어의 'Micky Mouse'나 'Donald Duck'과 같은 등장인물의 이름도 동일한 두운의 반복을 통해 유아가 기억하기 쉽게 만들어진 것이라고 볼 수 있는데, 이러한 언어 현상은 반복적인 리듬이 유아 초기의 언어 습득과 밀접한 관계가 있음을 보여준다.

이 사실을 역으로 생각하면, 학습자의 기억 혹은 언어 습득을 향상시키기 위해서는 언어 자료가 규칙적인 리듬을 가질 필요가 있다. 그러한 리듬을 생성하기 위해서는 두운, 각운, 소리, 단어 등의 반복이 필요한데 이러한 관점에서 교실 현장에서 언어 학습을 위해 가장 유용한 언어 자료란 리듬 패턴 혹은 틀을 가진 언어 자료라고 할 수 있다. 요컨대, 리듬은 어떤 내용을 기억하기 쉽게 해주는 효과가 있기 때문에 언어 습득에 있어 매우 중요한 역할을 한다. 따라서 리듬에 대한 학습이 필요하고, 이러한 리듬의 보고라 할 수 있는 시적 언어야말로 언어 습득에 있어 매우 중요한 자료라고 할 수 있다.

1974년 Alan Baddeley와 Graham Hitch는 Atkinson과 Shiffrin(1968)이 제시한 단일한 단기기억(Short-Term Memory: STM) 모형을 좀 더 정교하게 기술하기 위해 다중 요소로 구성된 작업기억(Working Memory: WM) 모형을 제시하였다(Baddeley & Hitch, 1974). 이들은 다년간의 연구와 임상 실험의 결과를 바탕으로 기존의 단기기억을 '음운회로(phonological loop),' '시공간기억소(visuospatial sketchpad),' '중앙관리자(central executive)'로 그 기능을 세분하였다. 이들에 따르면, 음운회로는 소리의 청각적 정보를 잠시 기억하는 역할을 하고, 시공간기억소는 일시적으로 시각적, 공간적 이미지를 저장하는 기능을 수행하며, 중앙관리자는 이 두 조직으로부터 오는 정보들을 통합하고, 사고과정을 조정하며, 장기기억(Long-Term Memory: LTM)으로부터의 정보를 입출력하는 작업을 담당한다. 작업기억을 구성하는 이 세 가지 장치는 모두 정보의 저장 능력, 즉 기억 용량(memory capacity)이 매우 제한적인데 기억 용량 정보 단위로 '7±2'라는 숫자가 일반적으로 알려져 있다(Baddeley, 1994; Miller, 1956; Shiffrin, 1993; Skehan, 1998). 한편, Baddeley는 자신의 작업기억 모형에 '일화저장소(episodic buffer)'라는 요소를 새롭게 추가하여 작업기억 모형을 더 정교화하였는데(Baddeley, 2000), 예를 들어, 이야기나 영화 등을 기억할 때는 말(소리)과 글(이미지, 그림, 기호, 문자 등)을 함께 기억하게 되는데 일화저장소의 기능은 이러한 청각적, 시각적, 공간적 정보를 함께 통합하여 기억하는 일을 담당한다. 오늘날 인지심리학 분야에서 Baddeley의 작업기억 모형은 거의 정설로 받아들여지고 있다.

　음운회로는 말(소리)을 일시적으로 저장하는 역할을 하는데 용량이 매우 작아서 정보가 몇 초안에 사라진다. 따라서 말과 소리에 바탕을 둔 정보를 기억하고자 한다면 소리를 내건 안내건 간에 입으로 되뇌어 보는(rehearsal) 연습을 하는 것이 필요하다. 예를 들어, 전화번호를 중얼중얼 되뇌다가도 잠깐 다른 생각이 들면 번호가 기억에서 사라지고 마는데, 말과 소리 정보는 특히 되뇌기를 하지 않으면 금새 사라진다. 되뇌기는 음운회로에 들어온 말과 소리를 기억하기 위해 필수적으로 요청되는 방법이다. 되뇌기는 읽기에서도 응용될 수 있는데 단어를 소리내어 읽도록 하면 (reading aloud) 문장 이해뿐만 아니라 구술능력의 향상에도 도움이 될 수 있다. 소리 내어 읽기는 그 수행 과정에서 단어 항목이 장기기억으로 전환되도록 촉진시킨다고 한다. 따라서 종이에 쓰면서 조용히 단어를 학습하는 것은 소리내어 읽으면서 기억하는 방식에 비해 효과가 떨어진다고 할 수 있다. 이러한 연구 결과는 뇌의 음성학적인 처리 능력이 손상되면 기억 능력과 언어 습득 능력이 현저히 떨어지는 임상실험에 대한 연구를 근거로 한 것이다(Baddley, 2007).

　음운회로가 청각적 정보에 대해 처리하는 기능을 수행한다면 시공간기억소는 시공간적 정보에 대한 처리를 담당한다. Tavassoli와 Lee(2003)는 한 실험에서 청각적 과업(verbal tasks)과 시각적 과업(visual tasks)이 한자로 된 텍스트와 알파벳으로 된 텍스트 이해에 각각 어떻게 영향을 미치는지 실험하였다. 그 결과 청각적 과업을 수행하는 중에는 알파벳으로 된 텍스트를 읽었을 때보다 한자로 된 텍스트를 읽을 때 더 방해가 되었고, 시각적 과업을 수행할 때에는 한자로 된 텍스트를 읽는 것이 알파벳으로 된 텍스트를 읽을 때보다 수월하였다. 이것은 표의문자인 한자로 대표되는 동양권 사람들은 말보다는 글을 중시하는 문화권으로서 말을 하기보다는 침묵하는 경향을 보이는데 서양인에 비해 음운회로보다는 시공간기억소가 보다 잘 발달되어 있는 것으로 보이는 반면, 서양인은 동양인에 비해 말을 자주 그리고 많이 하는 경향을 보이는데 동양인에 비해 음운회로의 용량이 더 발달되어 있다는 점을 시사한다. 이러한 연구 결과들을 종합해 보면, 말(구어)은 음운회로에서, 글(문어)은 시공간기억소에서 각각 처리되고 두 기관의 처리 능력에 따라 학습자의 구술능력과 문해력의 습득에 차이가 발생한다고 할 수 있다.

손중선(2004)에 의하면, 인간의 언어 활동에는 우리 두뇌의 작업기억과 장기기억이 반드시 관여하게 되고 그중 작업기억의 역할이 더 중요하다고 한다. 작업기억은 처리하고자 하는 정보를 일시적으로 저장하여 그것을 회상 혹은 기억하기 위해 사용하는데 그 짧은 시간 안에 정보를 처리하지 않으면 장기기억에 저장되지 않아 정보는 손실되고 말기 때문이다. 따라서 언어 습득은 우선적으로 작업기억과 관련 있고, 따라서 언어 습득 능력을 향상시키기 위해서는 작업기억을 활성화시키는 것이 중요하다. 작업기억을 활성화하는 방법으로서, 도명기, 김정삼(2001)의 연구에 의하면, 3~5개의 단어 단위로, 손중선(2004)의 연구에 의하면 3~5개의 의미 단위(thought group)로 정보를 분류하여 기억하면 많은 정보를 효과적으로 기억할 수 있다고 한다. 예를 들어, 전화번호를 하이픈을 이용하여 3(4)자리와 4자리로 나누는데 이렇게 묶어 기억하는 방법이 연이은 7자리 혹은 8자리 숫자를 각각 외우는 것보다 기억하기 쉬운 것과 같은 이치다.

그러나 작업기억의 용량이 '7±2' 단위라고 하더라도 언어 학습의 관점에서는 단순히 숫자나 물건의 이름을 기억하는 차원이 아니라 실제 발화는 문장 단위로 처리되므로 가장 원활한 처리 용량은 '3~5' 단위, 가장 최적의 조건은 3단위 이하라고 한다(손중선, 2004). 예를 들어, 듣기 혹은 말하기 상황에서 내용을 잘 이해하려면 의미 단위로 문장을 분류하여 처리하는 것이 중요한데, "I bought a book at the department yesterday evening."이라는 9개 단어로 된, 즉 9단위의 한 문장을 각 단어별로 기억하기보다는 'I bought a book,' 'at the department,' 'yesterday morning'의 3개의 의미 단위로 각각 나누어 기억하는 것이 보다 효과적이다. 손중선(2004)에 의하면, 영어 발화 과정에서 한 문장이 5단위를 넘는 경우는 거의 없고, 절대 다수의 문장이 4단위 이하로 처리되며, 90% 이상(91~98%)이 3단위 이하라고 한다. 모국어 화자가 말을 빨리해도 알아듣는 것은 대부분의 문장이 이처럼 5단위를 넘지 않아 작업기억에서 쉽게 처리할 수 있기 때문이다. 비록 작업기억에는 한계 용량이 존재하지만 3단위라는 회상의 틀이 제공되면 작업기억은 정보를 훨씬 쉽게 빨리 처리할 수 있다.

이상의 논의를 종합하면, 주어진 자료가 '3±2' 단위의 정보 덩어리 묶음(chunk, closure)일 때 가장 잘 회상되어 언어 학습에 효과적이라는 결론에 이른다. 3개를 기점으로 언어 자료가 1개 혹은 2개의 의미 단위로 주어지면 기억하기가 가장 쉽고, 4개 혹은 5개의 의미 단위로 제시되면 어렵게 된다고 할 수 있다. 1~5개의 의미 단위는 인간의 두뇌가 순간적으로 정보를 처리하고 저장할 수 있는 최적의 단위 수, 즉 최적의 작업기억 용량이고, 따라서 1~5라는 숫자가 언어 습득에 매우 중요한 숫자라고 할 수 있다.

인간의 작업기억 용량으로서 '1~5'라는 숫자는 일반적으로 알려진 삶의 리듬 패턴의 유형과 거의 일치한다. 언어를 포함하여 일상적인 삶의 리듬은 대부분 이 숫자의 패턴으로 포괄된다. 매일 매일 똑같이 반복되는 하루 단위 리듬 패턴은 1단위, 낮과 밤의 리듬 패턴은 2단위, 아침, 점심, 저녁의 리듬 패턴은 3단위, 봄, 여름, 가을, 겨울의 4계절의 패턴은 4단위를 나타낸다. 언어의 경우도 일상적으로 많이 쓰이는 구어의 단어들은 대부분 2~5개의 문자로 구성되어 있다 — do, it, eat, get, run, die, hug, dog, cat, like, live, have, make, lick, snow, rain, drink, sweet 등. 말과 글을 구성하는 담화도 대부분 처음과 끝의 2단위 구성, 서론, 본론, 결론의 3단위 구성, 기승전결의 4단위 구성, 혹은 발단, 전개, 갈등, 절정, 결말의 5단위 구성으로 되어 있다. 우리나라 시조의 주요 리듬도 3, 4, 5조로 되어 있는 사실도 이와 무관하지 않다.

인간의 작업기억 용량과 리듬 패턴 간의 관련성이 시사하는 바를 정리하면 다음과 같다.

첫째, 삶의 주요 리듬 패턴과 인간의 작업기억 용량은 상호 밀접한 관계가 있다. 인간은 태생적으로 삶의 리듬 패턴에 익숙해 있고 인간의 두뇌는 자연스럽게 그러한 리듬 패턴과 조화롭게 상응하도록 언어를 포함하여 모든 지식 패턴을 구조화하였다.

둘째, 우리 두뇌의 용량에 따른 기억하기 용이한 리듬 패턴은 1~5이고, 따라서 이러한 리듬 패턴을 언어 학습에 활용하면 자연스럽고 효과적인 언어 학습이 가능해진다. 1~5 단위로 반복되도록 패턴을 구조화한 언어 자료를 제작하여 사용하게 되면 기억 손실을 최대한 줄임으로써 언어 학습의 효과를 극대화할 수 있다.

셋째, 우리 두뇌의 이러한 특성을 최대한 활용하는 리듬 패턴 중심 교수·학습과 교실 활동을 지속적으로 하면 언어 습득이 신장될 수 있다. 말을 듣고 되뇌기를 바로 연습하고, 또한 덩어리 단위로 가급적 말을 빨리하는 연습을 함으로써 의미 단위 용량을 늘이며, 읽을 때에도 빨리 소리내어 읽는 연습을 하면 구술능력이 향상될 수 있다.

넷째, 리듬 패턴 중심 교수·학습과 교실 활동은 문해력 향상에도 도움이 된다. 패턴을 주고 그에 따라서 단어, 구, 문장을 점진적으로 써보게 하는 활동을 하면 어휘, 읽기, 쓰기 능력을 배양할 수 있으며, 나아가 언어의 문법적 형태에 대한 감각도 향상시킬 수 있다.

4) 리듬 패턴의 유형

언어 학습을 위해 리듬 패턴별로 언어 자료(소리, 단어, 구, 문장)를 예시해보면, 1단위 리듬 패턴을 위한 학습자료로는 각운(end rhyme)을 이루는 단어를 사용할 수 있다. 예를 들어, 교사가 'gold'라는 단어를 말하면, 학생들은 'gold'와 각운을 이루는 'bold,' 'cold,' 'sold' 등과 같은 단어를 말한다. 2단위 리듬 패턴에는 두운을 이루는 단어로 'Peter Piper,' 'Simple Simon,' 'Round Robin' 등과 같은 예를 들 수 있다. 이 형태는 이름(Ronald Reagan)이나 속담(busy as a bee) 등 일상어에 많이 존재하는데 그것은 그만큼 2단위 리듬 패턴이 우리 두뇌에 잘 기억된다는 것을 반증한다. 3단위 리듬 패턴의 예로는 3형제가 주요 등장인물로 등장하는 이야기 구조를 들 수 있다. '3 little pigs,' '3 billy goats,' 'Goldilocks and the 3 bears' 등이 대표적인 예들이다. 정반합 혹은 서론, 본론, 결론과 같은 형태의 이러한 구조는 첫째와 둘째에게서 갈등 혹은 문제가 증폭되다가 세 번째에 가서 해결되는 매우 단순해 보이지만 이야기 전체의 줄거리와 요지가 잘 기억되는 구조다. 위의 예들은 대표적인 것들만을 제시한 것이고 그 외에도 다양한 패턴이 있을 수 있다.

Ⅷ장과 Ⅸ장에서는 이러한 패턴 유형을 가진 시적 언어 자료를 가지고 영어 습득

에 도움이 될 수 있는 현장 적용 가능한 수업모형 두 가지를 제시하고자 한다. 패턴시 기반 영어 교수·학습 모형, 리듬 기반 영어 교수·학습 모형이 그것으로서 두 모형 모두 리듬 패턴 자료를 활용하는 수업이다. 리듬 패턴이 있는 자료가 언어 습득에 매우 중요하다는 의미에서 시적 언어 자료는 언어 습득의 보고라고 할 수 있다.

3. 패턴시 기반 영어 교수·학습 모형

패턴시 기반 영어 교수·학습 모형에서는 패턴시(pattern poetry) 쓰기 활동에 초점을 둔 영어 학습 방안을 제시한다. 패턴 학습을 통해 학생들은 패턴을 이루는 간단한 단어, 문장, 글 혹은 시를 스스로 써봄으로써 영어 고유의 운율 패턴을 익힐 수 있고, 효과적인 어휘 및 쓰기 학습을 할 수 있다. 나아가 학생들은 영시의 장르와 형식을 더 잘 이해할 수 있게 되어 영시에 대한 기초적인 문학 능력까지도 배양할 수 있다.

1) 패턴시의 개념

전통적인 의미에서 패턴시는 '형태시'(pattern poetry, shaped poetry, visual poetry, concrete poetry)라고도 불리는데 문자, 단어, 시행을 시의 주제와 관련하여 어떤 모양을 형성하도록 시각화하고, 그러한 형태는 시의 의미를 강화시키는 역할을 한다. George Herbert의 "The Altar" 및 "Easter Wings"는 패턴시의 전통적인 예이다 (Preminger & Brogan, 1993). 학생들은 자신이 좋아하는 사물의 모양, 예를 들어 사닥다리, 비행기, 계단, 피라미드, 조개, 잎 등과 같은 사물의 모양을 그리고 이 모양과 연상되는 단어들을 그림의 형태에 맞추어 배열한다. 다음 시는 비행기가 하늘로 솟아가는 모습을 형태시를 통해 표현한 예다.

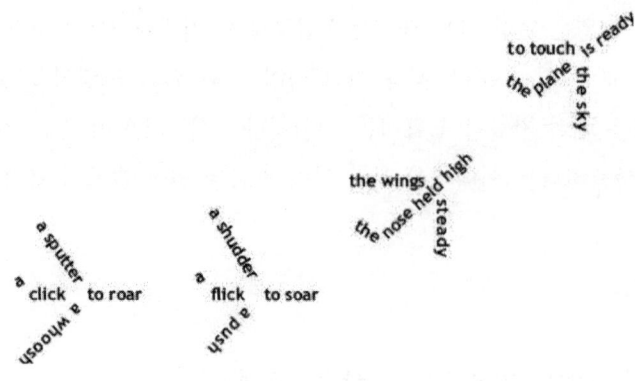

<그림 VIII.1> NASA Quest 2005

    Holmes와 Moulton(2001)은 이러한 전통적인 패턴시의 의미를 확대하여 규칙적인 패턴을 가지고 있는 시 형태는 무엇이나 패턴시 범주에 포함시켰다. 그들에 의하면, 시각적인 형태 이외에도 규칙적인 운율 및 구문 패턴을 형성하는 시도 패턴시로 간주된다. 예를 들어, 약강격의 각운을 이루는 한 쌍의 시행인 이행련구(couplet), 3행이 각각 5·7·5의 음절 혹은 단어로 구성되는 일본의 전통적인 시조 하이쿠(haiku), 각 5행마다 관습화된 정형화된 패턴이 있는 오행련구(cinquain), 그리고 한 단어를 수직으로 써놓고, 각 문자가 한 행의 시작을 표시하는 두문자시(acrostic poems) 등도 패턴시의 범주에 포함된다. 다음은 그 예들이다.

    Couplet의 예:
    My love is like a rainbow in the sky.
    It has a lot of colors in its eye.

    Haiku의 예:
    Among the white hairs
    A solitary black one
    Life refuses death.

    Cinquain의 예:

Jaguar
Harmful, fast
Runs, roars, attacks
Prey struggling for life
Deadly

Acrostics의 예:
Constantly quarrelling
Over small things of
No importance.
Fraying the edges of our
Lives with nagging.
Impotent rage poisons us,
Critical and cantankerous,
Till death takes us away.

Holmes와 Moulton(2001)에 의하면, 이러한 짧고 단순한 패턴시 쓰기 학습의 유용성은 다음과 같다(pp. 1-3).

첫째, 패턴 자체가 안내 지도의 역할을 하게 되므로 적절한 문장 구조를 생각해 내어야 되는 부담감 없이 내용 작문에만 몰입할 수 있다.
둘째, 패턴이 주어지므로 상대적으로 짧은 시간 안에 세련된 시를 만들 수 있어 즉각적인 만족감과 자신감을 경험할 수 있다. 패턴시 쓰기는 아주 간단하기 때문에 가장 초보적인 학습자도 이 활동을 해 낼 수 있다.
셋째, 패턴시 쓰기 활동은 개인별보다 모둠별 활동일 때 더 큰 효과가 있는데, 모둠별 활동은 학습자 간의 상호협력을 통해 창의적인 아이디어를 창출해내는 특별한 경험을 부여한다.
넷째, 패턴시 쓰기는 학습자의 흥미에 호소함으로써 영어 학습에 대한 동기부여의 계기가 된다.

다섯째, 쉽고 간단한 시 형태를 바탕으로 그러한 시를 직접 만들어 봄으로써 시를 더 잘 이해할 수 있다.

여섯째, 운율을 만들고 이야기를 짓는 등 언어를 가지고 놀면서 즐길 수 있다.

일곱째, 적절한 어휘를 찾는 과정에서 사전 등을 활용하면서 어휘를 습득하고 확장할 수 있고, 도치, 생략 등과 같은 특수한 언어구조도 경험할 수 있다.

여덟째, 글쓰기 능력의 향상을 통해 논리적인 사고력을 개발할 수 있다.

2) 교수·학습 과정

이 장에서 제시하고자 하는 패턴시 기반 영어 교수·학습 모형과 이를 바탕으로 현장 수업에 적용한 교수·학습 과정은 <그림 VIII.2>와 같다.

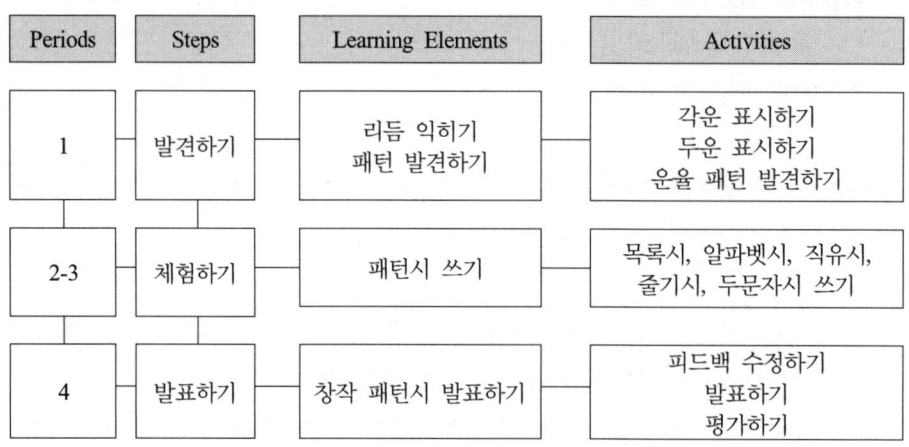

<그림 VIII.2> 패턴시 기반 영어 교수·학습 과정

(1) 발견하기 단계

발견하기 단계에서는 각운, 두운 활동을 통해 영시의 기초적인 운율 패턴을 익힌다. 학생들은 리듬이 가져다주는 패턴을 경험하고 이를 통해 영시의 율격(meter), 음보(foot) 등이 무엇인지에 대해서도 예비지식을 쌓을 수 있다.

① 두운 패턴

두운이란 'Big Ben,' 'A Scotch and Soda,' 'Better safe than sorry,' 'As fit as a fiddle' 등에서 나타나는 것과 같이 단어의 맨 처음 시작되는 자음의 소리가 반복되는 현상을 의미한다. 학생들은 활동 1을 하면서 두운을 가진 어구를 찾고 그 뜻을 말해보거나(활동 A) 또는 두운이 일어나는 곳을 찾아 밑줄을 긋고 발음해 본다(활동 B). 발음하기 어려운 음소나 단어들을 중심으로 한 발음시(tongue twister)는 유사하거나 동일한 자음과 모음이 반복되어 사용되기 때문에 두운이나 요운을 학습하기에 좋은 자료이다. 학생들은 두운이 속담, 경구, 노래, 광고 등에서 일정한 패턴을 이루면서 존재한다는 사실을 발견할 수 있다. 두운은 우리가 인식하지 못할 따름이지 속담, 광고, 상표, 표어 등에서처럼 일상생활에 널리 퍼져 있다. 시적 언어는 우리의 매일 매일의 생활에 긴요하게 사용되는 매우 일상적인 언어 현상이다.

<표 VIII.1> 두운 연습

Activity 1. Playing with alliteration

A Give examples of alliteration and a brief description of the alliterated phrases or sentences.

Examples	Descriptions
Simple Simon	a fool
Coca Cola	soft drink
As pompous as a pope	
As green as grass	
Practice makes perfect.	

B Read aloud the following poem and underline where alliteration takes place.

Peter Piper picked a peck of pickled peppers,
A peck of pickled peppers Peter Piper picked;
If Peter Piper picked a peck of pickled peppers,
Where's the peck of pickled peppers Peter Piper picked?

② 각운 패턴

패턴이 있는 언어 자료 중에서도 가장 기초 단계에서 널리 사용되는 유형은 각운이다(김정은, 조초희, 2010). 예를 들어, "One, two; buckle my shoe./ Three, four; shut the door."라는 동시에서는 각운을 이루는 단어 쌍('two-shoe,' 'four-door')이 이러한 패턴을 보여주고 있다. 또 다른 예를 들어, 학생들은 'bat'과 각운이 맞는 단어를 말해보는 게임을 할 수 있다. 학생들은 'cat,' 'hat,' 'pat' 등과 같은 단어를 말하고 써봄으로써 영어의 독특한 각운 패턴도 익히고, 발음법 및 어휘력을 자연스럽게 확장시킬 수 있다. 각운 혹은 두운 등의 소리 패턴에 대한 학습 효과는 시적 언어가 가지는 고유한 습득 영역으로서 시라는 형식을 통하지 않고서는 성취할 수 없는, 즉 단순히 위의 낱말들을 암기를 통해 익히는 것과는 다른 차원의 언어 습득의 효과가 있다.

활동 2의 A에서는 주어진 예들과 모음과 자음이 동일하게 발음되는 단어들을 찾아 빈칸에 채우는 활동을 한다. 이 활동은 모둠별로 일종의 게임처럼 할 수도 있다. 한편, 활동 2의 B에서는 영시의 운율에 친숙해지는 방법 중의 하나로서 교사는 학생들에게 "Child's Nightmare"를 큰 소리로 읽도록 한다. 학생들은 이 시에서 각운을 이루는 단어 쌍을 찾아 표시하고 그 단어들을 큰 소리로 읽어 본다. 이 활동은 학습자의 음소인지 능력을 향상시키고 운을 맞추는 재미를 느끼게 하며 문학적인 심미감을 배양시킨다. 학생들은 시를 읽어가는 과정에서 설령 이 시의 내용이 무엇인지는 몰라도 이 시에 고유한 리듬과 패턴이 존재하고 있고 그것이 주는 재미를 발견할 수 있다. 그러한 과정에서 그들은 숫자가 증가해감에 따라 시 속 'I'에게 점점 증폭되어 오는 공포감을 공유하게 된다.

<표 VIII.2> 각운 연습

Activity 2 Playing with end rhyme

A Fill in each column with suitable rhyming words and pronounce them.

/eɪ/	/aː/	/ɔː/	/iː/	/æ/
pale	heart	tall	wheel	cat
fail	art	Paul	feel	hat
sail	part	shawl	meal	fat
male	tart	small	deal	rat
rail	start	wall	heel	mat
hail	cart	ball	seal	chat
whale	dart	call	real	flat
nail	smart	fall		

B Read the following poem aloud and pronounce the rhyming words.

"Child's Nightmare"

One is a small child who hides on the floor.
Two is the bogey who knocks on the door.
Three are the windows that creak in the night.
Four are the pillows that hide me from sight.
Five are the fingers that grip on my arm.
Six are the prayers I say against harm.
Seven are the footsteps that thud in the hall.
Eight are the heartbeats I hear as I fall.
Nine are the hot tears that gush from my eye.
Ten is my number. I know I must die.

(2) 체험하기 단계

체험하기 단계에서 학습자는 패턴시에 대해 그것이 어떻게 구성되어 있는지를 이해하고, 이를 바탕으로 모둠별로 아이디어를 내어 다양한 형태의 시를 직접 만들어 보는 활동을 한다.

① 목록시(catalog poems)

목록시는 패턴시의 가장 단순한 형태로서 문장 구조에 대한 지식을 요구하지 않기 때문에 기초 학습자의 어휘 학습에 매우 효과적이다. 학습자는 마지막 행에 드러나는 주제가 되는 명사를 염두에 두고, 그 명사와 연상되는 행동을 동사의 현재진행형 형태로 기술한다. 학습자에게는 주제 명사를 시각화하고 행동화할 수 있는 상상력이 요청된다. 한편, 독자에게 목록시는 마지막까지 정답이 나오지 않으므로 일종의 퍼즐을 푸는 것 같은 느낌을 줄 수 있다.

<표 VIII.3> 목록시

Dogs
Barking
Growling
Playing
Running
Leaping
Chasing
Sleeping
Smelling
Scratching
Licking
Loving
Dogs, dogs, dogs. (Holmes & Moulton, 2001)

② 알파벳시(alphabetic poems)

알파벳시는 알파벳 문자를 일직선상에 적고 그 문자로 시작되는 단어를 쓴다. 이 형태는 아주 간단하므로 학습자의 호응도가 꽤 높다. 보다 높은 수준의 학습자에게는 한 행의 문장을 더 확장하도록 요청하거나, 운율 및 각운을 맞추도록 요구할 수 있다.

<표 VIII.4> 알파벳시

A is for apple.
B is for bed.
C is for chapel.
D is for dead. (Maley & Duff, 1989)

③ 직유시(simile)

학생들은 'as ... as ...'의 형태를 사용하여 다음과 같이 직유를 만드는 활동을 한다. 직유 연습은 알파벳과 혼합하여 사용할 수도 있고, 두운을 맞추도록 요구할 수도 있다.

<표 VIII.5> 직유시

A - As angry as an actress. B - As bored as a boot. C - As cold as a cave. (Maley & Duff, 1989)

④ 줄기시(stems)

학습자는 제시된 추상명사를 기본 문장 줄기로 하여 그것과 연상되는 것을 구체적으로 기술하는 일련의 문장들을 쓴다. 각 모둠은 모둠별로 최선의 것을 선택하고, 하나의 시로 완성하여 발표한다. 예를 들어, 다음과 같은 문장의 줄기들이 사용될 수 있다.

Love is...
Loneliness is...
Boredom is...
Hope is...
Frustration is...

<표 VIII.6> 줄기시

Loneliness
Loneliness is a telephone that never rings. Loneliness is a songbird that never sings. Loneliness is cold sheets on a cold bed. Loneliness is being hungry though well-fed. Loneliness is Sundays moping in the park. Loneliness is sobbing in the dark. (Maley & Duff, 1989)

줄기시의 변형으로서, 시적 형식을 갖춘 문장들로 구성된 형태의 패턴시(poetic form sentences)를 만들 수도 있다. 시적 형태의 패턴시는 아래와 같이 처음 세 행은 똑같은 문장 패턴을 가지고 있지만, 마지막 4행은 이와는 반대의 문장 구조를 지닌다. 이 형태는 마지막 행에서 반전이 일어나는 소넷(sonnet) 형식의 축소판이라고 할 수 있으며 학생들은 이러한 활동을 통해 문학적 소양도 쌓을 수 있게 된다. 시적 형태의 패턴시에는 'I wish,' 'I am,' 'I like' 등이 자주 사용된다.

<표 VIII.7> 시적 형식 패턴시

What I Like
I like <u>playing</u>. I like <u>eating</u>. I like <u>sleeping</u>. But I don't like <u>studying</u>. (Holmes & Moulton, 2001)

⑤ 두문자시(acrostic poems)

두문자시는 자신의 이름이나 특정 명사의 알파벳을 직선으로 나열하고 각 알파벳으로부터 시작하고 그러한 특정 명사와 연상되는 적절한 단어, 어구, 문장 등을 쓴다. 예를 들어, 'Friend'의 경우 다음과 같이 만들어 볼 수 있다.

<표 VIII.8> 두문자시

Friend
Funny **R**eal **I**nteresting **E**njoyable **N**ice **D**elightful (Holmes & Moulton, 2001)

(3) 발표하기 단계

학생들은 완성된 패턴시에 대해 모둠별로 피드백을 주고받은 뒤 최종 완성본을 발표한다. 모둠은 최적의 운율적 효과를 내기 위해 그것을 어떻게 읽을지 시연해보고 최종 발표와 평가를 위해 문제점들을 보완한다.

4. 패턴시 학습의 의의

쓰기 활동의 세 가지 원칙으로서 흔히 유의미성, 단계성, 의사소통 관련성이 제시되는데 패턴시를 이용한 쓰기 지도는 쓰기 활동 지도의 이 세 가지 원칙을 모두 만족시킨다(채찬희, 이선, 2010). 패턴시는 유의미한 하나의 이야기이고, 단계적으로 수준별 활동을 할 수 있으며, 학생들 사이에서 진정성 있는 의사소통을 할 수 있는 수업 자료이기 때문이다.

사실 현장에서의 쓰기 수업이란 언어형식(language forms)의 반복 연습, 학습지 빈칸 채우기 등과 같은 활동이 대부분이다. 이러한 쓰기 활동은 학생들의 상상력과 흥미를 자극하지 못할뿐더러 영어 학습에서도 효과가 미미하다. 이를 극복하고자 시도하는 활동이 일기 쓰기나 기타 자유 작문의 형태의 글쓰기인데 이러한 방법도 학생들의 사고는 담아낼 수 있으나 막상 실천하기 어렵다(채찬희, 이선, 2010). 학생들은 쓸 내용이 있어도 막상 어떤 형식으로 전개해야 하는지 그리고 그들에게 익숙한 구문 외에는 다른 다양한 구문을 사용하기가 쉽지 않기 때문이다. 그러나 특정한 패턴을 따르도록 하는 패턴시 형식을 사용하면 학생들은 그들의 생각을 담아낼 문장의 형식에 대한 걱정 없이 내용을 쏟아 붓는 데 초점을 두어, 보다 쉽고 재미있게 쓰기 학습을 할 수 있다. 패턴은 일종의 형식 스키마 혹은 틀로 기능하고 있고 그것이 언어 습득을 쉽게 해주기 때문이다.

패턴시 기반 영어 수업을 통해 학생들은 간단한 영시를 읽고, 쓰고 즐길 수 있게 되고, 간단한 쓰기 활동 속에서 영어의 운율 패턴을 익히고 어휘를 자연스럽게 확장시킬 수 있다. 학생들은 쓰기 능력이 향상되고, 영작에서의 영어식 표현을 사용할 수 있게 되며, 사고 능력이 확대되고, 시 한 편을 완성했다는 성취감을 느낄 수 있다. 패턴시 쓰기 활동은 학생들을 그만큼 영어에 더 친숙하게 다가설 수 있게 해줄 수 있다.

시적 언어라는 관점에서 영시를 다룰 때에는 텍스트가 정전이냐 아니냐의 문제에서 비교적 자유로울 수 있다. 영어 학습에 도움이 되면서, 학습자 수준에 맞고, 흥미와 동기를 유발시킬 수 있는 텍스트라면, 그것이 정전이든 비정전이든 문제가 되지 않을 것이다. 시의 학문적 의미와 내용보다는 시라는 장르의 특성이 주는 재미와 동기 유발에 초점을 맞출 때 영어교육에서 시만이 가질 수 있는 학습 효과를 창출해 낼 수 있다.

IX. 리듬 기반 영어 수업 방안

1. 리듬 교육의 필요성

현행 우리나라 영어교육의 맹점은 아이가 태어나서부터 초등학교 입학하기 전 시기까지에 해당하는 영어 습득 과정에 관해서는 아무런 교육과정도 교수·학습 방법도 제시되어 있지 않다는 점이다. 즉, 영어교육에서 유아기나 초등학교 저학년 학생들에게 해당하는 영어의 소리, 리듬, 운율에 대한 적절한 내용과 교수·학습법이 제시되어 있지 않다. 물론 교육과정 자체가 공교육이 시작되는 초등학교 삼 학년부터의 과정을 염두에 두고 있기는 하지만 아직까지 영어의 소리, 리듬, 운율에 대한 명확한 이론적 정립과 교수·학습 모형 등이 확립되어 있지 않다.

시적 언어 자료는 바로 이러한 영어교육의 빈 공간을 채워 줄 수 있는 자료이다. 동요나 동시 혹은 가벼운 노래와 같은 시적 자료는 구어의 특징인 소리, 리듬, 박자에 대한 학습을 통해 유아기의 음성 언어 교육을 구현할 수 있는 훌륭한 언어 자료이다. 학생들은 시적 자료를 통해 영어의 강약, 박자, 각운, 두운 등 영어의 고유한 운율 패턴을 학습할 수 있다. 이러한 운율 패턴에 대한 학습은 유아기 언어 습득의 빈 공간을 메워줄 수 있는 매개체의 역할을 하게 될 것이다.

이 장에서는 언어 습득 과정에서 리듬과 운율에 호소하는 언어의 구술능력을 잘 대변하는 시적 언어 자료가 영어 학습의 중요한 자료임을 제시하면서 이러한 시적 언어 자료를 통한 영어 리듬 교수·학습 방안에 대해 논의한다. 리듬 기반 영어 교수·학습 모형은 영어의 기본적인 강세, 리듬, 운율에 대한 지도를 내용으로 하는 수업모형이다.

2. 리듬의 개념

Brooks와 Warren(1979)은 리듬(rhythm)을 "소리나 운동이 반복적인 형태로 나타난 흐름"으로 정의하면서 이를 시에 적용하면 시의 리듬이란 언어의 소리가 반복적인 형태로 나타난 흐름이라고 하였다(p. 494). 일반적으로 시에서 리듬을 운율과 동일시하는 경향이 있으나 리듬은 시 형식뿐만 아니라 음악에도, 자연에도, 자연스러운 발화에도, 신체에도, 심지어 산문에도 존재한다고 볼 때, 보다 넓고 다양한 의미 외연을 갖는다. 시 자체의 경우에도 리듬은 병렬과 반복, 의성어 등과 같은 운율 이외의 다른 소리의 반복을 넓게 포괄한다. 따라서 일반적으로 리듬이란 광의의 의미로는 소리의 반복을 통해 생성되는 모든 운율을 의미하고, 협의의 의미로는 시 형식에 적용된 운율만을 의미하는 것으로 정의된다.

운율은 운과 율, 즉 압운(rhyme – 두운, 요운, 각운)과 율격(meter)으로 나뉘는데, 운이 소리의 공간적 질서에 따라 나타나는 위치의 반복이라면, 율은 소리의 시간적 질서에 기초한 거리의 반복이라고 할 수 있다(정끝별, 2007). 리듬이 자연의 리듬을 포함하여 불규칙한 리듬 모두를 포함한다고 하면, 운율은 규칙적인 시적 리듬만을 의미한다. 불규칙하게 존재하는 일상적인 발화의 리듬을 규칙화하면 반복적이고 규칙적인 시적 운율이 된다.

이러한 시의 규칙성 때문에 영어의 리듬 유형을 학습하는 데에는 영시가 가장 이상적인 자료가 된다. 규칙성이 없는 일상의 발화 자료를 가지고서는 리듬 학습이 불가능하기 때문이다. 영시를 다루지 않고서는 영어 리듬 교육이 완성된다고 할 수 없고, 또한 영시를 통해 리듬 교육을 할 때 그 효과는 배가된다고 할 수 있다. 시의 리듬 유형은 학생들에게 흥미를 불러일으키기 때문에 더욱더 동기가 부여되고, 기억에 오래 남는 효과를 가져온다. 영시를 통해 학생들이 구어의 리듬 유형에 많이 노출되면 구어의 구조에 익숙해지게 될 것이다.

    그동안 영시 교육은 리듬과 운율로 대표되는 시 형식에 대해 무관심하였다. 시의 내용과 더불어 시 형식 자체에 대한 학습이 중요한 것임에도 불구하고 심도 있게 다루지 못했다. 그러나 시에 리듬과 운율이 없다면 그것은 더 이상 시가 아니라고 할 수 있다. 시가 다른 장르와 구별되는 중요한 이유는 시가 리듬과 운율을 토대로 하는 것이기 때문이다. Poe(2004)는 "시는 미의 운율적인 창조다"(poetry ... as the rhythmical creation of beauty)라고 정의하였고(p. 702), 운율이 시의 중요한 요소이자 특징임을 인식한 바 있다. 또한, 운율은 음악성뿐만 아니라 시가 내포하고 있는 의미를 이해하는 데 구조적으로 연결되어 있기도 하다. 내용과 형식은 서로 분리되지 않고 유기적으로 연결된 동일체이다. 형식 없이 내용이 전달될 수 없으며 내용 없는 형식은 무의미하다. 교육 현장에서 시를 교육할 때에는 내용뿐만 아니라 시행의 외형 이해와 운율 체계에 대한 학습이 병행되어야 한다. 시적 자료를 통해 영어의 강세, 리듬, 운율, 박자 등 영어의 고유한 리듬 유형을 학습하고 이를 바탕으로 시를 제대로 낭송할 수 있게 되면 영어 리듬 유형에 대한 이해와 더불어 시의 내용에 대한 심도 있는 이해와 감상을 가능하게 하고 학습의 흥미도 높일 수 있다.

    시라는 장르 형식에 대한 무관심은 이 분야의 학술적인 연구가 미미한 것과도 무관하지 않다. 소위 '율격론' 혹은 '운율 음운론'에 대한 연구는 대부분 음성학을 전공한 연구자들에 의해 수행되었다. 영시 정형률에 대한 언어학적 연구는 1970년대 중반 이후부터 일어나기 시작하였는데, Corinne(1979)은 호주에서 음절 박자 언어(syllable-timed language)권의 유학생을 대상으로 동요(nursery rhymes)를 가지고 리듬을 학습한 결과, 영어의 리듬 습득이 학생들의 구어 유창성을 향상시키는 데 유용하다고 주장하였다. Hayes와 Kaun(1994)은 영어 민요(ballads)의 리듬을 분석하고, 그것을 원어민의 낭송과 비교하는 적정화 과정을 거쳐 영어의 리듬 유형을 확립하고자 시도하였다. 이들의 연구는 언어학적 분석을 토대로 한다는 점에서 영시 교육에 접목하는 데에는 한계가 있지만, 영시 형식에 대한 연구의 단초를 제공한다는 점에서 시사하는 바가 크다. 국내의 경우, 김기섭(1996)과 그의 제자들의 연구가 유일한데, 영시 정형률의 리듬을 분석한 손일권(1996), 장르 간 영어 리듬의 연계성에 대해 연구한 곽용자(2000), 영어 동요의 리듬과 박자의 관계에 대해 연구한 홍경숙(2004) 등의 사례를 찾아볼 수 있다. 또한, 같은 맥락에서 운율보다는 박자와 노래에 대한 연구도, 특히 1997년 초등학교에 처음으로 영어 수업이 도입된 시점과 맞물려 집중적으로 수행되기도 하였다(김명식, 2000; 김선명, 1999; 민은희, 1998). 이들 연구에 의하면, 노래나 찬트(chant)의 본래 목표는 리듬 학습을 통해 영어의 강세, 리듬, 억양 등에 익숙해지도록 하는 것인데, 현장에서는 지나치게 흥미 유발적인 기능만 강조되고, 또한 실제의 노래 속도가 너무 빨라 영어 내용을 알아듣기 어렵다고 지적하였다. 한편, 최근에는 영시를 분석 자료로 사용하지는 않았으나 운율 읽기(prosodic reading)와 듣기 능력과의 상관관계를 조사한 연구도 수행된 바 있다(김성중, 2009). 김성중(2009)은 영어 운율 자질 이해와 영어 듣기 능력 사이에 중간 정도의 유의미한 상관관계가 있다고 보고하였다. 그에 의하면, 영어 운율 읽기에서 우수한 평가를 받은 학생들이 영어 듣기 능력 평가에서 더 좋은 결과를 얻었는데, 그 이유는 운율을 이해하는 독자는 운율을 발생시켜 문장을 사고 단위(thought groups)인 의미 단락으로 나눌 수 있기 때문이라고 하였다(Dowhower, 1991; Wade-Woolley & Wood, 2006).

위의 제반 연구들은 대부분 그 이론적 배경을 음성학에 두고 있다. 이들 연구에 영시 자료가 분석되고는 있으나 단지 음성학적 분석 대상으로 활용되고 있을 뿐이다. 강세나 발음 연구는 수업모형이나 관련 활동 자료를 개발하여 실제 듣기, 말하기 등의 영어 수업으로 전환되지 못하였다. 지금까지 영시 자료를 가지고 현장 연구를 한 것은 이춘형(2002)의 연구가 유일하다. 이춘형은 영시 각 분야의 교육을 위한 수업모형을 개발하고 지도 방안을 제시하였다. 예를 들어, 영시 활용 발음 및 운율 지도, 영시 활용 어휘 및 어법 지도, 영시 활용 읽기 지도, 영시 활용 쓰기 지도 등 각 영역별로 지도 방법과 관련 활동들을 소개하고 이를 토대로 수준별 수업모형을 개략적으로 제시하였다. 이춘형의 수업모형과 지도 방안은 영시 교육의 현장 가능성을 진단했다는 점에서 의의가 있다. 그러나 일반적인 차원의 영시 수업의 소개라는 한계를 넘지 못하고 있고, 각 영역의 구체적인 수업모델과 활동의 개발에 미치지 못한 것은 아쉬운 점이다.

요약하면, 영시 리듬 교육에 관한 기존의 연구들은 주로 발음, 강세 및 리듬 교육으로 정리할 수 있는데, 대부분 음성학적 분석을 토대로 영시의 리듬과 운율을 분석하는 차원의 연구였다. 이러한 소위 운율 음운론은 시적 자료의 영어교육적 유용성을 살리지 못한 한계점을 지닌다. 또한, 학교 현장에 적용할 수 있도록 수업모형과 활동을 고안하기보다는 시 자체에 대한 운율 분석을 목표로 하였기 때문에 현장에 적용하는 데에도 한계가 있다. 따라서 시의 각 영역에 적합한 보다 구체적인 수업모형과 실제로 현장 적용 가능한 활동들을 개발하여 수업모형에 따라 차시별로 진행되는 수업을 통해 그 효과를 검증하는 연구와 개발이 필요하다. 이 장에서는 영시 교육 중 운율 지도에 초점을 맞추어 이에 관한 여러 가지 방법을 구체적으로 논의한다는 점에서 앞의 다른 연구와 변별성을 갖고자 한다.

3. 율격론

영어의 운율은 크게 강세, 강세에 의해 형성되는 리듬, 휴지, 그리고 억양으로 이루어진다. 영어 단어는 강세를 중심으로 강세 사이에 비강세를 배치하여 일정한 시간적 거리를 두고서 강약을 형성함으로써 똑같은 강세의 연속을 피하고 강약의 리듬을 형성하는데 이것이 영어 리듬 이론의 근간이다. 예를 들어, 'confirm'과 'merrily'란 단어는 각각 'cŏnfírm'(약강)과 'mérrĭlў'(강약약)의 강세를 갖는다.[1] 또한 영어의 강약 리듬은 단어뿐만 아니라 구절과 문장에도 적용된다. 이것을 문장 강세(sentence stress)라고 하는데, 영어 단어들이 문장 속에서 갖는 의미의 중요성 정도에 따라 강하게 혹은 약하게 발음되는 것을 의미한다. 어떤 단어를 강하게 혹은 약하게 발음해야 될지에 관해서는 일반적으로 내용어(content word: 정보를 전달하는 단어)는 문장 강세를 받고, 기능어(function word: 문법적 관계를 표시하는 단어)

---

[1] 참고로 이 장에서 사용하고 있는 율독(scansion) 기호는 다음과 같다.
 a breve (˘): an unstressed syllable
 an ictus (′): a stressed syllable
 a vertical bar (|): the division between feet
 a caret (^): a missing syllable

는 문장 강세를 받지 않는다. Couper-Kuhlen (1986, pp 36-37)에 따르면, 문장 강세의 강세 범주는 <표 IX.1>과 같다.

<표 IX.1> 강세를 받는 단어 범주

명사			The *noise* of the *train* in the *tunnel* was *deafening*.
대명사		지시	*That's* what I told you.
		소유	I didn't know *his* was there.
		부정(주어)	*Somebody* must have lost it.
		의문	*Who's* coming?
한정사		지시	*That* coat's very nice.
		부정	There's *no* doubt about that.
		수량	There are a *few* small ones.
		의문	*Which* route did they come by?
형용사			This *narrow* valley was the scene of a *famous* battle.
본동사			Don't *forget* your homework.
조동사		부정형	He *doesn't* like them.
부사		방법	I can do that *easily*.
		장소	Tell him to come *in*.
		시간	I shall see him *tonight*.
		빈도	It's *usually* hotter than this.
감탄사			*Oh*.

<표 IX.2> 강세를 받지 않는 단어 범주

대명사		인칭	*They* didn't give me one.
		재귀	I've just cut *myself*.
		상호	I heard them speaking to *each other*.
		부정(목적)	I've seen *someone* about it.
		관계	This is the girl *who* typed the letter.
한정사		소유	I saw *your* daughter and her husband yesterday.
		관계	Is that the man *whose* daughter plays the cello?
		관사	Is *the* book on *the* table *a* good one?
		미량	Has she brought *any* sugar?
조동사		긍정문	She *is* waiting for you.
부사		정도	It's *about* a mile from here.
		관계	That's the reason *why* I don't like him.
전치사			What are they staring *at*?
접속사		등위	*Both* he *and* I are ready.
		종속	I propose *that* we should wait for mom.

한편, 영어 원어민은 강세, 비강세 패턴을 일정한 간격으로 혹은 박자로 읽는데 이것을 등시간격성(isochronism)의 원칙이라고 한다. 등시간격성은 강세들 사이의 시간 간격이 같다는 이론으로서 강세 박자들은 시간상으로 거의 동일한 간격으로 인식된다는 것이다(Corinne, 1979). 예를 들어, 아래 문장들은 음절수가 모두 다르지만 문장의 발화 속도는 거의 같다. 그 이유는 내용어로서 세 단어 'cats,' 'chase,' 'mice'만이 강세를 받기 때문이다.

1) **Cats chase mice**.
2) The **cats chase mice**.
3) The **cats chased** the **mice**.
4) The **cats** have **chased** the **mice**.
5) The **cats** might have been **chasing** the **mice**. (곽윤식, 2003, p. 73)

영어는 이와 같이 강세를 중심으로 박자와 속도가 형성되기 때문에 소위 강세 박자 언어(stress-timed language)라고 일컬어지고, 반면 음절수를 중심으로 하는 우리말은 음절 박자 언어(syllable-timed language)라고 칭해진다(Pike, 1947, p. 250). 영어 등의 게르만어는 강세 음절이 일정한 시간 간격으로 발생하기 때문에 강세 사이에 존재하는 비강세 음절의 수와는 관계없이 전체 발화 속도는 등시간성을 유지한다. 반면, 프랑스어 등의 로망스어는 음절이 강세 음절이건 비강세 음절이건 상관없이 모든 음절이 동등한 시간 간격을 갖고 발화된다. 영어는 강세 음절의 수가 전체 발화 시간을 결정하는 반면, 프랑스어나 우리말은 음절수가 전체 발화 시간을 결정한다. 따라서 영어는 음절수가 달라져도 같은 박자로 읽기 때문에 속도가 빨라지게 되고, 이 때문에 모음약화, 축약, 음절탈락, 융합 등과 같은 듣기에 지장을 초래하는 음운 현상들이 발생한다. 우리나라 학생들은 등시간격성의 특성을 무시하고 영어의 모든 음절들을 하나하나 정확하게 발음하고 들으려는 경향이 있어서 듣기에 어려움이 발생한다. 우리나라 학생들이 영어로 의사소통을 하는 데 곤란을 느끼는 이유는 바로 이러한 영어 리듬의 고유한 특성에 익숙하지 않기 때문이다. 영어를 잘 듣고, 말하고, 읽고, 쓰기 위해서는 영어 발화의 의미를 결정하는 중요 요소로서 영어 리듬의 특성을 정확히 체득하는 것이 필수적이다. 언어마다 리듬이 다르다는 것은 언어적 리듬은 학습되어야 한다는 점을 말해준다.

한편, 영어 리듬 유형을 구성하는 핵심 단위는 음보(foot)라고 한다. 음보는 하나의 강세 음절에서 다음 강세 음절까지 휴지를 두지 않고 발화할 때 그 발화 단위 혹은 리듬 단락(rhythmic group)을 의미한다. 리듬 단락을 나누는 지점은 휴지(pause)라고 하고, 보통 수직선(vertical bar) 혹은 사선(slash)으로 표시한다. 리듬 단락 내에서 단어와 음절들은 단독적으로 따로 발음되지 않고 계속 연결되어 마치 하나의 긴 단어처럼 발음된다. 한 시행 안에서 의미를 분명히 하기 위해 혹은 특정 부분을 강조하기 위해 혹은 호흡 조절을 하기 위해 휴지를 의식적으로 하는 경우도 있는데, 이것을 중간 휴지(caesura)라고 부르고 '‖'로 표기한다. 예를 들어, 다음 문장에서 'I shrunk;' 다음에 오는 휴지는 시행의 중간에 오는 휴지이다.

"I shrunk; ‖ for verily the barrier flood
Was like a lake."

영어 음보의 종류에는 약강격(Iamb, Iambic foot)과 약약강격(Anapest, Anapestic foot)의 상승조(rising meter)가 있고, 강약격(Trochee, Trochaic foot)과 강약약격(Dactyl, Dactylic foot)의 하강조(falling meter)가 있으며, 자주 사용되는 것은 아니나 강강격(Spondee, Spondaic foot) 등의 다섯 가지 종류가 있다(Arp & Johnson, 2010, pp. 201-202).

<표 IX.3> 음보의 종류

Types	Examples
Iamb (Iambic foot)	delight; away
Anapest (Anapestic foot)	on the day; intervene
Trochee (Trochaic foot)	after; only
Dactyl (Dactylic foot)	beautiful; happily
Spondee (Spondaic foot)	Jump, run/ hide, shout; day's task

음보란 휴지를 사이에 두고 음절수에 관계없이 동일한 시간적 길이로 발음되는 발화 단위를 일컫는다는 점에서 노래의 박자와도 같다. 음보는 등시간격성이 유지되는 하나의 기본 박자로서 하나의 강박과 약박이 한데 묶여 있는 형태이다. 예를 들어, 약강격은 '♪ ♩,' 강약격은 '♩ ♪,' 강강격은 '♩ ♩'이 된다. 음보가 약강격 아니면 강약격으로 구성되는 점을 고려하면 음보는 두 박자(duple rhythm)나 세 박자(tripie rhythm)로 이루어지게 됨을 알 수 있다.

초등학교에서 활성화되고 있는 찬트는 노래에서 멜로디를 뺀 박자만을 의미하는 것으로서 이러한 리듬 이론을 배경으로 하고 있다. 찬트에서 기본이 되는 것은 2박 리듬과 3박 리듬이며 각 리듬은 강박으로 출발한다. 여기서 2박 리듬은 2/4박자 혹은 4/4박자를, 3박 리듬은 3/4박자 혹은 6/8박자를 의미한다. 아마도 초기 단계의 학생들에게 영어의 리듬과 박자 감각을 가장 잘 익히게 할 수 있는 방법이 바로 찬트를 통한 학습일 것이다. 확고한 박자와 일정한 속도를 유지하는 찬트의 강한 리듬 패턴은 학생들이 좋아하는 몸놀림이나 게임과 관련성이 있으며, 또한 리듬과 율동에 대한 학생들의 본능적인 친화력과 관련이 있다. 활동 방법으로는 손뼉치기, 발장단 맞추기, 고개 끄덕이기, 혹은 주변의 기구 등을 활용하여 소리내기 등이 있다. 학생들은 노래와 찬트를 통해 영어의 리듬과 억양을 무의식적으로 자연스럽게 익힐 수 있을 뿐만 아니라 듣기와 말하기 능력을 신장시키고, 또한 어휘력도 증대시킬 수 있다.

한편, 찬트의 이러한 언어 학습에의 유용성을 인식한 Graham(1988)은 리듬과 압운을 강조한 찬트로 구성된 동화를 제작한 바 있는데, 그녀는 찬트로 구성된 동화의 유용성을 다음과 같이 약술하고 있다(p. 16).

첫째, 이야기의 전개가 아동의 흥미와 호기심을 지속시킨다.
둘째, 문장 단위의 자연스러운 리듬 교육이 가능하다.
셋째, 영어의 운율 구조를 이해하고 듣는 기술을 익히는 데 효과적이다.
넷째, 다양한 상황에서의 발화를 경험할 수 있다.
다섯째, 실생활에 필요한 관용적인 표현이 많다.
여섯째, 영어에 흥미를 느낄 수 있는 다양한 감각을 이용한 활동이 가능하다.

일곱째, 음악의 즐거움이 불안감을 감소시킨다.

여덟째, 기억의 장기 보전이 가능하다.

아홉째, 아동의 인지적, 정의적 수준에 알맞은 소재다.

열째, 상상력을 자극하고 다양한 감정을 불러일으킨다.

한편, 리듬의 한 단위로서 음보는 율격의 최소 단위가 된다. 시의 율격은 연속적인 음보의 수에 따라 정해지는데, 율격의 종류에 따라 시행의 길이가 결정된다. 율격의 종류는 다음과 같다.

<표 IX.4> 율격의 종류

Types	Number of foot
monometer	one foot
dimeter	two feet
trimeter	three feet
tetrameter	four feet
pentameter	five feet
hexameter	six feet
heptameter	seven feet
octameter	eight feet

예를 들어, Marvell의 "The Garden"은 각 시행마다 8음절씩 반복되는 4보격(tetrameter)의 율격을 가지고 있다.

How vain | ly men | themselves | amaze
To win | the palm, | the oak, | or bays;
And their | unces | sant la | bors see
Crown'd from | some sin | gle herb | or tree,
Whose short | and nar | row ver | ged shade
Does pru | dently | their toils | upbraid;

음보의 종류에는 5가지, 율격의 종류에는 8가지가 있으므로, 이 둘을 조합하면

논리적으로 영시에는 총 40가지 리듬 유형이 존재할 수 있다. 위의 "The Garden"은 4보격에 약강격 음보가 4번 반복되고 있으므로 약강4보격(iambic tetrameter)의 리듬 유형이 된다. 총 40가지 리듬 유형 중 가장 대표적인 영시의 리듬 유형은 약강5보격(iambic pentameter)이다. 우리나라 시조에 비유되는 Shakespeare의 *The Sonnets* 중 130번은 약강5보격의 좋은 예이다.

My mis | tress' eyes | are no | thing like | the sun;
Coral | is far | more red | than her | lips' red;
If snow | be white, | why then | her breasts | are dun;
If hairs | be wires, | black wires | grow on | her head.
I have | seen ro | ses da | masked, red | and white,
But no | such ro | ses see | I in | her cheeks;
And in | some per | fumes is | there more | delight
Than in | the breath | that from | my mis | tress reeks.
I love | to hear | her speak, | yet well | I know
That mu | sic hath | a far | more plea | sing sound;
I grant | I ne | ver saw | a god | dess go, —
My mis | tress, when | she walks, | treads on | the ground.
And yet, | by hea | ven, I | think | my love | as rare
As a | ny she | be lied | with false | compare.

그러나 모든 리듬에서 이처럼 강약의 반복이 조화로운 것만은 아니다. 영어의 리듬은 강약이 일정한 규칙을 가지고 반복되는 것이므로 단어 내에서 강세와 비강세가 연속된다면 리듬을 조정해야 한다. 강세가 서로 가까이 인접하여 충돌할 때(stress clash), 리듬 규칙에 의해 강약을 조절하는 것을 리듬 조절(rhythm adjustment)이라고 한다. 강세 충돌은 단어 내에서 뿐만 아니라 어구 내에서도 일어날 수 있다. 다음 예에서처럼 단어나 어구 내에서 강세 충돌이 일어나면 리듬 조절을 위하여 왼쪽의 강세는 더욱 왼쪽으로 자리를 옮긴다.

1) comp**u**te → comp**u**tation
2) four**teen** → **four**teen men (Fourteen Rule)

 영시에서 리듬을 분석하고 강약을 조절하는 궁극적인 이유는 시의 주제에 가장 적절한 낭송을 하기 위한 것이다. 영시 지도에서 낭송은 영시가 리듬을 가지고 있다는 장르적 특성을 이해하기 위한 방법으로 강조된다. 시를 제대로 낭송하기 위해서는 강세를 분석, 조정하고 리듬 유형을 규명하는 작업이 필요한데, 이를 율독이라고 한다. 낭송하는 사람은 텍스트에 지시된 영역을 넘어서 마음대로 율독할 수는 없으나 읽는 방법은 다양할 수 있다. 낭송자의 율독에 따라 작품 이해에 영향을 미친다는 점에서 영시를 낭송하는 행위는 작품에 대한 일종의 해석이 되고(Taylor, 1994, pp. 215-216), 따라서 율독은 매우 중요한 작업이 된다.
 율독을 하게 되면 강세와 비강세가 융통성있게 조절됨으로써 문제가 되는 시행을 자연스러운 리듬으로 만들 수 있다. 율독의 원칙으로는, 소위 '좌단 느슨, 우단 엄격' 법칙('Left loose, right strict' Rule)과 '상단 느슨, 하단 엄격' 법칙('Upper loose, down strict' Rule)이 있다. 이 원칙에 따르면, 영시의 정형률은 강세가 행말, 즉 시행의 우측에 올 경우에는 율격과 일치하는 경향이 있는 반면, 행초, 즉 좌측에 오는 경우에는 규칙이 느슨하게 적용되는 경향이 있다. 또한, 연(stanza)의 마지막 부분으로 갈수록 율격이 엄격히 준수되지만, 서두에는 잘 지켜지지 않는 경향이 있다. 따라서 시를 율독할 때에는 먼저 행말과 마지막 행들의 리듬을 분석해 보는 것이 전체 리듬 유형을 결정하는 데 도움이 된다.
 율격에도 늘 예외가, 즉 전체의 주된 리듬 유형에서 벗어나는 불규칙한 율격이 존재하기 마련이다. 이러한 운율적 변형(metrical variations) 혹은 수사적 변형(rhetorical variations)이 존재하는 이유는 율격의 변화를 의도적으로 줌으로써 시행들이 단조롭게 반복되는 기계적인 박자가 되지 않도록 하고 시에 초점과 활력을 주기 위해서이다. 규칙적인 율격으로부터 벗어난 것 자체가 이미 예외적인 의미를 지니게 됨으로써 주제를 강조하는 역할을 하게 된다. 운율적 변형의 예에는 몇 가지 유형이 있는데, 일반적으로 치환(substitution), 외율(extrameters), 절단(truncation)으로 나뉜다. 첫째, 치환은 기본 율격을 다른 율격으로 대체하는 것을 말한다. 다음 예들은 약강격을 약약강격으로 대체한 예이다.

  1) **And a love** | to keep | you clean
  2) Of man's | first dis | obe | **dience and** | the fruit

둘째, 외율 혹은 여성행말(feminine ending)은 시행의 서두나 말미에 덧붙여진 비강세 음절을 말한다. 행말에 오는 경우는 주로 약강격 혹은 약약강격에서 일어나고, 행초에 오는 경우는 주로 강약격이나 강약약격에서 일어난다. 외율은 잉여 음절로서 율격으로 처리되지 않는다. 예를 들면, 다음 시행 말미의 'es'는 음절로 인식되지 않는다.

  1) My mu | sic shows | ye have | your clos | **es**

셋째, 절단 혹은 묵박(silent beat)은 외율과는 반대로 행초 혹은 행말에 비강세 음절이 생략된 것을 말한다. 절단 혹은 묵박은 시행 내의 부족 음절을 보완하는 장치로서 박자에 맞추기 위하여 음절을 임시방편적으로 삽입하는 현상을 말한다.

  1) ^ Dig | him out | and give | him to | the hounds
  2) Red, ^ | green, and | yellow

운율적 변형은 단지 운율의 불규칙함을 보여주는 것 이상의 의미를 지닌다. 대부분의 운율적 변형은 우연한 변종이라기보다는 의도적인 변화이기 때문이다. 운율적 변형은 형식상으로, 내용상으로 낭송자와 청자의 주의를 집중시킴으로써 시를 살아 있게 하고 의미를 재강화한다.

  영시의 운율론에서 율격에 대응되는 것은 압운이다. 영시의 압운은 특정 위치에서 같은 소리가 반복되는 현상으로서 각운, 요운, 두운 등으로 나눌 수 있다. 각운은 강세를 받는 모음과 그 뒤에 오는 자음의 소리가 행말에서 반복되는 현상을 말한다. 다음은 Keats의 *Endymion*의 일부인데, 여기서 'forever'/ 'never'와 'keep'/ 'sleep'

쌍이 각각 각운을 이루고 있다.

> A thing of beauty is a joy for**ever**,
> Its loveliness increases; it will n**ever**
> Pass into nothingness; but still will k**eep**
> A bower quiet for us, and a sl**eep**
> Full of sweet dreams, and health and quiet breathing.

각운에서 모음과 자음의 반복이 완벽하게 이루어지는 경우는 완전운(perfect rhyme)이라고 하고 자음만 반복되는 경우는 'eyes'/ 'light'; 'quietness'/ 'express'에서처럼 불완전운(half rhyme, slant rhyme)이라고 한다. 요운은 중간운이라고 불려지기도 하는데, 시행의 중간과 말미의 위치에서 모음과 자음의 소리가 반복되는 경우를 말한다. 아래의 예에서 'cloud'와 'shroud'는 요운을 구성한다.

> In mist or cl**oud**, on mast or shr**oud**

두운은 'tried and true,' 'safe and sound,' 'fish or fowl' 등의 예에서 보듯이 강세 음절의 자음이 반복되는 소리 현상으로서 모음과는 관련이 없는 것이 특징이다. 두운은 고대 및 중세 영시에서 시를 유기적으로 조직하는 중요한 구조적 장치였다. Chaucer의 *Canterbury Tales*의 "General Prologue"에 나오는 다음 시행은 중세시에서의 두운의 핵심적인 역할을 잘 보여준다.

> In a **s**omer **s**eson, when **s**oft was the **s**onne.

압운은 같은 소리가 반복되게 함으로써 청자의 귀를 즐겁게 하고 기억에 오래 남게 하는 기능뿐만 아니라 각 시행을 구조적으로 연결하는 기능도 수행한다. 예를 들어, Shelley의 "Ode to the West Wind"의 각 연을 살펴보면, 제 1연의 각운은 a(being), b(dead), a(fleeing)의 형태로 되어 있는데, 이로 미루어 제 2연은 b(red), c(Thou), b(bed)의 형태가 될 것임을 예측할 수 있게 한다. 마찬가지로, 제 3연은 c, d, c, 제 4연은 d, e, d 등의 형태로 진행될 것을 예상할 수 있다. 이처럼 각운은 시에서 연과 연을 유기적으로 연결하는 중요한 구조적 기능을 수행한다.

O wild West Wind, thou breath of Autumn's being,
Thou, from whose unseen presence the leaves dead
Are driven, like ghosts from an enchanter fleeing,

Yellow, and black, and pale, and hectic red,
Pestilence stricken multitudes: O Thou,
Who chariotest to their dark wintry bed

The winged seeds, where they lie cold and low,
Each like a corpse within its grave, until
Thine azure sister of the Spring shall blow

Her clarion o'er the dreaming earth, and fill
(Driving sweet buds like flocks to feed in air)
With living hues and odours plain and hill:

Wild Spirit, which art moving everywhere;
Destroyer and Preserver; hear, O hear!

4. 리듬 기반 영어 교수·학습 모형

지금까지의 율격론과 압운론에 대한 검토를 바탕으로 다음과 같이 영시 리듬 학습에 대한 수업모형과 이를 현장수업에 적용한 교수·학습 과정을 제시한다. 매 차시별 수업을 위해 활동지가 개발되고 활동지는 리듬 수업의 결과 분석에 사용된다.

수업 교재로는 전통적인 영시뿐만 아니라 영어 동요와 동시도 사용된다. 특히 영어 동요는 예로부터 전해 내려오는 구전 시가들을 한데 모아 놓은 것으로서 영어의 리듬과 운율을 학습하기에 적합한 교재이다.

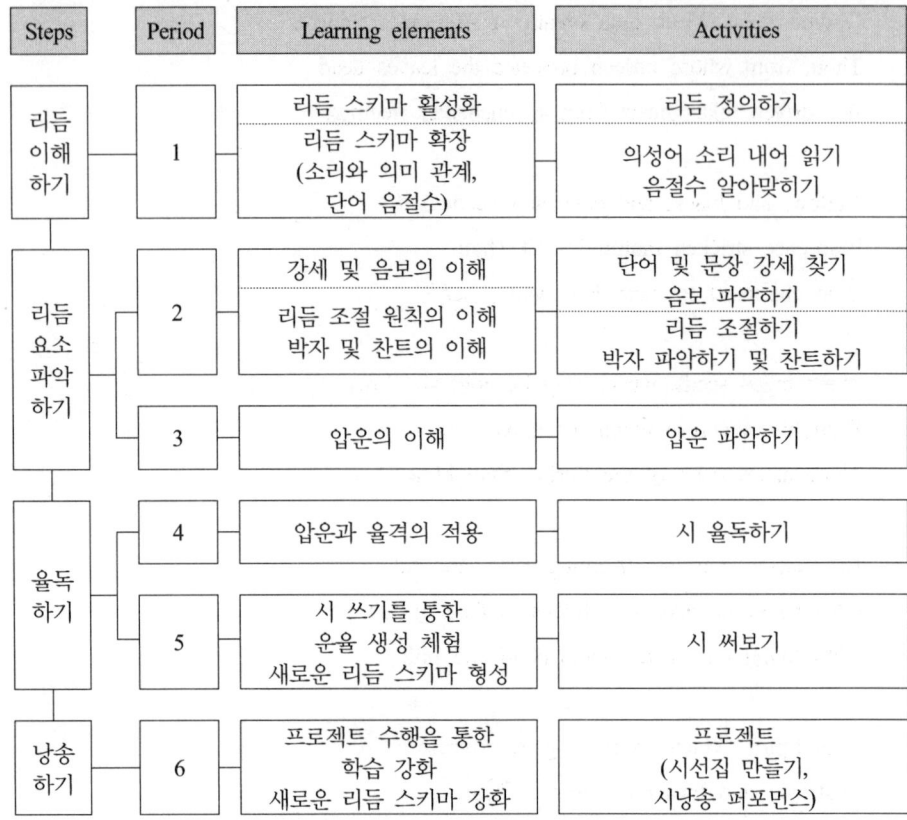

<그림 IX.1> 리듬 기반 영어 교수·학습 과정

각 단계별 세부 활동에 대한 설명은 다음 <표 IX.5>와 같다. 각 차시별 활동지 원본은 참고용으로 부록에 첨부하였다.

<표 IX.5> 단계별 세부 활동 설명

Activity 1.1 What is rhythm?

A Write down your definition of rhythm briefly and discuss it with your group members.

_____

_____

B Give examples of rhythmic patterns you find in everyday life — nature, life, music, poetry, etc.

_____

_____

Activity 1.2 Reading aloud onomatopoeic poems

A Give each onomatopoeia (words whose sound suggests their meaning) a definition. (Spiro, 2004)

Sound	When
bang	
buzz	
clunk	the sound of metal against metal, something heavy falling
crackle	
crash	
clatter	
creak	
fizz	knocking someone out, hitting someone
grunt	
hey! (oy!)	you want to catch someone's attention
mm mm	you want to show you are listening to someone
oh!	you are surprised
ouch! (ow!)	you sit on a pin
phew!	you are relieved about something
plop	falling water
rustle	
smash	cars colliding
snap	
thud	

① 리듬 이해하기 단계

리듬 이해하기 단계의 목표는 리듬 개념에 대한 학생들의 배경지식을 활성화하는 데 있다. 이를 위해 리듬의 의미가 무엇인가에 대해 생각해보는 활동으로부터 시작하여 의성어를 소리 내어 읽고 이해하는 활동 및 단어의 음절수를 알아맞히는 활동 등을 한다.

리듬의 정의를 말해보는 활동 <Activity 1.1>에서는 리듬 개념의 핵심이 반복성에 있음을 인식하도록 한다. 이러한 관점에서 우리의 일상생활 전반에 퍼져있는 반복되는 리듬의 예들을 말하게 하면서, 예를 들어 자연의 리듬, 음악의 리듬, 언어의 리듬, 신체의 리듬, 사회제도의 리듬 등 리듬의 일상적인 의미를 환기시키고, 리듬의 광의적 의미를 이해할 수 있도록 한다.

의성어는 소리 자체가 그 단어의 뜻을 표현하는 말로서 소리와 의미와의 가장 즉물적이고 직접적인 관계를 보여준다. 의성어를 소리 내어 읽는 활동 <Activity 1.2>는 언어의 소리와 리듬의 세계로 되돌아가 언어의 본래적인 구어성을 회복시킨다. 언어란 본래 눈으로 읽고 이해하는 것이 아니라 입으로 소리 내어 말하고 듣는 것이다. 리듬 교육에서 소리 내어 읽기는 매우 중요한 사전 활동이다.

한편, 소리의 단위는 음절인데, 이러한 음절에 대한 이해를 돕기 위해 단어의 음절수를 알아맞히는 활동을 한다(Activity 1.3). 학생들은 영어 단어를 듣고 책상을 손으로 두드리는 식으로 각 단어의 음절수를 표현하도록 한다. 이때 강세를 받는 음절은 더 세게 칠 수도 있다. 또한, 다양한 음절의 단어를 듣고, 음절수별로 어휘를 분류하는 활동도 할 수 있고, 몇 개의 모둠으로 나누어 1, 2, 3, 4음절별로 단어를 범주화해서 찾아 쓰도록 하는 음절수 게임도 할 수 있다.

Activity 1.3 Guessing the number of syllables

A Clap out the number of syllables in a word you hear.

1. only
2. little
3. should
4. equally
5. moreover
6. tongue
7. foreign
8. peninsula
9. beautiful
10. language

B Write words that match the number of syllables in each column and pronounce them.

	1 syllable	2 syllables	3 syllables	4 syllables
1	proud	tiny	everyday	especially
2				
3				
4				
5				

Activity 2.1 Finding a stressed syllable or a word

A Listen carefully and mark (′) on a stressed syllable in the given word.

1. bury
2. similar
3. paternal
4. universal
5. guarantee
6. development
7. polished
8. delicious
9. immediate
10. characterize

B Listen carefully to the talk in the left column and underline a word or two in the right column that has a sentence stress.
(곽윤식, 2003)

M: I want some shoes.
W: What kind of shoes?
M: The beautiful kind!
W: Black or brown?
M: Neither. I'm tired of black and brown.
W: I want red shoes. Shiny red shoes!

→

M: I want some <u>shoes</u>.
W: What kind of <u>shoes</u>?
M: The <u>beautiful</u> kind!
W: Black or brown?
M: Neither. I'm <u>tired</u> of black and brown.
W: I want red shoes. Shiny red shoes!

② 리듬 요소 파악하기 단계
 2, 3차시 수업은 운율의 이론적 배경에 대한 이해를 목표로 한다. 우선, 운율론의 기초 학습으로서 단어 강세, 문장 강세를 포함하는 강세 찾기 활동을 한다(Activity 2.1). 강세가 생기면 리듬이 발생하고 박자가 정해짐으로써 읽기 속도가 결정되는데, 이와 관련하여 음보 파악하기, 박자 파악하기, 찬트하기 활동을 통해 리듬 유형 및 박자 개념에 대해 이해한다. 일상적인 영어의 리듬은 대부분 강세와 비강세가 불규칙적으로 배열되어 있기 때문에 시에 적용하기 위해서는, 즉 리듬을 규칙적으로 만들기 위해서는 리듬 조절을 해야 한다. 리듬 조절은 영어의 리듬 유형을 파악하는 데 핵심적인 역할을 하므로 다양한 활동을 통해 리듬을 조절하는 연습을 하도록 한다. 마지막으로 운율론과 대비를 이루는 압운론을 이해하기 위해 이와 관련된 활동을 실시한다.
 강세 찾기 활동 <Activity 2.2>는 음절을 올바르게 분절함으로써 강세의 위치를 정확히 인식하는 활동이다. 학생들에게 일련의 단어가 쓰인 학습지를 나누어 준 후 원어민의 발음을 들려주면서 강세를 표시하도록 한다. 이러한 활동은 단어의 정확한

Activity 2.2 Identifying meter

A Match each type of foot with an appropriate word, phrase, or sentence.

Types	Words, Phrases, & Sentences
Iamb •	• calendar
Anapest •	• the Brothers Grimm
Trochee •	• Go for it!
Dactyl •	• Woodro Book Club
Spondee •	• interrupt
	• in the sea
	• writing
	• true-blue
	• by bus

B Match each stress type with an appropriate sentence. (곽윤식, 2003)

Stress Types	Sentences
• ● • •	• You promised to phone.
• ● • •	• I stepped on it.
• ● • ● •	• It's broken.
• ● • • ● •	• I'd like to help.

강세 위치를 파악할 뿐만 아니라 강세의 중요성을 인식시키고 듣기 능력도 향상시킬 수 있다. 단어의 강세 연습을 한 다음에는 문장 강세를 찾는 활동을 한다. 문장 강세는 기능어가 아닌 내용어에 주어지므로 문장에서 어떤 단어들이 내용어가 되는지 파악할 수 있어야 한다. 이러한 활동을 통해 학생들은 영어를 들을 때 뜻을 파악하기 위해 모든 단어를 다 들어야 되는 것은 아니라는 점을 인식하게 된다.

노래나 시에서 불규칙한 강세들은 어떤 원칙에 따라 조화롭게 조절되는데 이러한 강세 조정 원칙들을 이해하기 위해서는 규칙화된 강약 패턴의 기본 단위인 음보에 대해 알아야 한다. 이와 관련된 활동으로 단어 수준, 구 수준, 문장 수준에서 음보의 종류를 서로 연결해 보는 활동을 할 수 있다. 또한, 음보의 강약 패턴을 보다 시각적으로 점으로 표시한 후 각각의 패턴에 맞는 문장과 연결짓는 활동도 할 수 있다. 음보에 대한 기본 학습을 마친 후에는 본격적으로 불규칙적인 강세 패턴을 가진 문제의 시를 가지고 리듬 조절 활동을 해봄으로써 실제 율독 감각을 키운다 (Activity 2.3). 박자 파악하기 활동에서는 문제의 영시 전체의 리듬을 조절한 다음 조정된 강약 패턴에 따라 박자도 조정해 본다. 강세 조정과 더불어 박자도 조정해야 하는 이유는 노래의 강박과 시의 강세가 일치하고 노래의 약박과 시의 비강세가 일치한다면 노래하면서 자연스럽게 영어의 강약 패턴을 느낄 수 있게 되기 때문이다. 이러한 원리를 이용하여 영어의 리듬과 억양을 효과적으로 지도하기 위한 방안이 찬트하기이다. 학생들은 강세 유형에 맞추어 강세 음절은 손뼉을 크게 치고 비강세 음절은 작게 치면서 영어의 강약 리듬을 자연스럽게 느낄 수 있게 된다.

Activity 2.3 Adjusting rhythms

A Adjust the stress patterns of the following poem. (강의수, 2000)

Who loves the trees best? "I," said the Spring.
"Their leaves so beautiful to them I bring."

Who loves the trees best? "I," Summer said.
"I give them blossoms, white, yellow, red."

Who loves the trees best? "I," said the Fall.
"I give luscious fruits, Bright tints to all."

Who loves the trees best? "I love them best,"
Harsh Winter answered. "I give them rest."

→ _____

Who loves the trees best? "I," said the Spring.
  s s w s s w s w s
→ w s w s ^ s w s w s

"Their leaves so beautiful to them I bring."
  w s s s ww w w s
→ w s w s w s w s w s

Who loves the trees best? "I," Summer said.
  s s w s s w s w s
→ w s w s ^ s w s w s

"I give them blossoms, white, yellow, red."
  w s w   s w   s   s w s
→ w s w   s w   s ^ s w s

Who loves the trees best? "I," said the Fall.
  s s w s s w s w s
→ _____

"I give luscious fruits, Bright tints to all."
  w s s w s   s   s w s
→ _____

Who loves the trees best? "I love them best,"
  s s w s s w s w s
→ _____

Harsh Winter answered. "I give them rest."
  s   s w s w   w s w s
→ _____

Activity 3.1 Scansion practice

A Analyze each poem following the given example.

1. A. E. Housman, "When I was one-and-twenty"
   Whĕn Í | wăs óne | -ănd-twén | tў
   Ĭ héard | ă wíse | măn sáy, |
   "Gĭve crówns | ănd póunds | ănd guí | nĕas
   Bŭt nót | yŏur heárt | ăwáy; |

   Gĭve péarls | ăwáy | ănd rú | bĭes
   Bŭt kéep | yŏur fán/cў frée." |
   Bŭt Í | wăs óne | -ănd-twén | tў,
   Nŏ úse | tŏ tálk | tŏ mé. |
   → iambic trimeter

2. Robert Herrick, "Upon His Departure Hence"
   Thus I
   Pass by
   And die:
   As one
   Unknown
   And gone:
   → _____

Activity 3.2 Writing and reciting a poem

A Write a heroic couplet about "love" and scansion it as in the given example.

Mў lóve | ĭs líke | ă ráin | bŏw ín | thĕ skў. |
Ĭt hás | ă lót | ŏf cól | ŏrs ín | ĭts eýe. |

→
_____
_____

B Complete the poem by filling in blanks with appropriate phrases. (Spiro, 2004, p. 49)

Learning a language is like ...

climbing a mountain
swimming an ocean
collecting sea shells
polishing stones
wind-surfing
playing the guitar
listening to music
sleeping surfing the internet
_____
_____

③ 율독하기 단계

4, 5차시에는 지금까지 학습한 영어 리듬의 기초 이론을 바탕으로 그것을 실제의 시에 적용해 보는 활동을 한다. 먼저, 각 음절의 강세를 찾고, 전체 시의 리듬 유형을 파악한 다음, 강세 조정을 하고, 박자 조정을 통해 조화로운 리듬 패턴을 확립한다(Activity 3.1). 이러한 율독 과정은 궁극적으로 시낭송을 위한 준비 활동이다. 율독이 끝난 다음에는 교수자가 시를 큰 소리로 읽어주고(reading aloud), 개별적으로 학생들이 읽게 하거나, 전체가 같이 읽도록 한다(choral reading). 읽을 때 느린 속도로 박자를 지정하여 읽을 수도 있고, 빠른 속도로 박자를 지정하여 읽을 수도 있다. 다 같이 소리 내어 읽기는 시의 기본적인 교수법이다. 율독과 낭송을 연습한 다음에는 영시의 정형률에 따라 학생들 스스로 자신의 시를 써보는 활동을 한다(Activity 3.2). 영시에서 가장 엄격하게 정형률을 준수하는 것으로 알려진 '영웅시체 이행련구(heroic couple)'는 창작하기에 가장 까다로운 형태로 알려져 있다. 영웅시체를 직접 써보는 활동은 영시의 운율에 대해 정확히 이해할 수 있는 체험이 될 것이고 더불어 영시에 대한 자신감을 불러일으키게 될 것이다. 같은 맥락에서 엄격한 정형시의 일종인 '소넷(sonnet)' 형식의 시를 직접 만들어 보는 활동도 할 수 있다. 소넷 이외의 다양한 형태의 패턴, 예를 들어 '두문자시(acrostic poems)'와 같은 패턴에 따라 영어의 운율을 준수하면서 시를 써보는 활동을 추가함으로써 영어 리듬에 대한 이해를 강화할 수 있다. 시쓰기 활동은 마지막 단계의 시낭송 프로젝트에 사용될 개인별 시선집(anthology)용 작품 만들기의 일환이다.

Activity 4.1 Poetry recitation performance

A Scansion the following poems and recite them according to your own scansion.

    Alfred, Lord Tennyson, "The Eagle"

    He clasps the crag with crooked hands;
    Close to the sun in lonely lands,
    Ringed with the azure world, he stands.

    The wrinkled sea beneath him crawls;
    He watches from his mountain walls,
    And like a thunderbolt he falls.

    William Shakespeare, "Sonnet 18"

    Shall I compare thee to a summer's day?
    Thou art more lovely and more temperate:
    Rough winds do shake the darling buds of May,
    And summer's lease hath all too short a date.
    Sometimes too hot the eye of heaven shines,
    And often is his gold complexion dimmed;
    And every fair from fair sometimes declines
    By chance of nature's changing course untrimmed;
    But thy eternal summer shall not fade
    Nor lose possession of that fair thou ow'st,
    Nor shall death brag thou wand'rest in his shade
    When in eternal lines to time thou grow'st.
    So long as men can breathe or eyes can see,
    So long lives this, and this gives life to thee.

B Each student reads aloud two poems that he/she has prepared for recitation.

④ 낭송하기 단계

마지막 차시에서는 지금까지 학습한 내용을 종합 정리하는 차원의 시낭송회를 실시한다(Activity 4.1). 전 차시에서 학생들이 준비한 시선집을 낭송하는 것은 물론, 찬트하기, 동요 노래하기 등을 시낭송과 병행하도록 한다. 학생들은 자신이 지은 시를 운율과 박자에 맞추어 낭송하는 기회를 가지고, 동료들과 같이 동요를 율동과 함께 합창하며, 그동안 학습한 결과를 전체 학생들과 공유하는 시간을 가진다. 시가 본래 소리를 중심으로 태동된 장르임을 고려할 때, 노래와 찬트와 낭송을 모두 포괄하는 이러한 시낭송회야 말로 시의 기원에 가장 충실한 학습 활동이라고 할 수 있다.

5. 리듬 학습의 의의

현재 영어교육에서 가장 우선시되는 목표는 의사소통능력의 배양이다. 영시와 같은 자료는 이 목표의 핵심에 위치하지 못하고 있다. 교재로서는 너무 난해하고 비실용적이라는 선입관이 있고, 교수법으로서도 지금까지 영시 학습이 의사소통능력의 배양에 어떻게 관련되는지에 대해 규명된 바가 없다.

그러나 이 장에서 제시하듯이, 영시 자체를 학습 목표로 교수하는 것이 아니라 영시가 가지고 있는 장르적 특성들을 활용하여 각 영역별로 수업모형과 교재를 개발하게 되면 의사소통능력의 배양, 즉 듣기, 말하기, 읽기, 쓰기 능력을 통합적으로 향상시키는 데 기여할 수 있다. 영시 장르의 다양한 특성 중 영시의 리듬 학습은 그 한 예가 된다.

강세 박자 언어인 영어는 강세의 발생으로 인해 강약의 리듬 패턴이 생기고, 그로 인해 박자가 형성된다. 박자를 준수하여 영어를 읽게 되면 영어는 노래와 찬트처럼 들리게 된다. 일상적인 대화나 산문은 강세와 박자가 불규칙하게 되어 있지만 이러한 불규칙한 리듬을 규칙적인 패턴으로 조절하게 되면, 즉 강약 패턴의 최소 단위인 음보를 형성하게 되면 시나 노래가 된다. 이 음보 단위가 한 행에 몇 개가 존재하느냐에 따라서 영시의 율격이 정해지고 시행의 길이가 정해진다. 따라서 시적 자료를 통해 규칙적인 영어 리듬에 익숙해지고 찬트와 낭송 연습을 많이 하게 되면 영어 발음 및 듣기 능력이 향상될 수 있다. 나아가 강세 패턴에 따라 영어를 리듬감 있게 읽을 수 있는 능력이 생기게 되면 말하기 능력도 향상된다고 할 수 있다. 요컨대, 시적 언어 자료를 활용한 영어 리듬 교육은 의사소통능력의 향상에 도움이 되며, 학생들의 학습 동기를 유발시키고 장기 기억에 오래 남게 되는 효과가 있기 때문에 일반적인 자료를 사용하는 수업보다 훨씬 언어 학습에 효과적일 수 있다.

운율적 특성 외의 다른 장르적 특성들도 잘 활용하게 되면 영시는 비단 듣기와 말하기 능력뿐만 아니라 어휘력, 문법능력, 읽기 및 쓰기 능력까지도 향상시킬 수 있는 총체적 영어 학습의 보고이다. 일반적인 자료를 사용하는 것보다 정의적, 인지적 학습 효과가 크기 때문에 학교 현장에서 적극적으로 시적 언어 자료를 수업에 활용하도록 권장할 필요가 있다. 현장의 교사들이 그동안 이러한 수업을 실시하지 못했다면 그것은 영어 운율 이론에 대해 잘 몰라서일 수도 있고, 설령 이론적 배경을 알고 있는 교사들의 경우에도 현장에 적용 가능한 교수·학습 모형 및 자료가 개발 가능하다는 것을 경험적으로 알지 못했기 때문일 수도 있다. 이 장에서 제시하는 수업모형은 리듬을 지닌 시적 자료가 영어교육에 무한히 활용 가능하다는 것을 제시했다는 점에서 의의를 갖고자 한다.

X. 평가 모형 및 연구방법론

1. 영문학 평가의 문제점

그동안 우리나라에서 영문학을 활용한 영어 수업에 대한 평가 혹은 평가 방법에 대한 논의는 미미하였고 그다지 활성화되지 못하였다. 그러한 이유는 무엇보다도 영어교육에서 영문학교육이 차지하는 위상이 명확히 정립되어 있지 않고, 따라서 실제 현장에 적용 가능한 영문학 교수·학습 및 평가 방법이 제대로 개발되지 않았기 때문이다. 의사소통능력의 배양과는 거리가 있는 것으로 치부된 영문학에 대한 편견은 영문학 자료를 활용한 영어 교수법뿐만 아니라 그에 적합한 평가 방법의 개발도 무의미하게 만들었다. 지금까지 영문학 평가에 관련된 문제점을 정리하면 다음과 같다.

첫째, 이야기 글을 대변하는 문학은 설명문과 더불어 읽기 지문의 한 중요한 축으로 간주되지만 그동안 우리나라 국가 단위 및 학교 단위 평가에서 이러한 점이 잘 반영되지 못하였다. 제대로 된 읽기 능력의 평가란 이야기 글과 설명문 두 가지 글의 유형에 대한 균형 잡힌 평가가 되어야 할 것인데 이에 대한 검토가 필요하다.

둘째, 문학 지문은 이야기 글 고유의 서사성과 관련된 형식과 내용을 기반으로 평가되어야 함에도 불구하고 그간의 평가는 설명문 지문과 마찬가지 방식으로 사실적 정보를 중심으로 한 간단한 이해를 측정하는 평가 방식이 주였다.

따라서 그동안 문학 지문을 평가한 문항들이 문학 지문 평가에 적합한 문항으로 개발된 것인지에 대한 타당도 점검이 필요하다.

셋째, 문학 평가는 학습자의 단순한 읽기 능력뿐만 아니라 읽기를 기반으로 말하기 혹은 쓰기로 표현되는 종합적인 사고력, 소위 비판적 문해력(critical literacy)도 평가에 고려되어야 한다. 그러한 평가 문항이 개발되었는지, 나아가 EFL 상황에서 비판적 문해력을 평가하는 것이 가능한지에 대해서도 검토가 필요하다.

넷째, 문학 텍스트란 지필평가(paper-and-pencil test)보다는 수행평가(performance assessment) 방식이 더 효과적일 수 있는데 문학 텍스트 수행평가 방법 및 현장 적용 가능성에 대해 점검할 필요가 있다.

1) 읽기 지문의 편향성

우리나라 교과서나 일반 영어 교재에 나오는 글이나 평가 문항의 지문들은 설명문과 논설문의 비중이 매우 큰 편이다. 2002~2011년 사이에 실시된 수능 영어 읽기 지문을 분석한 결과(최영은, 2012)와 7차 교육과정에 따라 제작된 영어 교과서를 분석한 자료에 의하면(이연정, 2002), 교재나 시험 지문에 이야기 글과 설명문이 균형적으로 제시되지 못하고 설명문에 편중된 것으로 나타났다. 이들 자료는 우리나라 영어교육에서 읽기 능력의 평가는 타당도에 문제가 있음을 시사한다.

우리나라처럼 평가가 교육과정에 미치는 환류효과가 큰 경우 평가 문항 지문의 단순화는 곧 학생들이 학습하는 지문의 단순화와 밀접한 연관이 있다. 이야기 글을 가르치고 이야기 글을 이해할 수 있는 능력을 평가하고자 해도 그에 적합한 평가 문항이 부재하다면 이야기 글을 평가하는 것뿐만 아니라 그에 대한 교수·학습도 영향을 받게 된다.

다양한 글을 읽을 수 있는 능력을 기르지도 못하고 또한 그것을 측정하지도 못하는 현실은 우리나라 읽기 교육의 문제로서 현행 설명문 중심의 읽기 교육은 진정한 읽기 능력의 측정이 아니라는 비판을 면하기 어렵다. 이야기 글의 도입을 확대하고 지문을 다양화하여 진정한 독해 능력을 배양하는 것이 절실히 요청된다(이용배, 2010).

2) 종합적 사고력 평가

현행 설명문 중심의 읽기 학습과 평가는 특히, 학습자의 추론적, 종합적 능력을 배양하고 평가하는 데 한계를 드러낸다. Watkins, Dillingham와 Hiers(2000)에 따르면, 독해 능력 수준은 크게 '사실적 이해,' '추론적 이해,' '종합적 이해'의 세 가지로 구분된다. '사실적 이해'는 글의 핵심 주제와 관련하여 세부사항을 글에 나와 있는 그대로 파악하는 수준을 뜻하고, '추론적 이해'는 저자의 메시지가 무엇인지에 대해 함축된 의미를 파악하는 수준을 말하며, '종합적 이해'란 글의 가치, 정보의 수준 등을 다른 글과 비교함으로써 글 전체의 가치를 종합적으로 파악하는 수준을 의미한다. 이들은 이러한 독해 능력의 수준을 고려하여 다양한 유형의 평가 문항이 개발될 필요가 있음을 역설하였다.

설명문은 사실 정보 전달을 목표로 하는 글이므로 설명문 문항 유형은 위 세 가지 중 '사실적 이해' 능력의 측정에 초점을 두는 경향이 강하다. 글의 주제를 전달하는 방식이 직접적이고 명시적이므로 주제를 명확히 파악할 수 있는 장점이 있기 때문이다. 물론 설명문으로 '추론적 이해' 및 '종합적 이해'를 측정하는 것도 가능하지만, 사건의 기술을 통해 암시적으로 주제를 전달하는 특성을 가진 이야기 글이 평가 영역에서 결여되면 독해 능력 측정에 있어서 추론적 능력 및 종합적 능력에 대한 측정이 약화될 위험이 존재한다. 지문에서 주어진 내용을 근거로 함축되어 있는 정보를 논리적으로 추론할 수 있고, 지문에서 사용한 다양한 표현과 내용, 전개 방식 등을 종합적으로 파악하여 문제를 해결할 수 있는 능력을 측정하기 위해서는 이야기 글을 기반으로 한 추론적 이해와 종합적 이해에 타당한 평가 유형이 개발될 필요가 있다(최영은, 2012).

3) 문학 평가 문항의 단순성

우리나라에서도 최근에는 성취평가제(Standards-Based Grading System)의 도입을 계기로 수시평가(on-going evaluation), 형성평가(formative evaluation), 자기 평가

(self-evaluation), 동료평가(peer evaluation) 등 다변화된 평가 시스템이 등장하기 시작하였다. 그러나 지금까지 평가는 대부분 지필평가 방식으로서 대표적인 국가 단위의 시험인 수능이나 학업성취도 평가의 경우 객관식 지필평가이고 - 성취도 평가에는 서답형 문항이 포함되어 있기는 하지만 극히 일부에 지나지 않는다 -, 학교 단위의 내신도 지필평가에 기반하고 있다.

영문학 평가도 예외는 아니어서 대부분 객관식 지필평가 방식으로 측정되었다. 지필평가에 드러난 영문학 관련 평가 문항들을 분석해보면, 우선 문항 유형이 매우 제한적이고 그 평가 문항 수가 극히 소수에 불과하다. 예들 들어, 수능의 경우 지금까지 영문학 지문을 바탕으로 출제된 문항 유형은 심경, 어조, 분위기 문항이 거의 전부라고 해도 과언이 아니다. 그리고 그것도 많아야 2문항, 적으면 1문항이 출제되곤 했다. 예를 들어, 2011년 수능에서는 <표 X.1>과 같이 심경의 변화를 물어보는 1문항만 문학 유형으로 출제되었다.

<표 X.1> 2011년 수능 심경 문항

30. 다음 글에 드러난 Jess의 심경 변화로 가장 적절한 것은? [1점]

Jess took another step forward. The ground fell with unexpected sharpness, and the water level seemed to jump from her knees to her waist. She stopped for a moment and anxiously scanned the river before her. Her legs started to shake and she felt her body stiffen. And this was an unknown river. There could be reeds, or other dangers she didn't know about. She was concerned that as a townie, she'd had little experience of the countryside, and none at all of swimming in rivers. It didn't look safe enough but she didn't want to turn back. She took a deep breath and pushed herself into the water. It felt nice and cool, not as freezing as when she had first stepped into it. The water seemed to welcome and embrace her. She liked the clean, luxuriant feeling as she swept down with the current.

① bored → amused
② worried → pleased
③ joyous → terrified
④ excited → sorrowful
⑤ afraid → disappointed

그동안 심경, 어조, 분위기로 문학 문항의 유형이 고착화된 현상은 문학 지문을 가지고 지필고사 문항으로 제작하는 데에는 어떤 한계성이 존재함을 시사한다. 예를 들어, 심경과 같은 문항은 다른 설명문 지문을 바탕으로 한 문항에 비해 문항을 개발하는 데 상대적으로 시간도 많이 소요되고, 손도 많이 가지만, 그럼에도 불구하고 오답 및 복답 시비 가능성이 많아 선택지 등을 대폭 쉽게 하여 출제하는 형편이라 문항 변별력이 낮아 평가 문항으로서의 역할을 제대로 수행하지 못하는 실정이다.

4) 신유형 개발의 필요성

무엇보다도 문학 평가 유형의 고착화 현상은 신유형 개발에 대한 의지와 창의적 연구의 부재에 원인이 있다고 할 수 있다. 이것은 처음부터 문학 평가의 한계성을 인식한 나머지 새로운 가능성에 대한 비전을 포기한 결과이다. 이러한 관점에서 이용배(2010)와 최영은(2012)의 연구는 시사하는 바가 크다. 이들은 기존의 문학 문항에 대한 분석과 신유형의 개발을 통해 문학 지문의 무한한 활용 가능성을 보여주고 있다. 이들은 이야기 글을 평가할 수 있는 새로운 문항 유형을 다수 제시함으로써 영어교육에서 문학 평가의 지평을 새롭게 열었을 뿐만 아니라 현장 교육에서 설명문과 이야기 글이 균형적으로 학습될 수 있는 비전을 제시하였다. 신유형의 개발은 앞서 제기한 영문학 평가의 첫 번째와 두 번째 문제점들, 즉 이야기 글과 설명문의 문항 배분에 있어서 균형 유지와 이야기 글에 보다 타당한 문항 개발이라는 문제가 동시에 해결될 수 있다.

이용배(2010)는 비문학에 비한 문학 문항 유형의 단순성을 해결하기 위해 이야기 글의 주요 개념과 구성 요소에 대한 이해 정도를 평가하는 데 신유형 개발의 초점을 맞추었다. 그는 이야기 글의 특성을 잘 평가할 수 있는 문항, 즉 '등장인물 특징 묘사하기,' '문단 위치 찾기,' '문학 작품의 구조 이해하기,' '이야기 도식 완성하기,' '이야기 구성 이해하기,' '대화문을 통한 작품 감상하기,' '이야기 요약하기,' '비유적 표현의 이해하기' 등 여덟 가지 신유형을 개발하여 제시하였다. 이 중 이야기 구조를 파악하는 데 도움이 되는 '이야기 문법(story grammar)'과 관련된 신유형을 소개하면 <표 X.2> 및 <표 X.3>과 같다.

<표 X.2> 등장인물 특징 묘사하기 유형

[예시 1] Which of the following would best describe the switchman according to the passage?

> A switchman sat in a small shack where he operated the controls as a train crossed. One evening as the switchman was waiting for the last train of the day to come, he caught sight of the train lights. He operated the control, but, it did not work. He hurried across the bridge to the other side of the river where there was a lever switch he could hold to operate the lock manually. He could hear the rumble of the train now, and he took hold of the lever and applied his weight to it.
>
> Then, coming across the bridge, he heard a sound that made his blood run cold. "Daddy, where are you?" His little son was crossing the bridge to look for him. His first impulse was to cry out to the child, "Run! Run!" But the train was too close; the tiny legs would never make it across the bridge in time. The man almost left his lever to run and snatch up his son and carry him to safety. But he realized that he could not get back to the lever. Either the people on the train or his little son must die. He took a moment to make his decision. The train sped safely and swiftly on its way, and no one aboard was aware of the tiny body thrown into the river.

① He is indecisive.
② He saved money for his son.
③ He feels unhappy with his job.
④ He sacrifices his son in the line of duty.
⑤ He abandons his family, seeking fame and fortune.

<표 X.3> 이야기 도식 완성하기 유형

[예시 2] 다음 글의 이야기 전개를 나타낸 표에서 빈칸 (A), (B)에 들어갈 말로 가장 적절한 것은?

> There was once a hare who was proud of having many friends. She thought she was the most popular animal in the world. But her mother always told her that it's too difficult to have true friends.
>
> One day the hare heard some hounds barking far away. Usually, she hurried away at the first sound of the barking dog, but this time she asked herself, "Why should I have to run for my life every time I hear a dog?" She thought her friends could help. She would ask one of them to carry her to safety.
>
> The hare asked the horse, "Please, dear friend, will you carry me away from the hounds?" The horse answered, "I wish I could assist you, but I have work to do for my owner." Next the hare asked the cow for help. The cow answered, "I wish I could help you, but it's almost milking time."
>
> The goat was busy, too. So were the sheep and the pig. Every animal the hare asked for help seemed to be busy. Even the calf had no time for her. Each one said, "I wish I could help you." But all of them had some excuse that prevented them from helping her. By this time, the hounds were getting closer. She was forced to run for her life, regretting not taking her mother's advice seriously.

SETTING	characters: a hare and her friends

⇩

PROBLEM	(A)

⇩

GOAL	asking help from her friend
→ EVENT1	The hare asked the horse for help.
→ EVENT2	The hare asked the cow for help.
→ EVENT3	The hare asked the goat, the sheep, and the pig for help.

⇩

RESOLUTION OF THE PROBLEM	The hare _____ (B) _____ .

   (A)   (B)
① hounds barking far away ---- had to run for her life
② difficulty of having true friends ---- asked the other animal for help
③ hounds barking far away ---- took her mother's advice
④ difficulty of having true friends ---- was killed by a hunter
⑤ hounds barking far away ---- was saved by her friend

이야기 문법 요소 중에서 가장 중요한 요소는 등장인물이라고 할 수 있는데 <표 X.2>의 유형은 등장인물의 특성을 한 문장으로 요약하여 이해할 수 있는 능력을 측정하는 문항이다. <표 X.3>의 유형은 이야기 문법 요소에 따라 이야기 구조를 파악할 수 있는 능력을 측정하는 문항으로서 이야기 글에 나타난 배경, 갈등, 사건의 전개, 결말 등을 이야기 도식(story chart)으로 표현함으로써 이야기를 종합적으로 이해할 수 있는 능력을 측정한다.

한편, 최영은(2012)은 읽기 평가에 있어서 기존의 설명문 중심의 사실적 이해 위주의 문항 유형들을 보완하기 위해 추론적 이해와 종합적 이해를 위한 평가 문항을 개발하였다. 그는 작품의 주제와 배경, 등장인물의 성격, 이야기 구성 요소, 사건들 사이의 연관성 등과 관련된 평가 유형의 문항들을 <표 X.4> 및 <표 X.5>와 같이 제시하였다.

<표 X.4> 추론적 이해 문항 유형

[예시 1] 밑줄 친 rock the boat의 의미로 알맞은 것은?

> Michelle did not like the way her mother was always putting pressure on her to get married. She especially didn't like it when her mom did this in front of other people. That really hurt Michelle, so she finally confronted her mother in a private chat. She told her mom that she really wanted to get married, just as much as her mom wanted her to. However, Michelle warned her mother that when she brought up this issue in front of other people, she was making Michelle ever more resistant to the idea of marriage. Michelle told her mother that she would be happy to discuss this one-on-one with her. Michelle's mother was relieved to know that her daughter was seriously looking for a partner, and she did not want to rock the boat. Things got better after the talk, even though there were occasional lapses.

① 흥을 돋구다
② 관심을 끌다
③ 문제를 해결하다
④ 혼란을 일으키다
⑤ 상대방을 위협하다

<표 X.5> 종합적 이해 문항 유형

[예시 2] 밑줄 친 "Be sure to wake me up when they come."을 적을 때 Grandfather의 심경으로 알맞은 것은?

It was Grandfather's birthday. He was 79. He got up early, shaved, showered, combed his hair and put on his Sunday best so he would look nice when they came. He skipped his daily walk to the town cafe where he had coffee with his cronies. He wanted to be home when they came. He put his porch chair on the sidewalk so he could get a better view of the street when they drove up to help celebrate his birthday. At noon, he got tired but decided to forgo his nap so he could be there when they came. Most of the rest of the afternoon he spent near the telephone so he could answer it when they called. He has five married children, 13 grandchildren and three great-grand-children. One son and daughter live within 10 miles of his place. They hadn't visited him for a long time. But today was his birthday, and they were sure to come. At suppertime, he left the cake untouched so they could cut it and have dessert with him. After supper, he sat on the porch waiting. At 8:30, he went to his room to prepare for bed. Before retiring, he left a note on the door, which read, "Be sure to wake me up when they come."

① indifferent   ② lingering   ③ dissatisfied
④ upset   ⑤ hopeless

추론적 이해력을 측정하기 위해 개발된 <표 X.4>의 문항은 지문에 기술된 상황을 이해하고 등장인물이 한 이야기의 의도와 숨겨진 의미를 추론할 수 있는지를 평가하는 문항이다. <표 X.5>의 유형은 종합적 이해력을 측정하기 위한 것으로서 이야기 글을 읽고 특정한 부분에 대해 화자가 느꼈을 감정이나 글의 분위기, 주제에 대한 화자의 태도 등을 전체의 맥락 하에서 종합적으로 파악하는 문항이다.

이용배(2010)와 최영은(2012)의 연구는 현장에서 사용될 수 있는 이야기 글에 대한 신유형을 제시함으로써 보다 다양한 지문이 평가에서 활용될 수 있도록 하고, 장기적으로는 교육 현장에서 이야기 글과 설명문이 균형적으로 교수·학습에 사용될 수 있는 가능성을 제시한 데에 의의가 있다.

5) 통합 기능적 평가

보다 근본적으로 문학 평가에는 지필평가와 더불어 수행평가 혹은 질적 평가 시스템을 도입하는 것이 바람직하다. 문학교육은 기본적으로 텍스트를 기반으로 하는 언어 습득을 목표로 하고 있으므로 짧은 지문을 가지고서 실시되는 현행 수능과 같은 지필평가는 그 한계를 갖는다. 우리나라 영어 읽기 수업은 주로 텍스트를 읽고 그에 대한 이해력을 측정하는 문제 풀이 중심의 수업이다. 읽기 활동을 하더라도 대부분 '이해 측정(comprehension checkup)' 형식의 활동이다. 그 결과 읽기 수업은 텍스트에 대한 학생들의 고유한 의견이나 창의적인 생각에 대해 논의하는 단계로까지 발전하지 못하고 있다. 진정한 의미에서의 읽기 평가란 '이해 측정'뿐만 아니라 학습자 자신의 고유한 생각 혹은 창의적인 해석 능력까지 측정할 수 있어야 하는데, 이를 위해서는 그동안 간과되었던 토론 및 글쓰기 활동을 활성화시키고 그것을 수행평가 방식으로 측정함으로써 텍스트에 대한 이해뿐만 아니라 창의적인 표현 능력까지도 평가될 수 있어야 한다. 이를 위해 학생들은 읽은 내용을 바탕으로 자신의 생각을 글로 혹은 말로 표현하는 과정에서 읽기와 쓰기, 듣기와 말하기 능력을 통합적으로 기를 수 있다. 궁극적으로 문학교육 평가는 듣기와 말하기 그리고 읽기와 쓰기의 네 가지 기능의 통합적 평가 형태가 요청된다. 특히, 읽기와 쓰기의 통합 기능적 평가를 위한 학교 단위의 다양한 수행평가 모형을 구안하는 것이 필요하다.

2. 연구방법론

1) 연구의 대상

학습자문학교육을 위한 연구와 실험 방법도 듣기, 말하기, 읽기, 쓰기 등에 관한 일반적인 영어교육 연구방법론과 크게 다르지 않다. 영어교육에서 사용하는 연구방법론을 적용하되 단지 연구와 실험의 언어적 재료만이 달라질 뿐이다. 연구와 실험 수업에 투입되는 언어 재료가 문학 텍스트라는 것만 차이가 있을 뿐이지 방법론은 대동소이하다.

언어 습득 과정이 소리, 단어, 문장, 담화 혹은 텍스트로 발달되어 간다고 할 때 학습자문학을 활용한 영어교육의 본령은 담화 혹은 텍스트 단위의 언어 습득에 있다. 담화 혹은 텍스트 단위의 언어 습득 과정은 언어 습득의 최종 단계로서 바로 이 과정에서 진정한 의미의 언어 습득이 완성된다고 볼 수 있다. 학습자문학교육은 텍스트 중에서도 주로 이야기체로 된 말이나 글을 주요 연구 대상으로 삼는데 이야기체 말이나 글을 많이 듣고, 말하고, 읽고, 쓰고 하는 가운데 언어 습득이 총체적으로 일어나는 효과적인 교수법과 교재 개발에 대한 연구가 바로 학습자문학교육 연구의 본령이다.

텍스트 단위의 언어 습득에서부터는 언어뿐만 아니라 언어의 맥락 – 사회문화적 맥락 – 에 대한 지식이 중요해지기 시작한다. 어린이들은 학교에 들어갈 무렵이면 언어를 생성하는 다양한 구조적 틀, 예를 들어 대화에서 턴을 주고받는 것(turn taking), 시를 읽는 것(reading poetry)과 쇼핑 리스트(shopping list)가 의미하는 것 등이 무엇인지에 관해 알게 된다고 한다(Wikipedia, whole language). 이 말은 배경지식으로 작용하는 이야기 구조와 스크립트와 같은 스키마가 어린이들에게 형성되어 있고, 어린이들은 이러한 스키마를 통해 언어를 이해하고 또한 생성해 낸다는 것을 의미한다. 따라서 언어 자체에 대한 학습뿐만 아니라 다양한 스키마가 형성될 수 있도록 도와주는 것이 언어 습득에 중요한데 언어와 배경지식의 통합적 습득을 위해서는 텍스트 단위의 언어 학습이 활성화될 필요가 있다. 이것은 앞서 제시한 총체적언어교수법의 취지와도 일맥상통한다.

기존의 우리나라 영어교육은 주로 어휘와 문법 중심의 문장 단위 학습이 일반적이었고 이러한 텍스트 단위의 언어 학습으로까지는 발전하지 못하였다. 텍스트 단위의 언어 습득을 기반으로 하는 학습자문학은 현행 문장 단위의 영어교육의 단점을 보완함으로써 EFL 영어교육의 발전에 기여할 것이다.

2) 연구의 유형

첫째, 습득연구 – 텍스트 단위의 언어 습득을 위한 연구를 위해서는 텍스트 혹은 담화에 대한 언어 습득적 이해가 필요하고 이에 대한 습득 실험이 필요하다. 즉, 텍스트 유형 중에서 어떤 텍스트가 언어 습득에 유효한지를 언어 습득 실험을 통해 규명할 필요가 있다. 예를 들어, 설명문과 이야기 글의 언어 습득적 차이와 관련한 회상(recall) 실험을 하고 그 결과를 분석하는 실험을 할 수 있다(김경한, 이정인, 최영은, 2013). 설명문과 이야기 글 중 어느 텍스트에 대한 회상이 더 잘 되는지 그리고 이야기 글에 먼저 노출되면 이야기 구조가 전이되어 설명문에 대한 회상이 더 잘 되는지에 대한 실험 등을 통해 언어 습득 각 단계에서 필요한 최적화된 텍스트가 무엇인지 연구할 수 있다.

둘째, 현장 실험연구 – 위와 같은 텍스트 관련 습득 실험에 이론적 배경을 두고 EFL 영어 교과 현장에 적용될 수 있는 교수·학습법을 개발하고 그것을 현장에 한 학기 혹은 일 년 동안 적용해 본 후 그 결과를 논의하는 실험 연구를 할 수 있다. 텍스트 기반 언어 습득적 관점에서 입증된 기존의 이론이 있다면 그러한 이론을 EFL 교실 현장에 적용하여 그 효과성을 검증하는 실험 연구도 가능하다. 물론 이때 질적 연구와 양적 연구 모두 가능하다. 예를 들어, 영어 다독의 경우 지금까지는 주로 양적 연구(김경한 외, 2012; 한수형, 2007)를 중심으로 이루어져 왔는데, 정화용(2013)은 한 학기 간 여섯 명의 중학생을 대상으로 영어 북클럽의 운영을 통해 학생들의 다독에 대한 행동변화 패턴을 질적으로 기술한 바 있다.

셋째, 개발연구 – 이와 같은 실험 연구에 적용될 교과서 혹은 교수·학습자료 등을 개발하는 교재 개발 연구, 그리고 평가 모형 및 평가 문항 개발 연구도 가능하다. 개발 연구의 핵심은 개발된 교재에 대한 평가 및 피드백의 반영이다. 교재 평가 도구로는 전문가 – 주로 교사 – 를 대상으로 실시하는 교재 평가 혹은 현장 적합성 검토와 학생을 대상으로 실시하는 파일럿팅 사후 학생 반응 평가가 있는데, 평가 후 이에 대한 피드백을 반영하는 과정을 기술하는 것이 중요하다. 이 과정은 개발된 내용의 타당도를 입증하는 것으로 간주되므로 자세히 기술할 필요가 있다.

넷째, 조사연구 - 학습자문학교육과 관련된 정책적 이슈 등에 관한 설문조사 혹은 델파이 조사(delphi method) 연구도 가능하다. 창의 인성 교육을 위한 교수·학습 모형 및 자료 개발에 대한 연구(김경한, 나경희, 김준구, 서은향, 이지은, 2014)는 델파이 기법을 기반으로 한 조사연구의 한 예이다.

다섯째, 분석연구 - 분석연구는 주로 교과서 혹은 해외문헌을 분석하는 데 사용된다. 중학교 영어교과서의 이야기 구조를 분석한 연구(이명진, 2013)는 그 좋은 예이다.

3) 연구의 방향성

지금까지 이 책에서는 학습자문학교육과 관련하여 텍스트 기반 언어 습득의 핵심적인 구조의 틀로서 각 장르별로 '리듬 패턴,' '스크립트,' '이야기 문법'을 제시하고 각각의 교수·학습 모형과 학습 자료를 제시하였다. 시적 언어의 리듬 패턴과 관련하여 언어 습득에 가장 유용한 리듬 패턴은 2~5조의 리듬 패턴으로 규명하였는데 앞으로 이에 대한 보다 심화된 연구가 필요하다. 2~5조의 리듬 패턴을 가진 소리, 단어, 어구, 문장, 텍스트 등에 대한 자료를 분석하고 그러한 리듬 패턴을 담은 교재를 개발하여 현장에 적용해 보는 실험 연구가 필요하다. 또한, 궁극적으로는 현장 연구의 실험 자료를 바탕으로 리듬 패턴 중심 교수법(Teaching & Learning Based on Rhythmic Patterns)을 개발하여 이론적으로 집대성할 필요가 있다. 스크립트에 관련해서는 일상의 전형적인 스크립트 중 핵심 상황 20~30여 개를 설문을 통해 추출하고 이를 극화한 스크립트 대화문을 개발하여 현장에 적용해 보는 실험 연구가 필요하다. 마찬가지로 이를 바탕으로 스크립트 기반 교수법(Script-Based Learning)을 개발하고 그 이론을 정립할 필요가 있다. 이야기 문법과 관련해서는 기존의 이야기 문법을 보다 정교화, 고도화시킬 필요가 있고, 이를 확대 적용한 다독 기반 교수법(Teaching & Learning Based on Extensive Reading)을 개발하여 현장에 적용해 보는 실험 연구가 필요하다.

XI. 결론

텍스트 기반 언어 습득을 위한 학습자문학교육론을 마무리하면서 지금까지 영어 교육에 알려진 제 2언어 습득 이론들을 학습자문학교육론의 관점에서 재조명해보고 앞으로 EFL 환경에서의 학습자문학교육론의 방향성을 제시하는 것으로서 이 책의 결론을 대신하고자 한다.

이다미(2000)에 의하면, 제 2언어 습득 이론은 크게 '보편문법 이론,' '인지 이론,' '사회언어학적 이론,' '사회문화적 이론'으로 나뉠 수 있다. 첫째, '보편문법 이론'이란 Chomsky(1965)의 보편문법(Universal Grammar: UG) 이론에 근거하여 제 2언어 습득을 설명하는 이론이다. 보편문법은 인간이 선천적으로 타고나는 언어 지식으로서 일련의 원리(principles)와 그에 관계된 매개변이(parameter)로 구성되는데 제 2언어는 매개변이를 재고정함으로써 습득된다고 한다. 둘째, '인지 이론'은 정보처리이론(information processing theory)에 기반을 둔 이론으로서 제 2언어 습득도 다른 인지 기능의 습득과 마찬가지 방식으로 완성된다고 주장한다(McLaughlin, 1987; 1990). 정보 처리 방법에는 크게 통제적 처리(controlled processing)와 자동적 처리(automatic processing)가 있는데 제 2언어도 처음에는 주로 통제적 처리에 의존하다가 점차 자동화(automaticity) 처리로 바뀌게 되면서 습득이 완성된다고 한다. 이 과정에서 기존의 장기기억에 내재화된 지식 구조는 계속해서 재구조화(restructuring)되는 과정을 거친다. 셋째, '사회언어학적 이론'은 Labov(1994)의 이론을 토대로 한 것으로서 앞의 두 이론이 언어 습득의 내면적인 과정만을 강조하고 언어 습득의 사회적 맥락을 간과하고 있다고 비판한다. 제 2언어 습득은 학습자가 다양한 사회적 맥락에서 실제로 언어를 사용하고 상호 교류를 통해 이루어지는 것이라고 주장한다. 넷째, '사회문화적 이론'에서는 인지적 요인과 사회문화적 요인을 결합시켜 제 2언어 습득을 설명한다. 인지란 논리적 정보 체계일 뿐만 아니라 정의적이고 사회적인 총체이다(Schumann, 1995). 사회문화적 이론은 러시아의 심리학자인 Vygotsky(1978)의 인지 발달 이론을 제 2언어 습득에 응용한 것으로서 Vygotsky는 언어와 인지는 상호 독립적으로 발달하다가 어느 시기가 되면 서로 결합하게 되고 이때부터 언어를 사용하여 사고하고 또한 사고가 언어로 표현된다고 한다. 모든 상위의 인지 기능은 다른 사람들과의 상호교류에서 발달되므로 제 2언어 습득을 위해서는 근접발달영역(Zone of Proximal Development: ZPD)을 활성화할 수 있도록 동료 혹은 교사의 도움(scaffolding)이 필요하고 다양한 소규모 모둠 활동 등을 통한 협동학습이 필요하다.

지금까지 알려진 이러한 이론들 중 어떤 이론이 우리나라와 같은 EFL 환경의 제 2언어 습득에 가장 타당하고 합리적일까? 모국어 습득 이론과 제 2언어 습득 이론은 서로 같은 것인가, 아니면 달라야 하는 것인가? 아쉽게도 지금까지 이러한 질문들에 대해 학문적으로 명확하게 밝혀진 연구는 없다. 모국어 습득에 대한 이론도 아직 가설 단계일 뿐 과학적으로 증명되지 못하고 있는데, 하물며 모국어 습득 이론에 기초하고 있는 제 2언어 습득 이론은 말할 나위도 없다.

그럼에도 불구하고, EFL 영어교육의 기반으로 삼을 수 있는 제 2언어 습득에 대한 핵심적인 이론적 틀을 정립하는 일은 필요하다. 그렇지 않으면 위에서 제시한 적어도 네 가지 이론을 모두 고려하여 영어교육을 수행해야하기 때문이다. 이것은 현실적으로 불가능한 일이므로 아직 미완으로 규명된 것이긴 하지만 지금까지의 임상적인 경험에 비추어 볼 때 EFL 현실에 가장 적합한 이론이 무엇인지 정립할 필요가 있다.

EFL 환경에서는 교실 밖으로 나가면 사회적 맥락이나 상호교류의 장을 체험할 수 없는 엄연한 현실을 직시해야 하므로 사실 사회언어학적 이론 및 사회문화적 이론은 수용하기 어려운 이론이다. 보편문법 또한 EFL 환경에 적용하기는 거의 불가능하다. 안수웅(2000)에 따르면, 보편문법주의자들이 주장하는 LAD(Language Acquisition Device)와 UG에 의해 기대되는 효과, 즉 언어 습득은 LAD에 의해 자연적으로 습득되고, 의식적인 노력이 필요치 않으며, 입력에 노출됨으로써만 습득을 완성하고 말할 수 있게 된다는 효과는 우리나라 환경에서는 일어나기 어렵다.

반면, 안수웅(2000)에 따르면, 초등 영어교육과정의 어휘 500여 개를 암기하고, 기본 문법 패턴을 알고 있으며, 이야기를 암기하여 영어로 말하거나 영어 연극을 할 수 있고, 암기한 어휘와 문법 패턴을 활용하여 대화할 수 있는 것과 같은 효과는 우리나라에서 영어교육을 통해 나타나는 가시적인 효과들이다(pp. 290-291). 우리나라 학습자는 대부분 초등학교에 들어가 의식적으로 영어 학습을 하고, 주의를 기울여 암기하면서 영어를 배우고 있으며, 그러한 사실을 인식하고 있기조차 하다. 요컨대, 우리나라 영어교육 현장에서 일어나는 이러한 현상들은 인지 이론적 시각에서 보다 잘 설명되는 현상이라고 할 수 있다.

인간만이 유일하게 좌반구로의 두뇌의 측면화(lateralization)가 진행된다는 사실은 인간의 언어는 다른 동물의 원시적인 언어와 다르게 진화한다는 사실을 말해준다(이다미, 2000). 인간도 다른 동물들처럼 소리를 통해 의사소통하는 일차원적인 의사소통 형태를 기본으로 하지만 인간은 나아가 인지와 결합된, 보다 고차원적인 의사소통 형태를 발전시킨다. 일반적으로 어린이들은 초등학교에 들어가기 전까지 구어를 습득하고 초등학교에 들어가서는 문어를 배워 문맹을 떨친다. 이때부터 본격적으로 인간의 두뇌는 인지 중심의 사고를 하고 문어가 기초가 된 의사소통을 할 수 있게 되며 – 물론 인지의 발달은 훨씬 어린 유아시절부터 진행되기 시작한다 –, 나아가 다양한 사회를 형성하기 시작하면서부터 사회구성원으로서 사회문화적인 고차원적인 의사소통 형태까지 습득한다.

초등학교 입학과 관계없이 모든 사람이 공히 같은 언어 능력을 갖고 있다는 사실에서 언어의 생득적 측면이 인정될 수 있지만, 글을 읽고 쓸 줄 아는 능력인 문해력의 경우 생득적인 언어 습득만을 가지고서는 설명이 불가능하다. 초등학교에 들어가 문어에 입문하는 시기는 인간의 언어 습득 과정에 있어서 인지 능력이 강력하게 개입되는 시기이다. 인지 혹은 사고 과정과 결합된 차원의 언어가 다른 동물과는 다른 인간에게만 유일한 언어의 발달을 가져왔고, 언어가 인지와 결합됨으로써 인간만의 창의적인 언어 사용을 가능하게 하였다.

따라서 인지 이론을 우리나라와 같은 EFL 상황의 제 2언어 습득 이론으로 정립한다면, 지금까지 정부나 학계에서 초점을 둔 구술능력 혹은 음성언어 중심의 영어교육 정책보다는 문해력 혹은 문자언어 기반 영어교육 정책이 보다 설득력 있는 정책 방향이라고 할 수 있다. 그동안 정부와 학계에서는 의사소통능력의 근간을 듣기와 말하기 능력으로 보고 이것을 실용영어정책의 핵심으로 간주하였다. 그동안 이러한 관점에서 원어민보조교사, 영어마을 혹은 영어도시, TEE, 몰입교육, NEAT 등을 구현하고자 하였으나 결론적으로 모두 실패하였다. 이 결과는 우리나라 EFL 상황에 맞지 않은, 모국어 상황에 기반을 둔 제 2언어 습득 이론 혹은 의사소통이론을 영미권으로부터 도입하고 그에 따른 영어교육 정책을 강구한 데에 기인한다. EFL 학습자가 원어민(native speaker)이 되고, 그에 걸맞는 의사소통능력(communicative competence)의 습득을 영어교육의 목표로 삼는 것은 EFL 상황에서는 현실 불가능한 목표이다. 현행의 이론적이고 이상적인 영어교육 목표를 폐기하고, EFL 현실에 맞게 도달가능하고 실현 가능한 제 2언어 습득 이론을 확립하며, 그에 적절한 EFL 한국형 의사소통능력을 재구조화하여 현장 교육을 개선할 필요가 있다.

우리나라 상황에서는 인지 습득 이론에 기반을 두고 문해력 향상을 중심으로 네 가지 기능의 배양을 목표로 하는 영어교육이 적합하다고 본다. 실제 구어 환경이 제공되지 않는 듣기, 말하기 기능에 중점을 두기보다는 교실에서 인지적인 학습을 통해 언어 습득이 그래도 가능하고 정의적으로 덜 스트레스 받는 읽기, 쓰기 기능 중심의 영어교육이 EFL 환경에 적합하다고 본다. 지금 우리나라에서 영어를 듣고 말할 줄 아는 지식인들의 대부분은 처음부터 듣고 말하기 환경에서 듣고 말하기를 배운 것이라기보다는 읽기와 쓰기 능력을 바탕으로 듣고 말하기를 터득한 경우라고 볼 수 있다. 이러한 관점에서 총체적언어교수법, 그리고 이를 기반으로 한 학습자문학교육의 중요성이 EFL 영어교육에 강조될 필요가 있다.

문해력을 배양하기 위해서는 가급적 이야기 글을 많이 읽고 독서일지와 같은 형식의 글쓰기를 지속적으로 하는 것이 중요하다. 아무도 현행 교과서 중심의 교육을 통해 영어를 습득할 수 있을 것으로 믿지 않는다. 현재 고등학교에서의 영어 수업은 대부분 수능 시험을 준비하기 위해 단락 형태의 짧은 글을 읽게 하는 문제풀이 중심의 수업이다. 이는 진정한 의미의 읽기라고 보기 어려우며 영어교육에 많은 시간을 투자하고 있음에도 불구하고 학습자의 문해력 향상에 기여하는 바가 미미하다. 따라서 편중된 단문 중심의 읽기교육에서 탈피한 보다 흥미로운 읽기교육의 새로운 대안으로서 이야기 글을 사용한 다독을 시도할 필요가 있다. 다독의 구현을 위해서는 현행 교과서와 별도의 교육과정이 마련될 필요가 있는데, 일주일 3시간 정규 영어 수업에서 2시간은 현행 교과서에, 1시간은 다독에 할애하고 다독은 한 학기 내신에 반영될 수행평가를 위한 과제로 설계될 수 있다.

 다독을 포함하여 이야기 글 읽기에는 지필평가 대신 수행평가를 활성화하는 것이 바람직하다. 다독의 경우를 예를 들면, 평가는 매시간 독서일지와 활동지를 기본으로 하는 질적 평가를 원칙으로 하고, 양적 평가를 보완하기 위해 학기 초, 학기 말에 어휘 테스트 등을 실시할 수 있다. 학기 말 종합적인 평가를 위해서는 학생들이 기록하는 활동지와 독서일지, 기타 다양한 활동을 하면서 작성한 활동지들을 모은 포트폴리오(portfolio)를 사용하여 성실함과 참여도와 같은 정성적인 측면도 함께 측정한다. 또한, 학생들이 책 읽기를 하는 중간중간 교사와 1:1 개인 면담을 실시하여 책에 대한 이해, 감상 등이 어느 정도 수준으로 이루어지고 있는지에 대해서도 관찰지를 활용하여 측정한다. 나아가 학생들 스스로 책 읽기를 하면서 책 읽기, 영어에 대한 태도의 변화, 자신의 다독 프로그램 참여 활동에 대한 자기 평가 및 동료 평가도 반영할 수 있도록 한다.

 지금까지 이 책에서 제시한 EFL 영문학교육론은 EFL 환경에서 그간의 영문학교육의 난제로 언급된 텍스트의 길이와 난해성 문제를 학습자문학의 개념을 바탕으로 새롭게 정립하고자 한 시도였다. 텍스트 문제를 해결하기 위한 방법으로서 이 책에서는 학습자문학의 개념과 상응하도록 기존의 영문학 장르를 소설에서 이야기로, 드라마에서 스크립트로, 시에서 시적 언어로 재구조화하였다. 나아가 이렇게 재정립된 문학 텍스트가 실제 현장에 적용 가능하도록 언어 습득을 위한 핵심적인 구조틀로서 각 장르별로 '이야기 문법' '스크립트,' '리듬 패턴'을 제시하고, 이를 기반으로 한 교수·학습 모형과 학습 자료를 각각 개발하여 제시하였으며, EFL 환경에서도 학습자문학 기반 언어 학습이 효과적일 수 있음을 입증해보았다. 학습자문학교육의 교수법으로서는 총체적언어교수법을, 특히 문해력 배양에 초점을 두어 문학 텍스트와 언어 습득과의 역학 관계를 재조명하였고, 마지막으로 학습자문학의 평가상의 문제와 대안에 대해 논의함으로써 학습자문학의 교육과정, 교재, 교수·학습, 평가에 이르기까지 교육 전 과정에 대한 논의를 마무리하였다. 이와 더불어 연구자가 그간의 교육 및 연구 경력을 바탕으로 정립한 학습자문학 연구방법론을 말미에 제시함으로써 학습자문학교육에 관심이 있는 후속 연구자에게 학문적 도움이 될 수 있도록 하였다.

이 책에서 제시한 영문학교육론은 EFL 영어교육적 환경을 고려했다는 점에서 기존의 영문학교육론과는 변별된다. 그동안 많은 영문학교육론 책들이 ESL 및 EFL에 적용될 것을 주장하면서 출판되었지만 진정한 의미에서 EFL 환경을 고려한 영문학교육론은 거의 없었다고 본다. 대부분 텍스트를 영미권 정전으로 고수하는 오류를 범하였는데 이 책은 바로 이러한 오류를 제거하고, 문제에 대한 해법을 제시하였으며, 실제 현장에 적용한 실험 사례 등을 통해 진정한 의미에서 EFL 영문학교육론의 학문적 초석을 닦고자 하였다. 이 책이 영문학교육론의 학문적 진일보뿐만 아니라 영어교육의 학문적 지평의 확장에도 기여하기를 기대한다. 이 책을 바탕으로 앞으로 후속 연구들이 나와서 EFL 영문학교육론의 학문적 깊이와 완성을 위해 노력해 줄 것을 당부하면서 이 책의 마무리로 갈음한다.

┃참고문헌┃

곽용자. (2000). *장르간 영어리듬의 연계성과 적용 연구*. 박사학위논문, 한국교원대학교, 충북.
곽윤식. (2003). *영어 발화의 강세 변화에 의한 리듬 조절의 지도 방법 연구*. 석사학위논문, 한국교원대학교, 충북.
교육부. (1995). *초등학교 영어과 교육과정*. 서울: 교육부.
교육부. (2008). *외국어과 교육과정(I)*. 서울: 교육부.
권영재. (2011). *영어학습자문학 다독교재에서 어휘주석이 중학생의 읽기능력에 미치는 영향*. 석사학위논문, 한국교원대학교, 충북.
김경한. (2005). 고문 극으로서 파우스투스 박사. *고전르네상스영문학*, 14(1), 31-47.
김경한. (2006). 영문학 교육의 새 방향 – 문화교육. *영미문학교육*, 10(1), 85-110.
김경한. (2007). 패턴 시 쓰기 활동 기반 영미시 교육. *영미문학교육*, 11(1), 5-22.
김경한. (2010). 시적 자료를 활용한 영어 리듬 교수·학습 모형 개발. *영미문학교육*, 14(2), 79-120.
김경한. (2011). 언어 습득 과정에서 이야기 학습의 의미. *영미문학교육*, 15(2), 65-97.
김경한. (2012). 교육 연극 기법 기반 영미 드라마 수업 모형. *영미문학교육*, 16(2), 47-81.
김경한. (2013). 총체적 언어 교수법 기반 EFL 문학 수업 모형과 문해 습득. *영미문학교육*, 17(1), 5-53.
김경한. (2014). 스크립트(script) 기반 언어·문화 통합 수업 방안. *영미문학교육*, 18(1), 55-81.
김경한, 서우식, 이용배. (2011, 1월). *한국형 다독을 위한 적정한 어휘 크기 연구*. 한국영어교육학회 2011년 SIG 학술대회 발표 논문, 서울.
김경한, 이용배, 최성희, 김영미, 홍주희. (2012). 한국형 다독을 위한 독서 능력 측정 검사지 개발. *영어교육연구*, 24(3), 213-238.
김경한, 홍주희, 최성희, 이용배, 최진희. (2013). 한국형 다독 교재 모형 개발. *외국어교육*, 20(2), 237-269.
김경한, 이정인, 최영은. (2013). 텍스트의 유형이 언어 습득에 미치는 영향: 서사텍스트와 설명텍스트 비교. *영어교육연구*, 25(3), 193-212.
김경한, 문기영, 최영은. (2013). 서사 텍스트가 고등학생 영어 말하기 능력에 미치는 영향. *Studies in English Education, 18*(2), 315-332.

김경한, 나경희, 김준구, 서은향, 이지은. (2014). *인성교육중심수업강화를 위한 교수·학습자료 개발 – 중학교 영어*. 서울: 교육부.

김계숙. (2007). 드라마를 활용한 효과적인 영어교육. *인문언어, 9*, 337-353.

김기섭. (1996). *영어 운율론*. 서울: 한신문화사.

김덕규. (1998). 드라마 기법과 활동을 이용한 초등영어 지도 방안 연구. *Primary English Education 4*(1), 61-85.

김명식. (2000). 노래와 챈트가 초등 영어 학습에 미치는 효과에 관한 연구. *Studies in English Education, 5*(2), 79-104.

김미영. (2010). *원어민 Co-Teaching 기반 다독수업 효과 연구*. 석사학위논문, 한국교원대학교, 충북.

김민정. (2013). *이야기 구조 기반 내러티브 텍스트 지도가 고등학교 영어 읽기 능력에 미치는 영향*. 석사학위논문, 한국교원대학교, 충북.

김선명. (1999). *재즈 챈트와 동화를 활용한 초등학교 영어지도 및 학습에 관한 연구*. 석사학위논문, 한국교원대학교, 충북.

김성연. (2004). 드라마 활용 영어 수업의 효과. *영어교육연구, 16*(2), 101-125.

김성중. (2009). 영어 운율읽기와 영어 듣기 능력과의 상관관계 조사. *영어영문학연구, 51*(4), 139-155.

김수정. (2010). *과정 드라마를 활용한 초등학교 저학년 사회과 활동의 실천*. 석사학위논문, 한국교원대학교, 충북.

김승태. (1997). *영어 읽기 지도에 이야기 문법 구조 적용을 위한 기초 연구*. 석사학위논문, 한국교원대학교, 충북.

김연호. (1994). 영문학: 무엇을 어떻게 가르칠 것인가?: <희곡> 공연을 의식한 새로운 희곡 교육의 실천방향. *영어영문학, 40*(3), 607-621.

김영미. (2001). *동화로 가르치는 초등 영어*. 서울: 문진 미디어.

김재현. (2007). *다독을 통한 중학생 영어 읽기 능력 향상 방안*. 석사학위논문, 경북대학교, 대구.

김정수. (2003). 드라마와 효율적인 영어교육. *교육논총, 5*, 49-76.

김정숙. (2001). *스토리텔링으로 가르치는 초등영어*. 서울: EPublic.

김정은, 조초희. (2010). 각운 패턴을 활용한 소리내어 읽기 지도가 초등영어학습자의 문장강세 습득에 미치는 영향. *Primary English Education, 16*(2), 111-135.

김준구. (2014, 1월). 인성교육을 위한 영어 다독 교수·학습 모형. 한국영어교육학회

2014년 SIG 학술대회 발표 논문, 서울.

김진철, 김혜련. (1999). 대학 교양영어 수업에서 드라마 프로젝트의 활용 효과. *Foreign Languages Education* 5(2), 91-105.

김태원. (2008). 영어와 문학을 가로지르기: 드라마를 통한 영어 수업의 예. *안과밖*, 25, 190-211.

김현진, 이진아. (2006). 리허설을 통한 초등 영어 드라마 활동이 학습자 요인과 성취도에 미치는 영향. *영어어문교육*, 12(1), 183-204.

김혜리. (2009). 아동문학 활용 초등영어 교사교육 프로그램 '내용' 개발에 대한 연구. *Foreign Languages Education*, 16(2), 267-292.

노경희. (2000). 제2언어 습득원리와 초등영어 지도. *Primary English Education*, 6(1), 5-29.

도명기, 김정삼. (2001). 초등영어 학습자의 단기기억 용량과 발달차에 관한 연구. *Primary English Education*, 7(2), 101-120.

문선희. (2002). *다독이 어휘력에 미치는 영향: 초등학생을 중심으로* 석사학위논문, 인하대학교, 인천.

민덕기. (1997). 총체적 언어교육의 원칙과 교실활동. *Primary English Education*, 3, 56-69.

민은희. (1998). *초등학교 3학년 영어 교과서의 노래와 챈트 분석 연구.* 석사학위논문, 한국교원대학교, 충북.

박민아. (2013). *정규수업을 활용한 중학교 영어다독지도가 읽기능력 향상에 미치는 효과.* 석사학위논문, 한국교원대학교, 충북.

박성수, 강완희. (2004). 중등영어교육에서의 언어학습자문학 다독 적용. *영어교과교육*, 3(2), 97-138.

박정수. (2009). 부산영어도서관 운영 방안. The 8th Joint SIG Conference, 192-198.

박태진. (1985). Script 지식의 구조. *교육연구*, 11, 55-78.

방언 연구회 편. (2003). *방언학사전.* 서울: 태학사.

배두본. (1992). 제6차 교육과정 고등학교 외국어과(영어) 개정안. 충북: 한국교원대학교.

서우식. (2010). *중학교 영어 학습자문학 다독프로그램을 위한 도서선정에 관한 연구.* 석사학위논문, 한국교원대학교, 충북.

석동일. (2007). 총체적 언어접근법의 이념적 및 실천적 본질 탐구. *언어치료 연구*, 16(1), 1-19.

선덕금. (2010). *영어다독프로그램이 한국 중학생들의 영어능력향상에 미치는 영향 연구*. 석사학위논문, 고려대학교, 서울.

성명희. (1986). *음악적 Rhythm의 심리학적 기초에 대한 고찰*. 석사학위논문, 서울대학교, 서울.

성일호. (1996). 전체 언어 방법(Whole Language Approach)을 통한 언어교육 개선에 관한 연구. *영어영문학, 21*(2), 221-262.

손일권. (1998). *영어 율격 음운론*. 서울: 협신사.

손중선. (2004). 단기기억과 영어교육. *영어영문학연구, 30*(1), 185-202.

송무. (1997). *영문학에 대한 반성: 영문학의 정당성과 정전 문제에 대하여*. 서울: 민음사.

송무. (1998). *시적 텍스트를 활용한 영어교육*. 서울: 신아사.

신규철. (2003). Vocabulary acquisition through extensive reading in EFL class. *Modern English Education, 4*(2), 3-16.

신인숙. (2004). *영어 지속적 묵독에서 자료 유형이 속도, 이해도, 태도와 동기에 미치는 영향*. 박사학위논문, 전남대학교, 광주.

안수용. (2000). 한국적 환경에서의 제이 언어 습득 이론의 허실. *영어교육연구, 12*(1), 271-294.

어도선. (1999). 영문학, 자아성찰, 영어습득: 인본주의적 접근. *영미문학교육, 3*, 139-169.

오임우. (2010). *초등학교 정규 시간을 활용한 영어전용실 기반 다독 수업 효과 연구*. 석사학위논문, 한국교원대학교, 충북.

원지영. (2007). *드라마 기법을 적용한 비판적 영어 읽기*. 석사학위논문, 한국교원대학교, 충북.

유정숙, 국방호. (2000). 드라마 기법을 이용한 영어 수업 방안. *현대영어영문학, 53*(4), 45-67.

윤교찬. (1998). 영어교육에서 바라본 영문학교육 방법의 모색. *영미문학교육, 2*, 5-19.

이다미. (2000). 제2언어 습득: 이론과 문제점. *응용언어학, 16*(2), 149-163.

이명진. (2013). *중학교 영어교과서의 이야기구조 분석*. 석사학위논문, 한국교원대학교, 충북.

이소은, 조미라, 이윤경. (2010). 초등학교 저학년 아동의 단락듣기 이해와 작업기억 능력 간의 관계. *언어청각장애연구, 15*, 56-65.

이수영. (2012). *초등학교 영어 다독 교수요목 개발*. 석사학위논문, 한국교원대학교,

충북.

이승렬, 홍영숙. (2003). 총체적언어접근을 통한 영어교육의 방안 탐색: 이야기 말하기를 중심으로. *한국홀리스틱교육학회지*, 7(1), 97-112.

이연정. (2002). 글의 소재와 유형을 중심으로 한 중학교 영어 읽기 지도. 석사학위논문, 한국교원대학교, 충북.

이영인. (2011). *방과후학교 영어 다독 프로그램 운영 모형 개발*. 석사 학위논문, 한국교원대학교, 충북.

이용배. (2010). *수능 외국어(영어)영역 문학텍스트 문항 개발*. 석사학위논문, 한국교원대학교, 충북.

이재승. (1996). 총체적 언어 교육의 의의와 과제. *청람어문학*, 16, 172-207.

이진숙. (2000). 이야기 읽기를 통한 초등학생의 L2 어휘습득에 관한 연구. *영어교육연구*, 21, 37-60.

이춘형. (2002). *영시 교육을 위한 수업모형 개발 및 활용 연구*. 박사학위논문, 한국교원대학교, 충북.

이하정. (2012). *초등 영어 고학년 다독 교재 모형 개발*. 석사학위논문, 한국교원대학교, 충북.

이화자. (1990). 조기영어학습자를 위한 Whole Language Approach의 효과에 관한 연구. *영어교육*, 40, 57-92.

이화자, 김미정. (2007). 수준별 영어 다독 프로그램의 학교현장 적용 사례연구. *Modern English Education*, 8(1), 151-170.

이희숙, 최지은. (2001). 내용중심 이야기활동 언어지도 방안. *초등영어교육*, 7(1), 133-157.

임상봉. (1996). 총체적 언어교수법을 통한 초등학교 영어지도. *영미어문학연구*, 12, 77-88.

장미영. (2013). *초등영어 독서지수를 활용한 수준별 영어 독서 동아리 운영 프로그램 개발*. 석사학위논문, 한국교원대학교, 충북.

정끝별. (2007). 현대시 리듬 교육에 관한 시학적 연구 – 병렬(parallelism)과 반복(repetition)을 중심으로. *한국근대문학연구*, 15, 229-255.

정문영. (2006). 공연 교수법을 통한 영미드라마 가르치기. *영미문학교육*, 10(1), 45-66.

정숙경. (2014). 스토리텔링을 활용한 초등 영어 수업. *영어 수업지도안 작성의 이론과 실제* (pp. 348-380). 서울: 한국문화사.

정승영, 박해선. (2002). 드라마 기법을 통한 영어 말하기, 듣기 능력 향상. *교육이론과*

　　　　실천, 12(3), 119-147.
정화용. (2013). *다독이 중학교 영어 학습자의 태도 변화에 미치는 영향*. 석사학위논문, 한국교원대학교, 충북.
정혜민. (2013). *스크립트 개념 기반 초등영어 고학년 문화 대화문 개발*. 석사학위논문, 한국교원대학교, 충북.
조일제. (1999). 영어교육을 위한 영문학 작품 지도법. *영미문학교육, 3*, 225-253.
조정래. (2010). *스토리텔링 육하원칙*. 서울: 한국방송통신대학교출판부.
채찬희, 이선. (2010). 패턴 시를 활용한 초등영어 읽기 및 쓰기 지도. *영어교과교육, 9*(3), 275-297.
총체적 언어 학습. (2011). 월드와이드웹: http://blog.naver.com/jhh9684/130107302830/ 에서 2011년 4월 22일에 검색했음.
최석무. (2008). 크리티컬 리터러시를 활용한 동화 비판적 읽기 교육. *영어영문학, 54*(5), 767-784.
최성희. (2006). 문화연구로 영미드라마 가르치기: 텍스트/공연, 고급/대중예술의 이분법을 넘어서. *영미문학교육, 10*(1), 67-84.
최영은. (2012). *고등학교 이야기 글 영어 평가 문항 개발*. 석사학위논문, 한국교원대학교, 충북.
최윤주. (2013). *초등영어 다독 사후 평가방안 연구*. 석사학위논문, 한국교원대학교, 충북.
최춘화. (2002). *수준별 영어 이야기책 읽기를 통한 아침자습 모형 연구*. 석사학위논문, 서울교육대학교, 서울.
한광석. (2001). 영어 수업에 있어서 수업 도구로서의 창의적인 드라마. *영어영문학연구, 43*(4), 335-354.
한국교육과정평가원. (2011). *2011학년도 대학수학능력시험문제지 외국어(영어) 영역 홀수형*.
한수형. (2007). *언어학습자문학을 활용한 다독 수업이 한국 고등학생의 읽기 능력과 영어 학습에 대한 태도 및 동기에 미치는 영향에 관한 사례 연구*. 석사학위논문, 서울대학교, 서울.
한철우, 김도만, 김명순, 김봉순, 김혜정, 박수자, 박영민, 선주원, 이경화, 이재승, 정옥년, 천경록, 한명숙, 홍인선. (2006). *독서교육사전*. 서울: 교학사.
홍경숙. (2004). *초등학교의 영어운율지도를 위한 음악의 활용*. 박사학위논문, 한국교원대학교, 충북.

홍신자. (2013). *초등영어 다독 평가 방안 비교 연구*. 석사학위논문, 한국교원대학교, 충북.

황지영. (2006). *다독 프로그램을 적용한 초등학교 영어 클럽활동반 운영 방안*. 석사학위논문, 한국교원대학교, 충북.

Aebersold, J. A., & Field, M. L. (1997). *From reader to reading teacher: Issues and strategies for second language classrooms*. Cambridge: Cambridge University Press.

An, Dong-Hwan, & Kang, Hoo-Dong. (1997). A teaching model for developing communicative competence based on the whole language approach. *영어교육, 52*(2), 215-239.

Anderson, J. R., & Bower, G. H. (1973). *Human associative memory*. Washington, DC: Winston & Sons.

Anderson, G. S. (1984). *A whole language approach to reading*. New York: University Press of America.

Arp, T. R., & Johnson, G. (2010). *Perrine's sound and sense: An introduction to poetry*. Boston: Heinle & Heinle.

Ascough, R., Steward, D., & Varco, C. (2006). *Graded reading programs: The experiences of schools and universities in Japan*. Oxford: Oxford University Press.

Athey, C. (1990). *Extending thought in young children: A parent-teacher partnership*. London: Paul Chapman.

Atkinson, R. C., & Shiffrin, R. M. (1968). "Chapter: Human memory: A proposed system and its control processes." In K. W. & J. T. Spence, *The psychology of learning and motivation* (Vol. 2) (pp. 89–195), NY: Academic Press.

Baddeley, A. (1994). The magical number seven: Still magic after all these years? *Psychological Review, 101*, 353-356.

Baddeley, A. (2000). The episodic buffer: A new component of working memory? *Trends in Cognitive Science 4*(11), 417–423.

Baddeley, A. (2007). *Working memory, thought, and action*. Oxford: Oxford University Press.

Baddeley, A., & Hitch, G. (1974). Working memory. In G. H. Bower (Ed.), *The psychology of learning and motivation: Advances in research and theory* (Vol. 8) (pp. 47–89), NY: Academic Press.

Bamford, J., & Day, R. (Eds.). (2004). *Extensive reading activities for teaching language*. Cambridge: Cambridge University Press.

Barclay, K., & Boone, E. (1993). *Supporting the move to whole language: A handbook for school leaders*. NY: Scholastic Leadership Polish Research.

Bartlett, F. C. (1932). *Remembering: A study in experimental and social psychology*. Cambridge: Cambridge University Press.

Bassnett, S., & Grundy, P. (1993). *Language through literature*. London: Longman.

Beaugrande, R., & Colby, B. N. (1979). Narrative models of action and interaction. *Cognitive Science, 3*, 43-66.

Behrendt, T. (2003). *The mixed genre writing process*. Unpublished Doctoral Dissertation, the University of Connecticut, Storrs.

Bell, T. (1998). Extensive reading: Why? and how? *The Internet TESL Journal, 4*(12). Retrieved January 15, 2012, from the World Wide Web: http://iteslj.org/Articles/Bell-Reading.html.

Bertrand, J. E. (1993). Student assessment and evaluation. In B. Harp (Ed.), *Assessment and evaluation in whole language programs* (pp. 19-35). (abridged ed.). Norwood: Christopher-Gordon Publishers.

Black, J. B., & Bower, G. H. (1980). Story understanding and problem solving. *Poetics, 9*, 223-250.

Bolton, G. (1984). *Drama as education: An argument for placing drama at the centre of the curriculum*. London: Longman.

Bowell, P., & Heap, B. S. (2001). *Planning process drama*. London: David Fulton.

Bower, G., Black, J., & Turner, T. (1979). Scripts in text comprehension and memory. *Cognitive Psychology 11*, 177-220.

Butler, Y. G. (2011). The implementation of communicative and task-based language teaching in the Asia-Pacific Region. *Annual Review of Applied Linguistics 31*, 36-57.

Brooks, C., & Warren, R. P. (1979). *Modern rhetoric*. NY: Harcourt Brace Jovanovich.

Brown, H. D. (1994). *Teaching by principles: An interactive approach tolanguage pedagogy*. London: Longman.

Brown, J. D. (1998). An EFL readability index. *JALT Journal, 20*(2), 7-36.

Bruce, B. C. (1978). What makes a good story? *Language Arts, 55*, 460-466.

Brumfit, C. J. (1983). (Ed.). *Teaching literature overseas: Language-based approaches*. Oxford: Pergamon.

Brumfit, C., & Carter, R. (Eds.). (1986). *Literature and language teaching*. Oxford: Oxford University Press.

Bruner, J. (1986). *Actual minds, possible worlds*. Cambridge: Harvard University Press.

Burdick, H., & Lennon, C. (2004). *The lexile framework as an approach for reading measurement and success*. Durham, NC: Metametrics.

Carrell, P. (1987). Readability in ESL. *Reading in a Foreign Language, 4,* 21-40.

Carrell, P. (1989). Metacognitive strategy training for ESL reading. *TESOL Quarterly, 23*(4), 647-678.

Carroll, J. M. (1990). *The number funnel: Designing minimalist instruction for practical computer skills*. Cambridge, MA: MIT Press.

Carroli, P. (2011). *Literature in second language education: Enhancing the role of texts in learning*. Norfolk, UK: Continuum.

Carter, R., & Long, M. N. (1991). *Teaching literature*. NY: Longman.

Cassady, M. (1994). *The art of storytelling*. Colorado Springs: Meriwether.

Chall, J., & Dale, E. (1995). *Readability revisited*. Cambridge: Brookline.

Chall, J., Bissex, G., Conrad, S., & Harris-Sharples, S. (1996). *Qualitative assessment of text difficulty*. Cambridge: Brookline Books.

Cho, K. S., & Krashen, S. D. (1994). Acquisition of vocabulary from the sweet valley kids series: Adult ESL acquisition. *Journal of Reading, 37*(8), 662-667.

Choi, Seonghee. (2010). Exploring the effect of extensive reading for middle and high school EFL learners. *English Language and Literature Teaching, 16*(3), 365-395.

Choi, Seonghee, Kim, Kyong-Hahn, Lee, Yong-Bae, Hong, Ju-Hee, & Jo, Eunkyeong. (2012). Developing the Korean EFL Readability Formula (KRF). *English Language & Literature Teaching, 18*(3), 1-24.

Chomsky, N. (1965). *Aspects of the theory of syntax*. Cambridge, MA: The MIT Press.

Clark, D. F., & Nation, I. S. P. (1980). Guessing the meanings of words from context: Strategy and techniques." *System, 8,* 211-220.

Collie, J., & Slater, S. (1987). *Literature in the language classroom: A resource book of ideas and activities*. Cambridge: Cambridge University Press.

Constable, C. M. (1986). The application of scripts in the organization of language intervention contexts. *Event Knowledge, 10,* 205-230.

Cooper, J. D. (1986). *Improving reading comprehension.* Boston: Houghton Mifflin.

Corinne, A. (1979). *English speech rhythm and the foreign learner.* NY: Mouton.

Couper-Kuhlen, E. (1986). *An introduction to English prosody.* London: Edward Arnold.

Cowie, A. P. (1999). *English dictionaries for foreign learners: A history.* Oxford: Oxford University Press.

Coxhead, A. (1998). *An academic word list.* Occasional Publication Number 18. Wellington: Victoria University of Wellington, LALS.

Coxhead, A. (2006). *Essentials of teaching academic vocabulary.* Boston: Thompson Heinle.

Crossely, S. A., Greenfield, J., & McNamara, D. S. (2008). Assessing text readability using cognitively based indices. *TESOL Quarterly, 42*(3), 475-493.

Davis, C. (1995). ER: An expensive extravagance? *ELT Journal, 49*(4), 329-336.

Day, R., & Bamford. J. (1998). *Extensive reading in the second language classroom.* Cambridge: Cambridge University Press.

Dee Lucas, D. (1982). *Effects of discourse type on recall of children and adults.* Unpublished Doctoral Dissertation, Cornell University, Ithaca.

Dowhower, S. (1991). Speaking of prosody. *Theory into Practice, 30,* 165-175.

Drum, P. (1984). Understanding of passages. In J. Flood (Ed.), *Promoting reading comprehension* (pp. 61-78). Newark: International Reading Association.

Duff, A., & Maley, A. (1990). *Literature: Resource books for teachers.* Oxford: Oxford University Press.

Edelsky, C., Altwerger, B., & Flores, B. (1991). *Whole language: What's the difference?* Portsmouth, NH: Heinemann.

Ellis, G., & Brewster, J. (1991). *The storytelling handbook for primary teachers.* London: Penguin Books.

Elley, W. B. (1991). Acquiring literacy in a second language: The effect of book-based programs. *Language Learning, 41*(3), 375-411.

Elley, W. B., & Mangubhai, F. (1981). *The impact of a book flood in Fiji primary schools.* Wellington: New Zealand Council for Educational Research.

EPER. Retrieved July 12, 2013, from the World Wide Web: http://www.ials.ed.ac.uk

Five Expository Text Structures. Retrieved July 2, 2014, from the World Wide Web:

http://www.spac.k12.pa.us/2013/13conferencepdfs/Deb%20Fulton%20Growing%20Successful%20Readers/ Five%20Expository%20Text%20Structures5.pdf

Fleming, M. (2011). *Starting drama teaching* (3rd ed.). London: Routledge.

Florit, E., Levorato, M. C., & Roch, M. (2009). *Individual differences in preschoolers' text comprehension: Contributions of verbal abilities, short-term and working memory*. Proceedings of the 33rd Boston University Conference on Language Development. Boston University.

Fowler, G. L. (1982). Developing comprehension skills in primary students through the use of story frames. *The Reading Teacher, 36*(2), 176-179.

Fraisse, P. (1963). *The psychology of time* (trans.). J. Leith. NY: Haper & Row.

Freedle, R., & Hale, G. (1979). Acquisition of new comprehension schemata for expository prose by transfer of a narrative schema. In R. Freedle (Ed.), *New directions in discourse processing*. Vol. 2 (pp. 121-135). Norwood: Ablex.

Freeman, Y. S., & Freeman, D. E. (1992). *Whole language for second language learners*. Portsmouth: Heinemann.

Fry, E. B. (1977). Fry's readability graph: Clarifications, validity, and extensions to level 17. *Journal of Reading, 21*, 242-252.

Fry, E. B. (2002). Readability versus leveling. *The Reading Teacher, 56*, 286-291.

Gagné, R. M. (1985). *The condition of learning*. NY: Holt, Rinehart & Winston.

Gambrell, L., Koskinen, P. S., & Kapinus, B. A. (1991). Retelling and the reading comprehension of proficient and less-proficient readers. *Journal of Educational Research, 84*, 356-362.

Gaskins, I. W. (2003). Taking charge of reader, text, activity, and context variable. In A. Sweet & C. Snow (Eds.), *Rethinking Reading Comprehension* (pp. 141-165). NY: The Guilford Press.

Geoffrey, B. (1980). *Teaching English as a foreign language*. London: Routledge & Kegan Paul.

Gibson, E. J., & Levin, H. (1975). *The psychology of reading*. Cambridge: MIT Press.

Gollasch, F. V. (Ed.). (1982). *Language and literacy: The selected writings of Kenneth S. Goodman*. Vol. I. Boston: Routledge.

Goodman, K. (1975). Do you have to be smart to read? Do you have to read to be smart? *Reading Teacher, April*, 625-632.

Goodman, K. (1986). *What's whole in whole language?* Portsmouth: Heinemann.

Goodman, Y., Watson, D., & Burke, C., (2005). *Reading miscue inventory: From evaluation to instruction* (2nd ed.). NY: Richard C. Owen.

Grabe, W. (1991). Current development in second language reading research. *TESOL Quarterly, 25*(3), 375-406.

Graesser, A. C. (1981). *Prose comprehension beyond the word.* New York: Springer-Verlag.

Graham, C. (1988). *Jazz chants.* New York: Oxford University Press.

Graves, M. F., & Graves, B. B. (2003). *Scaffolding reading experiences: Designs for student success* (2nd ed.). Norwood, MA: Christopher-Gordon.

Greene, E., & Negro, J. M. (2010). *Storytelling: Art and technique.* Oxford: Libraries Unlimited.

Greenfield, J. (2004). Readability formulas for EFL. *JALT Journal, 26*, 5-24.

Hafiz, F., & Tudor, I. (1989). Extensive reading and the development of language skills. *ELT Journal, 43*, 4-13.

Hall, G. (2005). *Literature in language education.* New York: Palgrave Macmillan

Halliday, M. A. K. (1978). *Language as social semiotic: The social interpretation of language and meaning.* Baltimore: University Park Press.

Harris, L., & Hodge, R. (Eds.). (1995). *The literacy dictionary: The vocabulary of reading and writing.* Newark: International Reading Association.

Harp, B. (1993). The whole language movement. In B. Harp (Ed.), *Assessment and evaluation in whole language programs* (pp. 1-18). (abridged ed.). Norwood: Christopher-Gordon Publishers.

Hattis, R., Lee, D. J., & Hensley, D. (1988). The effect of cultural script knowledge on memory for stories over time. *Discourse processes, 11,* 413-431.

Haven, K. (2000). *Super simple storytelling.* Greenwood Village: Teacher Ideas Press.

Hayes, B., & Kaun, A. (1994). *The role of phonological phrasing in textsetting.* Unpublished Doctoral Dissertation, UCLA, LA.

Hayward, D., & Schneider, P. (2000). Effectiveness of teaching story grammar knowledge to preschool children with language impairment: An exploratory study. *Child Language Teaching and Therapy, 16,* 255-284.

Heathcote, D., & Bolton, G. (1995). *Drama for learning: Dorothy Heathcote's mantle of the expert approach to education*. Portsmouth: Heinemann.

Holmes, V. L., & Moulton, M. R. (2001). *Writing simple poems: Pattern poetry for language acquisition*. Cambridge: Cambridge University Press.

Horst, M., Cobb, T., & Meara, P. (1998). Beyond a Clockwork Orange: Acquiring second language vocabulary through reading. *Reading in a Foreign Language, 11*, 207–223.

Hunt, A., & Beglar, D. (2005). A framework for developing EFL reading vocabulary. *Reading in a Foreign Language, 17*, 23-59.

Hwang, Won Jung. (2003). *A suggestion of teaching basic elementary English vocabulary*. Unpublished master's thesis, Sungshin Women's University, Seoul.

Hyland, K. (1990). Purpose and strategy: Teaching extensive reading skills. *English Teaching Forum, 28*(2), 14-17.

Irwin, J. W. (2007). *Teaching reading comprehension processes*. Boston:Pearson Education.

Jacobs, G. M., Davis, C., & Renandya, W. A. (Eds.). (1997). *Successful strategies for extensive reading*. Singapore: SEAMEO Regional Language Centre.

Jeon, J. (2009). Key issues in applying the communicative approach in Korea: Follow up after 12 years of implementation. *English Teaching, 64*(4), 124-130.

Just, M., & Carpenter, P. (1987). *The psychology of reading and language comprehension*. Boston: Allyn and Bacon.

Kao, S.-M., & O'Neill, C. (1998). *Words into worlds: Learning a second language through process drama*. Stamford: Ablex.

Kernan, A. (1990). *The death of literature*. New Haven: Yale University Press.

Kim, Kyong-Hahn, Hong, Ju-Hee, Choi, Seonghee, & Kim, Young-Mi. (2013). Developing the appropriate vocabulary size for extensive reading in Korean EFL contexts. *English Language & Literature Teaching, 19*(2), 83-102.

Kim, Woo-Hyung. (2005). Communicative language teaching vs. whole language in the ESL context: How are they similar and different? *Studies in Humanities, 6*, 165-180.

Kim, Young Mi, & Suh, Jinhee. (2006). Usage analysis of vocabulary in Korean high school English textbooks using multiple corpora. *English Language & Literature Teaching, 12*(4), 139-157.

Kincaid, J. P., Fishburne, R. P., Rogers, R. L., & Chissom, B. S. (1975). Derivation of new readability formulas (Automated Readability Index, Fog Count and Flesch Reading Ease Formula) for Navy enlisted personnel. *Research Branch Report*, 8-75, Millington, TN: Naval Technical Training.

Krashen, S. D. (1982). *Principles and practice in second language acquisition*. Oxford: Pergamon Press.

Krashen, S. D. (1993). *The power of reading*. Englewood: Libraries Unlimited, Inc.

Labov. W. (1994). *Principles of Linguistic Change*. Malden, MA: Blackwell Publishers.

Labov, W., & Waletsky, J. (1967). Narrative analysis: Oral versions of personal experiences. In J. Helm (Ed.), *Essays on the verbal and visual arts* (pp. 123-153). Washington, D.C.: University of Washington Press.

Lai, F. K. (1993a). Effect of extensive reading on English learning in Hong Kong. *CUKH Education Journal, 21*(1), 23-36.

Lai, F. K. (1993b). The effect of a summer reading course on reading and writing skills. *System, 21*(1), 87-100.

Lakoff, G., & Johnson, M. (1980). *Metaphors we live by*. Chicago: The University of Chicago Press.

Larsen-Freeman, D. (1986). *Techniques and principles in language teaching*. Oxford: Oxford University Press.

Laufer, B. (1989). What percentage of text-lexis is essential for comprehension? In C. Lauren & M. Nordman (Eds.), *Special language: From humans thinking to thinking machines* (pp. 316-323). Clevedon: Multilingual Matters.

Laufer, B. (1997). The lexical plight in second language reading: Words you don't know, words you think you know, and words you can't guess. In J. Coady & T. Huckin (Eds.), *Second language vocabulary acquisition: A rationale for pedagogy* (pp. 20-34). New York: Cambridge University Press.

Lazar, G. (1993). *Literature and language teaching: A guide for teachers and trainers*. Cambridge: Cambridge University Press.

Lee, Young Hee. (2004). *A study on the basic word lists prescribed by the sixth and seventh curricular for elementary English education*. Seoul: Sukmyung University.

Leech, G., & Svartvik, J. (1975). *A comparative grammar of English*. New York: Longman.

Lexile. Retrieved April 12, 2013, from the World Wide Web: http://www.lexile.com

Lichtenstein, E. H., & Brewer, W. F. (1980). Memory for goal-directed events. *Cognitive Psychology, 12*, 412-445.

Liu, Na., & Nation, I. S. P. (1985). Factors affecting guessing vocabulary in context. *RELC Journal, 16*(1), 33-42.

Lucariello, J., Kyratzis, A., & Angel, S. (1986). Event representations, context, and language. *Event knowledge, 7,* 136-160.

Maley, A., & Duff, A. (1989). *The inward ear: Poetry in the language classroom.* Cambridge: Cambridge University Press.

Maley, A., & Duff, A. (2005). *Drama techniques: A resource book of communication activities for language teachers.* (3rd. ed.). Cambridge: Cambridge University Press.

Mandler, J. M. (1984). *Stories, scripts, and scenes: Aspects of schema theory.* New York: Psychology Press.

Marlowe, C. (2003). *The Complete Plays.* (Eds.). F. Romany & R. Lindsey. London: Penguin Books.

Mason, B., & Krashen, S. (1997). Extensive reading in English as a foreign language. *System, 25*(1), 91-102.

McCaslin, N. (1990). *Creative drama in the classroom and Beyong.* (7th ed.). NY: Longman.

McKay, S. (1982). Literature in the ESL classroom. *TESOL Quarterly, 16*(4), 529-536.

McLaughlin, B. (1987). *Theories of second language learning.* London: Edward Arnold.

McLaughlin, B. (1990). Restructuring. *Applied Linguistics, 11*, 113-128.

McNamara, D. S., Louwerse, M. M., McCarthy, P. M., & Graesser, A. C. (2010). Coh-Metrix: Capturing linguistic features of cohesion. *Discourse Processes, 47*, 292-330.

Meng, H. (2008). Social script theory and cross-cultural communication. *Intercultural Communication Studies, XVII*(1), 132-138.

Metametrics. (2008). Lexiles: A system for measuring reader ability and text difficulty. Retrieved May 17, 2010, from the World Wide Web:http://teacher.scholastic.com/products/sri_reading_assessment/pdfs/SRI_ProfPap.

Miller, G. A. (1956). The magical number seven, plus or minus two: Some limits on our capacity for processing information. *Psychological Review, 63*, 81-97.

Minsky, M. (1975). A framework for representing knowledge. In P. Winston (Ed.), *The psychology of computer vision* (pp. 211-277). NY: McGraw-Hill.

Morrow, L. M. (1985). Retelling stories: A study for improving young children's comprehension, concept of story structure, and oral language complexity. *The Elementary School Journal, 85*(5), 647-661.

MRLT. Retrieved June 12, 2012, from the World Wide Web: http://www.macmillanreaders.com

NASA Quest 2005. Retrieved February 2, 2014, from the World Wide Web: http://dspace.jorum.ac.uk/xmlui/bitstream/handle/10949/748/Items/E301_1_section4.html.

Nation, I. S. P. (1993). Measuring readiness for simplified material: A test of the first 1,000 words of English. In M. L. Tickoo (Ed.), *Simplification: Theory and application* (pp. 193-203). Manila: SEAMEO Regional Language Centre.

Nation, I. S. P. (2001). *Learning vocabulary in another language*. Cambridge: Cambridge University Press.

Nation, P., & Waring, R. (1997). Vocabulary size, text coverage and word lists. In N. Schmitt & M. McCarthy (Eds.), *Vocabulary: Description, acquisition, and pedagogy* (pp. 5-19). Cambridge: Cambridge University Press.

Nelson, K. (1989). *Narratives from the crib*. Cambridge: Harvard University Press.

Newman, J. (1985). *Whole language: Theory in use*. Portsmouth: Heinemann.

Ninio, A., & Snow, C. E. (1996). *Pragmatic development: Essays in developmental science*. Boulder: Westview press.

Norman, D. A., & Rumelhart, D. E. (1975). (Eds.). *Explorations in cognition*. San Francisco: Freeman.

Nunan, D. (1991). *Language teaching methodology: A textbook for teachers*. NY: Prentice Hall.

Nutbrown, C. (2011). *Threads of thinking: Schemas and young children's learning* (4th ed.). LA: Sage.

Nuttall, C. (1996). *Teaching reading skills in a foreign language: An extensive reading program*. Portsmouth, NH: Heinemann.

Ochs, E., & Capps, L. (2001). *Living narrative: Creating lives in everyday storytelling*. Cambridge: Harvard University Press.

O'Neill, C. (1995). *Drama worlds: A framework for process drama.* Portsmouth: Heinemann Drama.

Ong, W. J. (1982). *Orality and literacy: The technologizing of the word.* London: Routledge.

Online Etymology Dictionary. Retrieved February 2, 2014, from the World Wide Web: http://www.etymonline.com/index.php?term=verse.

Paran, A. (1996). Reading in EFL: Facts and fiction. *ELT Journal, 50*(1), 25-34.

Parkinson, B., & Thomas, H. R. (2000). *Teaching literature in a second language.* Edinburgh: Edinburgh University Press.

Patel, A. D. (2008). *Music, language, and the brain.* Oxford: Oxford University Press.

Peck, J. (1989). Using storytelling to promote language and literacy development. *The Reading Teacher, 32,* 138-141.

Phillips, S. (1999). *Drama with children.* Oxford: Oxford University Press.

Piaget, J. (1962). *Play, dreams and imitation in childhood.* London: Routledge.

Pike, K. L. (1947). *Phonemics: A technique for reducing languages to writing.* Ann Arbor: University of Michigan Press.

Pitts, M., White, H., & Krashen, S. (1989). Acquiring second language vocabulary through reading: A replication of the clockwork orange study using second language acquirers. *Reading in a Foreign Language, 5*(2), 271-275.

Poe, E. A. (2004). The poetic principle. In G. R. Thompson (Ed.), *The selected writings of Edgar Allan Poe* (pp. 698-704). NY: W. W. Norton & Company.

Povey, J. F. (1984). *Literature for discussion.* NY: Holt, Rinehart & Winston.

Preminger, A., & Brogan, T. V. F. (Ed.). (1993). *The new princeton encyclopedia of poetry and poetics.* Princeton: Princeton University Press.

Pretorius, J., & Manpuru, D. (2007). Playing football without a ball: Language, reading and academic performance in a high-poverty school. *Journal of Research in Reading, 30(1),* 38-58.

Quillian, M. R. (1968). Semantic memory. In M. Minsky (Ed.), *Semantic information processing* (pp. 34-56). Cambridge, MA: MIT Press.

Rathvon, N. (1999). *Effective school interventions.* New york: Guilford Press.

Ratner, C. (1996). Activity as a key concept for cultural psychology. *Cultural Psychology, 2,* 407-434.

Reder, L. M. (1982). Elaborations: When do they help and when do they hurt? *Text, 2*, 211-224.

Reder, L. M., Charney, D. H., & Morgan, K. I. (1986). The role of elaborations in learning a skill from an instructional text. *Memory and Cognition, 14*, 64-78.

Renandya, W. A., & Jacobs, G. M. (2002). Extensive reading: Why aren't we all doing it? In J. C. Richards & W. A. Renandya (Eds.), *Methodology in language teaching: An anthology of current practice* (pp. 295-302). Cambridge: Cambridge University Press.

Richards, J. C. (2000). *Vocabulary in language teaching*. Cambridge: Cambridge Language Education.

Richards, J. C., & Rodgers, T. S. (2001). *Approaches and methods in language teaching*. Cambridge: Cambridge University Press.

Rieger, C. (1975). Conceptual Memory. In R. C. Schank (Ed.), *Conceptual Information Processing* (pp. 87-95), Amsterdam: North Holland.

Robb, T. N., & Susser, B. (1989). Extensive reading vs. skills building in an EFL context. *Reading in a Foreign Language, 5*(2), 239-251.

Rodrigo, V. (1995, March). Does a reading program work in a foreign language classroom? Paper presented at the Extensive Reading Colloquium of American Association of Applied Linguistics, Long Beach, CA.

Rosenblatt, L. M. (1994). *The reader, the text, the poem: The transactional theory of the literary work* (4th ed.). Carbondale: Southern Illinois University.

Ross, B. L., & Berg, C. A. (1990). Individual difference in script reports: Implications for language assessment. *Topics in language disorders, 10*(3), 30-44.

Ruddell, R., & Unrau, N. (2004). Reading as a meaning-construction process. In R. Ruddell & N. Unrau (Eds.), *Theoretical models and processes of reading* (pp. 1462-1521). (5th ed.). New Ark: International Reading Association.

Rumelhart, D. E. (1975). Understanding and summarizing brief stories. In D. LaBerge & S. J. Samuels (Eds.), *Basic processes in reading* (pp. 34-59). Hillsdale: Erlbaum.

Rumelhart, D. E., & Ortony, A. (1977). The representation of knowledge in memory. In R. C. Anderson, J. R. Spiro, & W. E. Montague (Eds.), *Schooling and the acquisition of knowledge* (pp. 99-135), Hillsdale: Lawrence Erlbaum.

Sakui, K. (2004). Wearing two pairs of shoes: Language teaching in Japan. *ELT Journal,*

58(2), 155-163.

Samuels, S. J. (2006). Reading fluency: Its past, present, and future. In T. V. Rasinski, C. Blachowicz, & K. Lems (Eds.), *Fluency instruction: Research-based best practices* (pp. 7-20). New York: The Guilford Press.

Sanford, A. J., & Garrod, S. C. (1981). *Understanding written language: Explorations in comprehension beyond the sentence*. Chichester: Johnwiley & Sons.

Schank, R. C., & Abelson, R. (1977). *Scripts, plans, goals and understanding*. Hillsdale: Lawrence Erlbaum Associates.

Schnick, T., & Knickelbine, M. (2000). *The lexile framework*. Durham: MetaMetrics.

Schumann, J. (1995). Stimulus appraisal and second language acquisition. Paper presented at the 1995 Second Language Research Forum, Cornell, US., October.

Shiffrin, R. M. (1993). Short-term memory: A brief commentary. *Memory & Cognition, 21*, 193-197.

Short, M. C., & Candlin, C. N. (1986). Teaching study skills for English literature. In C. Brumfit & R. Carter. (Eds.), *Literature and language teaching* (pp. 89-109). Oxford: Oxford University Press.

Singer, H., & Donlan, D. (1989). *Reading and learning from text*. New Jersey: Lawrence Erlbaum Associates.

Skehan, P. (1998). *A cognitive approach to language learning*. Oxford: Oxford University Press.

Smith, S. M. (1984). *The theater arts and the teaching of second languages*. Reading: Addison-Wesley.

Smith, J. L., & Herring, D. J. (2001). *Dramatic literacy: Using drama and literature to teach middle-level content*. Portsmouth, NH: Heinemann.

Spiro, J. (2004). *Creative poetry writing*. Oxford: Oxford University Press.

St. Clair, R. N. (2006). *The framing of culture: Interdisciplinary essays on culture theory*. Louisville: The University of Louisville Press.

Stein, N. L., & Glenn, C. G. (1979). An analysis of story comprehension in elementary school children. In R. Freedle *New directions in discourse processing* (pp. 53-120). Norwood: Ablex.

Strickland, K., & Strickland, J. (1993). *Un-covering the curriculum: whole language invsecondary and postsecondary classrooms*. Portsmouth, NH: Boyton Cook.

Strong, C. (1998). *The strong narrative assessment procedure*. Eau Claire: Thinking.

Tavassoli, N. T., & Lee, Y. H. (2003). "The differential interaction of auditory and visual advertising elements with Chinese and English. *Journal of Marketing Research, Vol. XL*, 468-480.

Taylor, J. (1994). Teaching poetry in the secondary school. In S. Brindley (Ed.), *Teaching English* (pp. 210-219). London: Routledge.

Tompkins, G. E. (2003). *Literacy for the 21st Century* (3rd ed.). Columbus, Ohio: Merrill Prentice Hall.

Thorndike, E. L. (1973). *Reading comprehension education in fifteen countries*. NY: John Wiley and Sons.

Thorndyke, P. (1977). Cognitive structures in comprehension and memory of narrative discourse. *Cognitive Psychology, 9*(1), 77-110.

Vale, D., & Feunteun, A. (1996). *Teaching children English*. Cambridge: Cambridge University Press.

van Dijk, T., & Kintsch, W. (1983). *Strategies of discourse comprehension*. NY: Academic Press.

Vygotsky, L. S. (1978). *Mind in society: The development of higher psychological processes*. Cambridge, MA: Harvard University Press.

Wade-Woolley, I., & Wood, C. (2006). Editorial: Prosodic sensitivity and reading development. *Journal of Research in Reading, 29*(3), 253-257.

Wallace, C. (1992). *Reading*. Oxford: Oxford University Press.

Walsh, H. (1984). *Introducing the young child to the social world*. New York: Macmillan.

Ward A. C., & Castillo, M. Whole language assessment and evaluation strategies. In B. Harp (Ed.), *Assessment and evaluation in whole language programs* (pp. 77-91). (abridged ed.). Norwood: Christopher-Gordon.

Watkins, F. C., Dillingham, W. B., & Hiers, J. T. (2000). *Practical English handbook.*11th (ed.). Chicago, IL: Houghton Mifflin Company.

Watson, D. (1989). Defining and describing whole language. *Elementary School Journal, 90*(2), 129-141.

Watson, D., & Henson, J. (1993). Reading evaluation – Miscue analysis. In B. Harp (Ed.), *Assessment and evaluation in whole language programs* (pp. 53-75). Norwood: Christopher-Gordon.

Welch, R. (1997). Introducing extensive reading. *The Language Teacher, 21*(5), 51-53.

Wells, G. (1986). *The meaning makers: Children learning language and using language to learn*. Portsmouth, NH: Heinemann.

Wessels, C. (1987). *Drama: Resource books for teachers*. New York: Oxford University Press.

West, M. (1953). *A general service list of English words*. London: Longman.

West, M. (1955). *Learning to read a foreign language* (2nd ed.). London: Longmans, Green.

Westby, C. E., van Dongen, R., & Maggart, Z. (1989). Assessing narrative competence. *Seminars in Speech and Language, 10*, 63-76.

Whaley, J. (1981). story grammars and reading instruction. *Reading Teacher, 34*(7), 762-771.

Widdowson, H. G. (1992). *Practical stylistics*. Oxford: Oxford University Press.

Wikipedia. Retrieved March 2, 2014, from the World Wide Web: http://en.wikipedia. org/wiki/Schema_(psychology).

Widdowson, H. G. Retrieved March 12, 2014, from the World Wide Web: http://en.wikipedia. org/wiki/Whole_language.

Wilensky, R. (1978). *Understanding goal-based stories*. New Haven: Yale University Press.

Woodward, V., Harste, J., & Burke, C. (1984). *Language stories and literacy lessons*. New York: Heinemann.

Wright, A. (2008). *Storytelling with children* (2nd. ed.). Oxford: Oxford University Press.

Zakaluk, B. L., & Samuels, S. J. (1988). *Readability: Its past, present, and future*. Newark, Delaware: International Reading Association.

| 부록 |

활동지

III. 책 표지 문구와 제목 연결하기

Activity 1. Blurb and Title Match(Day & Bamford, 1998)

A. Students read the blurbs that describe the books and match each book title with an appropriate text from the box.

_____ Science and the Modern World
_____ A People's History of the United States: 1492 to Present
_____ The Road Ahead

Texts

1) If your last experience of American history was brought to you by junior high school textbooks — or even if you're a specialist — get ready for the other side of stories you may not even have heard. With its vivid descriptions of noted events, this book is required reading for anyone who wants to take a fresh look at the rich, rocky history of America.
2) For all who have marveled at the rapid advance of computers and their impact on our personal lives, Bill Gates stands out as a visionary. At an age when most students can barely see their own potential, Gates saw the revolutionary possibilities of the silicon chip.
3) Whitehead demands that readers understand and celebrate the contemporary, historical, and cultural context of scientific discovery. Taking readers through the history of modern science, Whitehead shows how cultural history has affected science over the ages in relations to such major intellectual themes as romanticism, relativity, quantum theory, religion, and movements for social progress.

III. 이야기 문법 도식표 완성하기 – 스토리텔링하기

Activity 2.1 Story Grammar

Name _____ Date _____
Title _____
Author _____

Story Grammar Elements	Story
Setting (Time & Place)	
Characters	
Goals (Theme)	
Conflicts (Problems)	
Climax (Actions & Reactions)	
Resolution (Conclusion)	

III. 인물 스케치 – 토론하기

Activity 2.2 Character Sketch

A. Match descriptive words with a character in the text below, making a striking character sketch, and discuss each character based on the character sketch.

Characters	Descriptive Words
Pauline: Cecilia: Robert: Sir Wilfred Knipe:	shy, dirty, clumsy, pedantic, sarcastic, talkative, modest, soft-spoken, smartly dressed, proud, punctual, self-centered, impatient, strict, skinny, sharp-tongued, generous, sociable, strong-willed, hypocritical, vain, elegant, eager to please, kind, possessive, highly intelligent

At seventy-two, Pauline Attenborough could still sometimes be mistaken, in the half-light, for thirty. She really was a wonderfully preserved woman, of perfect chic. Of course, it helps a great deal to have the right frame. She would be an exquisite skeleton, and her skull would be an exquisite skull, like that of some Etruscan woman, with feminine charm still in the swerve of the bone and the pretty naive teeth. At the corners of the eyes were fine little wrinkles which would slacken with haggardness, then be pulled up tense again, to that bright, gay look like a Leonardo woman who really could laugh outright.

Her niece Cecilia was perhaps the only person in the world who was aware of the invisible little wire which connected Pauline's eye wrinkles with Pauline's will-power. Only Cecilia consciously watched the eyes go haggard and old and tired, and remain so, for hours; until Robert came home. Then ping – the mysterious little wire that worked between Pauline's will and her face went taut, the wary, haggard, prominent eyes suddenly began to gleam, the eyelids arched, the queer curved eyebrows which floated in such frail arches on Pauline's forehead began to gather a mocking significance, and you had the real lovely lady, in all her charm.

She really had the secret of everlasting youth, but she was sparing of it. She was wise enough not to try being young for too many people. Her son Robert, in the evenings, and Sir Wilfred Knipe sometimes in the afternoon to tea; then occasional visitors on Sunday, when Robert was home; for these she was her lovely and changeless self, that age could not wither, nor custom stale; so bright and kindly and yet subtly mocking, like Mona Lisa who knew a thing or two.

III. 압운 파악하기

Activity 3.1 Identifying Rhyme

A. Read aloud the following tongue twister and underline where alliteration takes place.

>   Peter Piper picked a peck of pickled peppers,
>   A peck of pickled peppers Peter Piper picked;
>   If Peter Piper picked a peck of pickled peppers,
>   Where's the peck of pickled peppers Peter Piper picked?

B. Read aloud the poem below and identify its rhyming pattern.

>   Whose woods these are I think I know.
>   His house is in the village, though;
>   He will not see me stopping here
>   To watch his woods fill up with snow.
>
>   My little horse must think it queer
>   To stop without a farmhouse near
>   Between the woods and frozen lake
>   The darkest evening of the year.
>
>   He gives his harness bells a shake
>   To ask if there is some mistake.
>   The only other sound's the sweep
>   Of easy wind and downy flake.
>
>   The woods are lovely, dark, and deep,
>   But I have promises to keep,
>   And miles to go before I sleep.
>   And miles to go before I sleep.

III. 패턴 파악하기 1 - 문장 패턴

Activity 3.2 Identifying a Pattern 1

A. Replace the underlined parts in patterned phrases with your own words and phrases.

> "Hush, Little Baby"
>
> Hush, little baby, don't say a word,
> Papa's going to buy you a mockingbird.
> And if that mockingbird won't sing,
> Papa's going to buy you <u>a diamond ring</u>.
> And if that <u>diamond ring turns brass</u>,
> Papa's going to buy you <u>a looking glass</u>.

B. Make your own song by replacing the underlined parts in patterned phrases with appropriate words and phrases.

> "The House That Jack Built"
>
> This is the house that Jack built.
>
> This is the malt
> That lay in the house that Jack built.
>
> This is <u>the rat</u>,
> That <u>ate</u> the malt,
> That lay in the house that Jack built.
>
> This is <u>the cat</u>,
> That <u>killed the rat</u>,
> That ate the malt,
> That lay in the house that Jack built.

III. 패턴 파악하기 2 – 후렴구 패턴

Activity 3.3 Identifying a Pattern 2

A. Complete the table below by filling in each box with appropriate sentences.

Title	Repeated lines	Development
Henny Penny	"I must go and tell the king the sky was a-falling."	Each time these lines are repeated, other animals are involved, who join Henny Penny in her quest.
Snow White	"Mirror, mirror, hanging there,/ Who in all the land's most fair?"/ "My Lady Queen, your are fair, 'tis true,/ But Snow White is fairer far than you."	
The Story of the Fisherman and His Wife		Each time the fisherman's wife wishes a better social position, the fisherman summons the flounder by singing this rhyme.
The Gingerbread Man		

III. 재구조화하기

Activity 4.1 Reconstruction

A. Make a group of 5 and choose one out of 4 ways of reconstructing the text, and then complete the table, following each reconstruction instruction.

Type	How	Text in Change
Reduction	Students are invited to shorten the text by removing certain elements.	
Expansion	Students are asked to add given elements to a text. 1. They expand a narrative text by adding what happened before it or after it.	
	2. They add fictional footnotes or an introduction to a given text.	
Replacement	Students remove certain elements and replace them with others.	

III. 언어 패턴 중심 독서일지 쓰기

Activity 4.2 Reading Journal(Day & Bamford, 1998)

A. Fill this out even if you only read one page of the book.
   Your name: Class:
   Title of book:
   Author:
   Publisher/Book level:
   I read all/___ pages of the book. (Circle "all" or indicate the number of pages read)

B. How did you like the book? (circle one)
   (a) Great! (I loved it)
   (b) Good (I liked it)
   (c) OK (I didn't mind reading it)
   (d) Boring/Stupid (I wish I hadn't read it)

C. Write your feelings about the book below:

(Continue on the back)

Ⅳ. 이야기 구성 요소 1

Activity 1 Which One Makes a Story?(Rumelhart, 1977)

(1) Margie was holding tightly to the string of her beautiful new balloon. Suddenly a gust of wind caught it. The wind carried it into a tree. The balloon hit a branch and burst. Margie cried and cried.
(2) Margie cried and cried. The balloon hit a branch and burst. The wind carried it into a tree. Suddenly a gust of wind caught it. Margie was holding tightly to the string of her beautiful new balloon.

Ⅳ. 이야기 구성 요소 2

Activity 2 Is It a Story Yet?(Haven, 2000)

As you tell a story, you will stop periodically to ask your class if it is a story yet. Students must then defend their answers. Why is it? or Why isn't it?

Segment 1. Little Brian woke one morning after an all-night, hard rain. He headed off to school just as the rain ended. Clouds began to drift apart. Sunbeams filtered down, splashing light on the grass and sidewalk around him. That afternoon, Brian came home from school to find his mother waiting for him on the front porch.

Stop for discussion. Ask, Is it a story yet? Does what I have already said have everything you need it to have to be a story, or is something critical still missing? Make your students vote by show of hands. Ask them why they voted as they did.

Segment 2. Her fists were jammed onto her hips. Her foot angrily tapped on the wooden floorboards of the porch. Her eyes glared down the steps Brian would have to climb up if he was ever going to make it into the house for dinner that night.
 "Brian! What on earth happened to you today? Your teacher called."

(Stop for discussion)

Segment 3. "But mooommm. I already know she called. I was standing right beside her in the office when she did."
"She was furious, Brian. She said you were an hour and a half late for school. Now why were you late?"

(Stop for discussion)

Segment 4. "But moooom. It rained last night."
"Brian, the rain ended before you left for school. That's no excuse. Now why were you late?"
"But mooooommm. After all that rain, all the worms crawled out on the sidewalk. I was afraid the sun would dry them out and kill 'em, or that some of the mean kids would step on them and squish 'em. I had to put the worms back in the grass where they'd be safe....There were a lot of worms, mom."

(Stop for discussion)

Segment 5. And Brian's mother said, "Brian, I love you."
That's the story of Brian.

Ⅳ. 이야기 문법 요소

Activity 3 Elements of Story Grammar

A. Match each element of a story with an appropriate definition.

① setting		. the people or animals who carry out the action in a story
② characters		. the solution of the problems
③ theme		. the disagreement between people with opposing ideas
④ conflict		. the place and time at which the story occurs
⑤ climax		. the basic idea about which the whole story is written
⑥ resolution		. the turning point of a story

B. Fill in each blank with an appropriate word from the box and reorder the following passages in terms of a story sequence.

#1 _____	#2 **Climax**
There once lived a man and a woman who had long wished for a child but could not have one. The woman wanted to eat a plant from a witch's garden. But no one was allowed to have plants from the garden. The witchhad great powers and everyone was afraid of her.	Rapunzel grew into the most beautiful child under the sun. When she was twelve years old, the witch shut her into a tower. She was lonely. One day the prince passed the tower and saw her. He wanted marry her. The witch got angry and made him blind.

setting, conflict, climax, resolution

#3 _____	#4 _____
He passed many years wandering the forest in pain. One day he heard his lover's voice and they met together again. Two of her tears wetted his eyes and they grew clear again, and he could see with them as before. They lived for a long time afterwards, happy and contented.	The man loved his wife so much and he stole a plant for her. The witch got really angry. She made the man promise to give her their baby. He were so afraid that he agreed to give up the baby. When the baby was born, the witch named the child rapunzel and took it away with her.

Ⅳ. Fowler(1982)'s Story Frames

Frame 1	Story summary with one character included	Our story is about _____. _____ is an important character in our story. _____ tried to _____. The story ends when _____.
Frame 2	Important idea or plot	In this story the problem starts when _____. After that, _____. Then, _____. The problem is finally solved when _____. The story ends _____.
Frame 3	Setting	The story takes place _____. I know this because the author uses the words "_____." Other clues that show when the story takes place are _____.
Frame 4	Character analysis	_____ is an important character in our story. _____ is important because _____. Once he/she _____. Another time, _____. I think that _____ (character's name) is _____ (character's trait) because _____.
Frame 5	Character comparison	_____ and _____ are two characters in our story. _____ (character's name) is _____ (character's trait) while _____ is _____. For instance, _____ tries to _____ and _____ tries to _____. _____ learns a lesson when _____.

Ⅳ. 이야기 문법 분석표

Activity 4. Analyzing a story based on story grammar

Name _____ Date _____
Title _____
Author _____

1. Setting
Time: _____
Place: _____

2. Main Characters
_____

3. Goals (or Theme)
_____

4. Conflicts (or Problems)
_____

5. Climax (Actions & Reactions)
_____

6. Resolution (or Conclusion)
_____
_____

Ⅳ. Making a Storybook

Story Grammar	My story
Setting	
Characters	
Goals	
Conflicts	
Climax	
Resolution	

Ⅶ. 드라마란 무엇인가?

Activity 1.1 What is drama?

Write down your definition of drama briefly and discuss it with your group members.

_____
_____
_____
_____
_____

Ⅶ. 몸 풀기

Activity 1.2 Handshakes(Maley & Duff, 2005)

Move around the classroom, shaking hands with each other and telling your name aloud as in the example below.

A: My name is _____. How are you today?

Activity 1.3 Acting out movement

Show your body movement properly according to the meaning of each word below.

1. Using leg and foot: kick, skip, step, tiptoe
2. Using arm and hand: box, clench, dig, grope, knead, pick, point, pull, scratch, wring
3. Using face: chew, smile, pout, squint, wink, wrinkle
4. Other: bob, collapse, creep, hobble, lunge, revolve, rise, sink, stalk, strut, sway, trudge

VII. 목소리 연습

Activity 2.1 Voice warm-up(Wessels, 1987)

1. Inhale, and let out the breath on a long a, e, o: aaaa—eeee—oooh
2. Now do the same with MMMMMMMMMM and NNNNNNNNNN
3. Now practice combinations of the above, i.e. MMMMAAAA; MMMMOOOH; MMMMEEEE; NNNNAAAA; NNNNOOOH; NNNNEEEE

Activity 2.2 Elastic sentences(Maley & Duff, 2005)

Work in pairs and take turns to speak the sentence to each other. Student A reads *Mary arrived* and student B reads *Mary arrived late*. And so on till the end.

Mary arrived.
Mary arrived late.
Mary arrived late from the airport.
Mary, who had been away, arrived late from the airport.
My cousin Mary, who had been away, arrived late from the airport.
My cousin Mary, who had been away in Italy, arrived late from the airport.
My cousin Mary, who had been away in Italy visiting her boyfriend, arrived late from theairport.
My cousin Mary, who had been away in Italy visiting her boyfriend, arrived late from theairport in a snowstorm.
My cousin Mary, who had been away in Italy visiting her boyfriend, arrived late from theairport in a snowstorm just as we were getting ready.
My cousin Mary, who had been away in Italy visiting her boyfriend, arrived late last night from the airport in a snowstorm just as we were getting ready.

VII. 무언극

Activity 2.3 Miming feelings(Wessels, 1987)

Work in pairs. Each student gets four cards and has to mime the feelings written on the cards, such as love, hate, greed, envy, jealousy, grief, happiness, surprise, fear, etc. The partner has to guess what the feeling is.

Activity 2.4 Miming situations(Maley & Duff, 2005)

Work in group. Each group is given one of the cards that describes a certain situation as in the box below. One of the group members mime the situation on the card and the rest identify it.

1. You are trying to stay awake in a boring lesson.
2. You are watching a football match on TV. Your team is losing.
3. You are in a crowded train, trying to read someone else's newspaper.
4. You are in the middle of a frozen lake, fishing through a hole in the ice.
5. You are trying to eat with chopsticks. It is the first time you have used them.
6. You are in bed in the dark in a strange house. You are trying to find the light switch near your bed.
7. You are in a big store. When you get to the pay counter, you discover that you have lost your money.
8. You are waiting for the last bus. There are lots of people and you know they will not all be able to get on. Some of them are trying to jump the queue.

Ⅷ. 프라이타그의 피라미드

Activity 2.5 Gustav Freytag's Pyramid

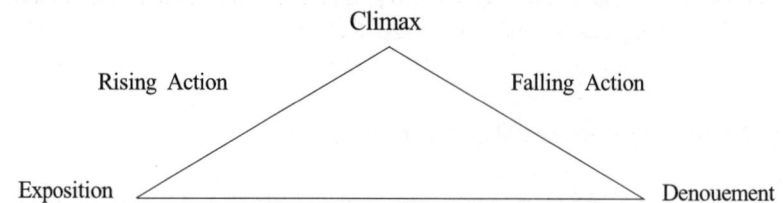

Exposition: (Write the background, or what happens first.)
Rising Action: (Write what leads up to the main problem or conflict.)
Climax: (Write what happens when the problem or conflict reaches a high point.)
Falling Action: (Write how the problem of conflict is solved.)
Denouement: (Write how things end up.)

See the Freytag's Pyramid above and complete the following pyramid based on the plot of "*Cinderella*."

```
                    Climax: _____
     Rising Action: _____     Falling Action: _____



  Exposition: _____                  Resolution: _____
```

VII. 7 낭독극하기

Activity 3.1 Reader's theater

The main focus of reader's theater is to discuss how the lines should be said. Read through each scene with the group and discuss the following questions.

a. Where is each person standing?
b. What movements or gestures accompany each line, word, utterance, etc.?
c. How is the line spoken? (eg. loud, soft, quick, tense, etc.)
d. Could any adverb be applied to the way in which a line is spoken? (eg. resignedly, happily, furiously, etc.)
e. What furniture or stage props are needed?
f. What lighting would be appropriate?
g. What is each person wearing?

VII. 지문 첨가하기

Activity 3.2 Adding stage directions

Make a small group of five, read the following script, and work out stage directions: how the lines should be said and what movements and facial expressions should accompany the acting.

MESSENGER I was unable to find any more new names, but on the way back I did find a little house, on top of a high mountain. Inside, was a little man shouting around a fire and hopping around on one leg.
GIRL What did he say?
MESSENGER Today I bake, tomorrow I brew, The next I'll have the young Queen's child. Ha! for no one knew That Rumpelstiltskin I am styled.
NARRATOR Just then the little man came in.
GIRL Is your name John?
RUMPELSTILTSKIN No.
GIRL Is it Harry?
RUMPELSTILTSKIN No.
GIRL Then, perhaps your name is Rumpelstiltskin?
RUMPELSTILTSKIN Nnn — the devil told you that! The devil told you that!
NARRATOR And in his anger, he plunged his right foot so deep into the ground that his entire leg went in. With both hands, he then pulled his left leg so hard that he tore himself in two.

VII. 정지 장면

Activity 3.3 Story stills(Phillips, 1999)

Listen to a story and then prepare scenes for key points in the story as if they were stills from a film.

| <scene 1> | <scene 2> | <scene 3> | <scene 4> |

VII. 심층 면접 의자

Activity 3.4 Hot seating

Make a small group of five. One of the group members plays a historical figure, such as Martin Luther King, Jr., and is questioned by the rest of the group about his background, behavior, and motivation. The student playing the character sits on a chair in front of the group arranged in a semi-circle.

Q: When and where were you born?
A: _____

Q: Why did you decide to be a minister?
A: _____

Q: How were you involved in the civil rights movement?
A: _____

VII. 인물 관계도

Activity 3.5 Sociogram

With reference to the following definition of a sociogram in the box, draw a sociogram of Dr. Faustus and other characters, such as Old Man, Good Angel, Bad Angel, Mephistophilis, and Lucifer, including Chorus, in Act 5, scene 1 of *Dr. Faustus*.

> Definition: A sociogram is a graphic representation of social links that a character has. People stand close or distant to one another based on a specific criteria. It can be used to provide how the character interacts with others.

A Sociogram of Dr. Faustus

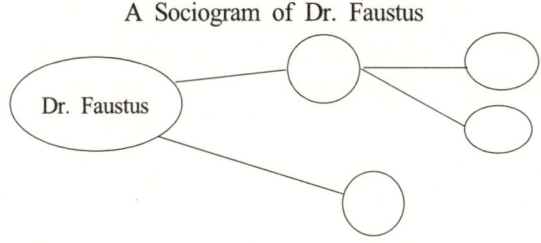

VII. 토론 극장

Activity 3.6 Forum Theater

With reference to the following definition of forum theater, act out the execution scene in Act 5, scene 2 of *Dr. Faustus* and shout "Stop!" if necessary, replacing one of the characters to change the situation.

> Definition: During the replay of a scene indicating some kind of oppression, any member of the audience is allowed to shout "Stop!", step forward and take the place of one of the oppressed characters, showing how they could change the situation to enable a different outcome.

VII. 평가지

Activity 4.1 Evaluation

Assess the performance of each group. (1~4 points)

	Group 1	Group 2	Group 3	Group 4	Group 5
Preparation					
Performance					
English use					
Interpretation					
Total					

X. 리듬이란 무엇인가?

> **Activity 1.1** What is rhythm?
>
> A Write down your definition of rhythm briefly and discuss it with your group members.
> _____
>
> B Give examples of rhythmic patterns you find in everyday life — nature, life, music, poetry, etc.
> _____

X. 의성어 소리 내어 읽기

> **Activity 1.2** Reading aloud onomatopoeic poems
>
> A Give each onomatopoeia (words whose sound suggests their meaning) a definition. (Spiro, 2004)
>
> | Sound | When |
> |---|---|
> | bang | |
> | buzz | |
> | clunk | the sound of metal against metal, something heavy falling |
> | crackle | |
> | crash | |
> | clatter | |
> | creak | |
> | fizz | knocking someone out, hitting someone |
> | grunt | |
> | hey! (oy!) | you want to catch someone's attention |
> | mm mm | you want to show you are listening to someone |
> | oh! | you are surprised |
> | ouch! (ow!) | you sit on a pin |
> | phew! | you are relieved about something |
> | plop | falling water |
> | rustle | |
> | smash | cars colliding |
> | snap | |
> | thud | |

X. 음절수 알아맞히기

Activity 1.3 Guessing the number of syllables

A Clap out the number of syllables in a word you hear.

1. only
2. little
3. should
4. equally
5. moreover
6. tongue
7. foreign
8. peninsula
9. beautiful
10. language

B Write words that match the number of syllables in each column and pronounce them.

	1 syllable	2 syllables	3 syllables	4 syllables
1	proud	tiny	everyday	especially
2				
3				
4				
5				

X. 단어 및 문장 강세 찾기

Activity 2.1 Finding a stressed syllable or a word

A Listen carefully and mark (′) on a stressed syllable in the given word.

1. bury
2. similar
3. paternal
4. universal
5. guarantee
6. development
7. polished
8. delicious
9. immediate
10. characterize

B Listen carefully to the talk in the left column and underline a word or two in the right column that has a sentence stress. (곽윤식, 2003)

M: I want some shoes.	→	M: I want some <u>shoes</u>.
W: What kind of shoes?	→	W: What kind of shoes?
M: The beautiful kind!	→	M: The <u>beautiful</u> kind!
W: Black or brown?	→	W: Black or brown?
M: Neither. I'm tired of black and brown.	→	M: Neither. I'm <u>tired</u> of black and brown.
W: I want red shoes. Shiny red shoes!	→	W: I want red shoes. Shiny red shoes!

X. 음보 파악하기

Activity 2.3 Identifying meter

A Match each type of foot with an appropriate word, phrase, or sentence.

Types			Words, Phrases, & Sentences
Iamb	•	•	calendar
Anapest	•	•	the Brothers Grimm
Trochee	•	•	Go for it!
Dactyl	•	•	Woodro Book Club
Spondee	•	•	interrupt
		•	in the sea
		•	writing
		•	true-blue
		•	by bus
		•	Amen
		•	How do you do?
		•	He is late.
		•	It's time to go.
		•	Try to call me.

B Match each stress type with an appropriate sentence. (곽윤식, 2003)

Stress Types			Sentences
• ● •	•	•	You promised to phone.
• ● • •	•	•	I stepped on it.
• ● • ●	•	•	It's broken.
• ● • • ●	•	•	I'd like to help.

X. 리듬 조절하기

Activity 2.4 Adjusting rhythms

A Adjust the stress patterns of the following poem. (강익수, 2000)

Who loves the trees best? "I," said the Spring.
"Their leaves so beautiful to them I bring."

Who loves the trees best? "I," Summer said.
"I give them blossoms, white, yellow, red."

Who loves the trees best? "I," said the Fall.
"I give luscious fruits, Bright tints to all."

Who loves the trees best? "I love them best,"
Harsh Winter answered. "I give them rest."

→

Who loves the trees best? "I," said the Spring.
 s swssw s ws
→w sws^ sw s w s

"Their leaves so beautiful to them I bring."
w s s sw wwwws
→w swsw s ws ws

Who loves the trees best? "I," Summer said.
s sw ssws w s
→w s ws^ sw s w s

"I give them blossoms, white, yellow, red."
wswsws sws
→w s w sws^sws

Who loves the trees best? "I," said the Fall.
ss w ssws w s
→_____

"I give luscious fruits, Bright tints to all."
ws s w sss ws
→_____

Who loves the trees best? "I love them best,"
ssw ss wsw s
→_____

Harsh Winter answered. "I give them rest."
s s wsw ws w s
→_____

X. 박자 파악하기 및 찬트하기

Activity 2.2 Identifying beat

A Based on the given examples, 1 and 2, analyze beat patterns in the poem 3 and chant it. (정영미, 2000)
   (s: strong syllable; w: weak syllable; B(Beat): strong beat; o(offbeat): weak beat)

1.   empty   table,   empty   chairs : 2/4 beat
stress: s   w   s   w   s   w   s   (w)
beat: B   o   B   o   B   o   B   (o)

2.   empty   table,   empty   chairs : 4/4 beat
stress: s   w   s   w   s   w   s   (w)
beat: B   o   b   o

3.   Tim Dowley, "Island"

   On the island they ran
stress:
beat:

   They ran on the sand
stress:
beat:

   They ran on the shore
stress:
beat:

   At the edge of the sea
stress:
beat:

X. 시 율독하기

Activity 3.1 Scansion practice

A Analyze each poem following the given example.

1. A. E. Housman, "When I was one-and-twenty"

   Whĕn Í | wăs óne | -ănd-twén | tў
   Ĭ héard | ă wíse | măn sáy, |
   "Gĭve crówns | ănd póunds | ănd guí | nĕas
   Bŭt nót | yŏur heárt | ăwáy; |

   Gĭve péarls | ăwáy | ănd rú | bĭes
   Bŭt kéep | yŏur fán/cў frée." |
   Bŭt Í | wăs óne | -ănd-twén | tў,
   Nŏ úse | tŏ tálk | tŏ mé. |

   → iambic trimeter

2. Robert Herrick, "Upon His Departure Hence"
   Thus I
   Pass by
   And die:
   As one
   Unknown
   And gone:

   → _____

3. William Wordsworth, "The Solitary Reaper"

   Behold her, single in the field,
   You solitary Highland Lass!
   Reaping and singing by herself;
   Stop here, or gently pass!
   Alone she cuts and binds the grain,
   And sings a melancholy strain;
   O listen! for the vale profound
   Is overflowing with the sound.

   → _____

X. 시 써보기

Activity 3.2 Writing and reciting a poem

A Write a heroic couplet about "love" and scansion it as in the given example.

Mў lóve | ĭs líke | ă ráin | bŏw ín | thĕ ský. |
Ĭt hás | ă lót | ŏf cól | ŏrs ín | ĭts eýe. |

→

_____

_____

B Complete the poem by filling in blanks with appropriate phrases. (Spiro, 2004)

Learning a language is like ...

climbing a mountain
swimming an ocean
collecting sea shells
polishing stones
wind-surfing
playing the guitar
listening to music
sleeping surfing the internet

_____
_____
_____

X. 시낭송 공연

Activity 4.1 Poetry Recitation Performance

A Scansion the following poems and recite them according to your own scansion.

Alfred, Lord Tennyson, "The Eagle"

He clasps the crag with crooked hands;
Close to the sun in lonely lands,
Ringed with the azure world, he stands.

The wrinkled sea beneath him crawls;
He watches from his mountain walls,
And like a thunderbolt he falls.

William Shakespeare, "Sonnet 18"

Shall I compare thee to a summer's day?
Thou art more lovely and more temperate:
Rough winds do shake the darling buds of May,
And summer's lease hath all too short a date.
Sometimes too hot the eye of heaven shines,
And often is his gold complexion dimmed;
And every fair from fair sometimes declines
By chance of nature's changing course untrimmed;
But thy eternal summer shall not fade
Nor lose possession of that fair thou ow'st,
Nor shall death brag thou wand'rest in his shade
When in eternal lines to time thou grow'st.
So long as men can breathe or eyes can see,
So long lives this, and this gives life to thee.

B Each student reads aloud two poems that he/she has prepared for recitation.

찾아보기

(ㄱ)

가상극(simulations) 192, 193
각운(end rhyme) 67, 85, 86, 89, 216, 220, 222, 224, 226, 227, 228, 233, 234, 245, 246, 247
각주(footnote) 22
간략본(simplified text) 5, 11, 12, 15, 16, 17, 18, 206
간접평가 67
갈등(conflict) 22, 24, 55, 66, 84, 113, 119, 122, 187, 188, 201, 219, 220, 264
감정이입 195
강세 박자 언어(stress-timed language) 239, 255
개념 스키마(conceptual schema) 25
객관적 상관물(objective correlative) 210
결말(resolution) 24, 55, 84, 98, 100, 107, 111, 119, 122, 219, 264
결합(combination) 44, 47, 48, 50, 82, 115, 271, 272, 273
계속평가(continuous evaluation) 71
과업 61, 71, 184, 193, 217
과정평가(process evaluation) 68
관찰(observation) 61, 68, 70, 71, 72, 196
교실 관찰(classroom observation) 68
교육 연극 1, 94, 182, 187~191, 195, 197, 198, 202, 203, 205, 207
구두 발표 68
구두 보고(oral report) 64, 157, 158
구두 회상(oral recall) 100
구멍(slots) 48, 163
구술능력(oracy) 57, 217, 220, 233, 273
구스타프 프라이타그의 피라미드(Gustav Freytag's Pyramid) 201
구어 10, 27, 28, 32, 38, 39, 51, 55, 56, 57, 58, 60, 61, 93, 97, 116, 124, 217, 219, 233, 234, 235, 272, 273
구어체(colloquial style) 10, 56, 58, 60, 63, 92, 93, 116, 124, 183
구전문학 212
구조 전이 103, 104, 113
구조주의 교수요목(structural syllabus) 2, 82
극화(dramatize) 25, 161, 176~180, 185, 187, 188, 189, 191, 192, 195, 203, 205, 206, 269
극화활동(dramatization) 26, 191, 205, 206
근접발달영역(Zone of Proximal Development: ZPD) 271
기능어(function word) 136, 237, 251
기능주의 교수요목(functional syllabus) 2
기억 26~29, 42, 46~49, 58, 59, 67, 72, 84, 97~102, 105, 106, 113~116, 118, 149, 161, 162, 163, 169~172, 176, 182, 184, 193, 209, 210~213, 215~220, 234, 242, 246, 255, 270
기호 39, 43, 56, 58, 61, 71, 216, 237
기호학 행위 43

(ㄴ)

난이도   89, 103, 132, 138, 139, 142, 144, 145, 148
난필(scribbling)   49
낭독(reading aloud)   117, 118, 198
내면화(internalization)   28, 50, 64, 65, 161, 166
내용어(content word)   136, 237, 239, 251
내재화   50, 102, 167, 270
논설문   52, 258

(ㄷ)

다독 기반 교수법(Teaching & Learning Based on Extensive Reading)   269
다독 평가 모형   133
다독(extensive reading)   1, 19, 64, 65, 93, 125, 127~134, 136, 137, 138, 141, 143~159, 268, 269, 274
다의어(polysemy)   48
단막극(skit)   189, 191
단서 체계(cuing system)   68
단서 회상(cued recall)   100
담화   10, 19, 28, 29, 31~35, 40, 46, 63, 92, 93, 96, 99, 100, 106, 116, 121, 124, 130, 164, 173, 219, 267, 268
대체(substitution)   15, 45, 46, 47, 48, 50, 72, 192, 244, 245
대화(dialogue)   10, 25, 29, 33, 34, 40, 43, 56, 57, 68, 80, 93, 150, 160~163, 171, 172, 173, 176, 181, 183, 189, 191~194, 196, 200, 206, 207, 255, 267, 272
델파이 조사(delphi method)   269
독서일지(reading journal)   64, 65, 68, 71, 85, 86, 91, 153, 155~158, 273, 274
독서지수(readability index)   132, 137~149
동료평가(peer evaluation)   260, 274
두문자시(acrostic poems)   222, 224, 230, 253
두운(alliteration)   26, 89, 211, 215, 216, 220, 224, 225, 226, 229, 233, 234, 245, 246
드라마   1, 16, 29, 66, 93, 94, 160, 161, 162, 176, 180~191, 193~203, 205~207, 274
등시간격성(isochronism)   239, 241
등장인물(character)   21, 22, 53, 55, 84, 101, 107, 111, 113, 114, 150, 191, 195, 196, 197, 203, 215, 220, 261, 262, 264, 265

(ㄹ)

레벨 효과(level effect)   105
리듬   1, 26~29, 67, 85, 86, 94, 206, 211~216, 219, 221, 224, 226, 233~237, 239~244, 247~251, 253, 255, 256
리듬 단락(rhythmic group)   240
리듬 조절(rhythm adjustment)   243, 248, 250, 251
리듬 패턴   28, 29, 47, 85, 189, 214, 216, 219, 220, 221, 241, 253, 255, 269, 274
리듬 패턴 중심 교수법(Teaching & Learning Based on Rhythmic Patterns)   269

(ㅁ)

맥락   7, 15, 31~41, 43~48, 56, 57, 61, 62, 63, 65, 67, 80, 84, 147, 151, 155, 157, 172, 185, 187, 206, 236, 253, 265, 267, 271
면접(interview)   68, 74, 78, 157, 194, 195, 198, 203

목록시(Catalog poems)   224, 228
묘사문   52
묵박(silent beat)   245
문법 번역식 교수법(Grammar-Translation Method: GTM)   6, 14, 82
문어   10, 31, 38, 40, 51, 56, 57~61, 93, 97, 124, 134, 217, 272
문어체(literal style)   55, 56, 58, 63
문자 회상(written recall)   100
문학 텍스트   6, 7, 9, 10, 14~17, 19, 29, 31, 32, 34, 35, 47, 51, 52, 60, 63~66, 87, 92, 93, 95, 125, 132, 133, 258, 267, 274, 275
문항 변별력   261
문해력(literacy)   31, 57, 81~84, 86, 100, 128, 218, 220, 258, 272~275
문화충격(culture shock)   25, 206

(ㅂ)

반복(repetition)   26~29, 33, 34, 66, 67, 72, 84, 85, 86, 89, 99, 105, 116, 117, 127, 161, 164, 166, 171, 176, 191, 192, 206, 211~216, 219, 225, 231, 234, 242~246, 249
발견 학습   188
발화(utterance)   16, 26, 32, 33, 38, 42, 44, 45, 50, 57, 114, 192, 200, 211, 214, 218, 234, 239, 240, 241
배경지식(background knowledge)   10, 18, 19, 21, 22, 25, 33, 36, 71, 72, 73, 83, 87, 96, 101, 102, 129, 131, 133, 135, 138, 139, 148~151, 162, 171, 179, 194, 199, 249, 267
불완전운(half rhyme, slant rhyme)   246

비판적 문해력(critical literacy)   258
비판적 읽기   10

(ㅅ)

사건 기억(episodic memory)   169
사고 추적(thought tracking)   203
사실적 이해   259, 264
사회기호학   43
상승조(rising meter)   240
상향식 학습법(bottom-up approach)   62
상호작용(interaction)   2, 34, 36, 37, 42, 43, 60, 61, 64, 80, 99, 115, 128, 145, 150, 166, 183, 191, 193, 194
상황   4, 11, 16, 20, 23, 24, 25, 28, 32, 34, 35, 38, 39, 40~43, 45, 50, 53, 56, 57, 61, 62, 64, 67, 71, 80, 82, 92, 93, 109, 114, 116, 125, 127, 128, 137, 138, 141, 147, 149, 151, 152, 160, 161, 163, 164, 166, 167, 169, 171~177, 180, 181, 184, 185, 187~189, 191~196, 200, 202, 203, 207, 209, 210, 218, 241, 258, 265, 269, 273
생략(omission)   72, 98, 99, 150, 224, 245
선험 지식(prior knowledge)   71
설명문   51, 52, 53, 55~60, 63, 95, 96, 100~104, 109, 113, 124, 132, 257, 258, 259, 261, 264, 265, 268
성취평가제(Standards-Based Grading System)   259
소넷(sonnet)   230, 253
수시평가(on-going evaluation)   259
수업모형   35, 63, 85, 92, 94, 155, 157, 177, 179, 190, 197, 221, 234, 236, 237, 247, 255, 256

수준별 평가 68
수행평가 67, 84, 258, 266, 274
수형도(tree structure) 107, 108, 111, 112, 113
스크립트 기반 교수법(Script-Based Learning)
　　26, 93, 269
스크립트(script) 1, 23~29, 34, 47, 93, 160~
　　182, 191, 267, 269, 274
스키마 이론(schema theory) 36, 163
스키마(schema) 18, 24, 25, 28, 29, 36, 47,
　　55, 60, 83, 86, 105, 111, 118, 119, 120,
　　124, 150, 161~164, 169, 170, 181, 182,
　　198, 199, 206, 215, 231, 248, 267
스토리텔링(storytelling) 6, 24~29, 34, 52, 56,
　　60, 83, 84, 86, 87, 93, 97, 98, 99, 113~
　　120, 123, 155, 157, 172
시나리오(scenario) 187, 193, 194
시적 언어(poetic language) 23, 26, 27, 28, 89,
　　94, 189, 210~216, 220, 221, 225, 226,
　　232, 233, 255, 256, 269, 274
시적 자료(poetic materials) 1, 209, 213, 233,
　　235, 237, 255, 256
시적 텍스트(poetic text) 209, 210
실용문 81
실용영어정책 273
심층 면접 의자(hot seating, questioning in role)
　　316

(ㅇ)

아동문학(children's literature) 5, 15, 18
알파벳시(alphabetic poems) 224, 228
압운(rhyme) 86, 89, 211, 234, 241, 245, 246,
　　247, 248, 250, 302
양적 연구 268

어린이본(children's version) 5
언어 기능(language function) 40, 41, 65, 66,
　　80, 93, 125, 152, 154, 185
언어 덩어리 32, 45, 46, 47, 49, 63, 66, 92
언어 사용 32, 43, 49, 61, 80, 130, 273
언어 사용역 193
언어 형태(language form) 40, 41, 45, 49, 61,
　　67, 80, 93, 183
언어경험교수법(Language Experience
　　Approach) 118
여성행말(feminine ending) 245
역할극(role play) 6, 25, 26, 29, 157, 162,
　　173, 177, 179, 180, 183, 185, 188, 189,
　　191, 192, 206
연기자 교사 기법(teacher in role, actor teacher)
　　196
엿듣기(eavesdropping, spotlighting, open door)
　　196
영어 도서관(English Library) 19, 65, 92, 132,
　　141, 143, 153, 154, 158, 159
영어 마을 159
오독 44, 72, 73, 75, 76, 77, 78
오독 목록(Reading Miscue Inventory: RMI)
　　73, 74
오독 분석(miscue analysis) 68, 71~74, 77~79
오류(error) 6, 47, 49, 50, 51, 67, 70, 71, 72,
　　76, 81, 275
오발음(mispronunciation) 49
오철자(misspelling) 49
완전운(perrect rhyme) 246
외율(extrameters) 244, 245
요운 89, 225, 234, 245, 246
우발적 학습(incidental learning) 33
유도 말하기(guided speaking) 114

율격(meter)   224, 234, 235, 237, 242, 244, 245, 247, 248, 255
은유(metaphor)   48, 49, 211
음보(foot)   224, 240, 241, 242, 243, 248, 250, 251, 255, 322
음악 의자(musical chairs)   199
음절 박자 언어(syllable-timed language)   235, 239
음철법(phonics)   31, 32, 62, 144
응집성(cohesion)   12, 16, 97
의미   1, 2, 5, 15, 16, 17, 20, 25, 26, 27, 31, 32, 33, 35, 36, 37, 38, 40~48, 50, 52, 53, 55, 56, 57, 59, 60, 61, 63, 64~67, 71, 72, 73, 80~83, 92, 93, 97, 99, 100, 101, 102, 104, 105, 107, 109, 111, 115, 116, 117, 124, 126~129, 132, 133, 134, 136, 139, 146, 147, 148, 157, 160, 161, 162, 164, 166, 169, 170, 175, 176, 179, 185~188, 190, 191, 193, 195, 199, 200, 202, 203, 208~211, 213~215, 218~222, 225, 232, 234~237, 239, 240, 241, 244, 245, 248, 249, 259, 264, 265, 266, 267, 274, 275
의미 기억(semantic memory)   169
의미 협상(negotiation of meaning)   80
의미망   38, 83
의사소통능력(communicative competence)   2, 11, 24, 26, 80, 81, 82, 96, 126, 154, 161, 162, 172, 173, 174, 180, 182, 183, 186, 187, 189, 190, 197, 206, 209, 212, 255, 257, 273
의사소통중심교수법(Communicative Language Teaching: CLT)   16, 80, 81, 82
이야기 구조 일반 질문법(schema general questions)   110, 113

이야기 구조(story structure)   24, 28, 55, 58, 59, 60, 66, 84, 85, 96, 98, 99, 100, 102~113, 115, 119~124, 163, 169, 206, 220, 261, 264, 267, 268, 269
이야기 글   5, 10, 24, 34, 35, 51, 52, 53, 55~61, 68, 75, 81, 87, 92, 93, 95, 96, 98, 100~105, 107, 109, 113, 114, 124, 125, 132, 189, 257, 258, 259, 261, 264, 265, 268, 273, 274
이야기 다시 말하기(story retelling)   68
이야기 도식(story chart)   261, 263, 264
이야기 문법(story grammar)   24, 28, 29, 47, 55, 66, 71, 83, 84, 86, 87, 93, 100, 105~111, 113~116, 118, 119, 120, 122, 123, 124, 163, 172, 189, 206, 261, 264, 269, 274, 300, 308, 310
이야기 원형(primitive fabula)   97, 99
이야기(story)   1, 18, 20, 21, 23, 24, 25, 28, 32~35, 43, 44, 52, 53, 55, 60, 62, 63, 65, 66, 68, 71, 72, 75, 76, 77, 83, 84, 87, 88, 93, 95, 96, 97, 98, 99~111, 113~124, 128, 146, 153, 154, 158, 161, 163, 165, 169, 171, 172, 175, 189, 191, 192, 201, 206, 209, 212, 214, 216, 220, 224, 231, 241, 261, 263, 264, 265, 267, 272, 274, 307
이행련구(couplet)   222, 253
인물 관계도(sociogram)   21, 196, 198, 204, 317
일견 어휘(sight vocabulary)   127, 130
일화 기록(anecdotal records)   68
일화저장소(episodic buffer)   216
읽기 전략   37, 72, 75, 150
임계점(the threshold level)   127, 132

잉여성(redundancy)   16, 130

(ㅈ)

자기 평가(self-evaluation)   77, 259, 274
자기수정(self-correction)   72
자연 교수법(Natural Approach)   38, 80, 159
자유 회상(free recall)   100
자유 회상법(free recall test)   100
장르   4, 5, 8, 11, 18, 19, 23, 26, 27, 28, 29, 33, 47, 93, 126, 149, 154, 155, 160, 183, 186, 187, 189, 199, 200, 202, 206, 208, 212, 213, 221, 232, 235, 244, 254, 255, 269, 274
장면(scenes)   25, 165, 166, 177, 178, 180, 181, 189, 191, 195~197, 202, 203, 204
재구조화(restructuring)   23, 28, 49, 86, 91, 114, 162, 270, 273, 274, 305
전략적 상호작용(strategic interaction)   193
전문가 놀이(mantle of the expert)   196
전이   58, 59, 60, 102, 116, 124, 186
전체주의(holism)   31
절단(truncation)   244, 245
절차적 지식(procedural knowledge)   25, 93, 161, 169, 171, 176, 181
정독(intensive reading)   128, 129, 156
정밀 독서(close reading)   6, 186
정의적 여과(affective filter)   125
정지 장면(still image, tableau, photograph, freeze frame, statues)   194, 195, 198, 202, 204, 316
조사연구   269
종합적 이해   259, 264, 265
주석   20, 149, 150, 151

주제(theme)   6, 10, 17, 24, 25, 27, 48, 51, 53, 54, 55, 63, 65, 84, 91, 107, 111, 113, 131, 179, 187, 188, 195, 203, 205, 206, 209, 213, 221, 228, 244, 259, 264, 265
줄기시(stems)   224, 229, 230
중간 휴지(caesura)   240
중간운   246
중핵 교과내용 어휘(core content words)   135
중핵 목록(core list)   17
중핵 문화 어휘(core cultural words)   135
직유시(simile)   224, 229
직접평가   67
진정성(authenticity)   9, 12, 16, 17, 18, 32, 39, 44, 63, 80, 114, 116, 127, 130, 142, 161, 185, 191, 211, 231
질적 연구   268
질적 평가   67, 68, 266, 274

(ㅊ)

차트 기록   68
찬트   24, 200, 236, 241, 248, 250, 251, 254, 255, 324
창의적 연극(creative drama)   188
청소년문학(young adult literature)   5, 15, 18
체크리스트   68, 70, 71
총괄평가   68
총체적언어교수법(Whole Language Approach: WLA)   23, 24, 30, 31, 32, 34~38, 41, 60~65, 68, 71, 80~85, 92, 93, 125, 267, 273, 275
추론적 이해   259, 264, 265
측면화(lateralization)   272

(ㅋ)

큰 소리로 읽어주기(reading aloud) 62, 115, 117, 202, 253

(ㅌ)

태그 게임(tag game) 199
텍스트 2~9, 11, 12, 14~19, 22, 24, 27, 29, 31~37, 44, 46, 47, 51, 52, 55, 56, 60, 61, 63~67, 71, 72, 74, 75, 76, 81, 87, 91~95, 100, 102, 111, 125, 126, 128, 129, 130, 132~136, 138, 139, 140, 142, 145, 146, 148, 149, 150, 160, 176, 183, 185~189, 197, 203, 205, 206, 207, 209, 210, 217, 232, 244, 258, 266, 267, 268, 269, 270, 274, 275
텍스트 난이도(text difficulty) 132, 138, 139, 140, 142, 145, 148, 149
텍스트 변인(text variable) 51, 58
텍스트 점유율 134, 135, 136, 138
토론 극장(forum theater) 196, 198, 204, 317
틀(frame) 12, 28, 29, 47, 52, 55, 78, 84, 114, 116, 118, 161, 163, 169, 171, 172, 186, 196, 205, 213, 215, 216, 218, 231, 267, 269, 271, 274

(ㅍ)

패턴 26~29, 32, 45, 46~49, 66, 67, 71, 72, 73, 79, 83~86, 89, 91, 94, 95, 102, 156, 163, 171, 180, 189, 192, 211, 213~216, 219~226, 230, 231, 233, 239, 241, 251, 253, 255, 268, 269, 272, 274
패턴북(pattern book; predictable book) 66, 67
패턴시(pattern poetry; shaped poetry; visual poetry; concrete poetry) 1, 27, 94, 206, 221~224, 227, 228, 230, 231
포트폴리오(portfolios) 68, 153, 155, 274
프로세스 드라마(educational drama, drama in education, process drama, creative drama) 182, 187, 194
프리텍스트(pretext) 187, 188
피드백 42, 51, 61, 64, 65, 153, 156, 224, 230, 268

(ㅎ)

하강조(falling meter) 240
하이쿠(haiku) 222
하향식 학습법(top-down approach) 62
학년별 독본(graded readers) 20, 33, 92, 132, 137, 146, 147
학습 동기 9, 62, 83, 255
학습자 사전(learner dictionary) 20
학습자문학(learner literature) 1, 15~20, 23, 27, 28, 34, 35, 83, 93, 125, 132, 133, 141, 142, 266, 267, 269, 270, 273, 274, 275
한국형 독서지수 132, 133, 142, 143, 147, 158
협동학습(cooperative learning) 61, 81, 271
형성평가(formative evaluation) 68, 259
형식 스키마(formal schema) 24, 55, 105, 124, 161, 169, 182, 206, 215, 231
활자문화 3
회상 59, 60, 98, 99, 100~106, 110, 113, 114, 157, 169~172, 218, 219, 268
휴지(pause) 237, 240, 241